[제2판]

Excel2000을 이용한

생산관리론

나 중 경 지음

OPERATIONS MANAGEMENT

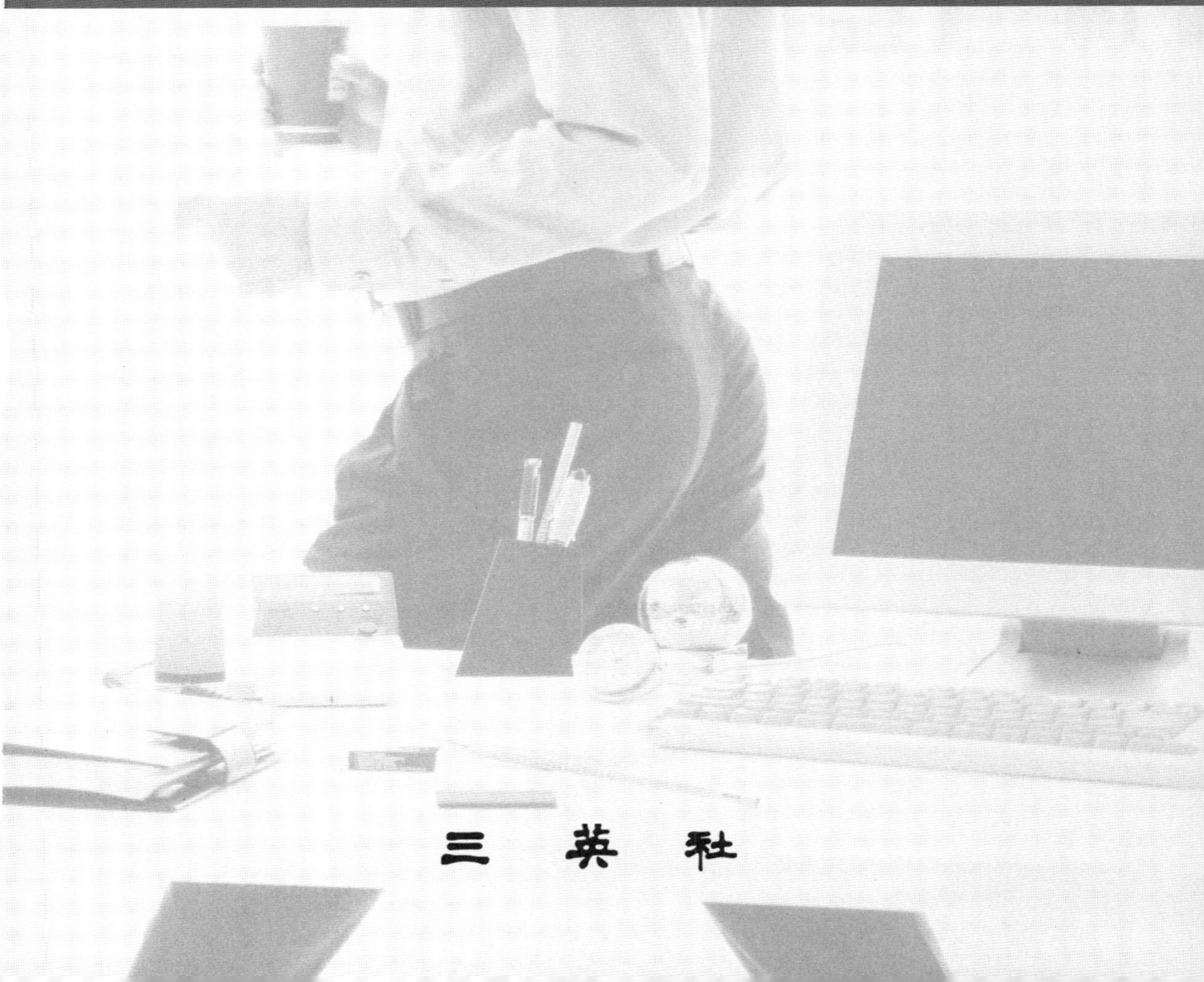

三 英 社

머 리 말

생산관리의 개정판을 내면서 경영학의 흐름이 얼마나 변화였는가를 재삼 일깨워준 계기가 되었다. 이는 우리나라 산업구조 변화의 결과일 것이다. 우리나라가 선진국으로 진입하는 과정에서 2차 산업에서 3차 산업으로 중심이 이동되었기 때문일 것이다.

오늘날 생산관리는 생산과 판매가 분리되지 않는 서비스 산업으로 영역을 확대해 가면서 서비스 분야를 많이 다루고 있다. 이제 생산관리는 마케팅 분야와 공유되는 영역이 확대되어 가고 있다.

이러한 학문의 흐름에 맞추어 서비스에 관련된 서비스경영, 컨설팅, 공급사슬경영 분야와 오늘날 생산에서 필수불가결한 제약이론을 추가했으며, 제조현장에서 다루는 일부 분야는 보론으로 처리함으로써 필요한 영역을 선택하여 공부할 수 있도록 하였다.

이렇게 변화하는 환경에서 생산관리에 대한 교재를 개정하는 데는 많은 망설임이 있었다. 과연 이 한 권의 책이 경영학을 공부하는 학생들에게 도움이 될 수 있을까? 또 이 학문의 발전에 얼마나 이바지할 수 있을 것인가? 이러한 의문을 가지면서 두려운 마음으로 이 책을 내놓게 되었다.

이 책은 4부 16장으로 구성되었다. 제1부는 가치창조 시스템으로 생산의 개념 및 전략, 시설 및 입지선정, 서비스 운영경영, 품질경영을 다루었고, 제2부에서는 일정계획시스템으로 총괄생산계획, 일정계획, JIT생산시스템, 제품 및 공정설계를 다루었고, 제3부에서는 공급체인 시스템으로 수요예측, 재고관리, 자재소요계획, 전사적 자원관리, 공급사슬경영 등을 다루었으며, 제4부에서는 경쟁력관리시스템으로 기술경영, 제약이론, 운영컨설팅과 리엔지니어링을 다루었다.

특히 본서에서 수요예측, 총괄일정계획, 재고관리 부분의 문제는 EXCEL 2000을 활용하였기 때문에 학생들에게 계산에 대한 어려움을 조금이나마 덜어 주려고 노력했다.

본서에는 부족한 점이 많습니다. 선후배 여러분의 많은 충고를 기다리겠습니다. 본서의 출판을 허락해주신 삼영사 임직원 여러분께 감사를 드립니다.

2007년 6월 27일

연구실에서 저자 씀

머 리 말

오늘날 생산에 대한 환경은 하루가 다르게 변하고 있다. 이는 컴퓨터의 발달로 우리들의 상상을 초월하고 있다. 컴퓨터의 발달은 제품의 설계에서부터 최종제품의 창고에 입고까지 자동화로 이루어지고 있다. 이러한 환경에서 생산관리에 대한 교재를 집필하는데는 많은 망설임이 있었다. 과연 이 한 권의 책이 경영학 내지는 산업공학을 공부하는 학생들에게 도움이 될 수 있을까? 또 이 학문의 발전에 얼마나 이바지할 수 있을 것인가? 이러한 의문을 가지면서 두려운 마음으로 이 책을 내놓게 되었다.

이 책은 5편 16장으로 구성되었다. 제Ⅰ편은 계획(설계)시스템으로 생산관리의 기초, 생산전략, 수요예측, 방법연구와 작업측정, 시설 및 입지선정, 제품 및 공정설계을 다루었고, 제Ⅱ편에서는 일정계획변환시스템으로 총괄생산계획, 일정계획을 다루었고, 제Ⅲ편에서는 자재관리시스템으로 재고관리, 자재소요계획, 전사적 자원관리 등을 다루었으며, 제Ⅳ편에서는 경쟁력관리시스템으로 JIT생산시스템, 품질경영을 다루었으며, 제Ⅴ편은 조직변환시스템으로 생산기술경영, 프로젝트관리, CALS를 다루었다.

특히 본서에서 수요예측, 총괄일정계획, 재고관리, 프로젝트관리 부분의 문제는 EXCEL 2000을 활용하였기 때문에 학생들에게 계산에 대한 어려움을 조금이나마 덜어 주려고 노력했다.

본서에는 부족한 점이 많습니다. 선후배 여러분의 많은 충고를 기다리겠습니다. 본서의 출판을 허락해주신 삼영사 임직원 여러분께 감사를 드립니다.

2003년 1월 12일
연구실에서 저자 씀

차 례

제 1 부 가치창조 시스템

제 1 장 생산의 개념과 전략

제 3 장 서비스 운영경영

제 4 장 품질경영

제 2 부 일정계획 시스템

제 5 장 총괄생산계획

제 6 장 일정계획

제 7 장 JIT 생산시스템

제 8 장 제품 및 공정설계

제3부 공급체인 시스템

제9장 수요예측

제 10 장 재고관리

제 11 장 자재소요계획

제 13 장 공급사슬경영

제 4 부 경쟁력 관리시스템

제 14 장 기술경영

제 15 장 제약이론

제16장 운영컨설팅과 리엔지니어링

제 1 부 가치창조 시스템

제 1 장 생산의 개념과 전략

Operations management is the management function that is responsible for all the activities directly concerned with making a product. It is responsible for collecting various inputs, and converting them into desired outputs.

The **main purpose** of an organization is to produce goods and service that satisfy customer demand.

A **strategy** is the pattern or direction an organization can adopt to link resources, through decisions about their use, to goals.

A **corporate strategy** focuses on what business the firm should be in and how resources will be committed to those activities.

A **business strategy** specifies the boundaries of a business in a way that links it to the corporate strategy and specifies the basis on which the business will compete.

A **functional strategy** is designed to carry out the business strategy in each of its functional areas. It specifies how that function will support the desired competitive advantage and how it will complement other functional strategies.

KEY TERMS

business strategy(사업전략)
conversion process(변환과정)
corporate strategy(기업전략)
cost leadership(원가우위전략)
differentiation strategy(차별화 전략)
division of labor(분업)
drifting management(방임관리)
scientific management(과학적 관리)
synchronization management(동시관리)
systematic soldiering(조직적 태업)
strategic decision(전략적 의사결정)
task management(과업관리)
tactical decision(전술적 의사결정)

제 1 절 생산관리의 기본개념

종전의 생산활동은 제조기업에서 재화창출을 통해서 물리적·화학적인 가치창출활동이라고 정하고 있다. 그러나 오늘날 기업에서 생산활동을 가시적인 가치창출에만 한정되어서는 안 된다. 예를 들어 은행에서 송수신업무를, 병원에서 환자의 치료를, 운송회사에는 수송을, 그리고 유통회사에서는 판매를 통하여 가치를 창조하고 있는 것이다. 이는 제조기업에서 물리·화학적으로 재화를 창출하는 것 외에도 서비스업체에서 서비스를 제공하는 것도 생산활동으로 간주해야 한다는 것이다. 따라서 생산관리에서 연구대상으로 삼는 기업의 생산활동은 수익성을 목적으로 제조기업뿐만 아니라 서비스기업이 가치창출활동을 통하여 재화와 서비스를 창출하는 활동이다.

생산관리는 이상과 같은 생산활동으로 정의하면 생산시스템에 관한 관리론체계라고 규정할 수 있다. 그리고 관리는 계획화(planning), 통제(control), 그리고 조직화(organizing)로 분석할 수 있을 것이다. 다음은 생산시스템에 대하여 설명한다.

1. 생산시스템의 정의

생산시스템(operations system)이란 투입물(inputs)을 원하는 산출물(outputs)로 변환시키는 기능을 수행하는 요소들의 총체라 할 수 있다. 따라서 생산시스템은 [그림 1-1]과 같은 투입(inputs), 변환과정(conversion process), 산출(outputs), 정보피드백(information feedback)의 과정을 갖는다.

변환(투입에서 산출로)은 사용되는 기술에 따라 매우 다양하다. 우리는 변환과정에서 제품(혹은 서비스), 공장, 장비, 기술(skills) 등의 과학적 복잡성을 생산기술로서 나타내려고 한다. 예를 들어, 청량음료를 병에 담는 작업은 높은 기계화된 변환공정, 자본집약적 변환공정을 특징으로 하고 있다. 과학연구소는 강도 높은 훈련, 직업의식이 투철한 과학자 및 전문화된 장비를 이용한다. 기타 전통적인 생산기업들은 미숙련 노동력, 최소장비, 그리고 제품과 서비스를 생산하기 위한 단순한 공정들을 이용한다.

그림 1-1 생산시스템의 예

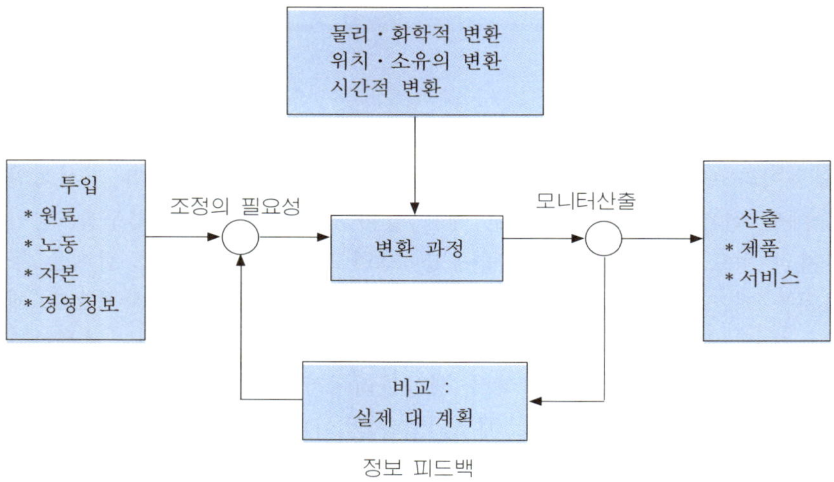

1.1 투 입

투입이란 제품이나 서비스를 생산하기 위해 인력, 자재, 설비, 에너지, 경영정보 등의 자원을 제공하는 것을 말한다. 사람에 따라서는 토지, 노동, 자본을 생산의 3요소라고 말하고, 인력(Man), 기계(Machine), 자재(Material), 자본(Money), 방법(Methods)의 5M으로 구분하기도 한다.

1.2 변환과정

인력, 자재, 에너지 등의 투입을 결합하여 우리가 원하는 제품이나 서비스로 전환시키는 과정을 변환과정 또는 생산공정이라 한다. 변환과정은 생산시스템의 종류에 따라 통제가능요소와 통제 불가능요소에 의하여 많은 영향을 받게 된다.

변환에는 여러 가지 종류가 있다. 제조업에서는 주로 물리 · 화학적 변환을 일으키며, 수송업은 위치의 변환, 창고업은 시간적 변환, 소매상은 소유의 변환을 발생시킨다. 병원은 의료서비스를 생산하는 곳인데 의료서비스란 병적 상태의 환자를 정상상태로 복귀시키는 '상태의 변환'이라고 해석할 수 있다.

1.3 산 출

산출이란 생산활동을 통하여 얻어진 재화나 서비스를 의미한다. 재화는 제품이라고도 하며 시계, 자동차, 전구와 같은 유형재(tangible goods)를 뜻한다. 서비스는 이발, 기계수리, 수송과 같은 무형재(intangible goods)를 지칭한다. 재화와 서비스는 다 같이 인간의 욕구를 충족시켜 주는 특성을 가지고 있는데, 이러한 특성을 효용(utility) 또는 가치(value)라 한다.

이상과 같은 시스템적 관점에서 보면 생산이란 투입요소가 변환과정을 통하여 산출되는 것이며 생산관리란 생산시스템의 투입-변환-산출의 전 과정을 효과적·효율적으로 관리하는 것이라고 할 수 있다. <표 1-1>은 생산시스템의 예를 보여주고 있다.

〈표 1-1〉 생산시스템의 여러 가지 형태

생산시스템	투 입 물	산 출 물	변환의 종류
제조회사	기계설비, 노동력, 원자재, 에너지 등	완제품	물적 변환 (물리적, 화학적)
병 원	의료장비, 의사, 간호사, 시설, 약품 등	의료서비스 (완쾌된 환자)	신체적·생리적 변환
은 행	시설, 사무원, 컴퓨터 장비, 에너지 등	각종 금융서비스 (예금, 대출)	재정적 변환
항공사	비행기, 승무원, 정비사, 시설 등	공중수송서비스	위치적 변환
창고업	건물, 시설, 에너지, 노동력 등	시간의 서비스	시간적 변환

1.4 제품·서비스생산시스템의 차이점

제품생산시스템과 서비스생산시스템은 여러 가지 면에서 상당한 차이가 있다. <표 1-2>는 제품생산시스템과 서비스생산시스템의 차이점을 일목요연하게 작성해 놓았다. 이것을 간단히 설명하면 다음과 같다.

첫째, 두 시스템에서 생산되는 산출물이 유형재와 무형재로 다르다. 유형재는 내구성이 강하며, 무형재는 소멸성이 강한 산출물이다.

둘째, 제품생산시스템의 산출물은 재고보유가 가능하지만 서비스생산시스템의 산출물은 재고보유가 불가능하다.

셋째, 제품생산시스템은 고객접촉이 거의 없지는 상태에서 생산이 이루어지지만 서비스시스템은 고객접촉이 없으면 서비스를 이루어지지 않는다.

〈표 1-2〉 제품생산시스템과 서비스생산시스템

요소 \ 분류	제품생산시스템	서비스생산시스템
생산물	유형재	무형재
재고보유	가능	불가능
수요변동주기	길다	짧다
고객과의 접촉	적다	많다
품질평가	제품자체에 의해	소문·평판에 의해
시 장	넓다	좁다
시스템 규모	크다	작다
입지선정	자유롭다	고객 소재지에 입지
마케팅과 생산	분리	밀착
생산공정	복잡	단순

넷째, 품질평가는 제품생산시스템은 제품자체에 의하여 평가되어 지고, 서비스생산시스템은 소문이나 평판에 의하여 이루어진다.

다섯째, 생산시스템의 규모는 제품생산시스템은 커지만 서비스생산시스템은 작다

여섯째, 입지선정은 할 경우 제품생산시스템은 단위당 생산비용이 최소인 곳을 입지로 가능하지만 서비스생산시스템은 서비스 최대화라는 목표 때문에 고객이 소재하는 곳을 입지로 선정해야하는 제한적인 조건이 있다.

일곱째, 두 시스템은 생산과 마케팅의 분리여부에 차이가 있다. 생산시스템은 생산과 마케팅이 완전히 분리되지만 서비스생산시스템은 생산과 서비스의 분리가 불가능하다.

2. 생산관리와 영역

2.1 생산관리란 무엇인가?

생산관리(operations management)란 특정기업의 주요 제품이나 서비스를 창출하여 전달하는 시스템의 디자인, 운영 그리고 개선하는 것이라고 정의할 수 있다. 생산관리는 명확한 업무책임이 있는 경영의 한 기능부문이다.

생산관리는 [그림 1-2]에서와 같이 제품을 생산하고 상품을 전달하는 전체 시스템을 관리한다. 컴퓨터와 같은 제품을 생산하는 것이나, 복합한 변환과정

들을 포함한 상품의 거래관계(account)와 같은 서비스를 제공하는 것이다. [그림 1-2]는 완제품 휴대폰 생산자인 NoKia와 같은 회사의 주문자생산방식(original equipment manufacturer: OEM)을 하기 위한 공급 네트워크다. 실제로 휴대폰을 생산하여 고객에게 판매하기 위해서는 여러 가지 변환(transformations)이 일어나야 한다. 예를 들어 공급자는 원자재를 구매하여 휴대폰 부품을 만들어 낸다. 휴대폰에 대한 주문은 전 세계의 유통업자와 딜러와 창고로부터 인터넷으로 받는다. 지역의 소매업자는 고객에게 직접 판매를 하고 거래관계를 관리한다. 운영관리란 이 모든 개별 과정들이 가능한 한 효과적으로 관리되게 하는 것이다.

생산관리의 의사결정은 전략적(장기적) 의사결정, 전술적(중기적) 의사결정, 운영계획 및 통제(단기적) 의사결정으로 나눌 수 있다.

전략적 의사결정은 제품을 어떻게 만들 것인가? 설비나 장치는 어디에 위치하는 게 좋을까? 생산능력은 어느 정도로 해야 좋을까? 등이다. 전략적 의사결정의 기간은 장기적이며 수년 이상 걸리기도 한다. 전략적 수준에서의 생산관리 의사결정은 고객의 요구를 얼마나 잘 반영하느냐의 측면에서 기업의 장기적 효과성에 영향을 미친다. 기업은 기업전략과 운영 의사결정을 전략적

그림 1-2 전형적인 OEM의 공급사슬

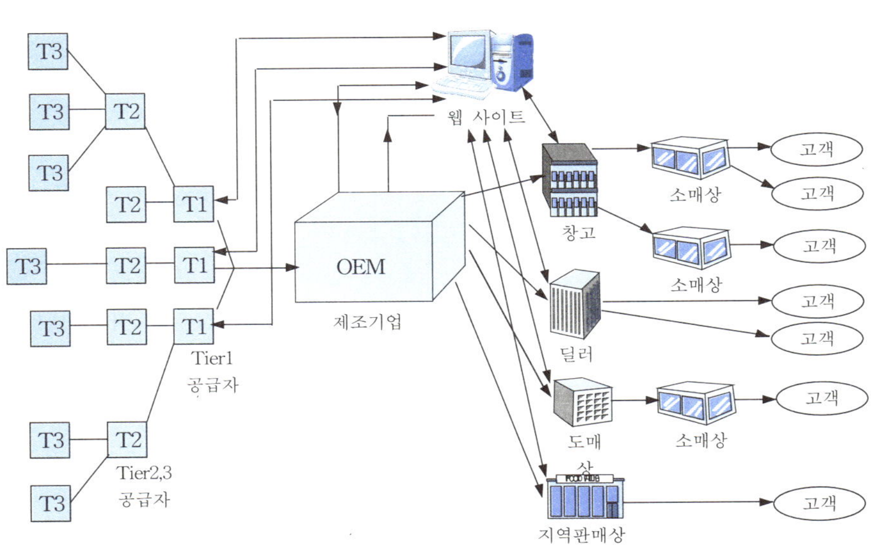

으로 잘 조화시켜야 한다. 전략적 의사결정은 기업이 중장기적으로 운영해야 하는 고정 조건이나 운영 제약이 된다.

전술적 의사결정은 사전에 결정된 전략적 의사결정의 제약 하에서 자재와 인력에 대한 일정계획을 효율적으로 수립하는 것이다. 운영관리에서 이 수준의 의사결정은 얼마나 많은 노동력이 필요한가? 잔업을 시킬 것인가, 2교대근무를 시킬 것인가? 언제 자재를 배달시킬 것인가? 완제품 재고는 얼마나 유지해야 할까? 등이다. 이러한 의사결정은 운영계획 및 통제 의사결정을 하기 위한 운영제약조건이 된다.

운영계획 및 통제 의사결정은 상대적으로 범위가 좁은 단기적이다. 이 의사결정은 오늘 또는 금주에 해야 할 일은 무엇인가? 어떤 일을 누구에게 할당할 것인가? 어떤 일부터 먼저 처리할까? 등과 같은 의사결정이다.

2.2 생산관리의 영역

전 세계의 기업들이 효율적이며 효과적인 생산 활동을 수행하기 위하여 새로운 개념과 도구를 도입한다는 것을 이해할 수 있을 것이다. 효율성(efficiency)은 가능한 한 최저의 원가로 무엇인가를 만들어 내는 것을 의미한다. 효율적인 프로세스의 목적을 이야기 하려면 최소 자원 투입을 통해서 제품을 생산하거나 서비스를 제공하는 것이라고 하겠다. 효과성(effectiveness)은 기업에서 최대의 가치를 창출해 내는 적합한 일을 하는 것을 말한다. 일반적으로 효율성과 효과성을 동시에 극대화하는 것은 두 가지 목적 사이에 갈등을 유발할 수 있다. 우리는 일상생활에서 이러한 상충관계(trade-off)를 항상 경험하고 있다. 상점이나 은행의 서비스 카운터에서 효율적으로 일하는 것은 최소 인원으로 카운트를 운영하는 것이고, 효과적으로 운영하는 것은 고객의 대기시간을 최소한으로 하는 것이다. 효율성과 효과성의 두 가지 개념과 관계가 있는 또 다른 개념으로 가치(value)가 있다. 가치란 품질을 가격으로 나눈 것이라고 할 수 있다. 만약 가격은 그대로 두고 보다 좋은 자동차를 고객에게 제공할 수 있다면 가치가 올라갔다고 하겠다. 또한 고객에게 보다 좋은 자동차를 오히려 더 낮은 가격으로 제공할 수 있다면 가치는 더욱 높아진다.

생산관리가 기업의 경쟁력을 높이는데 기여하는 것 외에도 생산관리를 공부하는 의의는 다음과 같은 몇 가지에서 찾아 볼 수 있다.

첫째, 운영관리에 대한 현대적 접근방법을 이해하지 못하면 불완전한 경영

교육을 받는 것이다. 모든 조직은 어떤 제품이나 서비스를 생산할 때 반드시 이를 효과적으로 수행하기 위한 현대적인 접근방법을 택한다. 따라서 신규 인력을 채용하려는 조직에서는 이러한 지식이 있는 사람을 찾으려고 한다. 이것을 제조업에서는 관행같이 되어 왔다. 그러나 오늘 날은 서비스분야나 공공부문이나 사기업에서도 제조업만큼이나 중요하게 되었다. 예를 들어 "정부의 개혁(reinventing government)"이란 활동의 실제 내용은 SCM, TQM, BPR, 그리고 JIT 등과 같은 운영관리 분야에 속하는 개념들에 상당부분 의존하고 있다.

둘째, 생산관리는 조직의 프로세스를 체계적으로 들여다보는 분석적 사고능력을 제공한다. 생산관리에서는 실제 세계의 문제를 다루기 위한 분석적 사고방식을 사용한다. 따라서 글로벌하게 얼마나 확장할 것인가 또는 은행의 창구의 수를 몇 개로 열 것인가와 같은 우리 주변 세계에 대한 보다 예리한 이해를 하는데 도움을 준다.

셋째, 생산관리는 흥미로운 경력개발기회를 제공하기도 한다. 이 분야의 전문가가 되면 공급사슬, 구매, 그리고 품질보증과 같은 생산관리 전문가로 성장하여 직접 관리업무를 하거나 스탭 주서에서 일할 수 있다. 또한 컨설팅 회사에서는 거의 정기적으로 이 분야에 정통한 전문가를 채용하여 프로세스 리엔지니어링이나 전사적 자원관리 시스템 등의 분야의 일에 투입시킨다.

넷째, 생산관리의 개념과 도구는 비즈니스의 다른 부문에서도 널리 사용된다. 모든 관리자는 자신의 감독 하에 업무를 계획하고, 품질을 통제하며, 개인의 생산성을 관리해 나가야 한다. 다른 종업원들도 운영관리가 자신의 일을 효과적으로 수행해 나가는데 어떤 작용을 하는지 알아야 한다.[1)]

제 2 절 생산관리의 발전과정

생산이란 인간이 생활하는데 필요한 재화와 용역을 추구하는 경제활동이라고 정의한다면 우리 인간이 이 세상에 존재함과 동시에 생산이 존재했다고 볼 수 있다. 그러나 운영관리를 조직 내에서 생산기능의 효과적·효율적 관리

1) Richard B. Chase, F. Robert Jacobs, Nicholas J. Aquilano, Operations Management, 11th ed, McGraw Hill, 2006, pp. 8~9.

라고 정의할 때 운영관리의 역사는 앞에서 언급한 시기보다 훨씬 후인 아담 스미스(Adam Smith)의 국부론(1776년)의 이후로 생각할 수 있다.

1. 분업의 원리

영국의 경제학자인 아담 스미스는 1776년에 저술한 국부론(Wealth of Nations)에서 분업의 원리를 제시했으며, 분업을 통하여 생산성을 높일 수 있다고 주장했다. 분업(division of labor)이란 단일 직무에 노동을 전문화하여 분업화를 꾀하면서 한 사람의 작업자에게 여러 가지 직무를 할당할 때보다 더 높은 생산성과 효율성을 가져올 수 있다는 개념이다. 스미스는 국부론에서 핀(pin)제조를 예로 들어 분업의 원리를 설명했다. 그는 분업에 의한 노동의 전문화는 i) 작업자의 기술향상, ii) 작업교체에 따른 시간손실의 회피, iii) 작업을 쉽게 하고 노동시간을 단축할 수 있는 기계나 도구의 발명촉진이라는 3가지 요인 때문에 생산성을 향상시킨다고 주장했다.

그 후 찰즈 바베지(Charles Babbage)는 아담 스미스의 분업의 원리를 더욱 발전시켰다. 그는 핀(pin)제조공정을 7개의 기본공정으로 나누어서 제조시간과 제조원가를 비교·측정하는 조사관찰을 통하여 분업효과를 더욱 높일 수 있다는 숙련 제한의 원칙(the principle of limiting skills)을 제시했다. 이것은 숙련공과 미숙련공을 구별하여 작업을 시킴으로써 분업과 전문화의 이익을 달성할 수 있다는 것이다.

다산 정약용은 1818년 목민심서에서 광산업에 적용시킬 화도법(火淘法)을 소개하면서 노동의 분업화와 전문화를 강조했다. 그는 이 책에서 흙을 파는 노동자 100명, 흙을 나르는 노동자 50명, 광석에서 금의 함량을 탐색하는 감무인 수명, 땔감을 해 오는 인부 10명, 인부 15명당 감독자 1명씩을 두는 것이 바람직하다고 주장했다.

2. 산업혁명

영국의 공장제 공업은 1764년부터 시작된 하그리브(James Hargreave)의 방적기와 와트(James Watt)의 증기기관 등으로부터 시작되었다. 이러한 방적기와 증기기관의 발명은 가내수공업의 산업형태에서 공장제 기계공업의 산업형태로 발전했다. 이렇게 사람 손으로 하던 작업을 기계의 힘으로 대신 할 수 있게 된 것을 산업혁명(industrial revolution)이라고 부른다.

제임스 와트 2세(James Watt, Jr.)와 보울튼(M. R. Boulton)은 1800년대 소호 주물 공장(Soho engineering factory)에서 증기기관을 제조할 때, 생산과 조립을 정확하게 하기 위하여 계획과 조직이 필요하다는 것을 인식했다. 이들은 생산공장을 건설하기 위하여 시장조사를 통하여 수요를 예측했고, 교통수단을 고려하여 공장의 입지를 결정했으며, 생산계획의 수립과 생산공정의 표준을 설정하기도 하였다.

3. 과학적 관리운동

과학적 관리법의 이론적 연구는 1830년대 영국의 바베지(C. Babbage)가 발표한 "On the Economy of Machinery and Manufacture(1832)"에서 과학적 관리의 이론적 기초가 이루어졌다. 바베지는 그의 저서에서, i) 조직계획(organization planning), ii) 생산(production), iii) 인간관계(human relations), iv) 원가(costs), v) 판매(sales)의 다섯 항목으로 나누어 영국과 유럽에서 조사 연구한 내용을 기술했다. 여기에서 오늘날 원가회계라는 제조공정의 가치계산시스템을 해명했다.

타운(H. R. Towne)은 1886년 ASME(American Society of Mechanical Engineers)대회에서 "경제가로서의 기술자(the engineer as an economist)"라는 논제의 발표에서 관리(management)의 중요성을 강조하였으며, 이로써 과학적 관리의 연구가 활발해지게 되었다. 이 대회에 테일러(F. W. Taylor)도 참석하여 토론을 했으며, 이것이 과학적 관리운동의 발생 원인이 되었다.

3.1 테일러 시스템과 과업관리

테일러(F.W. Taylor, 1856~1915)[2]의 과학적 관리법은 미국에서 19세기 말

2) 테일러는 1856년 3월 20일 필라델피아의 German town에서 Franklin Taylor의 3남 중 차남으로 태어났다. 그는 1872년 9월 Philip Execter Academy를 거쳐 1874년 6월 Harvard대학 법학부에 합격했으나, 시력이 나빠 수학을 포기하였다. 그 후 1874년 말, 그가 18세 때 필라델피아의 수압기 공장(The Enterprise Hydraulic Works)에 견습공으로 입사하여 4년 후 Midvale Steel Company에서 목공형(a pattern marker) 및 기계공(mechanist)으로서의 도제생활을 했다.

1880년까지 12년간 이 회사에서 근무하여 직장(foreman)이 되어 소위 과학적 관리법

제조공업의 발달과 경영규모의 확대에 따라 새로운 생산관리의 형태인 과학적 관리법(scientific management)으로 등장했다. 과학적 관리법은 종전의 관리형태가 인습적(rule of thumb)이며, 구식관리(old type of management) 또는 방임관리(drifting management)에 대한 대응 개념으로 테일러의 업적을 계승한 길브레스(Gilbreth), 에머슨(Emerson), 간트(Gantt)에 의하여 명명되었다.

테일러의 기본이념은 '과학적 관리의 원리(The Principles of Scientific Management, 1911)'에서 찾아볼 수 있다. 테일러는 최대의 생산을 저해하는 요인을 태업(soldiering)이라고 주장했다. 그는 태업을 두 가지로 분류했다. 하나는 인간의 본능적인 성질에서 오는 태업으로 자연적 태업(natural soldiering)이라고 하고, 다른 하나는 타인과의 관계와 제도의 모순에서 오는 태업으로 조직적 태업(systematic soldiering)이라고 주장했다. 전자는 인간본능에서 오는 태업이므로 물리적으로는 불가능하며, 후자는 제도적 모순 때문에 발생한다고 생각했다. 테일러는 조직적 태업을 막기 위해서는 제도적으로 모순을 갖고 있는 임금제도를 단순성과 급제에서 인센티브제도로 바꿔야 한다고 주장했다. 이 제도는 태업을 막을 수 있고, 또한 인센터브제도를 도입하기 위하여 시간연구와 동작연구를 통한 과학적 과업(task)설정을 주장했다.

과업관리(task management)는 노동자에게는 고임금(high wages)을 지급하고 기업주에게는 저노무비(low labor cost)를 달성할 수 있는 것이며, 이러한 관리이념을 "고임금과 저노무비(high wages and low labor cost)"의 원칙이라고 했다. 테일러는 "공장관리(Shop Management, 1903)"에서 노동자가 합리적으로 일을 할 수 있도록 과업설정을 강조하면서 i) 최고의 과업설정(a large daily work), ii) 표준화된 여러 조건(standard conditions), iii) 성공에 대한 고임금지불(high pay for success), iv) 실패한 경우에는 노동자의 손실(loss in case of failure)이라는 과업관리의 4대원칙을 주장했다.

3.2 포드 시스템과 동시관리

헨리 포드(H. Ford, 1863~1947)[3]는 1903년 포드자동차회사를 설립하여 회사

이라는 관리제도의 구상을 세웠으며, 31세 때 기사장(技師長)이 되었다. 1906년 ASME에서 "금속절삭법"을 발표하고, 그 업적을 인정받아 펜실베니아대학에서 Doctor of Science의 학위를 받았다.

3) H. Ford는 1863년 7월 30일 미시간주의 그린필드에서 출생했다. 1892년 내연기관을 연구하여 최초의 자동차를 완성했다. 1903년 공칭자본금 10만달러, 불입자본금 28,000달러로써 Ford Motor Company를 설립하여 주식의 25%를 취득하여 이 회사의 초대 사장으로 취임했다. 1947년 7월 4일에 운명했다. 그의 저서로서는 My Life and Work(1922),

를 경영하면서 1914년 컨베이어 시스템(conveyor system)을 도입하여 전체 작업조직을 합리화하여 작업능률을 향상시키고, 대량생산을 가능하게 했다. 이러한 컨베이어 시스템은 동시에 작업을 시작하고 끝내기 때문에 포드 시스템(Ford System)을 일명 동시관리(synchronization management)라고도 한다.

포드는 기업을 사회봉사기관(instrument of social service)이라고 보고, 기업의 경영은 영리주의보다는 봉사주의에 바탕을 두어야 한다고 주장했다. 기업의 이윤은 봉사의 결과이며, 이윤은 봉사기관의 유지 발전을 위해서 사용되어야 하며, 봉사는 노동자에게 고임금을 지불하고, 소비자에게 양질의 제품을 저렴한 가격으로 공급하는 것이라고 주장했다.

포드는 고임금과 저가격(high wages and low price)의 경영이념에 입각하여 컨베이어 시스템을 이용한 이동조립법을 고안하였다. 이동조립법의 실현을 위해서는 생산의 표준화가 필요했다. 생산의 표준화는 i) 제품의 단순화(simplification of products), ii) 부품의 규격화(standardization of parts), iii) 기계 및 공구의 전문화(specialization of machine and tools), iv) 작업의 단순화(simplification of work)로 되어 있다. 이러한 표준화는 호환성 부품(interchangeable parts)의 생산을 가능하게 했다.

이러한 결과 포드는 1908년 T형 자동차를 표준화하고, 1913년에 컨베이어 시스템을 도입하여 대량생산체제에 도입하여 자동차 가격을 인하하여 소비자에게 저렴한 가격으로 공급하였다. 노동자들에게는 1914년에 하루 8시간 근무, 일급 5달러(당시 1일 9시간 근무, 일급 2.50달러)를 지불하였다.

4. 인간관계론

과학적 관리법과 포드시스템은 시간연구와 동작연구를 통하여 생산활동을 과학화하고, 표준화하여 생산성 향상에 크게 기여하였다.

그러나 이들 모두 인간을 기계화하였으며 인간성의 무시로 노동조합과 갈등을 빚게 되었다. 이는 생산성에 큰 영향을 끼쳐 결국 노동생산성의 저하로 이어지게 되었다. 이때 하버드 대학의 엘튼 메이요(Elton Mayo)와 뢰스리스버그(F. J. Roethlisberger)를 중심으로 서부전기회사의 호손공장에서 인간심리가 생산성에 미치는 영향을 연구하기 시작하였다.

Today and Tomorrow(1926), My Philosophy of Industry(1928), Things have been Thinking about(1936) 등이 있다.

1927년부터 1932년까지 시행된 호손실험은 4차에 걸쳐 이루어졌다.

이 실험을 통하여 메이요는 조직을 단순히 기능의 집합체나 공식적인 구조 이상의 것으로서 비공식적인 인간관계가 형성되고 비논리적인 행동도 발생할 수 있는 사회적인 시스템으로 보았다. 또한 메이요는 작업자를 하나의 사회적 존재로 보고 작업능률은 조직 내의 인간관계와 사회적 욕구의 충족도에 의하여 영향을 받는다고 하였다. 그러므로 경영자는 인간의 본질을 이해해야 하며 조직 내의 문제를 해결하는데 사회적 · 심리적 접근이 요청된다고 보았다.

조직의 인간문제는 행동과학, 심리학, 인류학의 연구자들에 의하여 조직행동이론, 동기이론으로 발전하여 직무설계와 작업조직의 문제에 행동과학이론이 많이 반영되고 있다.

5. 수리적 의사결정모형의 출현

의사결정모형(decision model)은 생산시스템을 수리적인 형태로 나타내는데 사용된다. 의사결정모형은 성과측정식, 제약조건식, 결정변수로 구성되어 있으며, 이 모형은 여러 제약조건 하에서 생산시스템의 성과를 최대화하거나 또는 만족스럽게 하는 결정변수의 값을 구하는 것이다.

경영문제에 수리적 모델을 사용한 예로 1915년에 해리스(F. W. Harris)는 경제적 발주모델을 발표했고, 1931년에는 슈와르트(Walter Shewhart)가 관리도를 개발했으며, 티페트(L. H. C. Tippett)는 1934년에 워크샘플링법, 1935년에 닷지와 로믹(Dodge & Romig)은 샘플링 검사법을 창안했다. 이러한 기법들은 제2차 세계대전 전에 개발된 수리적 의사결정 기법들이다.

대표적인 수리적 의사결정모형은 OR(operation research)이다. OR은 제2차 세계대전 중 영 · 미군이 작전문제(대잠수함작전, 레이더운용 등)를 연구하기 위하여 수학, 심리학, 경제학 등 여러 분야의 전문가들로 연구팀을 구성하였는데, 그들이 수행한 작전연구를 Operations Research라고 부르게 되었다. 제2차 세계대전이 끝난 후에 미국은 OR을 경영학에 도입하여 의사결정 과정에 적용하였으며, 이로써 새로운 학문으로 발달하게 되었다.

OR은 문제의 상황을 수리적 모델로서 나타내고 모델의 조작과 분석에 의하여 문제의 해를 구한다. 또한 OR은 경영과학(management science)이라고도 하며, 선형계획법, 비선형계획법, 동적계획법, 정수계획법, 목표계획법, 네트워크모델, 재고관리모델, 게임이론, 대기행렬이론, 마아코브모델, 의사결정론, 시뮬레이션 등이 있다.

6. 컴퓨터의 발달과 생산자동화

1950년대 컴퓨터의 급속한 발전은 생산공정의 자동화와 관리활동의 전산화를 추진시켜 제2의 산업혁명을 맞이하게 되었다. 컴퓨터의 발전은 오늘날의 생산활동을 소프트웨어(생산계획, 재고관리, 공정관리, 품질관리, 원가관리 등) 및 하드웨어[programmable controller], NC(numerical control)장치, 산업용 로봇, 무인운전차(automatic guided vehicle; AGV)를 이용한 컴퓨터통합생산시스템(computer-integrated manufacturing; CIM)으로 발전시켰다.

오늘날 자본집약적인 산업들은 효율적인 생산을 위해서 공장자동화를 지향하고 있다. 일본의 상당수의 기업은 공장전체의 제조계획, 제조명령, 관리 등의 제1세대 CIM까지 발전하였고, 판매네트워크, 경영네트워크가 공장기구와 완전히 일체화된 제2세대의 CIM을 추구하고 있다.

7. 최근 생산관리의 새로운 경향

기업환경과 생산기술의 변화에 따라 운영관리는 많은 변화를 가져 왔다. 1970년대 서비스품질과 서비스생산성에 대한 연구가 이루어지면서 McDonalds는 품질과 생산성에 대한 독특한 접근방법은 대량 표준화된 서비스 전달방법에 관한 기준을 제시하였다. 특히 1990년대부터 2000년대를 이르기까지 리엔지니어링(business process reengineering), 공급사슬(supply chain management), 전자기업(electronic enterprise) 등이 발전하면서 운영관리에는 많은 변화가 일어났다.

이상에서 설명한 생산관리의 역사를 요약하면 <표 1-3>과 같다.

〈표 1-3〉 생산관리의 역사

연 대		공헌자
1700	분업의 원리(1776)	Adam Smith
	호환성 부품, 원가계산(1799)	Eli Whitney and Others
1800	숙련에 따른 노동의 분할 및 직무의 할당	Charles Babbage
	시간연구의 기초(1832)	
1900	과학적 관리법(시간연구와 작업연구의 개발)	Frederick W. Taylor
	작업들의 동작연구	Frank B. Gilbreth

1900	일정계획 기법(Gantt Chart)(1901)	Henry L. Gantt
	경제적 발주량(EOQ)(1915)	F. W. Harris
	인간관계(호손실험)(1927)	Elton Mayo
1900	품질관리도(1931)	Walter A. Shewhart
	통계적 품질관리(샘플링 검사법)(1935)	H. F. Dodge and H. G. Romig
1940	OR적용	P. M. S. Blacket and others
	디지탈 컴퓨터(1966)	John Mauchly and J. P. Eckert
	선형계획법(1947)	George B. Dantzig, William Orchard Hays, and others
1950	수리계획법, 비선형과 확률적 과정	A. Charnes, W. W. Cooper, H. Raiffa, and others
	상업용 디지탈 컴퓨터(1951)	Sperry Univac
1960	조직행위(작업에서 사람들의 계속된 연구)	L. Cummings, L. Porter,
1970	MRP에 컴퓨터의 적용	J. Orlicky and O. Wright
	서비스시스템의 운영관리	맥도널드
1980	적시생산시스템(JIT)	도요다자동차(오노 다이이찌)
	공장자동화(CAD/CAM,CIM,FMS, 로봇)	관련기술자, 연구자
1990	총체적 품질경영(TQM)	W. E. Deming and J. Juran
	ISO 9000	국제표준화기구(ISO)
	리엔지니어링(BPR)	Michael Hammer
	공급사슬경영(SCM)	SAP(독), Oracle(미)
	전자기업(인터넷, 월드와이드웹)	Microsoft, Netscape

출처 : Everett E. Adam, JR. Ronald, J. Evert, *Production and Operations Management*, 4th. ed., Prentice Hall, 1992. p. 9.

제 3 절 생산관리의 추세와 도전

경영(business)의 여러 가지 새로운 추세(trend)-생산성 향상, 글로벌 경쟁, 기술변화, 지속적 개선, 기타 광범위한 이슈들-는 운영관리에 많은 영향을 미친다. 본 절에서는 이러한 추세들과 운영관리의 과제를 살펴보기로 한다.

1. 생산성 향상

생산성은 국가, 산업, 기업, 프로세스의 가장 기본적인 성과척도이다. 생산성(productivity)이란 생산된 재화나 서비스 등 산출물의 가치를 임금이나 원가 등 이용된 투입자원의 가치로 나눈 값이다.

$$생산성 = \frac{산출물}{투입요소}$$

서비스업과 제조업의 생산성 향상을 비교해 보면 흥미로고 놀라운 사실을 알 수 있다. 미국에서 제조업의 고용수준은 제조업을 앞지르고 있지만, 생산성 향상은 훨씬 뒤처져 있어서 경제성장의 발목을 잡고 있다. 일본, 독일 등의 선진국도 유사한 경험을 하고 있다. 국내외의 급격한 투자증가로 기업 간 경쟁이 심해저서 생산성 향상의 자극제가 되고 있다. 정보기술에 대한 서비스업체의 투자증가도 생산성을 높일 것이다.

관리자로서 자기가 맡은 프로세스의 생산성을 측정하는 척도에는 여러 가지가 있으나 완벽한 것은 없고 모두 개략적인 값만 잴 수 있다. 예를 들어, 산출의 가치를 측정하는 척도로는 서비스 받은 고객의수, 생산한 물량, 고객이 지급하는 대금 등 다양한 것을 들 수 있다. 투입의 가치를 측정하는 방법도 작업시간, 원가 등 다양하다.

관리자들은 여러 가지 의미 있는 척도를 선정하여 그 지표를 관찰함으로써 개선이 필요한 영역을 파악할 수 있다. 예를 들어 보험회사의 관리자는 1주일간에 한 직원이 처리한 평균보험계약 수로 사무생산성을 측정할 수 있다. 이러한 척도는 노동생산성(labor productivity)을 나타내는 것으로 작업자 1인당, 또는 작업시간당의 산출물을 측정하는 것이다. 비슷한 척도를 써서 기계생산성(machine productivity)을 측정할 수 있는데 이때에는 분모에 기계수 등을 이용하면 된다. 여러 가지 투입요소를 동시에 계산하는 것도 가능하다. 종합생산성(multi-factor productivity)은 생산과정에 한 가지 이상의 자원이 쓰인 경우의 산출을 나타내는 지표이다. 예를 들어 산출물의 가치를 투입된 노무비와 재료비, 간접경비의 합으로 나눈 값을 이용할 수 있다. 이러한 척도를 개발할 때에는 특정한 변수의 수량단위를 공통척도의 단위로 변환하여야 한다.

프로세스 관리방식이 생산성 향상에 결정적인 역할을 한다. 가치사슬 수준의 생산성은 이를 구성하는 여러 프로세스의 성과 집합체이므로 경영자는 가치사슬 수준의 생산성부터 검사해 봐야 한다. 어려운 점은 투입원가에 대비한 산출의 상대적 가치를 증가시켜야 한다는 것이다. 같은 투입을 사용하여 산출량을 늘이거나 산출의 품질을 높이면 생산성이 높아진다. 또 투입을 줄이고도 같은 산출을 유지해도 생산성이 높아진다. 어쨌든 가치사슬의 성과는 효과적인 관리와 여러 프로세스의 협조에 따라 결정된다.

2. 글로벌 경쟁

기업은 지속적인 번영을 위해고객과 공급자, 설비입지, 경쟁 등의 문제를 세계적인 관점에서 보아야 한다. 오늘날 대부분의 제품은 전 세계로부터의 자재와 서비스로 구성되어 있다. 미국제 제니스 TV는 멕시코에서 조립되며, 갭사의 폴로 셔츠는 미국에서 재단된 원단으로 온두라스에서 봉제된 것이다. 시네플렉스 극장(캐나다)에 앉아 컬럼비아 영화사(일본)의 영화를 보면서 네슬러의 크린치바(스위스)를 먹는 일이 보통이다.

극심한 글로벌 경쟁은 모든 산업에서 나타나고 있다. 예를 들어 미국 제조업체들은 철강, 의류, 가전과 가정용 내구재, 기계, 화학 분야 등에서 국내시장과 국제시장 점유율을 잃어 가고 있다. 서비스의 국제거래액이 연간 1조 5천억 달러를 넘고 있다. 따라서 은행, 법률서비스, 자료처리, 항공, 컨설팅 서비스 회사들도 제조업체들처럼 글로벌 경쟁의 압력을 느끼고 있다. 또한 EU나 북미자유무역협정(NAFTA) 등 지역별 무역 블럭은 제조업과 서비스업에서 모두 경쟁의 지향을 근본적으로 바꾸고 있다. 세계 어디에서나 국제경쟁을 해쳐 나가기 위해서는 세계시장에서 경쟁할 수 있는 서비스나 제품을 생산하고 이를 지원할 수 있는 프로세스를 설계해야 한다.

3. 급격한 기술변화

운영관리의 중요한 추세는 기술변화(technological change)의 가속화이다. 이는 서비스 및 제품 설계와 기업 프로세스에 영향을 미친다. 또 컴퓨터 기술의 진보는 다양한 새로운 기회를 제공해 준다. 로봇과 여러 유형의 정보기술 등이 그 좋은 예이다. 전자상거래는 판매 및 구매 프로세스를 극적으로 변화시켰다. 미국 기업들은 매년 정보 기술 분야에만 수천억 달러를 쓰고 있다. 정보고속도로라고 하는 통신수단인 인터넷은 기업의 내부조직을 연결하고 외부의 고객, 전략적 파트너, 주요 공급자를 연결하는 중요한 수단으로 등장하였다. 이 컴퓨터 네트워크는 전 세계 전자메일과 자료교환능력을 제공하며, 거의 200여국이 연결되어 있다. 폭발적인 기술 환경변화는 기회와 위험을 동시에 가져온다. 어떻게 신기술의 이점을 활용해야 하고, 프로세스는 어떻게 변경할 것인가? 신기술 도입은 위험을 수반하며, 신기술에 대한 종업원의 태도도 변화를 관리하는 방식에 따라 달라진다. 올바른 선택과 효과적인 기술관리를 통하여 기업은 경쟁우위를 확보할 수 있다.

4. 기업윤리 및 환경문제

급격한 국제화와 기술 변화 때문에 기업의 윤리문제가 더 복잡해지고 있다. 기업들이 해외 사업장을 늘리고 해외 고객과 공급자를 늘리면서 다양한 윤리기준 하에서 사업을 하게 되어 혼란이 일어나고 있다. 나라마다 노동자 권리, 작업안전, 최저임금, 빈곤, 여성과 소수민족 차별, 뇌물, 이해 갈등, 유흥 등에 대한 윤리기준이 다르다. 본 국에서 보다 낮은 규제 기준을 가진 나라로 진출하였을 때, 현지기준에 맞추어 운영시스템을 변경할 것인지도 결정해야 한다. 인터넷 등의 기술변화로 고객의 사생활과 정보 보호도 논쟁의 대상이 되고 있다. 전자상거래에서는 고객과의 지리적 거리가 멀어지고 있으므로 신의와 명성이 더욱 중요해지고 있다.

독성, 폐기물, 식수 오염, 빈곤, 대기 오염, 지구 온난화 등의 환경문제가 더 주목을 받고 있다. 환경문제의 경우 종전에는 대개 삶의 결과에 관련된 문제로 인식했으나 2000년대에는 많은 사람들이 생존의 문제로 보고 있다. 깨끗하고 건강한 환경 하에의 관심은 점차로 더욱 증대되고 있다. 선진국들은 인구로는 지구상의 총인구의 25%를 차지하지만 모든 자원의 75%를 소비하고 있으므로 더욱 큰 책임을 갖고 있다. 미국과 일부 유럽 국가들은 GNP의 약 2%를 환경보호에 쓰고 있지만 환경주의자들은 이 금액을 훨씬 더 늘려야 한다고 믿고 있다.

과제는 명확하다. 윤리, 인력 다양성, 환경문제를 고려하는 것이 경영자의 일상 업무가 되어가고 있다. 운영 프로세스를 설계할 때, 경영자는 생산성, 품질, 원가, 이윤 등의 전통적 성과지표뿐만 아니라 성실성, 인격존중, 고객존중도 고려해야 한다.[4)]

4) Lee J. Krajewski, Larry P. Ritzman, Operations Management, 7th ed, Prentice Hall, 2005, pp. 14~17.

제 4 절 생산전략의 개념

경영자는 기업이 경쟁우위(competitive advantage)를 확보하기 위해 생산기능에 많은 관심을 갖고 있다. 생산은 고유의 기능뿐만 아니라 기업의 경쟁력 강화에도 기여를 해야 한다. WTO체제는 시간과 공간을 초월한 경쟁을 가져왔고, 기업의 생산성 향상의 요구와 소비자들의 요구증대에 따라 생산전략(operations strategy)을 통한 기업의 경쟁우위 확보가 매우 중요해졌다. 스키너(Skinner) 교수는 생산의사결정이 경영전략과 연계되어야만 생산은 기업의 경쟁우위 달성에 기여할 수 있다고 하였다.

1. 경영전략의 의의

경영전략은 기업의 경영목적을 달성하기 위한 포괄적인 수단으로서 기업의 내·외부 환경변화에 대해서 전체적으로 경영활동을 계획하고 동태적으로 적응시키기 위한 결정으로서, 미래의 계획이고, 자원의 최적배분을 그 목표로 한다고 정의할 수 있다.

그래서 경영전략은 경쟁상황을 가정한 기업에게 경쟁우위를 제공·유지시켜 줄 수 있는 주요한 의사결정수단이다. 글로벌 경쟁에 직면하고 있는 오늘날의 우리나라 기업은 항상 경쟁상황에 직면하고 있다. 경영전략은 이와 같은 경쟁상황에서 어떻게 자신에게 경쟁우위를 가져다 줄 수 있는가를 체계적으로 분석하게 해주는 구체적인 사고방법이다.

2. 경영전략의 형태

경영전략은 분석수준에 따라 기업전략(corporate strategy)과 사업전략(business strategy) 그리고 기능별 전략(functional strategy)으로 분류된다. 이 분류는 기업의 규모가 대규모일 때 적용되는 것이고, 소규모일 때는 기업전략과 사업전략은 구별되지 않는다. [그림 1-3]은 전략들을 기업의 조직으로 나타낸 것이다. 즉, 기업전략은 기업이 전체적으로 참여할 사업영역이고, 사업

그림 1-3 계층에 따른 전략의 분류

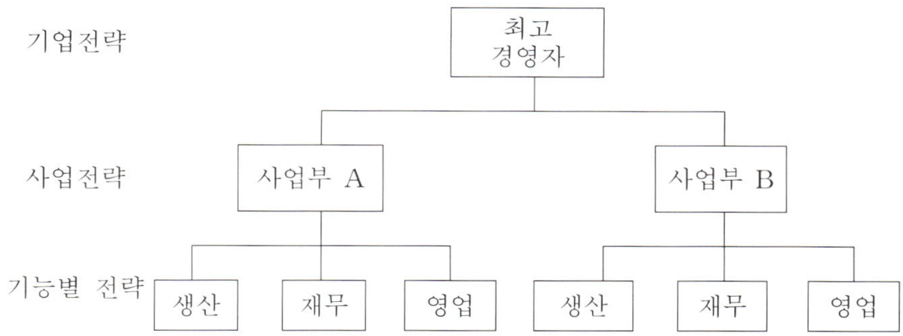

전략은 개별 사업부 내에서의 경쟁전략을 다루는 것이고, 기능별 전략은 업무의 기능에 따라 수립되는 부분적인 전략이다.

기업이 경영성과를 높이기 위해서는 먼저 어떤 사업분야에 참여하여 경쟁할 것인가를 정해야 하고(기업전략), 다음으로 그 사업분야에서 구체적으로 어떻게 경쟁을 해서 수익률을 높일 것인가를 결정(사업전략)해야 한다.

2.1 기업전략

기업전략에서는 먼저 그 기업이 경쟁하는 시장과 산업의 범위를 정한다. 즉, 기업전략은 다각화, 수직적 통합, 기업인수합병, 해외사업진출과 같은 결정이나 각 사업분야에 경영자원을 배분하고 신규사업진출과 기존사업부문에서의 탈퇴와 같은 결정을 의미한다.

기업전략의 수립은 기업의 내부요소(재무자원, 인적자원, 시설 및 설비, 전문가의 의견, 고객, 공급자)와 외부요소(경제적 조건, 정치적 조건, 법률문제, 사회적 문제, 기술, 시장)를 기초로 수립해야 한다.

글루엑(Glueck)은 기업전략을 다음과 같이 네 가지 유형으로 분류하였다.

2.1.1 성장전략(growth strategy)

성장전략은 안정전략과 비교되는 전략으로 성장은 조직의 현재 업무의 확장으로써 기존제품과 서비스의 확장뿐만 아니라 다양한 신제품개발 형태로 나타낼 수 있다.

2.1.2 안정전략(stability strategy)

안정전략은 현재의 활동과정을 지속시키는 것이다. 그러나 안정전략이 조직이나 관리자가 아무 것도 하지 않는다는 의미는 아니고, 다만 환경이 안정적이기 때문에 기본의 활동을 계속 유지한다는 뜻이다.

2.1.3 방어전략(defensive strategy)

방어전략은 사업계열이 부실하게 운영되는 기업에 적용하는 것이 적합하다. 사업운영이 부실한 분야를 매각하고 다른 분야를 강화시키는 전략이다. 즉, 구조조정을 통하여 기업의 경쟁력을 강화시키는 전략이다.

2.1.4 혼합전략(mixed strategy)

혼합전략은 앞에서 언급한 두 가지 이상의 전략을 동시에 사용하는 것이다. 예를 들면, 어떤 기업이 전체적으로 안정전략을 추구하는데, 어떤 부문에서는 성장전략을 추구하고 다른 부문에서는 방어전략을 추구하는 경우를 말한다.

2.2 사업전략

사업전략에서는 기업이 각각의 시장에서 경쟁하는 구체적인 방법을 다룬다. 기업이 경쟁에서 이기려면 경쟁대상기업보다 경쟁우위에 설 수 있는 전략이 필요하다. 그 경쟁우위를 확보하고 유지하는 전략이 사업부 수준의 전략이다.

이 전략은 표적시장에서 그 기업이 어떻게 경쟁할 것인가, 어떤 재화와 용역을 제공할 것인가, 어떤 고객을 대상으로 할 것인가, 그 기업 내에서 자원을 어떻게 배분할 것인가 등을 파악하는 것이 이 전략을 수립하는데 무엇보다 중요하다.

포터(M. Porter)는 사업전략들을 다음과 같이 제시하고 있다.

2.2.1 원가우위전략(cost leadership strategy)

단위당 제조원가의 최소화로 저가격 정책을 추구함으로써 매출액을 극대화하는 전략이다. 즉, 다수의 표준제품을 만드는 효율적인 운영으로 단위당 비용을 낮춘다는 의미이다. 이 전략이 성공을 거두기 위해서는 규모의 경제를 기할 수 있는 설비투자가 이루어져 소품종다량생산체제를 구축해야 한다. 예로서 포드는 표준화된 "T"형 자동차를 생산했다.

2.2.2 차별화 전략(differentiation strategy)

차별화 전략은 자사의 제품이나 서비스가 경쟁자들의 것과 비교하여 다르다는 것을 소비자에게 확인시키는 경쟁방법이다. 차별화를 가능하게 하는 요소는 디자인, 이미지, 기술, 서비스, 납기, 제품의 특성, 대고객서비스 등이다. 예로서 Rolls Royce는 소량의 다양한 고가자동차를 생산했다.[1]

2.2.3 집중화 전략(focus strategy)

집중화 전략은 특정 시장, 특정 구매자집단, 생산라인, 지역으로 한정된 시장을 집중적인 목표로 삼는 것이다. 집중화 전략이란 여러 분야에 경쟁하는 것보다는 경쟁우위에 있는 일부 업종을 중점적으로 공략하는 것이 효과적임을 전제로 한다. 예를 들면 진도의 모피, 신일산업의 선풍기를 들 수 있다.

일반적으로 앞에서 설명한 전략에서 원가우위전략과 제품차별화 전략의 절충안이 더 좋은 결과를 가져 올 것이라고 생각할 것이다. 그러나 이 접근방법은 평균제품(average products)과 평균비용(average cost)으로 생산하는 기업은 저비용이나 유일한 제품에 집중하는 것보다 현저하게 나쁘다는 것을 알 수 있다.

기업이 경쟁력을 확보하는 방법으로 제품(Product), 장소(Place), 판매촉진(Promotion), 가격(Price)의 4P에 중점을 두는 것이라고 볼 수 있다. 그러나 기업은 더 넓은 견지에서 비용(cost), 품질(quality), 서비스(service), 신뢰성(reliability), 유효성(availability), 유연성(flexibility), 납품속도(delivery speed), 위치(location) 그리고 기타의 특성으로 경쟁할 수 있다고 볼 수 있다.

경쟁전략에 대하여 중요한 점은 한 조직의 운영과 경쟁자들의 운영을 비교하는 것이다.

2.3 기능별 전략

사업부 수준의 하위수준 전략은 개별사업부 내에 있는 생산, 인사, 재무, 마케팅에서의 기능별 전략이다. 기능별 전략은 기업수준의 전략과 사업수준의 경쟁전략이 수립된 이후, 각각의 생산활동, 영업활동, 제품기획, 자금조달 등 기능별 분야에서 세부적인 수행방법을 결정한다. 다음 절에서는 기능별 전략 중의 하나인 생산전략에 대하여 설명한다.

---

1) Donald Waters, *Operations Management*, Addison-Wesley, 1996, pp. 50~53.

제 5 절 생산전략의 개발

1. 생산전략의 개념

생산전략(operations strategy)이란 기능별 전략의 하나로써 학자들에 따라서 다음과 같이 정의하고 있다.

헤이즈와 휠라이트(Hayes and Wheelwright, 1984)는 생산전략을 특정능력의 집합을 달성하기 위한 생산구조와 하부구조에 대한 의사결정의 패턴으로 정의하고, 힐(Terry Hill)은 생산활동에 통합된 지원을 함으로써 경쟁자보다 더 많은 주문을 획득하는 데 그 목적이 있다고 주장하면서 생산시스템의 과업은 주문획득기준이어야 함을 지적하고 있다.

여기서 주문획득기준이란 고객이 제품을 구매하는 기준으로서 가격, 품질 및 신뢰성, 납품속도, 납기의 신뢰성 등을 의미한다. 따라서 생산전략은 독립적인 상태에서는 수립될 수 없으며 기업의 내·외부의 많은 조직군과 영향을 주고받으며 수립된다.

스키너(Wickham Skinner)는 생산전략의 의사결정요소를 공장과 설비, 생산계획과 통제, 인력계획, 제품설계, 조직구조 등 다섯 가지로 분류했다. 이 요소들은 상호상충관계에 있으며, 생산전략은 상충관계의 요소들에 대하여 일관된 선택을 하는 것이 중요하다. 따라서 의사결정의 일관성이 유지되면 될수록 사업수준전략의 경쟁적 우위를 도와준다.

이상에서 학자들의 주장을 요약하면 생산전략이란 생산의사결정의 전반적인 방향을 설정하는 비전 또는 지침이며, 생산전략은 사업전략과 부합해야 하며, 일관된 생산의사결정과 기업의 경쟁우위를 유지하도록 수립되어야 한다.

또한 기능별 전략 상호간의 관계를 살펴보자. 생산전략은 다른 기능별 전략들과 분명히 연결되어 있다. 만약 생산전략(operations strategy)이 대량생산공정을 사용한다면, 마케팅 전략은 대량판매를 목표로 해야 하고, 재무전략은 장비에서 거대한 투자(heavy investment)를 해야 한다. 조직의 목표를 달성하기 위해서 각 기능별 전략들은 각각의 기능을 강화해야 한다. 그러나 조직은 각각의 기능별 전략의 목표가 상충되는 경우가 많아서 쉽지 않다. 만약 제조업자가 고수익을 목표로 하는 한 가지 예를 들어보자.

생산기능은 소품종제품에 주력함으로써 제조비용을 줄이고, 동시에 마케팅 기능은 다품종의 제품을 제공받음으로써 판매량을 증가시키는 것이다. 이 두 가지 모순된 견해는 어쨌든 해결되어야 한다. 비록 각 기능이 그 자신의 목표를 갖고 있다고 하더라도, 그것은 차후의 문제이고, 그 조직의 모든 목표와 충돌해서는 안 된다.

2. 경쟁우위전략

기업이 시장에서 경쟁적 우위를 점하기 위해서는 고객지향적 생산전략을 수립해야 한다. 경쟁우위(competitive priority)를 확보하기 위한 생산전략은 조직의 장기적 목표를 반영하고, 시장의 요구를 수렴하여 기업의 역량을 충분히 발휘할 수 있도록 마케팅과 생산기능간의 노력을 반영시켜야 한다. 시장분석을 통하여 경쟁우위를 확보할 수 있는 시장의 요구를 파악하면 이러한 요구를 기업이 추구해야 할 역량으로 변화하는 것이 전략의 실행에 필수적이다.

경쟁우위를 확보하기 위해 필요한 요소들을 경쟁우위요소라고 하는데, 이것을 다른 말로는 생산과업(manufacturing task)이라고도 한다. 이 요소들을 실행할 때는 일관성과 우선순위 및 상충관계에 역점을 두어야 할 것이다. 기업은 원가(cost), 품질(quality), 시간(time), 유연성(flexibility)을 경쟁우위요소라고 하는데, 이들에 대하여 설명한다.[2)]

2.1 원 가

생산원가는 재료비, 노무비 및 간접비로 구성된다. 따라서 가격을 낮추면 제품에 대한 수요는 증가하지만 낮은 원가로 제품을 생산할 수 있는 방법이 필요하다. 원가를 줄이기 위하여 프로세스를 효율적으로 설계하고 운영해야 하므로 서비스나 제품생산에 필요한 노동력, 작업방법, 불량품, 재작업, 간접비 등의 단위 원가를 낮추어야 한다. 이를 달성하기 위하여 프로세스변경, 원자재개발, 기술개발, 자동화 도입 등을 활용한다.

이 전략은 제품수명의 주기상 성숙기 이후의 제품이나 할인점, 패스트푸드점, 일용상품(우유, 비누 등) 제조업체 등 원가절감을 목표로 하고 있는 산업

2) R. Hayes and S. C. Wheelwright, *Restoring our competitive Edge : Competing through Manufacturing*(New York : John Wiley, 1984), p. 40.

에서 주로 볼 수 있다.

2.2 품 질

품질에 따른 경쟁우위전략은 소비자가 원하는 품질을 제공하기 위하여 최고품질(top quality)과 균일품질(consistent quality)의 두 가지 방법을 생각할 수 있다.

먼저 최고품질은 뛰어난 서비스나 제품을 제공하는 것이다. 이 전략은 서비스 프로세스에게는 높은 수준의 고객 접촉, 편의성, 친절, 서비스 인력의 능력을 요구한다. 제조 프로세스에게는 우수한 제품 특성, 엄격한 허용오차, 높은 내구성을 요구한다. 다음으로 균일품질은 제품과 서비스가 설계된 사양에 일치하는 정도를 의미한다. 고객은 제품이나 서비스를 계약한 대로, 광고한 대로 일관되게 기능을 발휘하기를 기대한다. 일관된 품질을 유지하기 위해서 생산시스템을 설계하고 감시하는 것도 중요하다.

2.3 시간

속담에서처럼 "시간은 금이다." '인터넷 속도'로 운영하는 회사도 있고, 지속적인 납품시간 준수로 성공하는 회사도 있다. 시간에 관한 경쟁우위전략은 납품속도(delivery speed), 정시납품(on-time delivery), 개발속도(development speed) 등이 있다. 납품속도는 고객으로부터 주문을 받고 제품이나 서비스를 인도하는데 소요되는 시간(lead time)이다. 따라서 리드타임을 줄이는 것이 중요하다. 정시납품은 납품약속시간을 지키는 것이다. 개발속도는 초기의 아이디어 창출에서부터 최종적인 설계 및 생산까지의 시간, 즉 새로운 제품과 서비스가 얼마나 빨리 시장에 도입되는가를 측정하는 것이다. 시간은 고객의 납기요구를 충족시켜 주는 능력을 의미한다. 즉, 고객이 원하는 시간과 장소에 제품이나 서비스를 인도할 수 있는 생산의 능력이다.

이상에서 설명한 경쟁의 방법을 시간경쟁전략(time-based competition strategy)이라고 한다.

2.4 유연성

유연성이란 수요의 질적 및 양적인 변화에 신속하게 대응할 수 있는 능력이다. 바꾸어 말한다면, 수요의 변동에 따라 생산수량을 신속하게 조절할 수 있고, 소비자의 요구나 취향에 맞추어 신속하게 신제품을 개발하거나 제품디자인을 다양하게 변경할 수 있는 능력을 말한다. 전자를 고객화(customization)라고 하고, 후자를 수량유연성(volume flexibility)이라고 한다.

이상에서 설명한 경쟁우위요소 중 어떤 것을 선택해야 하는가는 중요한 일이다. 물론 상황에 따라서는 위에서 언급한 네 가지 요소 전체를 선택할 수도 있다. 예를 들면 불량품과 재작업을 줄임으로써 비용은 줄이고 생산성도 높아지고 상품인도시간을 줄일 수 있을 것이다. 그러나 어떤 차원의 개선이 계속되어 어느 수준 이상이 되면 다른 요소에 악영향을 미칠 수도 있다. 예를 들면 높은 고객화는 높은 원가와 가격의 상승을 초래하고 있다.

3. 포지셔닝전략

포지셔닝전략(positioning strategy)이란 사업전략 또는 경쟁전략 차원에서 자사의 사업 또는 제품을 어떤 위치에 놓을 것인가를 결정하는 전략이다. 따라서 제품디자인, 생산공정, 완제품재고에 관한 근본적인 선택을 하는 것이며, 이 전략에 의하여 생산시스템의 기본적인 구조와 운영방식이 결정된다고 볼 수 있다.[3)]

3.1 제품디자인의 선택

제품이나 서비스를 생산하기 전에 디자인을 해야 한다. 디자인은 고객의 취향, 고객의 경향, 고객의 욕구를 충분히 반영하여 시장성이 강한 제품이나 서비스를 출시해야 한다. 제품디자인은 맞춤제품과 표준제품으로 나눌 수 있다. 맞춤제품(custom products) 디자인은 고객이 요구하는 독특한 디자인에 따라 생산되는 제품이다. 맞춤생산은 다품종소량생산형태이며, 맞춤생산을 위해서는 유연성생산시스템(FMS)이 요구되며, 고급품질, 납품속도, 제품다양성 등이 요구된다. 표준제품(standard products) 디자인은 시장조사나 소비자의 의식조사를 통하여 일반적인 생산제품을 디자인하여 생산하는 소품종다량생산형태를 띠고 있다. 이때는 품질균일성, 납품속도, 저원가생산 등을 고려하여 생산해야 한다.

3) 임현석외, 생산·운영관리, 삼영사, 2003, pp. 42~43

3.2 생산공정의 선택

제품 및 프로세스 포지셔닝 전략이란 기업의 경쟁력 우위와 생산의 주요과업 사이를 결합하는 과정이다. 이러한 과정은 제품 및 생산시스템의 수명주기를 고려해야 하고, 또한 생산전략의 방향을 결정하기 위하여 시장의 환경을 조사해야 한다.

생산공정의 선택은 프로세스중심전략과 제품중심전략으로 생각할 수 있다.

프로세스중심전략(process-focused strategy)이란 고객의 다양한 요구를 충족시키기 위한 생산시스템이라고 할 수 있으며, 이 시스템은 유연성이 있어야 하며, 유연성 있는 공정기술의 활용이 필수적이다. 여기에는 개별생산, 건강센터, 종합병원 등이 속한다.

제품중심전략(product-focused strategy)은 대량의 표준화된 제품을 생산하기 위한 시스템이다. 여기에는 흐름생산, 카페테리아, 조립공정이 속한다. 또 중간전략은 공정중심전략과 제품중심전략과의 사이에 있다. 이 전략은 상대적으로 생산량이 많으며, 여러 개의 주문을 동시에 처리할 수 있다. 이러한 전략을 사용하는 사업으로는 중장비제조업, 의류제조업, 요리업, 자동차정비업, 광고대행업, 증권회사지점 등을 들 수 있다. 여기서 생산의 형태는 제품의 사용용도에 따라 결정된다. 〈표 1-4〉는 공정중심전략과 제품중심전략의 관계를 나타냈다.

〈표 1-4〉 프로세스중심전략과 제품중심전략의 관계

공정중심전략	제품중심전략
1. 양이 적은 고객화된 제품과 서비스	1. 양이 많은 표준화된 제품과 서비스
2. 짧은 수명주기	2. 긴 수명주기
3. 수명주기의 초기단계	3. 수명주기의 후기단계
4. 빠른 퇴출을 선호하는 진입-퇴출전략	4. 늦은 퇴출을 선호하는 진입-퇴출전략
5. 고성능 설계	5. 일관된 품질
6. 고객화와 수량 유연성 강조	6. 저원가에 대한 강조
7. 긴 인도시간	7. 짧은 인도시간

3.3 생산전략의 선택

제품을 생산하는 제조업체는 생산전략을 선택해야 한다. 생산전략은 재고생산과 주문생산으로 나누어진다.

재고생산(make-to-stock: MTS)이란 시장생산 또는 예측생산이라고도 한다. 재고생산은 수주 전에 미리 완제품을 생산하여 주문이 접수되면 재고에서 즉시 공급하는 것을 말한다. 재고생산은 대량생산, 수요예측이 용이한 제품, 납품속도를 요구되는 제품에서 채택하는 것이 유리하고, 생산공정은 제품중심 생산에서 이용되는 전략이다. 이러한 생산전략은 가전제품, 의약품, 자동차 등 대량생산체제를 갖춘 업종에 적한하다.

주문생산(make-to-order: MTO)이란 수주를 받은 후에 생산을 개시하여 납품을 하는 것을 의미한다. 이 생산전략은 프로세스중심생산에 적합하며, 다품종소량생산이나 맞춤생산에 적합한 생산형태이다. 이 전략은 재고를 최소화하고, 다양한 고객의 욕구에 부합할 수 있는 장점이 있는 반면에 생산비용이 많이 소요되는 단점도 있다. 주문생산에 적합한 업종은 주물, 고급가구, 조선, 건축, 특수기계 등이 있다.[4]

---

4) 임석현외, 전개서, pp. 45~6

연습문제

1. 테일러 시스템과 포드 시스템을 비교 설명하라.

2. 생산운영 시스템(input-output system)에서 변환과정을 유형별로 분류하여 설명하라.

3. 아담 스미스의 국부론에서의 분업의 원리와 정약용의 목민심서의 화도법을 비교 설명하라.

4. 제품생산시스템과 서비스생산시스템을 비교 설명하라.

5. 다음과 같은 생산활동의 생산성을 계산하라.

5-1. 지난주에 3명의 직원이 600건의 보험계약을 처리하였다. 이 직원은 하루에 8시간씩 주 5일 근무한다.

5-2. 작업팀에서 표준단가가 10,000원인 제품을 400개 만들었다. 회계부서에서는 이 작업의 실제 원가가 노무비 400,000원, 재료비 1,000,000원, 간접비 300,000원이라고 보고하였다.

6. 한국대학교의 학비는 학기당 1학점당 100,000원이다. 한국정부는 등록금 수입에 대응하여 1:1의 비율로 재정보조를 하고 있다. 보통 3학점 강좌의 평균 학생 수는 50명이다. 노무비는 강좌당 4,000,000원이며 자재비는 강좌당 20,000원이다. 간접경비는 강좌당 25,000,000원이다.

6-1. 이 강의 프로세스의 종합생산성은 얼마인가?

6-2, 강사가 50명이 수강하는 3학점 한 강좌를 위하여 1주에 14시간씩 16주를 일한다면 노동생산성은 얼마인가?

7. 원가우위전략(cost leadership)과 제품차별화 전략(product differentiation)을 비교 설명하라.

8. 제조업이 경쟁적 우위(competitive priorities)를 확보하기 위해서 고려해야 할 제조상의 요소들은 무엇인가?

9. 공정중심전략과 제품중심전략을 비교 설명하라.

10. 경쟁우위요소를 들고 간단히 설명하라.

11. 글루엑(Glueck)이 주장하는 기업전략에 대하여 설명하라.

제 2 장 시설 및 입지선정

The **break-even point** is the number of units that must be sold before an organization covers all costs and begins to make a profit.

$$\text{The break-even point} = n = \frac{C_F}{p - C_u}$$

The **transportation method** is a quantitative approach that can help solve multiple-facility location problems.

KEY TERMS

location decisions(입지결정)
location factor(입지요소)
merger or acquisition(기업합병)
multiple shifts(다교대)

제 1 절 입지결정의 기본개념

기업이 기업의 입지를 한번 결정하면 그 영향은 매우 장기간 지속되기 때문에 기업에서 전략적 의사결정에 해당된다. 따라서 입지결정(location decisions)은 쉽게 변경할 수 있는 의사결정이 아니다. 무엇보다도 기업은 경쟁적 능력에 의하여 직접적인 효과를 얻기 때문에 입지결정은 기업성공의 결정적인 요소가 될 수 있다.

입지결정에서 가장 중요한 기준은 제조업인 경우에는 수익최대화보다는 비용최소화의 기준에 의하여 선정해야 하고, 서비스업의 경우에는 수익최대화 또는 서비스최대화의 기준에 따라 입지를 선정해야 한다.

1. 입지결정의 발생원인

기업이 신설되어 설립되는 경우나 기존기업이 새로운 입지를 선정해야 하는 경우 기업을 설립할 때는 기업의 새로운 시스템을 마련해야 하기 때문에 입지문제는 필수적이다. 또한 기존기업들도 여러 가지 이유 때문에 입지선정이나 입지변경을 해야 한다.

1.1 기업의 내부적인 발생원인

1.1.1 새로운 기업을 계획할 때

새로운 사업체를 설립하기 위하여 적당한 부지(appropriate site)를 선택하는 것은 기업의 성공에 매우 중요하다. 한 가지 예를 들어보자. 오스트리아의 레스토랑 체인인 아웃백 스틱하우스(Outback Steakhouse)가 1987년도에 설립되었을 때, 이 레스토랑은 상업지역보다는 주거지역에 더욱 가까이 위치해 있었다. 아웃백은 미국에서 가장 빠른 성장기업 중의 하나이다. 그리고 이 기업의 설립자인 슈리반(Chris Sullivan)은 이 체인의 성공을 이 입지결정으로 돌리고 있다. 그는 상가보다는 주택지가 부동산가격이 저렴하고, 저녁식사사업이 점심식사사업보다 더 많은 이익이 발생한다고 말한다.[1)]

---

1) Andrew E. Serwer, "America's 100 Fastest Growers," *Fortune*, August 9, 1993, pp.

1.1.2 기존사업체를 변경할 때

입지변경(relocation)은 기업이 운영개선을 하려는 기회라고 할 수 있다. 또는 현재의 운영수준을 유지하기 위하여 필요하다. 비용절감(cost cutting)은 입지변경에서 일반적인 요소이다.

제조업자들은 원자재의 이용성이나 에너지비용, 노동력의 이용가능성, 임금수준, 수송의 편의성 등의 변화 때문에 입지변경을 결정한다. 혹은 이러한 결정은 세금이나 정부의 법규와 같은 경제적 조건의 변화에 의하여, 혹은 임대차계약과 같은 운영비용에서의 변화에 의하여 유도될 것이다. 새로운 부지의 선정은 노무비, 유틸리티 비용, 수송비용에서의 비용절감을 얻을 수 있음으로써 기업들은 더욱 저렴하게 제품을 생산할 수 있다.

예를 들어, 캘리포니아에 있는 시프레스 반도체회사(Cypress Semiconductor of San Jose)는 1992년에 해외로 입지변경을 결정했다. 이 회사는 태국에 공장을 설립함으로써, 비용과 시간을 낭비하는 정부법규의 완화에 1,700만 달러를 절약할 수 있었다. 이 회사의 최고경영자인 로저스(T. J. Rodgers)에 따르면, 캘리포니아에서 기업설립을 위한 인가를 받는데 소요되는 시간보다 방콕공장이 운영되는데 소요되는 시간이 덜 소요된다는 분석결과로 공장을 이전하였다고 한다.[2)]

서비스분야의 기업들에게는 시장의 변화, 경쟁자들의 입지의 변화, 경제적 조건 및 운영비용의 변화 때문에 입지변경은 필요할 것이다. 서비스기업들은 새로운 개발이득을 얻기를 바라기 때문에, 혹은 더욱 좋은 새로운 부지를 이용할 수 있기 때문에 입지변경을 한다.

기업들은 기업합병(merger or acquisition) 때문에 할 수 없이 입지변경을 하는 경우도 있다. 예를 들어, 쿠퍼스 앤드 리브랜드(Coopers & Lybrand)사는 5,500명의 참모구성원들이 Delotte, Haskins, Sells와 합병 후 서로 다른 13개의 부지에서 하나의 사무실로 이전했다.[3)]

1.1.3 생산능력을 확장할 때

기업이 생산능력의 확장을 고려할 때, 새로운 부지로 이전할 때 소요되는 비용이나 이익을 현재의 시설을 추가 확장하는 비용이나 이익과 비교하여 입지변경을 결정할 수 있을 것이다. 만약 현재의 부지를 확장할 수 없다면, 기

40~56.

2) John DeMott, "California's Economic Crisis," *Nation's Business* (July 1993), pp. 16~22.

3) Sarah Grey, *Journal of Accountancy* (May 1993), p. 65.

업은 새로운 시설을 건설하거나 구입할 것이다. 예를 들어, 인텔회사(Intel Corporation)는 미국의 대규모 반도체 생산업체인 캘리포니아의 산타 클라라 본부 근처에 칩생산공장을 확장하기 위하여 4억달러를 투자하고, 또한 애리조나와 뉴멕시코에 거대한 마이크로칩 공장을 건설할 계획을 가지고 있다.

이 확장결정은 매우 어려운 결정이다. 새로운 시설을 건설하는 것은 시간과 금전 면에서 부담이 될 수도 있다. 그러나 만약 기업이 현재의 시설을 확장할 것을 결정한다면, 기업이 도입할 새로운 장비들은 기존의 장비들과 양립할 수 있어야 할 것이다.

1.2 기업의 외부적인 발생원인

1.2.1 생산품의 수요변동

지역개발, 경제적·환경적 영향으로 인구이동이 이루어지면, 지역상품에 대한 수요 또한 변동하게 된다. 이러한 수요의 변동에 따라 공장, 창고, 소매업의 이전, 신설 또는 폐쇄가 이루어진다. 만약 수요가 크게 증가한다면, 공장을 확장하거나 새로운 공장을 건설해야 한다. 그러나 제품수명주기의 변동에 따라 수요가 감소한다거나 경제적인 요인이 소멸하여 수요가 감소하면 공장, 소매점, 창고 등을 이전 또는 폐쇄해야 한다.

1.2.2 시장확대전략

대기업, 금융기관, 연쇄점은 시장확대전략의 일환으로 생산, 유통, 판매조직을 계획적으로 신설한다. 이러한 조직확대를 통하여 매출증대를 꾀하고 서비스 수준을 향상시킴으로서 시장확대기회를 높이는 것이다.

1.2.3 비용구조의 변화

노동집약적인 산업은 경제규모가 커지고 인건비가 상승하면 인건비가 상대적으로 싼 지역 내지 저개발국가로 이동하는 경향을 볼 수 있다. 또한 지역간 생산비용구조(노무비, 수송비, 용수비)에 변동이 생기면 기업은 생산비용이 좀 더 싼 지역으로 공장을 이전하려고 할 것이다.

2. 입지결정의 대체안

제품의 수요가 증가하여 현재의 생산능력으로 증가된 수요를 충당하기 어렵다 하여 곧 시설확장을 하는 것은 바람직한 방법이 못된다.

예를 들어 일정기간 수요가 증가한 후 다시 수요가 감소한다면, 시설투자로 인한 손실은 돌이킬 수 없는 우를 범하는 것이 된다. 따라서 수요의 증가형태를 분석하여 이 수요가 장기적으로 증가할 것인지, 일정기간 증가 후 다시 감소할 것인지, 시설투자 없이 증가된 수요를 만족시킬 수 있는 방법이 있는지를 알아보아야 한다.

2.1 일시적인 수요의 증가

일시적인 수요의 증가는 다시 수요의 감소가 예상됨으로 시설투자는 경영자에게 위험부담이 된다. 여기에 대처하는 방법은 잔업, 다교대제(multiple shifts), 하청 등을 이용하여 일시적인 수요를 충족시킬 수 있다.

2.2 장기적인 수요의 증가

첫째는, 증가된 수요량이 작을 경우이다. 현재의 입지가 좋은 조건을 구비하고 있고 시설확장의 여유가 있으면 현재의 공장시설을 확장하는 방법이다.

둘째는, 수요량의 증가가 크고 현재의 공장입지가 좋다고 판단되면, 현재의 공장을 그대로 두고 다른 적합한 입지를 선정하는 방법이다.

셋째는, 현재의 공장을 폐쇄하고 다른 곳으로 공장을 이전하는 방법이다. 이 방법은 시장이나 인구의 이동, 원료의 고갈, 현재의 입지에서의 가격상승(임금, 용수비, 노동력) 등의 원인이 발생하여 더 이상 입지요건으로 부적당한 경우이다.

3. 입지결정의 요인

입지요인(location factor)은 크게 질적(주관적) 요인과 양적(객관적) 요인으로 나눌 수 있다. 입지요인을 이러한 방법으로 분류하는 이유는 여러 가지 입지결정기법으로 입지결정을 분석할 때 편리하기 때문이다.

3.1 질적 요인

질적 요인은 화폐가치로서 측정 불가능한 입지결정의 요소들이다. 그래서 이 요소를 평가할 때는 경험과 상식적으로 평가하는 것이 바람직한 평가방법이다. 여기에 속하는 요소들은 원료의 공급능력, 시장의 위치, 공업용수의 유무, 지역사회의 태도, 법적 및 지역적 규제, 생활환경 등을 들 수 있다.

이 요소들 중에서 원료의 공급능력, 시장의 위치, 공업용수의 유무 등은 필수요인으로서 다른 요소들이 아무리 좋아도 이 조건이 만족되지 않으면 입지로 부적당하다.

3.1.1 지역사회의 태도

지역사회 주민들이 업체의 유입을 환영할 것인지, 반대할 것인지는 법적인 구속력은 없지만 매우 중요한 일이다. 예를 들어, 원자력발전소, 방사성폐기물 처리장, 쓰레기 매립장, 댐건설 등의 사업에 대하여 주민들의 반대가 많이 발생하고 있다. 오늘날 지방자치제도의 도입으로 주민들의 피해의식으로 인한 집단이기심이 발생하여 이러한 사업체의 건설이 매우 어렵다.

3.1.2 법적 및 지역사회의 규제

업종에 따라서는 공장건설이 법적으로 규제를 받는 경우가 있다. 예를 들면 공해업체인 경우 지역주민의 반발은 없어도, 상수원 보호지역에 폐수배출업체는 입주하지 못한다. 법적 및 지역적 규제는 기업의 기업다각화에 걸림돌이 될 수 있으므로 충분히 법적 검토를 한 후에 입지를 결정하는 것이 바람직하다.

3.1.3 생활환경

입지를 선정할 때에 교육여건(초등학교, 중고등학교), 편의시설(전기시설, 상수도시설, 하수시설 등), 금융기관, 공공기관 등 입주업체의 가족들이 생활을 하는데 불편함이 있는지를 파악해야 한다.

이 밖에도 질적 요인으로는 시장의 근접성, 노동력의 양과 질, 생활수준, 기후 등을 꼽을 수 있다.

3.2 양적 요인

양적 요인은 화폐가치로서 측정 가능한 입지결정의 요소들이다. 여기에 속하는 요소들은 수송비용, 임금, 공익사업 비용(연료, 전력, 공업용수 등), 토지 및 건축비, 세금 등을 들 수 있다.

3.2.1 수송비용

오늘날은 제품의 원가구성요소 중에서 물류비용이 차지하는 비중을 무시할 수 없다. 그래서 입지를 선정할 때는 유통비용을 줄이기 위하여 많은 노력을 한다. 예를 들면, 제철, 제재, 펄프, 제지, 제련 등의 생산과정에서는 원료의 중량이나 부피에 비하여 완제품의 중량이나 부피가 감소하게 된다. 그래서 이러한 공장의 입지로서는 원료의 원산지나 원료의 수입항구 등지가 공장설립의 입지로서 좋다. 반면에 원료보다 완제품의 중량이나 부피가 크게 되면 시장 가까이 공장을 건설하는 것이 바람직하다.

3.2.2 임 금

노동집약적인 기업은 원료 및 완제품의 유통비용보다는 제품의 가공비용에 더 중점을 둔다. 노동집약적인 기업은 노동력이 풍부하고 임금이 싼 곳에 위치하려 할 것이다. 제품의 구성요소 중에서 인건비가 차지하는 비용이 상당하기 때문이다.

무어와 헨드릭(Moore and Hendrick)은 특정지역에 공장을 건설하려 할 때, 예정된 고용인원이 그 지역인구의 5% 또는 취업가능인구의 20%를 초과할 것이 예상되면 공장설립을 포기해야 한다고 한다. 이외에도 임금수준과 노동의 질(노동생산성, 이직률, 작업태도, 교육수준, 노사관계 등)을 고려하여야 한다.

오늘날 기업들이 인건비를 줄이기 위하여 저개발국가로 공장이전을 하고 있는데, 이것도 임금수준과 노동의 질이라는 맥락에서 고려되어야 한다.

3.2.3 공익사업 비용

연료, 전력, 공업용수, 배수시설 등을 일괄하여 공익사업(utilities)이라고 한다. 공익사업은 생산시스템에서 요구하는 기본적인 생산요소이기 때문에 값싸고 풍부하게 이용가능한 곳을 선정해야 한다. 입지를 선정할 때, 철강, 알루미늄 등 에너지 다량 소모산업은 에너지 공급을 최우선적으로 고려해야 하고, 제지, 제당, 고무, 피혁, 화학, 식품가공 등은 다량의 공업용수를 필요로 하기 때문에 수자원의 공급이 중요한 입지요건이다. 청량음료나 양조 및 제지업은 용수의 양도 중요하지만 수질도 매우 중요한 요소이다.

3.2.4 토지 및 건축비

토지구입비용 및 건축비용은 입지결정에 직접적으로 관련된 비용이다. 토지구입비가 싸다고 해서 비용이 적게 드는 것은 아닐 것이다. 예를 들면, 토지구입비는 싸지고 정지비용, 대체조림비, 토지전용비, 진입도로건설비 등의 많은 부대비용이 필요할 경우도 있을 수 있다.

3.2.5 세 금

지역에 따라서는 기업체를 유치할 목적으로 정부나 지방자치단체에서 세금 혜택을 준다든지, 혹은 싼 가격으로 부지를 공급하는 경우가 있다. 이러한 경우에 기업의 입지결정은 세금이나 부지공급의 혜택에 영향을 받을 수도 있다.

이러한 양적 요인과 함께 앞에서 설명한 질적 요인을 고려하여 공장의 입지결정이 이루어져야 하는 바, 입지결정은 한번 결정이 되면 그 영향이 오래 지속되는 전략적이고 장기적인 의사결정이므로 신중하게 고려하여 이루어져야 한다.

제 2 절 입지결정의 기법

입지결정을 할 때 앞에서 설명한 여러 가지 입지요인을 모두 고려하여 선정하면 근사치에 가까운 해를 구할 수 있을 것이다. 그러나 이렇게 하는 데에는 시간과 노력과 비용이 너무나 많이 소요되며, 또 입지결정은 당장 오늘이나 내일에 한정된 일만은 아니다. 이 결정은 수십 년에 걸쳐서 고려해야 하기 때문에 이러한 요소들을 10년 내지 20년 후에까지 정확하게 예측하는 것은 거의 불가능하다. 그러나 현시점에서 미래를 예측 가능한 모든 요소를 고려하여 최적의 의사결정보다 근사적으로 만족스러운 의사결정을 추구하게 된다. 여기서 입지결정의 기법은 총비용비교법, 손익분기분석법, 요인평가법, 수송계획법에 의한 입지결정법 등을 중심으로 설명한다.

1. 총비용비교법

총비용비교법은 일정한 생산규모를 가정하고 단위당 생산원가를 계산하여 여러 입지후보지를 비교하는 방법이다. 그러므로 여기에 사용되는 입지요인은 화폐가치로서 계산될 수 있는 요소들이어야 평가가 가능하다.

[예제 2-1] 총비용비교법에 의한 입지결정

한양전자는 IC의 수요 급증으로 창원, 포항, 구미 중에서 한 곳을 선정하여 공장을 건설하려고 한다. 다음 표의 자료를 이용하여 공장부지를 결정하여라. 단, 이 공장의 생산능력은 500만개를 생산할 수 있어야 한다.

〈표 2-1〉 세 입지의 연간비용비교 (단위: 1,000만원)

입지요인 \ 후보지	창원	포항	구미
수송비(원료+제품)	24	23	22
인 건 비	15	19	22
원 료 비	31	30	29
유틸리티	7	9	11
고정경비	10	11	11
변동경비	6	7	6
총 비 용	93	99	101

〈설 명〉

창원, 포항, 구미 세 후보지의 단위당 생산원가를 계산하여 가장 작은 생산원가인 지역을 선정하면 된다.

i) 창원의 단위당 생산원가 $= \dfrac{\text{총비용}}{\text{생산수량}} = \dfrac{930,000,000}{5,000,000} = 186$원

ii) 포항의 단위당 생산원가 $= \dfrac{\text{총비용}}{\text{생산수량}} = \dfrac{990,000,000}{5,000,000} = 198$원

iii) 구미의 단위당 생산원가 $= \dfrac{\text{총비용}}{\text{생산수량}} = \dfrac{1,010,000,000}{5,000,000} = 202$원

그러므로 단위당 생산원가가 최소지역인 창원이 적합한 후보지이다.

2. 손익분기분석법

손익분기분석법은 공장설립 시에 생산수량을 결정하지 못하고 고정비와 변동비에 따라 후보지를 결정하는 방법이다. [그림 2-1]은 생산규모에 따라 총비용이 증가되는 추세를 그림으로 나타냈으며, 총비용은 고정비와 변동비의 합이다.

[예제 2-2] 손익분기분석법을 이용한 입지결정법

한양전자는 창원, 포항, 구미 중 한 곳에 공장을 건설하려고 한다. 여기에 관련된 자료는 <표 2-2>에 있다. 이 자료를 이용하여 손익분기분석법으로 생산수량에 따라 입지를 결정하라. 단 이 문제에서 생산수량은 10만개부터 50만개까지로 분석한다.

〈표 2-2〉 각 후보지의 관련비용

부 지	연간고정비	단위당 변동비
창 원	20억원	10,000원
포 항	40억원	3,000원
구 미	50억원	1,000원

〈설 명〉

각 지역별로 고정비와 예상산출량에서의 변동비를 계산하여 총비용으로 예상생산수량에 따라 그래프를 그리면 다음과 같다.

그림 2-1 후보지역의 손익분기분석

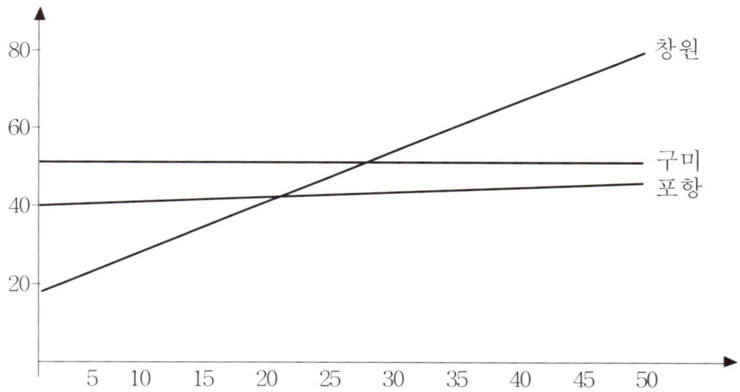

위의 손익분기분석에서 창원지역은 약 285,700개를 생산할 때까지 유리하며, 포항지역은 285,700개 이상을 생산할 때 입지조건으로서 유리하다고 할 수 있다.

3. 요인평가법

총비용비교법이나 손익분기분석법은 객관적 요소만을 고려하여 입지결정을 했으나, 현실적으로는 객관적 요소(양적 요인)뿐만 아니라 주관적 요소(질적 요인)도 평가대상으로 고려해야 할 필요성이 있다. 요인평가법은 질적 요인과 양적 요인을 동시에 고려하여 입지를 분석할 수 있는 기법이다. 요인평가법의 구체적인 평가절차는 다음과 같다.

i) 입지요인의 선정

입지요인은 객관적 요인과 주관적 요인을 모두 파악하여 입지선정에 중요한 영향을 미치는 요인들을 고려 대상으로 선정한다.

ii) 입지요인의 가중치(weight)결정

선정된 입지요인들의 상대적인 가중치(W_j)를 각 요소에 부여한다. 이때 모든 가중치의 합($\sum_{j=1}^{n} W_j = 1$)은 1이 되도록 한다. 이 식에서 n은 선정된 입지요인의 수이다.

iii) 각 입지의 요인평점의 계산

각 입지의 요인평점(F_{ij})을 계산한다. 이때 F_{ij}는 입지 i가 입지요인 j를 다른 입지후보지에 비하여 상대적인 점수이다. 이때 특히 중요한 입지요인에 대하여 최저필요평점을 정할 수 있다. 만약 어떤 후보입지의 특정요소가 최저필요평점에 미달되면 입지후보에서 제외시킨다.

iv) 각 입지후보지의 총점계산

각 후보입지에 대하여 가중치를 고려한 총점(S_i)을 산출한다. 즉, 총점(S_i)은 각 요인평점에 그것의 가중치를 곱하여 그 결과를 모두 합하여 얻는다.

$$S_i = \sum_{j=1}^{n} W_j F_{ij} \quad (\text{단, } i = 1, 2, \ldots\ldots, m: m\text{은 입지후보지의 수})$$

v) 후보지의 결정

총점 중에서 가장 높은 후보지를 입지로 선정한다.

[예제 2-3] 요인평가법에 의한 입지결정

남영전자는 구미와 창원 중 한 지역에 공장을 설립하고자 한다. 입지결정에 필요한 자료는 다음 표와 같다.

〈표 2-3〉 입지요인과 평가결과

입지요인 \ 요인평점	가중치	구미	창원
지역사회의 태도	0.05	9	7
정부의 규제	0.05	1	5
노동력의 공급	0.20	7	9
수송의 편의	0.10	5	3
생활여건	0.10	7	5
연간투자수익률	0.50	5	9

〈설 명〉

구미(S_1)와 창원(S_2)의 총점을 계산하면 다음과 같다.

S_1 = 0.05(9)+0.05(1)+0.20(7)+0.10(5)+0.10(7)+0.50(5) = 5.6

S_2 = 0.05(7)+0.05(5)+0.20(9)+0.10(3)+0.10(5)+0.50(9) = 7.7

따라서 창원지역이 구미지역보다 입지로 적당하다고 할 수 있다.

4. 수송계획법에 의한 입지결정법

대부분의 공장과 창고에 대한 입지문제는 수송비용이 최소인 입지를 선택하는 것이 목표이다. 이때에 추가되는 공장 및 창고의 입지는 기존공장 및 창고의 수송에 영향을 미치게 됨으로 전체 수송네트워크의 관점에서 결정해야 한다. 이를 위하여 각 후보지를 기존의 수송네트워크에 추가하여 각각 최적 총수송비용을 구하여 총비용이 최소인 후보지를 입지로 선택하면 된다.

먼저 수송모형을 알아보자. m개의 공급처와 n개의 시장이 있고, S_i를 공급처 i의 공급량, D_j를 시장 j의 수요량, C_{ij}를 공급처 i에서 시장 j로의 단위당 수송비용이라 할 때, 어느 공급처에서 어느 시장으로 얼마를 수송해야 수요를 충족시키면서 총수송비용을 최소화할 수 있느냐가 수송문제이다. 이때 공급처 i에서 시장 j로의 수송량을 X_{ij}(결정변수)라고 한다면 이것을 식으로 나타내면 다음과 같다.

최소화(Minimize) : 총수송비용의 최소화

$$TC = \sum_{i=1}^{m}\sum_{j=1}^{n} C_{ij}X_{ij}$$

제약조건(subject to): 수요와 공급에 관한 제약조건

$$\sum_{j=1}^{n} X_{ij} = S_i \ , \ i = 1, 2, ..., m$$

$$\sum_{i=1}^{m} X_{ij} = D_i \ , \ j = 1, 2, ..., n$$

비음조건:

$$X_{ij} \geq 0$$

[예제 2-4] 수송계획법에 의한 입지결정

한양우유는 현재 A공장과 B공장에서 우유를 생산하여 X, Y, Z시에 공급하고 있다. 그런데 이 회사는 수요증가로 공장을 확장하려고 한다. 공장의 후보지로는 C지역과 D지역이 물망에 오르고 있다. 어느 지역이 입지로서 적당한가? 단, 단위당 수송비용은 다음 표와 같다.

〈표 2-4〉 수송표

공장 \ 시장	X시장	Y시장	Z시장	공급량	개당생산원가
A공장	2	3	4	250	7
B공장	3	1	2	150	8
C후보	3	6	4	200	6
D후보	5	3	2	200	7
수요량	150	300	150	600	

〈설 명〉

이 문제를 푸는 방법은 두 가지가 있다. 하나는 선형계획법(심플렉스법)으로 푸는 방법과 다른 하나는 수송계획법에 의하여 푸는 방법이 있다. 심플렉스법은 복잡하므로 모형만을 만들고, 수송계획법에 의하여 풀도록 한다.

기본적인 원리는 기존의 A, B의 공장에 후보지 C와 D를 각각 후보지로 선정하여 비용이 최소로 소요되는 후보지를 선택하면 된다.

ⅰ) 선형계획법에 의한 풀이

(1) 결정변수의 정의

X_{11} = A공장에서 X시장으로 수송되는 제품의 수량

X_{12} = A공장에서 Y시장으로 수송되는 제품의 수량

⋮

X_{43} = D공장에서 Z시장으로 수송되는 제품의 수량

(2) 목적함수(총비용함수)

비용의 최소화:

$$Z(C\text{후보지역}) = 9X_{11} + 10X_{12} + \ldots\ldots\ldots\ldots + 10X_{33}$$
$$Z(D\text{후보지역}) = 9X_{11} + 10X_{12} + \ldots\ldots\ldots\ldots + 9X_{43}$$

(3) 제약조건(각 공장의 생산능력과 각 소비지의 수요)

1) C지역을 후보지로 한 제약조건식

$X_{11} + X_{12} + X_{13} = 250$(A공장의 생산능력)

$X_{21} + X_{22} + X_{23} = 150$(B공장의 생산능력)

$X_{31} + X_{32} + X_{33} = 200$(후보지 C공장의 생산능력)

$X_{11} + X_{21} + X_{31} = 150$(X시장의 수요량)

$X_{12} + X_{22} + X_{32} = 300$(Y시장의 수요량)

$X_{13} + X_{23} + X_{33} = 150$(Z시장의 수요량)

2) D지역을 후보지로 한 제약조건식

$X_{11} + X_{12} + X_{13} = 250$(A공장의 생산능력)

$X_{21} + X_{22} + X_{23} = 150$(B공장의 생산능력)

$X_{41} + X_{42} + X_{43} = 200$(후보지 D공장의 생산능력)

$X_{11} + X_{21} + X_{41} = 150$(X시장의 수요량)

$X_{12} + X_{22} + X_{42} = 300$(Y시장의 수요량)

$X_{13} + X_{23} + X_{43} = 150$(Z시장의 수요량)

(4) 비음의 조건

$X_{ij} \geq 0 \quad (i=1,\ 2,\ 3,\ j=1,\ 2,\ 3)$

ii) 수송계획법에 의한 풀이

(1) C지역을 선택했을 때의 수송문제의 최적해와 총비용

	X시장	Y시장	Z시장	공급량
A공장	9 100	10 150	11	250
B공장	11	9 150	10	150
C공장	9 50	12	10 150	200
수요량	150	300	150	600

이때의 총비용은 5,700(100×9+150×10+150×9+50×9+150×10)이다.

(2) D지역을 선택했을 때의 수송문제의 최적해와 총비용

	X시장	Y시장	Z시장	공급량
A공장	9 150	10 100	11	250
B공장	11	9 150	10	150
D공장	12	10 50	9 150	200
수요량	150	300	150	600

이때의 총비용은 5,500(150×9+100×10+150×9+50×10+150×9)이다. 그러므로 C지역과 D지역의 총수송비를 비교하면 D지역이 C지역보다 더 적으므로 D지역을 선택하는 것이 유리하다.

연습문제

1. 입지결정의 발생요인에 대하여 설명하라.

2. 입지결정의 대체안에 대하여 설명하라.

3. 경인회사는 수요의 증가로 제3의 부지에 공장을 설립하고자 한다. 부지선정은 시설비용이 가장 낮은 것을 기준으로 결정된다. 예상수요는 연간 30,000단위이다. 다음의 세 곳이 물망에 오르고 있다. 공장부지로 가장 적합한 지역은 어디인가?

부지 \ 비용	고정비/년	변동비/단위
안산	2,500,000원	500원
광양	3,000,000원	300원
포항	4,500,000원	100원

4. 경인회사는 A, B, C, D 중의 한 곳에 공장을 설립하려고 한다. 각 후보지의 생산비용의 추정은 다음 표와 같다. 연간생산수량을 50,000~130,000개의 범위 내에 한정시켜 입지손익분기분석을 하라.

입지요인 \ 후보지	A	B	C	D
노무비	750	1,100	800	900
공장건설비	460,000,000	390,000,000	400,000,000	480,000,000
재료비	430	600	400	550
전력비	30,000,000	26,000,000	30,000,000	28,000,000
용수비	7,000,000	6,000,000	7,000,000	7,000,000
수송비	20	100	100	50
조세공과금	33,000,000	28,000,000	63,000,000	35,000,000

5. 다음 지역의 요인평점과 가중치는 다음 표와 같다. 요인평가법을 이용하여 입지를 선정하라.

입지요인 \ 가중치 및 평점	가중치	A	B	C
고객의 편의	0.10	70	80	60
주차시설	0.20	70	75	90
전시장	0.20	80	95	90
교 통	0.30	90	80	80
운영비용	0.10	95	90	80
주위환경	0.10	95	80	75

6. 런던제과회사는 롤케익을 하루에 20, 30, 40상자씩 제조할 수 있는 공장 A, B, C 세 곳을 가지고 있다. 세 공장에서 생산되는 롤케익의 생산비는 한 개당 각각 5,000원, 5,200원, 5,100원이다. 이 회사의 대리점 갑, 을, 병 세 곳으로 분배해야 하는데, 이때 단위당 수송비용은 다음 표와 같다. 또 세 곳의 대리점은 하루에 각각 30, 30, 20상자를 요구한다. 그런데 이 회사는 최근 수요증가로 하루에 50상자씩을 생산할 수 있는 공장을 인천과 수원 중에서 한 곳에 설립하려고 한다. 인천 및 수원에서 갑, 을, 병 대리점에 한 상자의 롤케익을 수송하는데 소요되는 비용은 각각 인천(10, 13, 12)과 수원(12, 14, 11)이다. 생산비는 각 기업따라 5,000원이다.

1) 선형계획모형을 세워라.

2) 수송계획법을 이용하여 인천과 수원 중 선택을 하라.

공장 \ 대리점	갑	을	병
A	10	14	8
B	12	10	12
C	8	12	10

제 3 장 서비스 운영경영

Service is synonymous with servitude and bring to mind workers flipping hamburgers and waiting on tables

Service industries are the source of economic leadership. During the past 30 years, more than 44 million new jobs have been created in the service sector to absorb the influx of women into the workforce and provide an alternative to the lack of job opportunities in manufacturing

KEY TERMS

blueprint(청사진)
competitive positioning(경쟁적 위치선정)
euclidian metric(유클리디안 거리척도)
fail point(가능점)
heterogeneity(이질성)
inseparability(비분리성)
intangibility(무형성)
line of visibility(가시성 경계선)
moment of truth(진실의 순간)
perishability(소멸성)
product portfolio management(제품 포트폴리오 관리)
rectangular displacement(직각척도)

제 1 절 서비스의 기본개념

오늘날 서비스는 후기산업사회에 진입하면서 사회적·경제적 활동의 중심이 되었다. 운송과 통신과 같은 인프라 서비스는 모든 경제 분야를 연계시키는 기본적인 연결고리가 된다. 복잡한 경제구조 내에서 사회기반 서비스와 도소매 등 거래서비스는 농수산광업 부문과 제조부문을 고객에게 연결시키는 중간 매개 역할을 하며 최종 소비자에게로 이르는 유통경로 역할을 한다. 인프라 서비스는 산업사회의 필수적 여건으로서 이러한 서비스의 역할 없이는 선진사회가 될 수 없다.

1. 서비스의 정의

서비스(service)란 단어의 어원은 라틴어의 노예를 의미하는 '세르브스(servus)'라는 단어에서 유래되었다. 따라서 서비스는 노예들이 주인이나 권력자의 이익을 위해 자기 자신을 희생한다는 의미로 사용되었다. 서비스에 대한 정의는 다양하지만 공통적인 것은 무형성(intangibility)과 생산과 소비가 구별되지 않는다는 점이다. 서비스에 대한 대표적인 정의는 다음과 같다.

미국 마케팅학회(AMA)는 '판매를 위해 제공되거나 혹은 상품의 판매에 수반되는 제 활동으로서 통신, 수송, 이용객 서비스, 수신 및 정비 서비스, 신용평가 등을 말한다고 서비스를 정의하고 있다. 그러면 학자들의 서비스에 대한 정의를 어떻게 하는지 알아보자.

지뮬과 비트너(Zeithaml & Bitner)는 '일반적으로 생산되는 순간에 소비되며, 소비자에게 무형의 가치를 제공하는 모든 경제적 활동'으로 정의하고 있고, 베솜(Bessom)은 소비자에게 가치 있는 편익이나 만족을 주기 위해서 제공되는 모든 행위로서 소비자가 스스로 수행할 수 없거나 수행하지 않아도 대신 선택할 수 있는 행위라고 정의하고 있다.

한편 그론루스(Gronroos)는 자신을 서비스 제공자라고 간주하는 기업과 기관에 의해 제공되는 거래물이라고 정의하고 있다. 베리(Berry)는 서비스를 구매의 대상이 무형적인 활동이나 노력이라고 하였고, 피츠사이몬(Fitzsimmons)는 서비스 경영이란 책에서 서비스는 고객이 공동생산자의 역할을 수행하면서 고객에게 받아들여지고 시간 소멸적이고 무형적인 경험을 말한다고 정의하였다.

2. 서비스의 특성

서비스에서는 투입과 자원이 명확히 구별된다. 투입은 고객 자체이며, 자원은 보조용품, 노동력, 자본 등이다. 따라서 서비스 시스템은 프로세스 안에서 고객과 상호작용을 해야 한다. 고객은 그들 나름대로 자유재량을 가지고 있으며, 서비스에 대해 그들만의 독특한 요구조건을 가지고 있다. 따라서 서비스의 능력과 고객의 요구를 일치시키는 것은 매우 중요하다. 서비스는 유형의 제품에서 볼 수 없는 여러 가지 특성을 가지고 있으며 이는 서비스를 설계하는 데 영향을 미친다. 다음에서는 서비스의 일반적인 특성을 알아보자.

2.1 무형성

제품이 물건인 반면에 서비스는 아이디어 또는 개념이다. 그러므로 서비스 혁신은 특허를 받을 수 없다. 서비스 개념의 효익을 보장하려면 신속하게 확장하여 경쟁자들보다 빠르게 선점해야 한다. 프랜차이징은 시장영역을 보호하며, 브랜드 명성을 확립하는 수단이다. 또한 프랜차이징은 모회사가 가맹점들에게 아이디어를 판매할 수 있도록 하여 통제를 유지하고 위험을 감소시키면서 자본을 유지하는 수단을 제공한다. 서비스의 무형성(intangibility)은 고객에게도 문제이다. 제품을 구매하는 경우 고객은 구매 전에 그것을 볼 수도 있고, 느끼거나 시험해 볼 수도 있다. 그러나 서비스에서 고객은 서비스 회사의 명성 밖에 의존할 것이 없다.

2.2 비분리성

생산과 소비가 분리되지 않고 동시에 일어난다. 핸드폰은 생산과정을 거쳐서 대리점에 공급되고, 대리점에서 고객에게 판매하고 고객은 그 핸드폰을 사용하는 데는 생산에서부터 상당한 기간이 소요된다. 그 중에서 핸드폰을 판매하는 판매원의 서비스는 고객과 마주하는 즉시 고객에게 영향을 미친다. 따라서 서비스는 생산과 소비가 구분되지 않는 비분리성(inseparability)의 특성을 지니고 있다.

또한 서비스는 생산과 동시에 소비되므로 저장될 수 없는 것이 서비스 경영의 핵심이다. 이러한 서비스의 무재고성 때문에 수요 변동을 흡수하기 위한 완충으로 재고에 의존하는 전통적인 제조전략을 선택할 수 없다. 공장은 고객의 수요변동을 흡수할 수 있는 재고를 가진 폐쇄시스템이고, 서비스는 수요변동이 시스템에 직접적으로 영향을 미치는 개방시스템으로 운영된다.

2.3 이질성

서비스의 특성상 서비스 전달 시스템에 고객이 참여하는 정도에 따라 서비스는 고객마다 다르게 제공된다. 그러나 종업원과 고객 간의 상호작용은 보다 더 완전하게 경험하는 기회가 된다. 서비스에서는 작업이 물건 지향적이 아닌 사람 지향적이기 때문이다. 그러나 정보를 처리하거나(커뮤니케이션) 고객의 재산을 처리하는(부동산 서비스) 서비스는 이에 해당되지 않는다. 고객접촉이 제한적인 서비스산업에서는 정보기술을 도입함으로써 노동집약도를 획기적으로 감소시킬 수 있다.[4)]

서비스의 이질성(heterogeneity)은 문제와 기회를 동시에 제공한다. 서비스의 품질을 균일하게 어렵기 때문에 서비스 품질의 표준화가 문제가 된다. 반면에 서비스의 이질성은 고객에 따른 개별화의 기회를 제공한다.

2.4 소멸성

서비스는 시간적인 소멸성(perishability)을 가진 상품이다. 비행기의 빈 좌석, 병원의 빈 병실, 호텔의 빈 객실, 그리고 환자가 없는 시간대의 치과 의사를 상상해보아라. 각 경우에서 기회비용이 발생한다. 서비스는 저장될 수 없기 때문에 사용되지 않으면 영원히 그 기회를 잃어버린다.

서비스에 대한 고객 수요는 가장 바쁜 시간과 한가한 시간간의 차이가 크다. 예를 들면, 레스토랑의 점심식사(피크시간: 정오부터 1시까지), 예식자의 예약(피크요일: 토요일 및 일요일) 등이다.

서비스 경영자는 수요변동과 소멸적인 서비스 능력을 향상시키기 위해서 수요완화, 서비스 능력 조절, 고객의 대기와 같은 대안을 사용할 수 있다.

---

4) James A. Fitzsimmoms, Mona J. Fitzsimmoms, Service Management 4e, McGraw-Hill, 2004, pp. 37~48.

2.5 프로세스 일부로서의 고객

고객을 서비스 프로세스의 일부분으로 참여 시키고자 할 경우 설비 디자인에 보다 많은 주의를 기울여야 한다. 고객은 서비스 환경, 즉 고객 입장에서 설계된 환경 안에서 서비스를 경험하게 된다.

서비스 제공에서 중요하게 고려할 점은 고객으로 하여금 프로세스 안에서 중요한 역할을 하도록 하는 것이다. 고객의 지식, 경험, 동기부여, 심지어 정직성까지도 서비스 성과에 직접적인 영향을 미친다.

오늘날 고객들이 프로세스에서 제외되는 것이 점차 관례처럼 되었다. 은행 고객들은 직접 은행을 방문하기보다는 전화나 컴퓨터 거래, 직접예금, 자동이체 등을 하도록 유도하고 있다. 더구나 전자상거래의 출현으로 '윈도우 쇼핑'이라는 새로운 용어를 탄생시켰다.

3. 서비스 전략

기계기술이 농업경제를 산업경제로 변화시켰듯이 오늘날의 정보기술이 산업경제를 서비스경제로 바꾸어 버렸다. 컴퓨터 이용과 범세계적인 커뮤니케이션 기술은 정보를 수집, 처리하고 의사소통을 원활하게 하는 산업을 만들어 냈다.

K마트는 대량의 데이터를 전송하고 수신하기 위해서 전포지붕위에 첨단의 작은 접시 안테나(Very small Aperture Terminal: VSAT)를 구축하여 판매율, 재고현황, 제품 업데이트, 그리고 가장 중요한 고객신용 인증 등에 관한 데이터 전송을 통해 실질적인 이익을 실현하게 되었다.

여기서는 서비스 기업이 다른 경쟁기업보다 우위에 설 수 있는 방법을 제시한다. 원가주도 전략, 차별화전략, 집중화 전략 등은 제조업과 서비스업에서 경쟁우위를 얻을 수 있는 접근방법이다. 경영자는 고객에 초점을 맞추고 고객의 욕구를 충족시켜야만 그들을 충성고객으로 만들 수 있다는 점을 명심해야 한다.

3.1 기본적인 경영전략

기업의 경영전략을 수립할 때 경영자들은 여러 가지 측면에서 고려해야 할 것이다. 그 내용을 보면 회사의 경영철학, 외부환경, 내부여건, 그리고 사회적 책임을 기본적으로 고려해야 할 것이다. 첫째, 경영철학은 최고경영자가 기업의 문화 및 미션을 경영전략에 반영하는 것이다. 둘째, 내부여건은 기업이 소유하고 있는 재무구조, 생산시설 및 기술의 축적, 경영능력 등을 고려하는 것이다. 셋째, 외부환경은 경쟁기업을 포함하여 경영활동을 수행하는 데 직접, 간접적으로 영향을 미치는 경제적, 사회적, 문화적인 환경을 고려하는 것이다. 넷째, 사회적 책임은 기업이 계속기업으로 존속할 수 있고, 사회성에 반하지 않는 기업이 되도록 고려하는 것이다. 이러한 요소들을 바탕으로 다음과 같은 전략으로 경영전략을 수립해야 할 것이다.

3.1.1 PPM전략

제품 포트폴리오 관리(product portfolio management: PPM) 전략은 어느 사업을 성장시키고 어느 사업을 포기할 것인지를 전략적으로 결정할 때 사용하는 방법이다. 이는 보스턴 컨설팅 그룹(Boston Consulting Group: BCG)에 의하여 개발되었다. 이는 해당 제품시장의 성장률과 기업의 상대적 시장점유율을 토대로 설정되었다.

별(star)은 성장률과 점유율이 모두 높아 밤하늘에 떠오르는 별처럼 희망을 주는 사업단위이다. 이러한 사업은 시장점유율을 유지하고 강화시키는 전략이 필요하다.

자금젖소(cash cows)는 성장률은 비교적 느리지만 시장점유율이 큰 이점을 가지고 있다. 현재의 수익성과 현금유입에 기여하게 되어 잉여자금을 발생시킨다. 이러한 사업은 시장점유율의 유지전략이 요구되며, 추가 투자 없이 많은 이익을 얻을 수 있다.

의문표(question marks)는 시장성장률은 높지만 시장점유율은 낮은 사업단위이다. 성장자금이 많이 필요함에도 불구하고 낮은 시장점유율 때문에 자금유입량이 적으므로 자금이 부족하다. 이러한 사업에 대해서는 소수의 유망한 사업은 시장점유율을 확대하는 전략을 수행하고 기타사업은 철수시키는 것이 바람직하다.

개(dogs)는 성장률도 낮고 시장점유율도 낮은 사업이다. 사업의 전망이 밝지 못하므로 잉여자금도 발생하지 않는다. 이러한 사업은 정리하거나 축소하는 것이 좋다.

3.1.2 본원적 경쟁전략

본원적 경쟁전략(generic competitive strategy)이란 산업 내에서 효과적으로 경쟁할 수 있는 일반적인 형태의 전략유형을 의미한다. 포터(Porter)교수는 높은 투자수익률을 확보하고 장기적으로 산업 내 경쟁우위를 가질 수 있는 본원적 경쟁전략으로써 저원가전략, 차별화전략, 집중화전략이라는 세 가지 유형을 제시하였다.

3.2 서비스기업의 경쟁우위전략

3.2.1 서비스기업의 경쟁 환경

서비스기업의 전략수립을 위해서 서비스산업의 전반적인 경쟁환경을 이해하여야 한다. 일반적으로 서비스기업은 다음과 같은 어려운 환경에서 경쟁하고 있다.

첫째, 진입장벽이 낮다.

둘째, 규모의 경제에 대한 기회가 적다.

셋째, 수요의 변동이 심하다.

넷째, 고객의 충성도가 중요하다.

다섯째, 내부직원의 만족이 중요하다.

3.2.2 서비스기업의 경쟁우위

경쟁우위를 유지하는 서비스기업들은 고객이 지불한 가치 이상의 진정한 가치를 제공한다. 이러한 가치의 제공은 고객에게 신뢰와 믿음을 주게 되고, 고객의 충성도를 확보하게 된다.

베리(Berry:1995)는 세계적 수준의 서비스 기업이 갖추어야 할 경쟁전략 요소로 신뢰성, 감탄, 회복, 공정성을 들었으며, 피츠사이몬 부부는 서비스기업의 경쟁력 제고를 위한 방법으로써 저비용의 고객탐색, 고객서비스의 표준화, 인적요소감소, 네트워크비용 감소, 오프라인 방식은 비용우위전략으로 무형의 서비스를 유형화, 표준제품의 개별주문화, 인지된 위험감소, 교육, 품질관리 등을 차별화전략으로 사용할 수 있다고 지적하고 있다.[5)]

5) 최우진외, 서비스의 이해, 두남, 2004, pp. 65~75.

제 2 절 서비스 기업의 디자인

1. 서비스 개발

서비스업에 있어서 신상품의 개발은 어떤 새로운 서비스 상품이라기보다는 기존 서비스를 변형한 형태가 될 것이다. 신상품개발에 대한 아이디어는 여러 가지 원천으로부터 획득할 수 있다. 고객의 제안, 종업원, 고객의 데이터베이스, 고객의 인구통계학적 추세 등을 살펴봄으로써 신서비스 상품에 대한 정보를 얻을 수 있다. 이러한 아이디어들은 [그림 3-1]에서 보는 바와 같은 신서비스 개발 사이클의 개발단계에서 활용된다.

개발과 분석 단계는 계획국면을 나타내며, 이 단계에서 시장경쟁력이 평가된다. 디자인과 출시 단계는 신서비스 개발 사이클의 실행국면에 속하며, 이 때 서비스 전달 설계와 부서 간 협력을 통한 개발노력은 사업 성공에 필수적

그림 3-1 NSD 프로세스 사이클

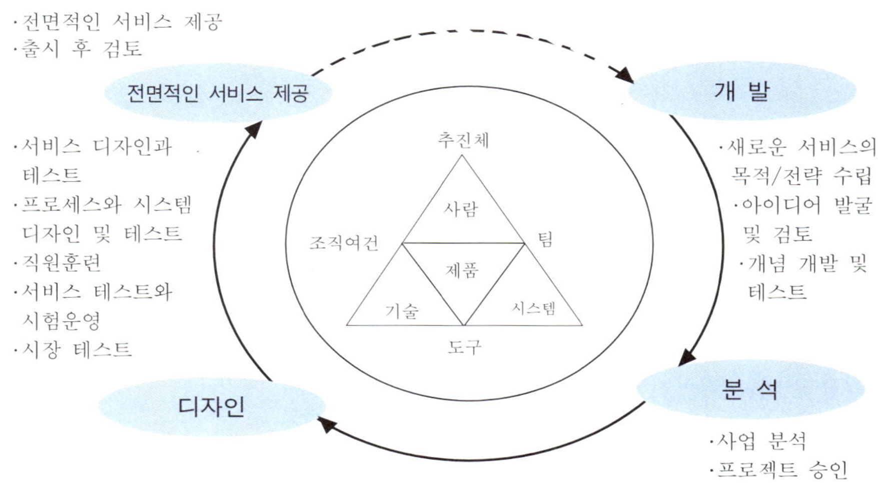

이다. 새로운 서비스 개발절차의 추진체(예: 팀, 도구, 조직여건 등)의 중요성이 그림의 한 가운데 나타나 있다. 최종 서비스 제품은 사람, 시스템, 그리고 기술적 축면을 고려하고 있음을 나타내고 있다.

1.1 서비스 기술혁신

제조업에서의 엄청난 생산성 증가는 인간의 노력을 기술로 대체하였기 때문에 발생하였다. 그러나 전자자금이체나 자동화된 다단계 건강검진기기와 같은 서비스에 사용되는 혁신적인 시스템도 혁신기술에 속한다. 제조업 분야에서는 고객이 알지 못하는 상황에서 기술혁신이 진행되고 있고, 그러한 혁신이 기업이 제공하는 서비스의 일부분이 되기도 한다.

서비스 업무는 지원업무 형태로 운영됨으로 노동집약적으로 운영될 수 있지만 자동화를 도입하기에 가장 이상적인 영역이다. 사람들의 수작업을 기계로 대체시키는 것처럼 사람들이 직접 서비스하던 일을 기계장치를 이용하여 서비스를 하는 사례를 볼 수 있다. 서비스산업의 자동화 사례는 서비스가 좀 더 자본집약적이 되어야 한다는 점을 시사해 주고 있고, 서비스 부문은 기술수준이 낮고 노동집약적인 운영이라는 진부한 개념을 다시 생각하게끔 한다.

서비스 직원들은 자동화된 시스템을 프로그램하고, 운영하고, 유지하기 위해서 더욱 많은 노력이 필요하다. 신기술에 의해 직무의 본질이 바뀌었기 때문에 종업원 능력의 유연성이 가치를 지닐 것이라는 점이 더욱 중요하다.

1.2 서비스 청사진

서비스 청사진(service blueprint)은 전체적인 서비스 과정 및 그 단계를 나타내고 순서대로 여러 단계를 연결시킨다. 이는 서비스 단계를 시각화한 것이며 해당 서비스의 모든 단계와 대안들을 제시하는 서비스 과정의 상세한 지도 혹은 흐름도이다. 서비스 청사진은 전통적인 제조공정설계처럼 표준도구인 과정도표(process chart)를 이용했으며, 이 과정도표에 가시성 경계선(line of visibility)과 잠재적인 실수 가능점(fail point)이라는 개념을 추가하였다.

[그림 3-2]는 커피전문점의 서비스청사진을 나타냈다. 여기에는 가시성의 경계선을 기점으로 고객이 볼 수 있는 영역과 고객이 볼 수 없는 영역으로 나누어진다. 또한 실수가능점은 서비스 제공자가 문제를 해결하거나 창조적인 사고를 갖도록 도와주며, 서비스에 대한 고객인식을 향상시키기 위한 기회를 제공한다.

그림 3-2 커피전문점의 서비스 청사진

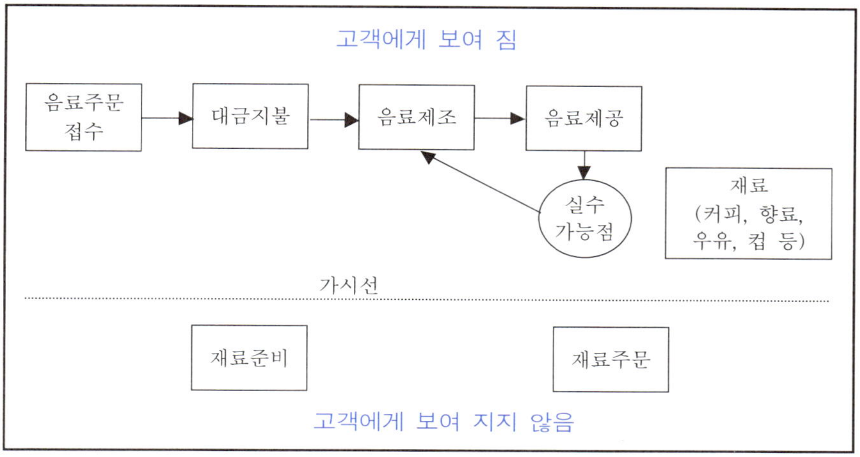

2. 서비스 접점

서비스 접점은 고객, 서비스 조직, 접촉종업원의 서로 다른 이해가 상호작용 함으로써 형성된 삼각구조로 묘사된다. 서비스 접점에 참가하는 사람들은 서비스 거래를 통제하려고 하기 때문에 접촉종업원에게는 유연성과 권한이 필요하다. 따라서 접점종업원의 선발과 교육이 필요하고, 고객이 가지는 다양한 기대와 태도와 더불어 공동생산자로서의 고객을 파악해야한다.

여기서 우리는 서비스 접점 삼각구조, 서비스 조직, 접촉종업원에 대하여 알아본다.

2.1 서비스 접점 삼각구조

서비스의 특징은 서비스 생산에 고객이 적극적으로 참가하는 것이다. 모든 '진실의 순간'(moment of truth: MOT)은 고객과 서비스 제공자 사이의 상호작용으로 이루어진다. [그림 3-3]의 서비스 접점 삼각구조는 서비스 접점에서의 3자간의 관계를 나타내며 또한 갈등의 원인을 제시한다.

영리서비스조직의 경영진은 마진을 보호하고 경쟁력을 유지하기 위해서 가능한 한 효율적으로 서비스를 전달하는데 관심을 갖는다. 그러나 비영리서비스조직의 경영자는 효율성보다는 효과성을 더 중요시할 수도 있다. 그러나 비영리조직도 예산범위 내에서 운영해야 하기 때문에 경영진은 서비스 전달을 통제하기 위해 고객에게 서비스를 통제할 때 접촉종업원의 자율권과 재량권을 제한하는 규칙과 절차를 만드는 경향이 있다. 이러한 규칙과 절차는 고객에게 제공되는 서비스의 범위를 제한하려는 의도이기 때문에 고객화의 부족에 따른 고객 불만을 가져오기도 한다.

마지막으로 접점종업원과 고객간의 상호작용은 양자간에 인지된 통제요소를 갖고 있다. 접점종업원은 보다 쉽게 업무를 관리하고 스트레스를 덜 받기 위해서 고객 행동을 통제하고 싶어 한다. 반면에 고객은 서비스 접점에서 최대한의 혜택을 얻기 위해서 서비스 접점에 대한 통제권을 획득하려고 한다.

이상을 요약해보면 3자는 상호 호혜적인 서비스 접점을 창출하기 위해 함께 노력함으로써 많은 것을 획득할 수 있다. 그러나 서비스 접점에서 단지 자신의 역할만을 고집함으로써 한 참가자가 상호작용을 지배할 때 '진실의 순간'이 역기능적으로 작용될 수도 있다.

그림 3-3 서비스 접점 삼각구조

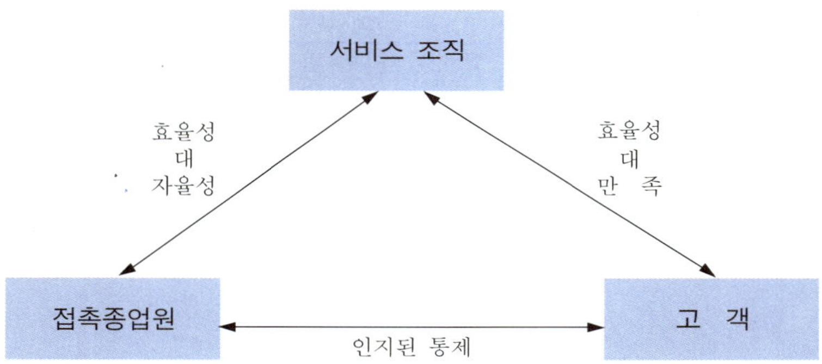

자료: John E. G. Bateson, "Perceived Control and the Service," in J. A. Czepiel M. R. Solomon, and C. F. Surprenant[eds], The Service Encounter, Lexington Books, Lexington, Nass. 1985, p. 76.

2.2 서비스 조직

서비스 조직은 서비스 접점을 위한 환경 설정이다. 고객과 접촉종업원 사이의 상호작용은 물리적인 주변요인뿐만 아니라, 조직문화 범위 내에서도 일어난다. 서비스 조직이 효과적으로 운영하기 위해서는 종업원에게 기업문화를 인식케 하고, 종업원들에게 권한을 부여하며, 그리고 적절한 통제시스템을 활용해야 할 것이다.

첫째, 기업문화이다. 고객은 여러 서비스 중 왜 특정 서비스를 선택하는가? 여기에는 비용, 분위기 등 다른 이유로 대답할 수 있다. 그러나 가장 중요한 것은 기업문화일 것이다. 성공한 대부분 기업들의 경영진은 일관성 있게 조직의 가치를 전달하게 되며, 접촉종업원들은 상당한 재량권을 가지고 활동할 수 있게 된다.

둘째, 권한부여이다. 타코벨(Taco Bell)이 종업원 권한에 대한 새로운 서비스 모델을 제시했다. 이 모델을 적용한 기업들의 경영자들은 종업원들은 훌륭한 일을 하기를 원하고, 또한 기회가 주어지면 그렇게 할 것이라고 믿었다. 이러한 형태의 기업조직에서는 중간관리자들이 수직으로 상당히 감축되어 있으며, 중간관리자 계층은 최전방 혹은 접촉종업원의 업무를 촉진하는 역할을 한다.

셋째, 통제시스템이다. 서비스 기업들은 창의적인 종업원 권한부여를 유도하기 위하여 조직통제시스템을 도입한다. 조직통제시스템은 신뢰 시스템(belief system), 한계시스템, 진단시스템(boundary system), 진단 시스템(diagnostic system), 상호작용 통제시스템(interactive control system)의 4가지이다.

2.3 접촉 종업원

훌륭한 고객 접촉종업원은 유연성, 참을성, 고객행동 관찰 및 변경능력, 고객에 대한 공감성 등의 인격적인 속성을 갖춘 종업원이다. 특히 공감성은 접촉종업원이 지닌 연륜, 교육정도, 판매관련 지식, 영업훈련, 지성보다도 더욱 중요한 것으로 인식되고 있다.

종업원에 따라서는 최전방 서비스를 반복적이고 지루하게 생각하는 경우도 있고, 다양한 사람들을 만나 상호작용할 수 있는 기회를 제공하는 것으로 생각할 수도 있다. 따라서 필요한 대인관계 기술을 지닌 사람들이 높은 접촉 서비스 직무에 끌리게 되지만 여전히 높은 품질의 '진실의 순간'을 보장하기 위해서는 선발과 훈련 프로세스가 필요하다.

3. 서비스 품질

품질은 경쟁적인 서비스들을 차별화하는 점점 더 중요한 요소가 되고 있다. 유형의 품질과는 달리, 서비스는 쉽게 측정하거나 검사할 수 없다. 사람들은 종종 서비스를 소비할 때까지 그 품질을 측정하기조차 못한다. 하지만 모든 서비스 업종에 걸쳐 선두 기업들은 서비스의 우수성에 고민하고 있다. 이들은 서비스를 이용하여 생산성을 높인다. 서비스를 이용하여 스스로를 차별화하고 고객들의 충성도를 획득한다.[6)]

3.1 서비스 품질의 정의

서비스 품질의 평가는 서비스 전달과정에 발생한다. 즉, 고객은 서비스의 본질을 느끼게 되는 진실의 순간이라고 불리는 고객 접촉순간에 서비스에 대하여 만족 혹은 불만족을 평가하게 된다. 서비스 품질 관점에서 고객만족은 제공받으면서 느낀 서비스 수준과 서비스 받기 전의 기대수준을 비교하는 것으로 정의할 수 있다.

[그림 3-4]에서 제시된 서비스 품질차원은 마케팅연구가들이 가전제품 수리업, 은행업, 장거리 전화 서비스, 증권 중개업, 시용카드 회사와 같은 몇 가지 다른 서비스의 유형에 대해 연구한 결과이다. 고객이 서비스품질을 판단하는 데 일반적으로 다섯 가지 차원을 기본적으로 한다는 것을 찾아냈다. 고객이 느끼는 상대적 중요도에 따라 다섯 가지를 나열하면 신뢰성(reliability), 대응성(responsiveness), 확실성(assurance), 공감성(empathy), 유형성(tangibles)의 순이다.[7)]

고객은 다섯 가지 차원을 기준으로 기대 서비스와 인지된 서비스를 비교하여 서비스 품질을 판단한다. 기대 서비스와 인지된 서비스 사이의 차이는 만족 수준이 긍정적이든 부정적이든 서비스 품질의 척도가 된다.

---

6) R. Metters, K. king-Metters, M. Pullman, and S. Walton, Service Operations Management 2e, Thomson, 2006, p. 178.

7) A. Parasuraman, V. A. Zeihaml, and L. L. Berry, "SERVQUAL: A Multiple-Item Scale for Measuring, Consumer Perception of Service Quality." Journal of Retailing, vol. 64, no. 1 Spring 1988. pp. 12～40.

그림 3-4 인지된 서비스 품질

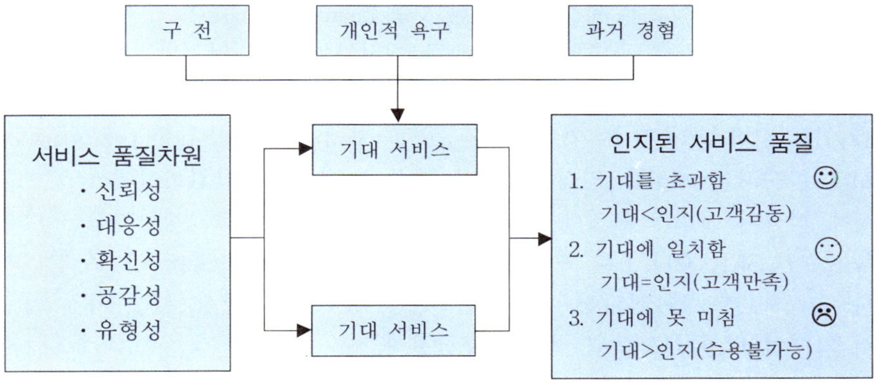

자료: A. Parasuraman, V. A. Zeithaml, and L. L. Berry, "Conceptual Model of Service Quality and its implications for Future Research," Journal of Marketing, vol. 49, Fall 1985, p. 48.

3.2 서비스 품질의 측정

서비스 품질은 객관적으로 측정할 수 있는 물리적 특성을 지닌 제품과는 달리 심리적 특징을 포함한 무형적인 요인들에 의하여 결정되기 때문에 간단하지 않다. 서비스 품질 측정은 서비스 시스템에 대한 종합적인 관점에서 파악할 필요가 있다. 예를 들면, 의료서비스는 서비스 품질을 내용(content), 과정(process), 구조(structure), 영향(impact), 결과(result)의 다섯 가지 관점에서 측정해 볼 수 있다.

이와 같이 서비스 품질을 측정하고 평가하는 것은 서비스 제품에 따라 측정요소가 다를 수 있고, 평가방법도 다를 수 있다.

기업들은 고객만족과 서비스 품질 창출의 성공을 판단하기 위해 넓고 다양한 측정방법을 사용한다. 품질에 대한 국가적, 국제적인 성과 표준이 있지만, 그들 중 대부분은 제조품질(manufacturing quality)을 위함이지 서비스 품질을 위한 것이 아니다. 그 중 일부는 직접적으로 기업의 품질 프로세스를 정의하거나 그들을 측정하거나 개선하기 위해 기업을 보조한다.

말콤 볼드리지 국가품질상은 주로 결과물과 고객만족에 대한 재무적인 측면에 초점을 둔다. 이 상은 결과에 가중치를 둔다.

ISO표준은 기업의 프로세스가 무엇인지 정의하고 그들이 실제로 수행한 프로세스와 일치하는지를 측정한다.

6시그마는 서비스 프로세스를 측정하기 위한 유용한 도구이다. 이것은 프로세스 변동을 줄임으로서 비즈니스 성과를 개선하기 위한 접근방법이다.

파라수라만(A. Parasuraman), 지믈(V. A. Zeithaml), 베리(Leonard L. Berry)는 서비스 품질은 기대치-성과의 격차(the expectation-performance gap)의 함수라는 개념을 인식하였으며, 그들은 몇 가지 산업분야에서 연구를 실시해 회사의 서비스 품질에 대한 고객의 전반적인 평가를 정량화하는 다중항목지수인 SERVQUAL를 개발했다. 이들의 모델은 흔히 Gaps모델로 알려져 있다. 그들의 척도는 신뢰성, 반응성, 확신성, 공감성, 유형성, 다섯 가지 차원에서 기대치와 인지도의 갭 점수를 포함한다.[8]

이 점수는 [그림 3-5]에 있는 GAP 5로 설명된다. 다른 네 가지 갭에 대한 점수도 마찬 가지 방법으로 계산할 수 있다.

그림 3-5 서비스 품질 갭 모형

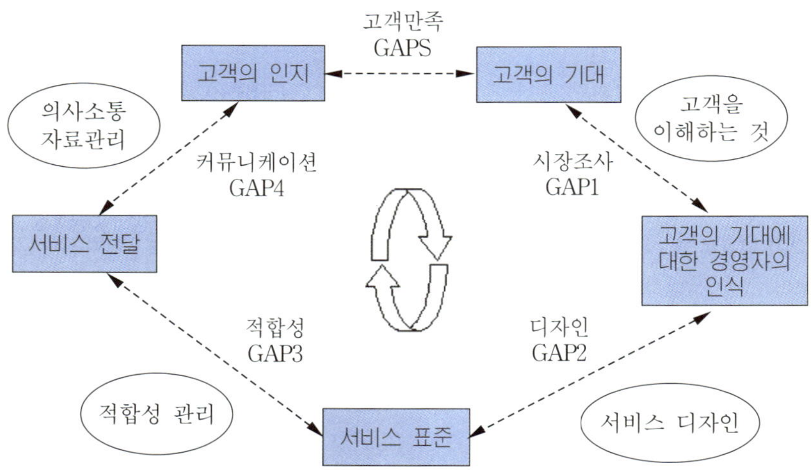

자료: Reprinted with permission of Professor Utarayan Bagchi, University of Taxes at Austin

8) Parasuraman, A., V. Zeithaml, and L. Berry, 1985, A Concepyual Model of Service Quality and Its Implication for Future Research, *Journal of Marketing* (Fall), pp. 41~50.

4. 서비스 시설의 입지

서비스의 입지는 진입장벽을 구축하거나 수요를 창출하는 전통적인 역할을 할뿐만 아니라 유연성, 경쟁적 위치선정, 수요관리, 초점화 등의 전략적 차원에도 영향을 미친다.

입지의 유연성(flexibility)은 변화하는 경제 환경에 서비스가 대응하는 정도를 나타내는 척도가 되며, 경쟁적 위치선정(competitive positioning)은 경쟁자를 고려하여 자신의 위치를 상대적으로 구축하는 방법을 말하고, 수요관리(demand management)는 수요의 양과 질 그리고 타이밍을 조절하는 활동이며, 초점화(focus)는 특정한 서비스를 여러 지점에 동일하게 제공하는 것을 말한다.

전통적인 입지선정방법은 장소의 가용성과 임대조건을 고려하는 등 직관에 기초하였고, 상당한 성공을 거두기도 했다. 그러나 계량적 분석방법은 그 밖의 치명적인 실수를 예방하는데 도움이 될 수 있었다.

4.1 입지선정 시 고려사항

4.1.1 지리적 구조의 표현방식

전통적인 입지문제의 분류는 '지형을 어떻게 모형화 할 것인가?'에서 출발한다. 입지가능 지역과 이동거리는 평면, 또는 네트워크로 표현될 수 있다. 평면에서 입지선정은 무한한 가능성을 가진 해집합 공간으로 특징지울 수 있다. 시설은 평면 위의 어디든지 입지가 가능하며, [그림 3-6]과 같이 xy 카테지안 좌표(cartesian coordinate)로 나타낼 수 있다. 두 지점간의 거리는 두 가지 방법으로 측정할 수 있다.

첫째, 유클리디안 거리척도(euclidian metric) 또는 벡터(vector)

$$d_{ij}=[(x_i-x_j)^2+(y_i-y_j)^2]^{1/2}$$

단, d_{ij}=점 i와 j사이의 거리

x_i, y_i=i번째 점의 좌표

x_j, y_j=j번째 점의 좌표

둘째, 메트로폴리탄 거리척도(metropolitan) 또는 직각척도(rectangular displacement)

$$d_{ij} = |x_i - x_j| + |y_i - y_j|$$

지리적 구조의 표현방식은 자료 수집노력과 관련한 경제성과 문제의 전반적 특성을 고려하여 선정한다. 네트워크는 이동가능 경로 등을 고려할 수 있으므로 지역의 지리적 특성을 비교적 정확히 나타낼 수 있지만 마디간의 이동간을 수집하는 데에는 과도한 비용이 유발될 수 있다.

그림 3-6 지리적 구조

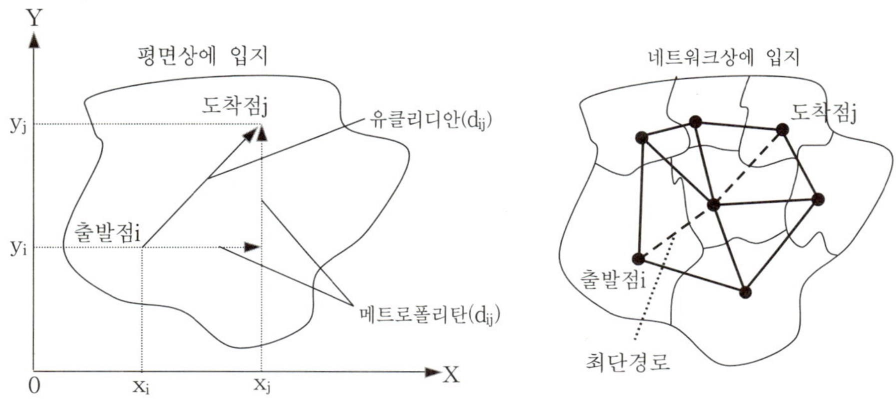

4.1.2 최적화의 기준

민간부문과 공공부문의 입지결정의 기준은 다르다. 민간부문에서는 입지비용의 최소화, 또는 이윤의 극대화에 의하여 입지가 결정된다. 그러나 공공부문의 입지는 사회 전체의 요구에 의하여 결정된다. 즉, 공공부문의 의사결정은 사회적 후생을 극대화하는 것이다. 이들에 대하여 더욱 구체적으로 알아보자.

첫째, 민간부문의 입지결정의 기준은 고객이 서비스 시설까지 이동하는 경우 이동에 따르는 직접비는 수요자가 부담하게 된다. 따라서 쇼핑센터와 같은 시설은 고객을 최대화한 끌어들일 수 있게 입지를 결정해야 한다.

둘째, 공공 서비스의 이익은 직접적으로 정의하거나 계량화하는 것이 어렵기 때문에 효용의 대리척도를 개발하여 이용한다. 사용자가 시설까지 이동하는 평균거리는 가장 많이 이용하는 대리척도다. 그러므로 이는 시설의 수를 제약조건으로 하여 총 평균이동거리를 최소화하는 문제가 된다. 이때 사용자의 최대이동거리가 제약조건으로 추가하기도 한다.

4.2 서비스의 입지선정기법

서비스 기업의 유형은 수요 민감 서비스업, 배달 서비스업, 그리고 준제조형 서비스업이 있다. 여기에서는 수요 민감 서비스업에 대해서만 설명한다. 수요 민감 서비스의 입지선정의 목표는 입지를 통해서 고객을 유인하는 것이다. 고객이 방문하는 서비스 기업의 대부분이 여기에 해당되는데 그 예로는 은행, 레스토랑, 소매점 등이 있다. 입지선정의 기법으로써는 요소평가법, 회귀분석법, 지리정보시스템법이 있다.

4.2.1 요소평가법

요소평가법(factor rating)에서는 입지 후보지의 각 요소의 점수를 계산하여 가장 높은 점수의 후보지를 선정하는 방법이다. 여기서 고려해야할 사항은 주·객관적인 평가요소의 선정, 그리고 각 요소에 대한 가중치를 결정하는 것이다.

4.2.2 회귀분석법

회귀분석법(regression)은 요소평가법에서 얻은 점수는 추상적인 점수이다. 입지선정 회귀분석모형의 함수는 실제 목적(혹은 회기분석법에서 말하는 종속변수)에 의존한다.

4.2.3 지리정보 시스템법

지리정보 시스템(geographic information system)은 지리적 위치를 보기 쉬운 시각적 형태의 정보와 연결시켜 주는 컴퓨터 소프트웨어이다. 지리정보 시스템의 목적은 지리 데이터베이스에 수록된 정보에 근거하여 수요를 예측하는 것이다. 지리정보 시스템은 입지선정에 사용하는 외에도 매출지역분할, 차량경로선정, 목표시장 광고 캠페인 등에도 사용된다. Tactician, ESRI, Intergraph, GDS, Strategic Mapping, Mappinfo 등이 이 산업의 선도 기업이다.

4.2.4 수요의 중력모형법

수요의 중력모형법(gravity model of demand)은 다음과 같이 이해할 수 있다. 두 개의 비슷한 점포가 있다고 가정하자. 어떤 고객이라도 더 가까운 곳에 갈 확률이 높을 것이다. 이러한 아이디어의 근간에는 고객i로부터 부근의 n개의 점포 중 j점포에 끌리는 것은 오르지 i부터 j까지의 이동시간 T_{ij}에 근거할 것이라는 가정에 있다. 그러므로 근처에 비슷한 점포가 있다면 고객 i가

특정한 점포 k에 갈 확률 P_{ik}는 다음 식으로 나타낼 수 있다.[9)]

$$P_{ik} = \left(\frac{1}{T_{ik}}\right) / \sum_{j=1}^{n} \left(\frac{1}{T_{ij}}\right)$$

제 3 절 서비스 운영관리

1. 서비스 공급 및 수요관리

대기행렬 모형 및 서비스 능력계획을 이용하여 호텔 객실의 수나 구매할 항공기의 대수와 같은 고정된 생산능력에 대한 투자결정이 이루어진 후에 계획대로 일상적인 운영이 수익성을 확보하면 호텔의 객실이나 항공기 좌석은 항상 만원이 되어야 할 것이다. 여기서는 관리자가 일상적으로 당면하는 과제, 즉 역동적인 환경 속에서 매일 고객의 수요와 서비스 공급을 일치시켜야 하는 문제를 다루고 있다.

서비스 능력(service capacity)은 소모성 상품과 같다. 예를 들어 좌석을 비운 채 운항하는 비행기는 추가적으로 고객을 운송할 수 있는 수익창출의 기회를 영원히 상실하게 되는 것이다. 아메리칸 에어라인은 이러한 문제를 지적하고 오늘날 소위 수율관리(yield management)라고 부르는 방법이 지닌 잠재적인 해결 능력을 인식한 바 있다. 서비스 수요가 서비스 능력에 미달되면 서비스 제공자와 시설은 유휴상태로 남아 있게 된다. 또한 서비스 수요의 변동성은 매우 심하여 우리의 문화나 습관이 이러한 변동성을 야기 시키고 있다. 이와 같은 서비스 수요의 자연적인 변동은 어느 시기에는 서비스가 유휴상태로 있고, 또 다른 시기에는 고객이 기다리게 만들게 된다.

1.1 수요관리전략

서비스 시스템은 능동적 혹은 수동적인 방법을 사용하여 수요를 고르게 할

9) R. Metters, K. king-Metters, M. Pullman, and S. Walton, Service Operations Management 2e, Thomson, 2006, pp. 329~340.

수 있다. 수요를 고르게 하면 주기적인 수요변동이 감소된다. 고객의 도착 간격이 무작위적인 성격을 가지고 있다고 하더라도 시간의 흐름에 따른 평균적인 도착률은 보다 안정적인 특성이 있다. 서비스 능력을 관리하기 위해 일반적으로 사용되는 전략은 수요분할, 가격 인센티브 제공, 비수기 수요의 촉진, 보완적 서비스의 개발, 예약시스템의 사용과 초과예약문제의 처리 등이 있다.

1.2 공급관리전략

서비스의 경우 수요를 효과적으로 고르게 할 수 없다. 따라서 수요에 부합될 수 있도록 서비스 공급을 조절하는 통제 노력이 있어야 한다. 이러한 목적을 달성하기 위해서 1일 교대 근무 일정, 휴무 조건을 고려한 주별 교대 근무 일정, 고객 참여 증대, 조절 가능한 서비스 능력 창출, 서비스 능력의 공유, 종업원 교차 훈련, 시간제 직원의 활용 등의 전략이 있다.

1.3 수율관리

수율관리(yield management)[10]이란 투입에 대한 산출의 비율을 의미하며, 때때로 수입관리(revenue management) 혹은 소멸성 자산(perishable asset) 수입관리라고도 한다. 수율관리기법의 목적은 올바른 고객에게 올바른 가격에 올바른 서비스 능력을 제공하려는 것이다. 많은 자본집약적 서비스들은 이를 매우 중요시하고 또 실제 사용한다. 시장세분화 능력, 소멸성 재고, 선불판매(advance sales), 널뛰는 수요, 정확한 세부 정보시스템과 같은 비즈니스 특성은 비즈니스의 복잡성과 수율관리의 적용으로 인한 잠재적 이익을 증가시킨다. 현재 수율관리가법을 잘 활용하고 있는 산업들은 항공, 철도, 자동차 렌탈대행, 해운 등과 같은 운송관련 산업, 관광여행 운영자, 유람선 및 휴양지와 같은 휴가관련 산업, 그리고 호텔, 약국, 창고와 방송과 같은 서비스 능력 제약을 가진 산업들이다. 수율관리 시스템은 초과예약, 서로 다른 고객 그룹별로 차별적 가격결정, 고객 그룹간 서비스 능력 배분의 세 가지 기본요소로 구성되어 있다.

10) 수율=산출량/투입량

2. 대기행렬관리

전문가들은 고객 서비스의 어떤 측면도 서비스 받기 위해서 줄을 서서 기다리는 것보다 중요한 것은 없다고 한다. 줄을 서서 기다리는 고객은 놓칠 가능성이 있는 고객이다. 한 연구에 의하면 전화로 연결되지 못 한 고객의 27% 이상이 다른 데서 서거나 아예 거래를 포기한다고 뉴욕의 전화 상담회사인 오팅(Oetting & Co.)사의 최고경영자 루디 오팅(Rudy Oetting)은 말했다.

요즘 고객들은 전보다 더 많은 것을 요구한다. 즉, 스피드입니다. 사람들은 빨리 대답을 듣고 싶어 합니다. 때문에 최근 몇 년 동안 많은 회사가 대기 시간을 줄이려고, 아니면 적어도 고객이 더 기다릴 수 있게 단계적으로 노력해 왔다. 즉, 볼거리 만들기(animate), 구별하기(discriminate), 자동화하기(automate), 판단 흐리기(obfuscate) 등을 아용하고 있다.

2.1 대기행렬 시스템

대기행렬(queue)이란 하나 혹은 그 이상의 서비스 제공자에게 서비스를 요구하며 기다리는 고객의 줄이다. 서버는 고객이 서비스를 받는 개별 장소다. 사람들이 서비스를 받으려고 줄에서 기다리는 대표적인 경우는 슈퍼마켓의 계산대나 은행 창구에서 찾아볼 수 있다. 그러나 실제로 대기행렬 시스템은 여러 형태로 나타난다.

서버가 한 번에 한 고객만 상대하도록 제한할 필요는 없다.

고객이 언제나 서비스 설비를 찾아다닐 필요는 없다.

서비스는 일련의 대기행렬 단계로 구성될 수도 있고 더욱 복잡한 대기행렬의 네트워크로 구성될 수도 있다.

2.2 대기행렬 시스템의 기본 특성

대기행렬 시스템의 기본적 특성은 모집단, 도착 프로세스, 대기행렬 형성, 대기행렬 규칙, 서비스 프로세스로 구분할 수 있다. 서비스는 모집단에서 고객을 확보한다. 도착하는 비율은 도착 프로세스에 의해 결정된다. 서버가 쉬고 있으면 고객은 즉시 서비스 받을 수 있으나, 그렇지 않으면 여러 형태의 대기행렬에 분산되어 기다리게 된다. 이때 몇몇 고객은 길거나 느리게 움직이는 줄을 만나면 서비스 받기를 포기하고(진입포기, balk) 다른 데서 서비스를 찾으려 할 것이다. 어떤 고객은 대기행렬에 진입하고 난후 기다리다 지치면 떠나 버린다(중도이탈, renege). 서버가 서비스를 할 수 있게 되면 대기행렬에서 고객이 선택되고, 서비스가 시작된다. 고객의 선택은 대기행렬 규칙(queue discipline)에 의해 결정된다. 서비스 설비는 서버가 없거나, 하나 혹은 그 이상의 서버, 아니면 직렬이나 병렬로 있는 서버의 복잡한 배려일 수 있다. 서비스를 받고 고객은 서비스 설비를 떠나게 된다. 그때 고객은 나중에 또 오기 위해 모집단에 합류하거나 다시 방문할 의도 없이 떠나게 된다.

3. 서비스 공급관계관리

공급사슬 경영(supply chain management: SCM)는 생산된 상품을 최종 소비자에게 전달하기 위한 총체적 시스템 접근방법이라고 할 수 있다. 부품 공급사로부터 소매점까지 공급사슬 구성 요소간의 조정을 하기 위해서 정보기술을 사용하는데, 이를 통하여 전통적인 물류 시스템에서는 불가능했던 통합의 수준을 이룩할 수 있다

제품수명주기의 단축과 시장의 세계화로 인하여 공급사슬에 대해서 전체 시스템 관점으로 접근할 필요가 있다. 경쟁의 증가로 기업은 세계적인 관점에서 공급자를 선정하고 생산 작업을 결정하는 문제를 고려하게 되었다. 개인 컴퓨터의 경우, 아시아로부터 공급된 부품으로 중간조립은 미국에서 이루어지고 최종조립은 유럽의 고객 근처에서 주문 조립방식으로 이루어지고 있는 예로 들 수 있다. 공급사스에서 중요한 사항은 고객에게 신뢰성 있고 신속한 배달을 제공하는 것과 산생과 재고비용 간에 균형을 이루는 것이다.

공급사슬에 참여하는 기업들 간의 상호작용을 포함하는 완전한 총체적 시스템 관점에서는 고객수요를 만족시키기 위한 효과적인 척도를 협력적으로 모색할 것이다. 배달의 신뢰성이 떨어지면 안전재고에 대한 투자가 증대되어야 하거나, 그렇지 않으면 고객수요를 만족시키지 못하고 판매기회를 상실하게 된다. 그러나 공급사슬 전체의 참여 기업 간의 효과적인 파트너십과 협력의 형성을 통해서만 성공은 달성될 수 있는 것이다.

4. 서비스 제공에 필요한 물품관리

종전에 재고관리는 사람이 판매량과 재고량을 체크하여 적당한 시점에 전

화나 편지로 새로운 주문을 하도록 하였다. 그러나 정보기술을 이용한 관리는 기존의 재고관리 방식을 초과재고로 인한 추가비용 발생 없이 수요에 부응할 수 있는 관리방식으로 변환시켰다. 재고관리에 있어 컴퓨터를 기반으로 하는 정보시스템의 사용은 정보기술이 가장 먼저, 그리고 가장 성공적으로 활용된 대표적인 사례이다.

우리는 상점에서 판매하는 물건에 붙어 있는 바코드에 익숙하다. 바코드는 재고의 위치 및 현황, 재고 회전속도 등에 관한 정보를 경영자에게 제공한다. 예를 들면, 대부분의 슈퍼마켓은 상품의 바코드를 읽어 자동적으로 재고량을 기록해 주는 POS(point-of-sale)를 기반으로 하는 컴퓨터화된 재고관리 시스템을 사용하고 있다. 이런 컴퓨터화된 시스템은 재고가 소진되면 EDI 시스템을 통하여 자동적으로 물품 공급업자에게 구매 주문을 하게 된다. 품품이 납품되면 재고 보유량도 조정된다. 서비스 제공에 필요한 물품의 재고관리에 있어 정보기술의 활용은 많은 문서작업을 없애고 현금 흐름을 좋게 하고, 또 한 물품 공급자, 서비스 공급자 및 고객의 수요에 즉시 부응할 수 있는 시스템을 **창출함으로써 비용을 절감한다.**[11]

11) Fitzsimmons, J. A., and Fitzsimmons, M. J., Service Management, 4th edition, McGraw-Hill, 2004, pp. 347~352.

연습문제

1. 고객의 기대치와 고객욕구 간의 차이점은 무엇인가? 서비스 가치와 서비스 품질 간의 차이점은 무엇인가?

2. 서비스 기업 중에서 집중화 전략과 차별화 전략을 모두 사용하고 있는 예, 혹은 집중화 전략과 원가주도 전략을 모두 사용하고 있는 예를 들어 보아라.

3. 주인을 위해 온 몸을 바치는 노예와 같은 역사적인 서비스 이미지가 현대에 있어 고객 기대와 서비스 종업원의 행동에 어떻게 영향을 미치는가?

4. 서비스 품질의 다섯 가지 차원은 제품 품질의 차원과 어떤 차이가 있는가?

5. 서비스 품질은 왜 측정하기 어려운가?

6. 어떤 면에서 서비스 입지 결정은 제조업의 입지 결정과 다른가?

제 4 장 품질경영

Quality refers to the ability of a product or service to consistently meet or exceed customer expectations.

Total quality management(TQM) stresses three principles: customer satisfaction, employee involvement, and continuous improvements in quality.

TQM also involves benchmarking, product and service design, process design, purchasing, and problem-solving tools.

KEY TERMS

acceptable quality level(합격품질수준: AQL)
appraisal costs(평가코스트)
benchmarking(벤치마킹)
center line(중앙선)
company-wide quality control(전사적 품질관리)
control chart(관리도)
failure costs(실패코스트)
house of quality(품질의 집)
lower control limit(관리하한선)
operating characteristic curve(OC곡선)
prevention costs(예방코스트)
Product Liability(제조물책임)
quality control(품질관리)
quality cost(품질코스트)
quality evaluation(품질평가)
quality function deployment(품질기능전개)
quality of conformance(적합품질)
quality of design(설계품질)
statistical quality control(통계적 품질관리)
total quality control(TQC)
total quality management(전사적 품질경영: TQM)
upper control limit(관리상한선)

제1절 품질경영의 기본개념

1. 품질관리의 의의

품질관리(quality control)란 소비자의 요구에 적합한 품질의 제품이나 서비스를 경제적으로 생산하기 위한 수단의 체계이다. 품질관리를 약어로 QC라고도 한다. 또 근대적인 품질관리는 통계적인 수단을 채택하고 있기 때문에 특히 통계적 품질관리(statistical quality control: SQC)라고도 부른다.

품질관리를 효과적으로 실시하기 위해서는 시장조사, 연구개발, 제품의 기획, 생산준비, 제조, 검사, 판매, A/S, 재무, 인사, 교육 등 기업활동의 전 단계에 거쳐, 경영에 종사하는 모든 경영자 및 감독자, 작업자 등 기업의 전원참가와 협력을 필요로 한다. 이와 같이 하여 실시된 품질관리를 전사적 품질관리(company-wide quality control: CWQC) 또는 종합적 품질관리(total quality control: TQC)라고 부른다.

이 정의로부터 품질관리란 우선 고객의 요구를 정확하게 파악하여 과학적인 품질규격, 품질사양으로 구체화 한 다음 이 품질의 제품을 가장 경제적으로 만들어 시장에 내놓고, 고객이 만족하게 사용하도록 하는 일련의 업무를 가장 효율적으로 수행하는 관리체제를 말한다.

최근의 품질관리는 단순히 공정관리나 출하검사만을 수행하는 것이 아니고 출하 후의 성능, 수명 등을 장래에까지 보증하는 신뢰성 및 고객의 만족, 불만족도의 체크와 고객의 욕구를 조사하는 시장조사를 포함한다.

또한 품질관리의 실시에서 우리들은 제품을 개개로서 보지 않고, 집단으로 보는 태도를 갖고, 이를 위하여 통계적인 방법을 도입하여 품질관리를 과학적으로 수행하려 한다. 이것을 통계적 품질관리라고 말하는데, 자칫하면 통계학에 너무 치우쳐 현장으로부터 멀어질 수도 있다. 이런 폐해(弊害)를 줄이기 위해 종합적(전사적) 품질관리(total quality control)를 주창하게 되었다. 여기서 주의해야 할 것은 통계학이란 자료를 처리하는 하나의 수단에 지나지 않는 것이다.

따라서 품질관리는 생산계획에 의하여 설계된 규격의 제품을 만들기 위하여 생산활동의 각 단계에 걸쳐 제품의 품질을 유지·향상시키기 위한 조직적인 활동과 검사를 의미하기 때문에 수리통계학의 기법을 응용하여 경제적인 생산을 행하는 것을 목표로 하는 통계적 품질관리와 생산활동의 전체에 품질관리를 도입한 종합적 품질관리라는 것이 있다.

2. 품질수준의 결정

품질이란 물품을 사용하는 목적에 합치되는 정도이다. 제품의 품질은 고객이 요구하는 품질 그 자체가 되어야 하고, 고객의 요구에 따라 설계되고, 제조하는 제품의 품질은 도면이나 규격으로 나타내어진다. 고객이 요구하는 품질이 참품질이고, 규격에 표시된 품질은 품질보증치이고, 이것을 대용품질특성이라 한다.

따라서 이것은 고객이 요구하는 품질과 일치해야 된다. 고객이 요구하는 품질을 시장품질이라 하는데, 이것을 도면이나 규격으로 나타낸 것이 설계품질이고, 이 설계품질의 작업조건에 따라 만들어진 것이 제조품질이다.

여기서 품질을 다음과 같이 설계품질, 제조품질, 시장품질의 세 가지로 분류할 수 있다.

2.1 설계품질

설계품질(quality of design)은 회사가 목표로 하는 품질로서 시장조사에서 얻은 시장품질을 만족시키기 위해 공장의 기술 및 설비를 고려하여 설계단계

그림 4-1 설계품질

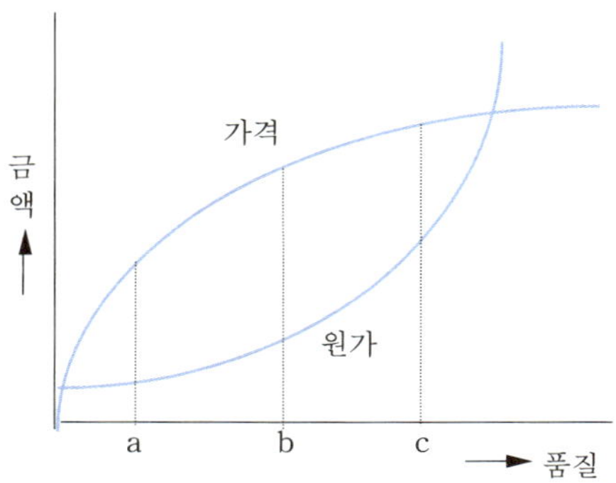

에서 결정하는 품질이다. 설계품질의 특징은 가격과 품질은 투자된 원가에 비례하여 상승하지 않고, 어느 시점에서는 원가는 올라가더라도 가격과 품질은 상승하지 않는다는 것이다. 그러므로 기업은 품질에 대한 회사의 방침(단위당 최대이익, 저가제품, 고급제품)을 결정해야 한다.

2.2 제조품질

설계품질을 목표로 제품을 생산하려고 하지만 작업방법, 원자재, 기계설비, 생산기술 등의 수준이 설계단계와 제조단계에서 상이할 수 있다. 그래서 제조단계에서의 품질은 품질관리에 투자하는 비용과 불량으로 인한 손실액을 합한 총비용이 최저인 점에서 제조품질(quality of manufacturing) 또는 적합품질(quality of conformance)을 결정한다.

그림 4-2 제조품질

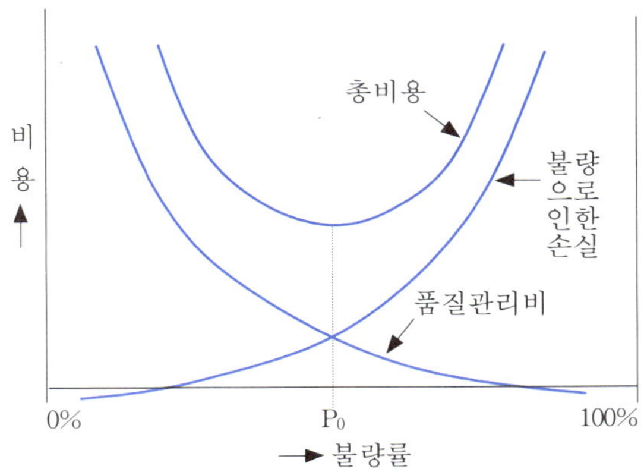

따라서 시장품질을 목표로 하여 설계품질을 만들고, 설계품질에 따라 제조품질을 결정하게 된다.

2.3 시장품질

어떤 품질의 제품이 팔릴 수 있는가를 조사하여 결정하는 것이다. 즉, 고객이 원하는 품질인 것이다. 그러나 시장품질(quality of market) 또는 사용품질을 소비자의 만족도라고 보았을 때, 소비자의 만족도를 높이기 위해서는 생산자측의 서비스비용의 부담을 늘려야 하고, 또한 생산자의 비용이 줄면 소비자의 비용부담이 그만큼 늘어난다. 이와 같은 결과는 소비자가 제품에 대한 불만을 야기시키고 생산자의 기회손실이 커질 것이다. 따라서 시장품질은 기업의 장기적인 입장에서 품질수준을 결정해야 한다.

그림 4-3 시장품질(사용품질)

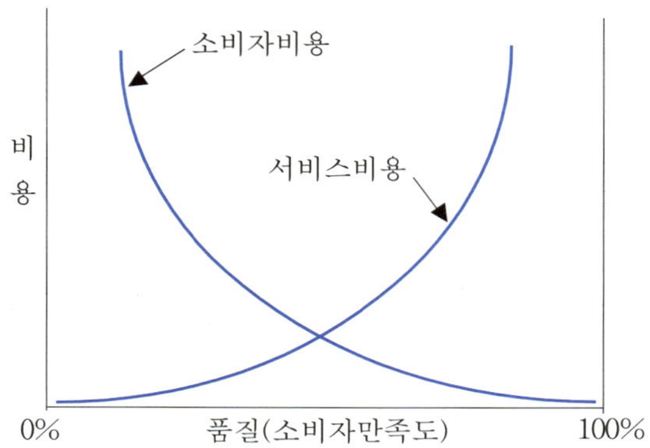

3. 품질관리의 효과 및 기능

3.1 품질관리의 효과

품질관리는 개념 및 이론을 이해할 때까지 많은 효과를 기대하는 것은 도저히 불가능하다. 품질관리가 기업 내에 어떠한 형태로 운영되고 있는가를 이해하는 것이 중요하다. 품질관리를 정확하게 이해하고, 새로운 경영의 도구와 지침으로 품질관리의 실천과 경험을 쌓아감에 따라 기업의 이익확보와 기업의 체질개선 등에 효과가 있을 것이다.

그래서 품질관리를 실시한 경우의 효과는 다음과 같다.

i) 불량품이 감소하고, 제품의 품질이 균일하게 된다.

ii) 제품의 원가가 절감되고, 원료에 대한 제품의 비율이 올라간다. 따라서 제품의 가격을 올리는 것이 가능하다.
iii) 생산량이 증가하고, 합리적인 생산계획이 수립된다.
iv) 기술부문은 제조현장이나 검사부문과 밀접하게 협력하여 일을 처리하게 된다.
v) 작업자의 품질에 대한 책임감과 관심을 높일 수 있다.
vi) 통계적 기법을 활용하여 검사비용을 감소시킬 수 있다.
vii) 사내 각 부문의 작업이 원활하게 진행되고, 기업외부에 대한 신용을 높일 수 있다.
viii) 품질관리를 실시함에 따라 현재의 규격을 변화시키는 것이 필요한 것인가 또는 이익이 발생할 것인가 하는 의사결정을 내릴 때 신뢰할 수 있는 근거를 제공한다.

3.2 품질관리의 기능

품질관리의 기능은 수입검사기능, 불량방지기능, 품질보증기능으로 대별된다.

3.2.1 수입검사기능

원재료 및 부품을 구입하여 사내규격(구매규격, 원재료규격, 부품규격, 수입검사규격 등)에 합치되는지 어떤지를 체크하고, 규격에 합치되지 않는 것은 구입하지 않도록 하는 기능이다. 또한 수입기능을 원활하게 하기 위해서는 구매담당부문, 외주담당부문, 수입검사담당부문, 품질관리담당부문의 강력한 협력체계가 필요하다.

3.2.2 불량방지기능

수입검사기능을 활용하여 사내규격에 적합한 품질의 원재료 또는 부품이 수입된 후, 이들의 원재료 혹은 부품이 사내 각 공정에서 가공될 때 불량이 발생하지 않도록 방지하는 기능이다. 또한 자사 내에서의 불량방지기능은 품질관리기법, 즉 통계적 기법의 응용 및 사내표준의 추진, 관리도의 작성 및 작업표준의 확립에 따라 강화되어질 수 있다.

3.2.3 품질보증기능

품질관리의 목적 중 하나는 품질보증이다. 품질보증이란 제품이 사용자에 의하여 사용될 때, 요구되는 성능이 충분히 발휘되고, 제품이 확실히 유효하게 활용하도록 보증해 주는 것이다. 또한 품질보증은 확실히 성능을 구비하고 있는 제품을 만들어내고, 사용자에게 제공하는 활동으로 회사 전체의 각 부문이 각각의 기능을 분담하고, 전사적으로 수행되지 않으면 아니 된다.

4. 품질코스트

품질코스트(quality cost)란 재화나 서비스의 품질에 관련해서 발생하는 비용을 말한다. 품질시스템을 IO시스템(input output system)으로 보면 투입과 산출과정으로 나누어 볼 수 있으며 품질코스트는 품질생성, 품질평가, 품질결과의 관계로 파악할 수 있다.

품질생성(quality creation)이란 품질설계, 품질계획, 품질교육과 같이 품질개선 또는 불량예방을 위하여 투자되는 비용으로서 예방코스트라고도 한다.

품질평가(quality evaluation)란 인정실험, 수입검사, 공정검사, 완제품검사, 품질검사 등 품질평가를 위하여 소요되는 비용으로서 평가코스트라고도 한다.

품질결과(quality resultant)란 일정한 품질수준에 미달됨으로써 발생하는 비용이다. 예를 들면, 스크랩, 재작업, 수선, 클레임 등을 들 수 있는데, 이것을 실패코스트라 한다.

따라서 품질코스트는 예방코스트(prevention cost: P cost), 평가코스트(appraisal cost: A cost), 실패코스트(failure cost: F cost)로 분류한다.[1)]

제 2 절 전사적 품질경영의 요소

전사적 품질경영(total quality management: TQM)은 고객만족, 종업원참가, 품질의 지속적 개선이라는 세 가지 원칙을 강조하고 있다. 이외에도 [그림 4-4]가 보여 주듯이 TQM은 벤치마킹, 제품 및 서비스의 설계, 공정설계, 구매, 의사결정 지원도구 등을 포함한다. 전사적 품질경영의 세 가지 원칙은

1) 미국 기업의 경우 전체 품질코스트 중 실패코스트(품질불량으로 인한 손실)가 50~70%이고, 평가코스트(품질검사 및 실험)는 20~40%이며, 예방코스트(품질의 불량방지)는 5~10%정도이다. 또한 J. M. Juran박사는 품질코스트를 매출액 대비 0.5%~25%에 달한다고 주장하고 있다.

다음과 같이 설명할 수 있다.

1. 고객만족

고객만족 품질이란 고객의 기대에 맞거나 기대를 초과하는 품질이라 할 수 있으며 실질적으로 품질에 대하여 고객이 지닌 다양한 속성들의 반영에 의하여 결정된다. 여기에는 사양일치도, 가치, 사용의 적합성, 지원, 심리적 인상 등의 속성들에 의하여 품질이 결정된다.

그림 4-4 TQM의 수레바퀴

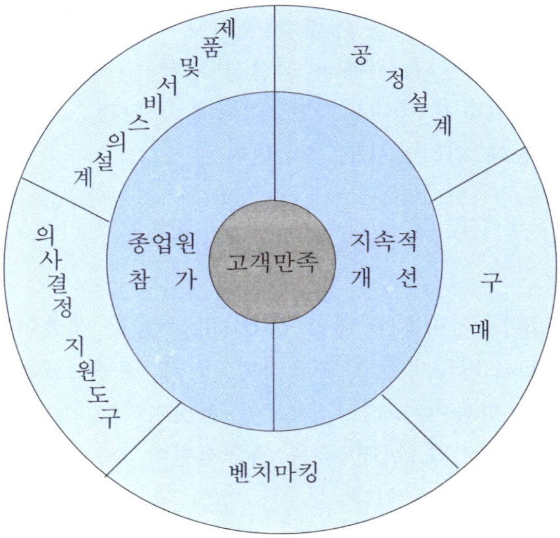

출처 : Lee. J. Krajewski, Larry P. Ritzman(1996), p. 141.

1.1 사양일치도

고객은 제품이나 서비스의 품질이 광고에 의하여 알려진 성능과 같거나 그 이상을 원한다. 그러나 현장 작업자에게는 부품에 대한 사양으로 품질이 정의

되나 고객에게는 완제품의 성능, 즉 고장날 때까지의 시간으로 품질을 측정한다. 또한 서비스업에 있어서도 사양의 일치도(conformance to specifications)는 중요하며 서비스의 사양은 서비스의 적시제공이나 대응시간에 의하여 측정된다.

1.2 가 치

제품 또는 서비스의 가치는 소비자들이 지불한 가격에서 의도한 목표를 얼마나 잘 달성하는가에 의해 평가될 것이다. 이때 고객의 마음속에 어느 정도의 가치(value)가 있는가는 구매 이전의 기대에 따라 달라진다.

1.3 사용 적합성

사용 적합성(fitness for use)이란 제품이나 서비스가 의도한 목적을 얼마나 잘 수행하는가를 의미한다. 사용의 적합성 평가는 제품의 기계적 특성이나 서비스의 편리성에 의하여 측정되지만, 이외에도 외관, 스타일, 내구성, 신뢰도, 숙련도, 서비스 등에 의하여서도 측정된다.

1.4 지 원

회사의 제품 또는 서비스에 대한 지원(support)은 제품이나 서비스 그 자체의 품질만큼이나 소비자에게는 중요하다. 만약 재무제표가 부정확하고, 보증수리 요구에 대한 반응이 느리고, 광고가 거짓이라면 소비자들은 회사에 대한 감정이 좋지 않을 것이다. 반면 좋은 제품지원이 하드웨어적인 품질의 결함을 부분적으로 경감시킬 수도 있다.

1.5 심리적 인상

많은 사람들은 분위기, 이미지, 미적 감각 등 심리적 인상(psychological impression)에 의해 품질을 평가한다. 서비스업의 경우, 고객이 서비스 제공자와 가깝게 접촉하므로 서비스 제공자의 외모와 행동은 매우 중요한 것이다. 옷을 잘 입고, 친절하고, 공손하고, 호감이 가는 종업원은 서비스 품질에 대한 고객의 인식에 영향을 미칠 것이다.

2. 종업원 참여

종업원의 참여를 위한 프로그램은 조직문화의 변화, 교육훈련을 통한 개발 촉진, 보상과 유인체계의 확립, 팀웍 제고 등을 들 수 있다.

2.1 문화의 변화

품질경영의 과제는 모든 종업원에게 품질의 중요성을 인식시키고, 제품품질을 개선할 수 있는 동기를 부여하는 것이다. 이를 위하여 기업문화를 변화시키는 것이 필요하다. 이때 변화는 최고경영층부터 이루어져야 한다.

TQM에서는 조직원 전원이 품질의 전반적인 개선에 공헌해야만 한다. 관리자는 원가절감 방안을 연구하고, 영업사원은 새로운 고객의 요구를 파악하고, 엔지니어는 소부품으로 제품을 만들 수 있도록 설계하고, 경영자들은 부서간의 의사소통을 가능하게 해야 한다. 그래서 TQM은 제품과 서비스에 관련된 모든 기능을 포함하고 있는 것이다.

TQM을 위한 적절한 문화를 개발하는데 있어서 주요한 과제는 각 종업원에 대하여 고객을 정의하는 것이다. 일반적으로 고객에는 내부고객과 외부고객이 있다. 외부고객(external customer)은 제품이나 서비스를 구매하는 외부의 소비자나 기업이고, 내부고객(internal customer)은 다른 종업원의 산출에 의존하는 조직 내의 종업원을 말한다. 내부고객을 예로 들면, 기계공이 부품에 드릴작업을 한 후 이를 용접공에게 넘긴다면 용접공은 기계공의 내부고객이다.

TQM에서는 조직 내 모든 구성원이 품질관리 그 자체가 목적이라는 의식을 가져야 한다. 오류나 불량은 원천에서 발견하여 해결해야 하며 내부고객에게 넘겨서는 안된다. 이러한 개념을 원천에서의 품질관리(quality at the source)라 한다.

2.2 개인의 개발

직장 내 훈련 프로그램은 품질개선에 도움을 줄 수 있다. 작업자에게 새로운 작업방법을 가르치고, 또 새로 고용된 작업자에게 입직교육을 시킴으로써 생산성을 높이고 불량품을 줄일 수 있을 것이다. 오하이오주에 있는 혼다 아메리카의 애너 앤 매리스빌 공장은 매년 종업원 교육을 10만 시간 이상 실시한다.

2.3 유인보상

금전적 유인은 종업원에게 품질향상을 가져오게 할 수 있다. 예를 들어 혼다 아메리카는 1990년 종업원 유인 프로그램(제안제도를 이용하여 금전적 보상을 주는 제도)으로 종업원에게 19만 달러에 달하는 현금과 5대의 혼다 시빅 자동차를 보상으로 주었다.

동료들 앞에서 공로 인정과 같은 비금전적 보상도 품질개선을 촉진한다. 예를 들어 품질향상에 공로가 있는 사람을 선정하여 특별 주차장소나 고급 레스토랑에서 저녁식사를 제공한다던가, 공로자의 이름을 공로의 벽에 새기는 등의 공로 인정을 실시한다.

2.4 팀 웍

종업원 참여는 품질을 개선하기 위한 전술 중 핵심적인 것이다. 종업원 참여를 달성하는 방법 중 하나가 팀(team)을 이용하는 것인데, 팀이란 공통의 목적을 지니고 자체적으로 성과목표와 접근방법을 정하고 성공에 대해 책임을 지는 작은 집단을 의미한다.

팀웍을 위해 가장 널리 활용되는 접근법에는 문제해결팀, 특수목적팀, 자율관리팀이 있는데 이들 모두는 종업원 권한부여(employee empowerment)를 통해 의사결정의 권한을 실제 작업의 수행자에게 부여한다.

2.4.1 문제해결팀

문제해결팀은 QCC라고도 부르며, 이 팀은 관리자와 작업자로 구성되는 소규모의 집단으로 이들은 생산과 품질에 관련된 문제를 찾아내어 분석하고 해결책을 구한다.

2.4.2 특수목적팀

특수목적팀(special-purpose team)은 경영진, 노동자, 또는 양자 모두 주요 관심사를 다룬다. 이 팀은 대개 다수의 과나 기능부서의 대표들로 구성된다.

2.4.3 자율관리팀

자율관리팀(self-managing team)은 작업자 참여를 최고수준으로 하고, 작업자들로 이루어진 소집단이 공동작업을 통해 한 제품이나 서비스의 주요 부분, 또는 전체를 생산하게 하는 것이다.

3. 지속적 품질개선

"카이젠(KAIZEN)"의 저자인 마시키 이마이는 카이젠을 지속적이고 점진적인 공정개선이라고 정의하고 있다.[2] 일본경제의 기적을 가능케 한 이유로는 품질개선을 지속적으로 실천해온 기업문화를 꼽을 수 있다. 카이젠(Kaizen)은 장기적이고 영속적인 개선이며 팀 노력의 결과이다. 또한 카이젠은 공정지향적이며 실제로는 적은 투자를 필요로 하지만 이를 유지하기 위해서는 많은 노력을 기울여야만 한다. 카이젠은 고도의 기술을 요하는 것이 아니고 성과의 표준을 높이기 위하여 여러 가지 품질관리기법이나 상식을 이용하는 작업자들에게 의존한다. 따라서 카이젠은 인간지향적이라고도 할 수 있다. 카이젠철학의 가장 중요한 관심은 사람의 품질이다. 사람의 품질이 향상되면 제품의 품질 또한 향상되는 것이다. 따라서 카이젠철학을 사람에 주입시키고 이들에게 기본적인 품질개선기법을 훈련시키면 지속적인 품질개선을 달성할 수 있는 것이다.

혁신(innovation)은 카이젠전략과 결합되지 않는 한 혁신을 통하여 달성되는 성과는 미미하다. 혁신은 기술 및 자본 지향적이다. 또한 카이젠이 공정지향적임에 반하여 혁신은 결과지향적이다.

3.1 지속적 개선의 단계

지속적인 품질개선을 조직 내에 전파하는 데에는 많은 시간이 필요하며 이 일을 성공적으로 달성하기 위해서는 일정한 단계를 거치는 것이 바람직하다.

i) 통계적 공정관리(statistical process control: SPC)와 품질을 개선하기 위한 기법들을 교육한다.

ii) SPC방법을 일상 업무화 한다.

iii) 작업팀을 구성하고 종업원의 참여를 촉진시킨다.

iv) 작업팀 내에서 문제해결 기법을 활용한다.

v) 공정에 대한 작업자의 주인의식을 개발한다.

통계적 품질관리에 대해서는 다음 장에서 설명하고 품질을 개선하기 위해 활용하는 기법들에 대해서는 제4절에서 설명한다. 지속적인 품질개선은 종업

2) Massaki Imai, KAIZEN : *The key to Japan's competitive success*(New York : Random House, 1986)(이길진 역, 법문사, 1989).

원 참여가 절대적이다.

3.2 문제해결의 과정

지속적인 개선을 적극적으로 수행하는 기업들은 생산현장에서 계획, 실행, 고찰, 조치 사이클을 이용하여 문제해결에 접근하도록 교육하고 있다. 이러한 절차를 통하여 문제해결에 접근하는 기법을 데밍사이클이라고 한다.

데밍사이클([그림 4 -5])은 계획(Plan: P), 실행(Do: D), 고찰(Study: S), 조치(Act: A)의 네 단계로 구성되었다. 조치는 새로운 계획(공정의 변경)으로 이어지기 때문에 데밍사이클은 끝없는 개선을 이룩하면서 실행된다. 데밍사이클과 생산시스템과의 관계는 [그림 4-5]와 같다.

그림 4-5 Deming사이클

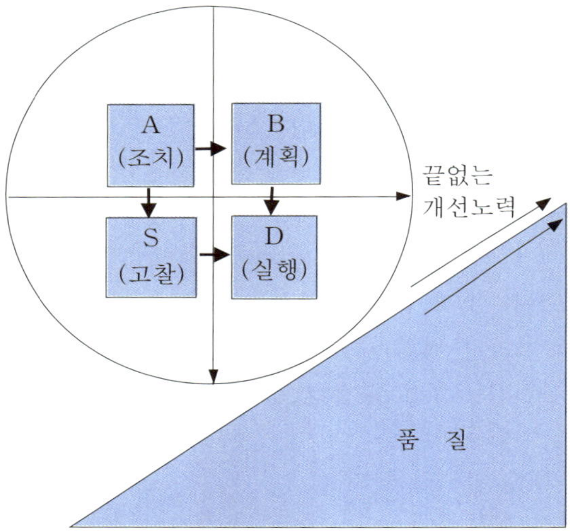

출처 : 강경식, 품질경영, 박영사, 1997, p. 101.

데밍사이클은 공정의 문제(개선기회)가 고객(내부와 외부)의 욕구와 공정성과와의 차이에 의하여 결정됨을 인정함으로써 시작한다. 이러한 차이가 크면 고객의 불만족이 높고 개선기회가 많다는 것을 뜻한다. 기업은 데밍사이클의 네 단계를 통하여 고객의 욕구와 공정성과의 차이를 줄일 수 있다.

PDSA사이클의 구조는 다음과 같다.

i) 계획단계

현재의 상황을 파악하고 자료를 수집하며 개선계획을 수립한다. 즉, 고객욕구와 공정성과의 차이를 분석하고, 이를 줄이기 위하여 공정변수에 대한 자료의 수집을 필요로 한다. 이 단계의 목적은 고객욕구와 공정성과의 차이를 극소화하는 방안을 계획하는 것이다.

ii) 실행단계

계획단계에서 수립된 이론이나 방안에 관한 변화와 테스트를 실행에 옮기는 단계이다. 실험실에서 소규모의 시제품에 대한 실험이 실시된다. 고객과 공정으로부터의 피드백 정보가 입수된다.

iii) 고찰단계

계획을 소규모로 실시한 결과를 조사하는 단계이다. 새로운 해결책이 제안되면 실행단계로 되돌아가 평가를 받아야 한다. 결과를 분석하는데 통계적 방법이 도움이 된다.

그림 4-6 데밍사이클과 생산시스템

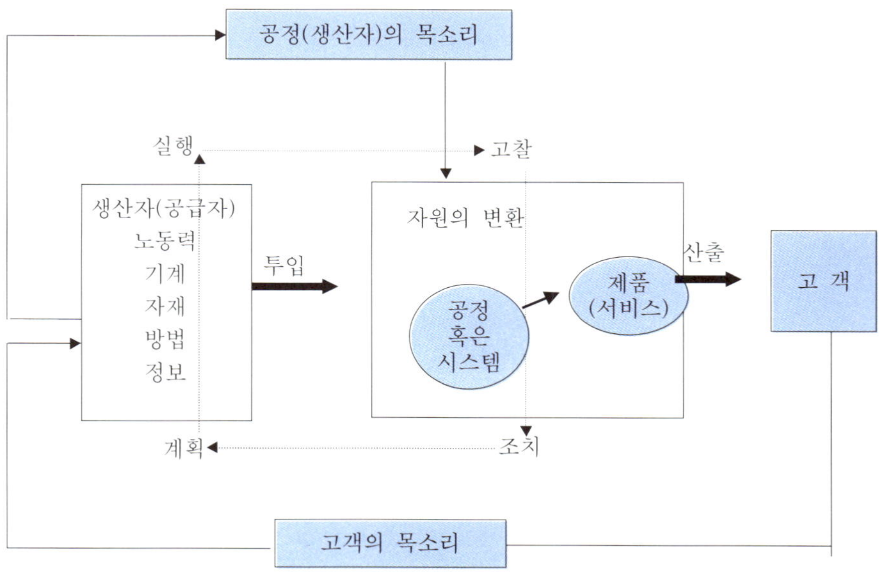

iv) 조치단계

조치단계에서는 고객만족을 증진시키기 위하여 새로운 계획을 실행할 것인가를 결정한다. 만일 고찰단계에서의 분석결과가 긍정적이면 제안된 계획을 받아들이게 된다. 이를 실행한 이후 공정과 고객으로부터 정보를 입수하여 이 계획의 성공여부를 측정할 수 있다.

데밍사이클에 따라 품질개선의 과정은 <표 4-1>과 같은 토의된 단계들로 이루어진다.

〈표 4-1〉 품질개선(quality improvement: QI)의 단계

QI이야기 단계		기 능	도 구
Plan	1. 테마를 선택하라.	· 개선을 위한 테마결정 · 테마의 선택 이유를 명확히 한다.	"다음 과정은 우리의 고객이다." · 표준화 및 교육 · 적응적 보수 대 순환적 보수
	2. 현상항을 파악하라.	· 자료수집 · 테마의 주요특성을 찾아라. · 문제영역을 좁힌다. · 우선순위를 결정한다.	· 체크쉬트 · 히스토그램 · 파레토도
	3. 실행 분석	· 가장 중요한 문제의 모든 가능한 원인을 정리하라. · 원인과 문제간의 관계를 연구한다. · 몇 가지 원인을 선택하여 관련성에 대하여 가정을 설정하라. · 자료를 수집하고 인과결과의 관계를 연구하라.	· 인과도표 · 체크 쉬트 · 분산다이아그램 · 층별(stratication)
	4. 대책수립	· 문제의 원인을 제거하기 위한 대책수립	· 본질적 기술 · 경험
Do		· 대책을 실행함(경험)	
Check	5. 대책결과의 확인	· 대책결과에 대한 자료수집. · 전후 비교를 하라.	· 모두 7가지 도구
Act	6. 대책을 표준화	· 결과가 확인된 대책에 대하여 표준의 존재를 수정하라.	
	7. 전 과정을 평가하고, 나머지 문제를 확인하라.		

출처: Paul Lillrank and Noriak Kano, *Continuous Improvement: Quality Control Circle in Japanese Industry*(Ann Arbor, University of Michigan, Center for Japanese Studies, 1989), p. 27.

제 3 절 TQM을 통한 품질개선방법

고객은 자기들의 특정 욕구를 낮은 가격으로 충족시킬 높은 품질의 제품과 서비스를 원한다.

기업은 제품을 설계할 때 고객의 목소리(voice of the customer)를 반영하는데 고객의 욕구와 기대는 언제나 일정한 것이 아니고 사람이나 제품에 따라 다를 수 있기 때문에 이러한 차이를 다시 반영하여 제품을 재설계할 수도 있다.

품질개선은 공정의 개선을 통하여 이루어지는데 공정개선을 위해 필요한 자료의 원천은 공정의 목소리(voice of the process)이다.

공정으로부터 얻는 자료는 관리도와 같은 통계적 기법에 의한 산출물을 측정하여 얻을 수 있는데 이러한 자료에 입각하여 공정의 목표가 달성되고 있는지를 결정할 수 있다.

[그림 4-7]은 고객의 목소리와 공정의 목소리를 듣고 행하는 지속적인 품

그림 4-7 지속적인 품질개선모델

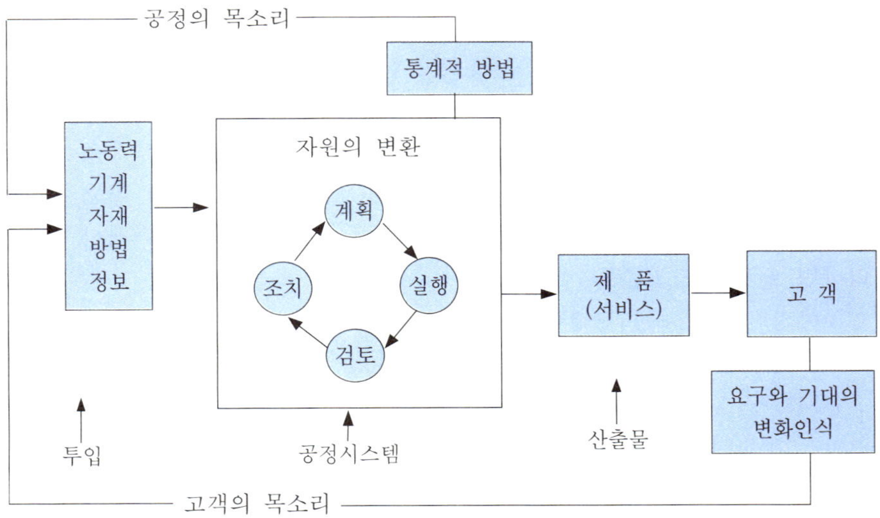

출처 : 강경식, 품질경영, 박영사, 1997, p. 94.

질개선모델이다. 여기서는 지속적인 품질개선에 이용되는 기법들인 벤치마킹, 품질 및 서비스의 설계, 공정(프로세스)의 설계, 동시공학(concurrent engineering), 리엔지니어링(reengineering), 표준화 등이 있다.

1. 벤치마킹

벤치마킹(benchmarking)이란 업계의 선도업체를 대상으로 제품, 서비스, 경영관리 관행을 비교 측정하는 지속적이고 체계적인 절차를 말한다. 벤치마킹에 이용되는 전형적인 지표는 단위당 원가, 고객당 실패율, 단위당 처리시간, 고객 불만율, 단위당 수익, 투자수익률, 고객만족 수준 등이 있다. 지속적인 개선을 추구하는 사람이나 기업은 벤치마킹을 통해 성과의 목표를 설정한다. 벤치마킹은 네 가지 기본적 단계로 구성된다.

i) 계 획

벤치마킹할 대상 프로세스를 선정하고, 비교 대상 회사를 선정한 후 분석할 프로세스의 성과지표를 정하여 자료를 수집한다.

ii) 분 석

자기 회사의 현재 성과지표와 벤치마킹 회사의 성과를 비교하여 차이를 크게 만드는 원인을 파악한다.

iii) 통 합

목표를 설정하고 이를 달성하는데 필요한 자원을 제공할 경영진의 지원을 획득한다.

iv) 행 동

변화에 크게 영향받는 부서의 사람들로 다기능팀을 구성하여 활동계획 및 팀역할을 정립한 후 계획을 실행하고, 진행을 점검한다. 이를 통해서 개선이 나타나면 벤치마킹 기준을 재정립한다.

벤치마킹의 유형에는 경쟁적 벤치마킹, 기능적 벤치마킹, 내부적 벤치마킹이 있다. 경쟁적 벤치마킹(competitive benchmarking)은 동종의 경쟁업체와의 비교에 기초를 두며, 기능적 벤치마킹(functional benchmarking)은 동종, 이종에 관계없이 경영관리, 고객 서비스, 영업활동 등 기능분야에서 뛰어난 업체를 대상으로 하며, 내부적 벤치마킹(internal benchmarking)은 성과가 우수한 내부 조직 단위를 대상으로 하는 것이다. 이러한 유형들에 관계없이 모든 벤치마킹은 지속적 개선의 장기적인 프로그램이 필요한 상황에 가장 적합하게 적용된다.

2. 제품 및 서비스의 설계

제품설계의 변경은 작업방법, 소요자재, 사양 등의 변경이 따르므로 불량률도 높아진다. 따라서 제품과 서비스의 안정적인 설계가 품질에 따르는 문제를 줄이는데 도움이 될 수 있다. 그러므로 경쟁력을 유지하기 위해 설계변경이 필요하다면 변경안에 대해 제품과 공정의 관점에서 동시에 살펴보아야 한다. 이러한 전략은 고품질 및 경쟁력과 추가적인 시간 및 비용의 상충관계에 따라 결정한다.

예를 들어, 에쉬든 테이트사(dBASE소프트웨어 생산업체: 1991년 볼랜드사에 합병됨)는 1985년 dBASE IV를 시판하면서 부적절한 계획과 검사결과에 따라 1985년에 시장점유율이 68%인 것이 1988년에는 48%로 떨어졌다.

제품설계와 관련하여 고려될 사항은 신뢰도다. 신뢰도(reliability)란 제품의 사용시 제대로 기능을 유지하는 확률을 말한다. 제품이 많은 부품으로 구성되어 있으면 적은 부품으로 구성된 제품보다 신뢰성이 떨어진다고 할 수 있다. 제품이 n개의 부품으로 구성되며 이들 부품들에 대한 각각의 신뢰도 지표가 측정되어 있다고 하자. 이들 부품은 개별적으로 전체 제품의 품질(신뢰도)에 영향을 미친다. 즉, 완제품의 신뢰도는 모든 부품의 신뢰도를 곱한 것이다.

$$R_s = (R_1)(R_2) \cdots\cdots (R_n)$$

단, R_s는 완제품의 신뢰도, n은 부품의 수, R_i는 부품 i의 신뢰도이다. 그러므로 각각의 부품은 완제품에 중요한 영향을 미치기 때문에 제품을 설계할 때는 모든 부품의 품질을 고려해야 한다.

이러한 점을 고려하여 설계제품 및 서비스의 설계단계에서 품질개선에 대한 마인드를 가져야 한다.

3. 공정설계

공정설계(process design)는 일반적으로 제품을 생산하는 방법을 결정하는 것이다. 즉, 제품설계를 제조 가능한 지시로 전환하고, 구성품을 자체생산 혹은 외주를 줄 것인가를 결정한 후 구체적인 공정의 유형을 선택하는 것이다.

제품이나 서비스를 생산하는데 이용할 공정설계는 품질에 큰 영향을 미친다. 예를 들어, 미국의 시카고 퍼스트 내셔날 은행의 신용장은 9명의 행원을 거쳐 4일만에 발행되었으나, 은행원을 교육시켜 전 과정을 혼자서 처리하게 함으로서 하루만에 발행이 가능하게 되었다. 이러한 공정설계에 동시공학을 이용하면 더욱 효과적인 공정설계가 이루어져 품질개선에 도움이 될 것이다.

4. 동시공학

제품개발과정은 회사의 모든 부서가 중요한 역할을 할 수 있음에도 불구하고 제품개발과정은 이러한 협조 없이 수행되어 왔다.

제품개발과정은 연속적 엔지니어링과 동시공학(concurrent engineering or simultaneous engineering)으로 나눌 수 있다. 종전에는 연속적 엔지니어링을 기업들이 이용했으나 소비자의 다양한 욕구에 따라 동시공학으로 이전되어 가고 있는 실정이다.

연속적 엔지니어링(sequential engineering: SE)은 제품개발의 초기단계에서는 설계엔지니어가 설계의 전 과정을 지배한다. 시제품(prototype)이 제조부서에 넘겨져 본격적인 생산으로 들어간다. 끝으로 마케팅 및 판매원이 과정에 참여한다. 이와 같이 각 단계는 앞 단계가 완료되어야 시작할 수 있다. 변화, 수정, 품질개선을 위한 제안이 있으면 각 부서를 한 번 더 통과해야 한다. 따라서 연속적 엔지니어링은 제품개발기간이 길게 된다.

동시공학(concurrent engineering: CE)은 제품개발부터 판매에 이르는 제품개발과정에 관련되는 모든 주요 기능부서로부터 전문가가 동시에 참여하여 제품설계, 생산방법, 공정설계, 생산계획 등을 한 번에 수행토록 함으로써 제품이 고객의 요구와 기대를 완전히 만족시키도록 하는 방법이다. 동시공학은 보통 4~20명의 전문가로 구성되는 다기능팀을 보유한다. 동시공학의 이점은 제품개발 사이클이 짧게 되고 품질이 향상되면서 비용은 오히려 감소하게 된다. 구체적으로 개발기간단축(30~70%), 엔지니어링 변화 감소(65~90%), 시장출하기간 단축(20~90%), 품질향상(200~600%), 사무직 생산성 향상(20~110%), 수익률 증가(20~120%) 등이 있다.[3] [그림 4-8]은 연속적 엔지니어링과 동시공학을 설명해주고 있다.

---

3) "A Smarter Way to Manufacture," *Business Week*, 30, April, 1990.

그림 4-8 제품개발흐름도

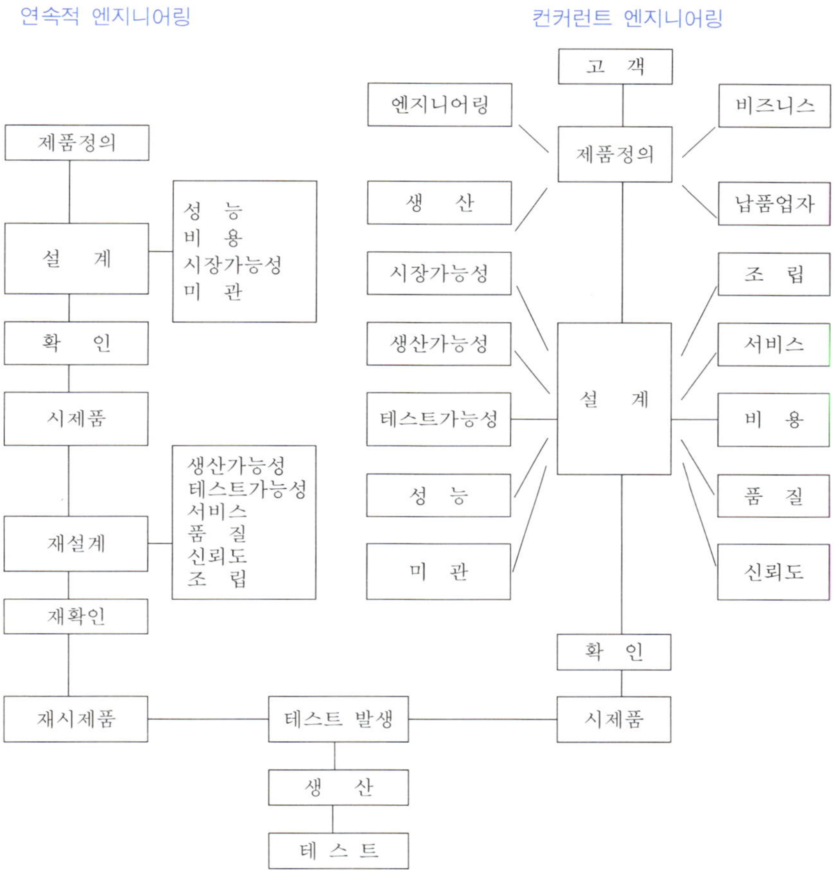

출처 : 강경식, 품질경영, 박영사, 1997, p. 115.

동시공학은 자동차 개발기간을 획기적으로 단축시킴으로써 1980년대 미국 자동차산업의 부활에 결정적인 역할을 했다. 1980년 포드(Ford), 1985년에는 캐디락(Cadillac), 1991년에 크라이슬러(Chrysler)는 "고효율, 저비용, 팀워 위주 제품개발 시스템"인 프레트폼 팀(Flatform team)을 구성하여 제품기획, 디자인, 엔지니어링, 생산, 판매기능의 구성원이 동시에 참여해 부서간 장벽에 따른 시행착오를 방지하고 새로운 모델 개발기간과 비용을 획기적으로 절감하는데 성공했다.

5. 리엔지니어링

리엔지니어링(reengineering)은 비용, 품질, 서비스 속도와 같은 전략적으로 중요한 성과의 측정에 있어 극적인 개선을 취하기 위하여 공정을 기본적으로 개선하고 재설계하는 것이다.

기업의 리엔지니어링은 지금까지 존재하여 온 구조, 절차, 시스템 등을 버리고 작업을 재구성하고 수행하는 새로운 모델을 고안하는 것을 말한다. 리엔지니어링은 기업이 어떻게 조직되어 어떻게 경영되었는가의 과거의 룰을 무시하고 무엇이 되어야 하는가에 중점을 둔다.

리엔지니어링은 벤치마킹으로부터 지원을 받기도 한다. 벤치마킹 없이 리엔지니어링만 하게 되면 5~10%의 개선이 가능하지만 벤치마킹의 지원을 받아 리엔지니어링하면 50~70%로 증가시킬 수 있다. GTE회사는 8개의 전화운용에 관한 핵심공정을 재설계할 때 여러 산업으로부터 우수한 84개 기업을 벤치마킹대상으로 삼았다. 이를 통해 이 회사는 가장 좋은 부문을 연구함으로써 새로운 기술, 기능, 구조, 훈련 등을 도입할 수 있었다.[4]

6. 품질기능의 전개

TQM을 통한 품질개선의 핵심은 제품 및 서비스의 설계와 이를 생산하는 프로세스와의 연계이다. 품질기능전개(quality function deployment: QFD)는 고객의 요구와 기대를 만족 또는 감동하도록 제품을 설계하고 제조하는데 이용되는 기법이다. 다시 말하면 고객의 기대와 요구가 제품설계와 제조공정 등의 모든 단계에 반영이 되도록 하기 위하여 마케팅, 설계, 제조를 담당하는 사람들이 밀접하게 협조관계를 유지해야 한다. QFD는 1970년대 초에 브리지스톤 타이너와 미즈비시 중공업에서 제품설계과정에 고객의 요구를 반영한 품질도표를 이용하면서 창안되었다. 그 이후 디지털 이큅먼트, 텍사스 인스트루먼트, 휴렛 팩커드, AT&T, ITT, 포드, 크라이슬러, GM, P&G, 폴라로이드 등 미국 내 200개 이상의 업체가 QFD를 적용하였다.

QFD는 고객의 요구를 기술적 설계요구로 변형시킴에 있어서 품질의 집

---

4) C. E. Bogan and M. J. English, "Benchmarking for Best Practices: Winning Through Innovative Adaptation," *Quality Digest*(August 1994), pp. 52~62.

(house of quality)이라는 잘 짜여진 표를 이용한다. 품질의 집은 [그림 4-9]에서 보는 바와 같이 고객의 요구와 그의 중요도, 고객의 요구를 만족시킬 설계특성, 고객요구와 설계특성과의 관계, 설계특성간의 상관관계, 경쟁제품과의 품질특성, 비용 및 기술적 어려움 등을 고려하여 설정한 각 설계특성에 대한 목표치를 하나의 집과 같이 일목요연하게 나타낸 일람표라 할 수 있다.[5)]

ⅰ) 고객요구(what)와 중요도

고객의 목소리로서 [그림 4-9에서 집의 왼쪽에 있는 "what"이라는 방이다. 고객의 요구는 보통 30~100개에 이른다. 상대적 중요도는 수치로 나타내며, 높은 수는 더욱 중요한 요구를 의미한다.

ⅱ) 고객의 경쟁력 평가(경쟁제품과의 품질특성 비교)

집의 오른쪽에 있으며, 나열된 고객요구에 관해 자사제품을 포함한 경쟁제품에 대한 평가결과를 나열한다. 이러한 평가는 고객에 대한 조사를 통해서 실시한다.

ⅲ) 고객요구와 기술적 설계특성으로의 전환

[그림 4-9]의 집의 지붕 밑에 있는 "how"란 방이다. 여기는 고객의 요구(what)를 어떻게 하여 설계요구로 만족시켜야 할 것인가를 결정해야 한다. 각각의 고객요구와 관련된 기술적 특성(engineering characteristics)은 설계팀에 의하여 작성된다. 마케팅, 설계, 제조, 재무, 인사 등 여러 기능분야의 전문가로 구성된 팀은 고객의 요구로 시작해서 각 요구에 대응하는 측정가능한 기술적 특성을 작성한다.

ⅳ) 고객요구(what)와 설계특성(기술적 특성: how)의 관계

집의 몸체에 자리잡는다. 이것은 각 기술적 특성(how)이 각 고객의 요구(what)에 얼마나 영향을 미칠 수 있는가를 나타내는 관계표(relationship matrix)이다. 이러한 관계는 기술자의 경험, 고객의 반응, 통계적 연구 등을 통해서 평가된다.

ⅴ) 경쟁제품의 기술적 요구 평가와 목표치의 개발

팀이 고객의 목소리를 규명하고 이를 기술적 특성에 맞추어 각 기술적 특성에 해당하는 객관적 측정치를 관계표 밑에 추가한다. 여기에는 자사제품뿐만 아니라 경쟁제품의 측정치도 포함한다. 그리고 목표치를 설정하기 위하여 기술적 난이도, 중요도, 예상비용 등의 항목을 추가한다

품질의 집방법은 목표를 설정하고 품질에 대한 효과를 논의하기에 적합한

---

5) John R. Hauser and O. Clausing, "The House of Quality," *Harvard Business Review*(May~June, 1988), pp. 63~73.

방법이다. 엔지니어들은 제품설계의 중요한 자료로 이용할 수 있으며, 마케팅 부서는 이를 마케팅 전략에 활용하고, 생산관리부서는 이 도표를 이용하여 고객의 시각에서 제품품질 개선의 핵심적인 공정을 찾아낼 수 있다. 결과적으로 품질의 집은 제품 및 서비스의 품질개선이라는 목적을 위한 기능부서간 의사소통을 촉진하는 것이다.

그림 4-9 품질의 집

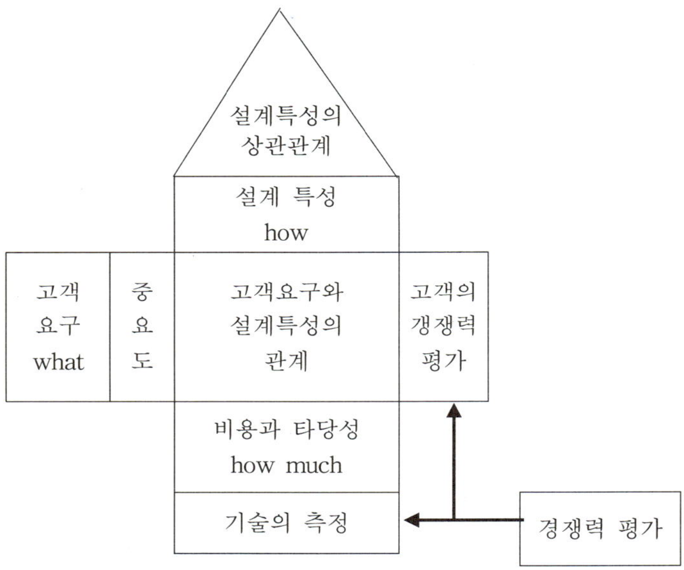

제 4 절 품질경영의 업적과 품질관리방법

1. 품질경영의 업적

1.1 데밍의 공헌

1.1.1 데밍의 철학

데밍(W. E. Deming)은 1950년 일본의 UJSE(Union of Japanese Scientists and Engineers)의 초청강연에서 일본이 세계시장을 개척하기 위해서는 품질과 생산공정을 지속적으로 향상시켜야 한다고 강조했다. UJSE는 1951년부터 데밍이 일본경제에 이바지한 공헌을 기념하기 위하여 매년 품질향상에 공헌을 한 기업을 대상으로 데밍상(Deming Prize)을 수여하게 되었다.

데밍은 산업에서 발생하는 품질문제의 약 85%는 경영층이 관리할 수 있는 것인데, 이는 생산시스템의 변화를 통해서 가능한 것이지 작업자들에 의해서 영향을 받는 것은 아니다라고 주장하였다. 그에 따르면 데밍은 품질문제의 전적인 책임은 경영층에 있고, 품질문제의 해결은 경영층의 의지에 달려있다는 것이다.

데밍은 종합적 품질프로그램과 공정 중 품질개선을 강조하였다. 그러한 프로그램은 향상된 품질, 고객만족, 높은 생산성, 낮은 품질비용을 장기적으로 달성할 수 있게 한다. 공정에서 지속적인 품질개선을 위해서 데밍은 PDSA사이클의 개념을 사용할 것을 주장하였다. 또한 데밍은 최고경영층이 숙지해야 할 14포인트(fourteen points)를 다음과 같이 요약했다.

1.1.2 데밍의 14포인트

데밍은 문제해결을 위해서는 경영의 책임론을 주장하였는데, 품질문제의 약 15%는 납품자 또는 작업자에 의해서 발생되지만 이 문제의 해결을 위해 경영스타일의 변화와 기업문화의 변화를 주장하였다.

경영층을 위한 데밍의 14포인트는 그의 전반적인 철학을 요약한 것인데 기업이 생존하고 경쟁력을 갖기 위해서 해야 할 일들을 기술하고 있다. 데밍은 통계적 도구의 사용을 통한 공정의 지속적인 개선을 강조한다. 데밍이 제안한 품질향상을 위한 최고 경영진의 14포인트는 <표 4-2>와 같다.

〈표 4-2〉 데밍이 제안한 품질향상을 위한 최고 경영진의 14포인트

1. 제품 및 서비스 향상에 대한 목표를 지속적으로 강조한다.
2. 새로운 기업운영 철학을 받아들여라. 서양식 경영 스타일의 변화가 필요하다.
3. 제품검사에만 의존한 품질향상 방법에서 탈피하라.
4. 가격에만 기초해 자재를 구매하는 관행을 탈피하여라. 최초 비용보다 총생산비용을 최소화하는데 목표를 두고 행해져야 한다.
5. 품질과 생산성을 향상시키고 비용을 감소시킬 수 있도록 모든 활동을 지속적으로 개선시켜라.
6. 관리자를 포함하여 직무수행 중의 교육, 훈련을 제도화하여라.
7. 관리감독을 제도화하여라. 관리감독의 목표는 종업원이 일을 잘 수행할 수 있도록 돕는데 있어야 한다.
8. 변화에 대한 두려움을 없애서 모든 사람이 회사를 위해 효과적으로 일을 수행할 수 있도록 하여라.
9. 부서간 장벽을 없애라. 연구, 설계, 판매 그리고 생산부서의 종업원은 제품과 관련된 문제를 미리 알아볼 수 있도록 팀을 이루어서 일해야 한다.
10. 종업원에게 무결점, 새로운 생산성 목표를 요구하는 슬로건, 강령 등을 설정하지 말아라. 저품질, 저생산성의 원인은 주로 종업원이 처리할 수 없는 기업운영 시스템상에 있는 경우가 많기 때문에 오히려 이러한 것은 적대적인 감정만을 불러일으킬 가능성이 있다.
11. 수치로 표시된 일당 작업표준을 없애고 우호적인 관리감독으로 대체하여라.

12의 1. 작업자의 능력발휘를 저해하는 요소를 제거하여라. 즉, 양에 의한 평가에서 질에 의한 평가로 전환되어야 한다.

12의 2. 경영자, 엔지니어의 능력발휘를 저해하는 요소를 제거하여라. 이는 목표에 의한 평가, 양에 의한 평가 등을 없애는 것을 의미한다.

13. 활발한 교육과 재훈련 프로그램을 설치하여라. 기술 및 서비스의 변화를 제대로 수용하기 위해서는 새로운 기술이 요구된다.
14. 모든 사람이 팀을 이루어 일을 하게 함으로써 변화를 성공적으로 이룩하도록 한다.

출처 : W. Edwards Deming, *Quality productivity, and competitive position*(Cambridge, Mass.: MIT, Center for Advanced Engineering Study, 1982), pp. 16~17.

1.2 쥬란의 공헌

1.2.1 쥬란의 철학

쥬란도 데밍과 같이 1950년대 초 일본에서 품질에 관한 세미나와 강의를 하고 일본의 산업계와 정부기관에 컨설턴터로 일을 했다.

쥬란은 1951년 발표한 "Quality Control Handbook"에서 품질을 용도의 적합성으로 정의하고 품질은 고객중심에서 결정되어야 한다고 주장했다. 그의 주장은 4개의 부문으로 분류할 수 있다.

i) 시장조사, 제품개념, 설계규격을 강조하는 설계품질,

ii) 기술, 인력, 관리를 포함하는 적합품질,

iii) 신뢰도, 유지가능성을 강조하는 이용성(availability),

iv) 신속성, 능력, 원상대로의 유지를 포함하는 A/S

쥬란은 1980년대 초 품질위기(quality crisis)를 극복하기 위해서는 품질향상과 비용절감을 위한 연간목표를 수립하고 이를 달성하려는 노력을 습관화하여야 하며 최고경영층은 품질계획과 품질조직을 수행해야 한다고 강조했다. 또한 쥬란은 품질불량의 80%는 경영층이 통제할 수 있는 요인들에 의하여 발생하는데 이의 해결을 위해서는 건전한 품질경영을 통해 꾸준하게 향상시켜야 한다고 강조했다. 이에 따라 주란은 품질계획, 품질관리, 품질개선이라는 품질삼분법(quality trilogy)을 제안했다.

1.2.2 쥬란의 품질삼분법

품질삼분법의 첫째는 조직의 모든 계층이 실시하는 품질계획(quality planning)이다. 최고경영층의 계획은 전략적 품질경영이라고 하는데 포괄적인 품질목표를 설정한다. 중간관리층의 계획은 운영적 품질경영이라고 하는데 전략목표에 일치하는 부서의 목표가 설정되고, 각 작업자들은 개인적 목표를 설정한다.

첫째, 품질계획의 수립절차는 다음과 같다.

i) 고객과 그의 욕구결정

ii) 고객욕구에 알맞은 제품특성의 개발

iii) 최소비용으로 고객욕구를 충족시킬 품질목표의 설정

iv) 제품특성을 생산할 제조공정의 개발

v) 공정능력의 검토

둘째, 목표로부터 바람직하지 않은 변화를 발견하고 수정하는 품질관리

(quality control)이다. 초기에는 공정이 안정되어 관리한계 내에 존재하지만 때때로 스파이크(특별원인)가 발생한다. 품질관리의 목적은 산발적인 스파이크(sporadic spike)의 원인을 제거하고 공정을 원래 영역으로 유지하려는 것이다.

품질관리의 절차는 다음과 같다.

i) 관리대상의 선정
ii) 측정단위의 선정
iii) 측정준비
iv) 성과표준의 설정
v) 실제성과의 측정
vi) 공정의 성과와 표준의 비교
vii) 시정조치의 강구

셋째, 품질에 대한 현상타파(quality breakthrough)를 통한 품질개선(quality improvement)이다. 이는 최고경영층이 설계를 새롭게 변경하고 제조방법과 절차를 바꾸고 새로운 장비에 투자함으로써 가능하다.

현상타파(break through)란 성과가 비약적인 수준으로 뛰는 품질개선을 말한다. 현상타파를 달성하기 위해서는 체계적인 활동의 순서를 따라야 한다. 품질개선의 절차는 다음과 같다.

i) 품질개선의 필요성을 증명한다.
ii) 품질개선을 위한 특정 프로젝트를 명시한다.
iii) 프로젝트를 진행할 조직적 구조를 설정한다.
iv) 진단, 즉 문제의 원인을 발견하기 위한 인원, 도구, 지원확보 등을 명시한다.
v) 문제의 원인을 발견하기 위해 자료의 수집 및 분석을 실시한다.
vi) 만성적인 문제를 해결하기 위한 조치를 강구한다.
vii) 기술적·사회적 변화의 저항을 극복해야 한다.
viii) 달성한 증진(gains)을 유지하도록 관리한다.

1.3 크로스비의 공헌

1.3.1 크로스비의 철학

크로스비(Philip B. Crosby)는 “Quality is Free(품질은 공짜다)”라고 규정하고, “제품을 처음부터 잘 만들어라(Do it right the first time)”라는 개념과 품질의 목표로서 무결점(zero defect: ZD)의 개념을 처음으로 제창했다.

일반적으로 품질수준의 향상을 달성하기 위해서는 그 대가를 지불해야 한다고 생각해 왔다. 예를 들어 5%의 불량률을 3%로 낮추는데는 고성능기계를 구입해야 하고, 고급자재를 사용해야 하며, 고급기능공을 채용해야 가능하다. 그래서 많은 비용이 든다고 판단했다.

그러나 크로스비는 이러한 것에 대하여 동의하지 않았다. 처음부터 작업을 잘 수행하면 비용절감이 된다는 것이다. 즉, 나쁜 품질로 인한 숨겨진 비용(hidden cost)이 크고, 그 결과로 작업 및 기계가동시간이 증가하고, 기계고장과 작업중단시간이 증가하고, 고객에의 납기가 지연되고, 미래 판매를 상실하며, 보증비용이 증가하게 된다. 이러한 비용은 높은 품질을 달성할 수 있는 환경을 만들기 위해 필요한 기계, 자재 및 훈련의 비용보다 훨씬 크다고 주장했다.

이에 따라, 크로스비는 품질의 목표로 무결점을 제창했다. 품질의 목표로서 자주 사용되는 수치는 샘플링검사에서 사용하는 합격품질수준(acceptable quality level: AQL)인데, 이는 어느 정도의 불량품 생산을 허용하는 것과 다름이 없다는 것이다.

크로스비는 불량을 발생시키는 결함은 지식의 결여와 주의의 부족으로 발생한다고 주장했다. 지식의 결여는 통계적 수단을 이용하면 해결할 수 있고 주의의 부족은 스스로 변화하려는 태도로 메울 수 있다는 것이다.

1.3.2 품질경영의 4대 절대조건

크로스비는 품질을 이해하기 위하여 품질경영의 4대 절대조건을 명시하였다.

i) 절대조건 1: 품질의 정의는 고객욕구의 일치(적합)이다. 품질은 고객의 요구에 일치할 때 달성할 수 있다.

ii) 절대조건 2: 품질달성을 위한 시스템은 불량품 예방이다. 품질을 향상시키기 위하여 대량검사에 의존하는 기업은 정체를 면치 못한다. 검사, 평가, 테스트가 아닌 예방조치를 강구해야 한다.

iii) 절대조건 3: 성과표준은 무결점이다. 일을 처음부터 잘 하고자 하는 결의는 매우 중요하며, 필요한 의사소통이 잘 이루어지고 예방을 위한 도구가 공급되면 무결점은 성공할 수 있다.

iv) 품질의 측정은 품질비용이다. 반품, 재작업, 보증비용 등 제품품질의 실패에 따르는 비용은 전체 경상비의 20~40%에 이르기 때문에 최고경영층은 예방노력, 품질교육 등을 실시해야 한다.

1.3.3 품질개선을 위한 14단계

크로스비는 품질윤리를 확립하는데 도움이 되는 14단계를 주창하였다. 순서는 별로 중요하지 않지만 단계 1~6은 경영층이 담당할 내용이다.

14단계를 보면 경영층의 의지, 품질개선팀, 품질측정, 품질비용, 품질인식, 시정조치, 무결점계획, 종업원교육, 무결점일, 목표설정, 실수의 원인 제거, 인정, 품질회의, 계속반복 등이다.

1.4 말콤 발드리지 상

미국은 1987년 말콤 발드리지 상(Malcolm Baldrige National Quality Award)을 제정했다. 이 상은 미국이 국제경쟁력을 높이고 세계 무역경쟁에서 우위를 점하기 위한 목적으로 국가 품질개선 명령(미국법령 100~107)에 의거 제정된 상이다.

이 상은 제조업(대기업), 중소기업(종업원 500명 이하), 서비스 분야를 대상으로 매년 각 분야에서 1~2개의 기업을 선정한다. 선정기준은 미국 국립표준 및 기술연구소(national institute of standard and technology)가 선정한 기업 품질경영 혁신을 위한 7개의 주요 분야를 32개의 세부항목으로 나누어 서류심사, 현장심사 및 최종심사 등의 절차를 거쳐서 수상기업을 선정한다.

기업 품질경영의 평가와 점수는 <표 4-3>와 같으며, 7개 분야는 최고경영자의 지도력(leadership), 정보의 분석 및 활용(information and analysis), 품질경영을 위한 전략과 비젼(strategic quality planning), 창조적인 인적자원관리(human resource utilization), 제품 생산공정 및 서비스에 대한 품질보증(quality assurance of products and services), 품질경영 결과와 실태(quality results), 고객의 만족도(customer satisfaction) 등이다. 이에 따라 1988년부터 수상한 기업들은 <표 4-4>와 같다.

〈표 4-3〉 말콤 발드리지 상의 평가항목과 점수

평가항목	최고점수
1.0 Leadership	100
1.1 Senior executive leadership	40
1.2 Quality values	15
1.3 Management for quality	25
1.4 Public responsibility	20

2.0 Information and analysis	70
2.1 Scope and management of quality data information	20
2.2 Competitive comparisons and benchmarks	30
2.3 Analysis of quality data and information	20
3.0 Strategic quality planning	60
3.1 Strategic quality planning process	35
3.2 Quality goals and plans	25
4.0 Human resource utilization	150
4.1 Human resource management	20
4.2 Employee involvement	40
4.3 Quality education and training	40
4.4 Employee recognition and performance management	25
4.5 Employee well-being and morale	25
5.0 Quality assurance of products and services	140
5.1 Design and introduction of quality products and services	35
5.2 Process quality control	20
5.3 Continuous improvement of process	20
5.4 Quality assessment	15
5,5 Documentation	10
5.6 Business process and support service quality	20
5.7 Supplier quality	20
6.0 Quality results	180
6.1 Product and service quality results	90
6.2 Business process, operational, and support service quality results	50
6.3 Supplier quality results	40
7.0 Customer satisfaction	300
7.1 Determining customer requirement and expectations	30
7.2 Customer relationship management	50
7.3 Customer service standards	20
7.4 Commitment to customers	15
7.5 Complaint resolution for quality improvement	25
7.6 Determining customer satisfaction	20
7.7 Customer satisfaction results	70
7.8 Customer satisfaction comparison	70
Total points	1,000

출처 : William J. Stevenson, Production/Operations Management, 4th, ed., Irwin Inc., 1993, p. 109.

〈표 4-4〉 말콤 발드리지 수상업체

수상년도	업 체 명
1988년	Motorola Inc.(제조업), Globe Metallurgical Inc.(중소기업)
1989년	Westinghouse Commercial Nuclear Fuel Division(제조업) Milliken & Co.(제조업), Xerox Business Products(제조업)
1990년	Cadillac(제조업), IBM Rochester(제조업), Federal Express (서비스업), Wallace Co.(중소기업)
1991년	Solectron(제조업), Zytec Corp.(제조업), Marlow Industries(중소기업)
1992년	AT&T Network System Group Transmission Systems Business Unit(제조업), Texas Instrument Defense Systems and Electronics Group(제조업), AT&T Universal Card Services(서비스업), Granite Rock Co.(중소기업)
1993년	Eastman Chemical Co.(제조업), Ames Rubber Co.(중소기업)
1994년	AT&T Consumer Communications Services, GTE Directories Corp., Wainwright Industries Inc.

2. 품질관리방법

2.1 국제적인 품질표준

국제표준화기구(International Organization for Standardization)는 국제무역 및 기술교류의 촉진을 목적으로 국제규격을 제정·보급하도록 설립된 국제기구인데 제품에 관한 규격, 커뮤니케이션을 원활히 하기 위한 용어 및 양식 규격, 그리고 조직을 효율적으로 통제하기 위한 관리규격 등을 제정하고 있다.

ISO 9000 시리즈의 제정 목적은 각국별로 또는 산업분야별로 달리 정해져 있는 품질경영시스템에 대한 요구사항을 국제적으로 통일시키기 위한 것이다. 즉, 이는 구매자와 소비자가 요구하는 여러 가지 품질요건을 충족시키기 위해 각국에서 활용하는 다양한 방식을 합리적으로 통일시키고자 제정한 것이다. ISO 9000 시리즈는 구매자 중심의 규격이다.

ISO 9000은 품질 프로그램을 기술하는 요건을 정의한 일련의 표준이다. 회사들은 자격을 갖춘 외부의 검사자가 모든 요건을 만족하고 있음을 입증하면 ISO 9000인증을 획득할 수 있다. 일단 인증을 얻으면 이 회사의 이름은 명부에 수록되어 고객이 확인할 수 있다. 그러나 ISO 9000은 품질 자체에 대해서는 아무런 의미가 없으며, 대신 고객이 품질에 대해 제기하는 클레임에 대응할 수 있는 서류를 제공할 수 있음을 의미한다.

실제로 ISO 9000은 ISO 9000-9004까지의 다섯 가지 문서로 이루어져 있다. ISO 9000은 전반적인 개요로서 다른 표준의 선정과 이용에 대한 지침이다. ISO 9001에서 ISO 9004까지는 다음과 같다.

ISO 9001(KSA 9001)은 설계·개발, 생산, 설치 및 서비스에 있어서의 품질보증모델이다. 이 표준은 납품업자가 제품의 설계·개발, 생산, 설치 및 서비스와 같은 단계에서 규정된 요구에 일치하였음을 보증할 때 사용된다.

ISO 9002(KSA 9002)는 생산 및 설치에 있어서의 품질보증모델이다. 이 표준은 납품업자가 제품의 설계·개발, 서비스에 대해 책임을 지지 않는 경우에 적용된다.

ISO 9003(KSA 9003)은 최종검사 및 테스트에 있어서의 품질보증모델이다. 이 표준은 최종검사 및 테스트 단계에서 납품업자가 규정된 요구에 일치하고 있음을 보증할 때 사용된다.

ISO 9004(KSA 9004)는 ISO 9001, 9002, 9003에서 요구하는 품질경영시스템의 개발 및 실행에 관한 일반적 지침이다. 이 표준은 경영층 책임, 품질시스템개발의 원칙, 시스템 구조, 시스템 검토, 감사 등을 포함한다. 일반적으로 지침과 제안의 목적은 ISO 9001, 9002, 9003에서 요구하는 것을 충족하기 위해서 효과적인 품질경영시스템을 개발하는 데 도움을 주기 위한 것이다.

2.2 다구지의 통계기법

2.2.1 다구지의 철학

다구지(Genichi Taguchi)는 허용된 범위 속에 들어가는 모든 부품의 품질은 같다는 전통적 품질개념을 부인했다. 그리고 품질은 제품이 출하될 때부터 사회에 부과하는 손실 또는 비용이라고 정의하고 있다. 제품의 품질특성이 정확하게 목표치와 일치하면 아무런 비용이 발생하지 않고 품질이 좋아지지만 품질특성이 목표치로부터 떨어질수록 비용은 증가하고 품질은 나빠진다는 것이다. 다구지는 이것을 손실함수(loss function)로 설명하였다.

어떤 제품을 사회에 출하하는데 따르는 사회적 총비용은 ⅰ) 생산자가 부담하는 생산비용, ⅱ) 소비자가 부담하는 불량으로 인한 손실비용의 합이다. 사회적 손실은 검사비용, 재작업비용 등의 생산자 부담비용과 제품불량으로 인한 소비자의 부담비용을 의미한다. 따라서 이러한 사회적 비용을 줄이기 위해서는 품질특성의 목표치로부터의 변동을 최소로 줄여야 한다. 이러한 변동(variation)을 유발하고 비용을 발생시키는 요인은 온도, 습도, 진동, 먼지 등 통제불가능요인(uncontrollable factor)인데 이를 노이즈(noise)라고 한다. 이러한 통제불가능요인의 제거가 거의 불가능하므로 다구지방법에서는 그들의 영향을 최소로 하려고 노력하고 있다. 그래서 로버스트(robust)설계개념을 사용하여 적절한 통제 가능한 요인(controllable factor)을 정하여야 한다.

2.2.2 오프라인 품질관리

다구지의 품질에 대한 철학은 비용을 줄이면서 동시에 높은 품질의 제품을 생산할 수 있다는 것이다. 그는 이를 품질공학(quality engineering)이라 하고, 품질공학은 제품설계와 제조공정을 최적화함으로서 비용감소와 품질의 향상을 기하기 위하여 품질철학과 통계적 방법을 결합한다라고 하였다.

전통적 품질관리활동에서는 관리도와 공정관리에 집중하였는데 이를 온라인 품질관리(on-line QC)라 하고, 제품 및 공정설계를 통한 품질개선노력을 오프라인 품질관리(off-line QC)라 한다.

다구지의 품질공학시스템은 오프라인 QC와 온라인 QC를 포함하는 전체적인 품질관리활동의 체계이다. 다구지의 오프라인 QC는 시스템설계, 파라미터설계, 허용차설계를 포함하는데 제품과 공정설계에 있어 관련 파라미터의 목표치와 허용차를 결정하기 위하여 3단계의 과정을 거친다.

1) **시스템설계**(system design)

고객의 요구사항과 기업의 내적 역량을 기초로 최초의 제품설계가 이루어진다. 성능특성치에 영향을 주는 파라미터의 예비적 설정이 포함된다.

2) **파라미터 설계**(parameter design)

파라미터 설계란 어떤 제품성능에 영향을 미치는 통제 가능한 요인들(크기, 길이, 반경 등 부품의 치수)의 최적수준을 정하여 주는 것을 말한다. 환경적 요인, 제품진부화, 제조변동 등은 통제불가능요인으로서 제거하기가 매우 어렵다.

따라서 이러한 통제불가능요인의 제거는 실제로 불가능하므로 이의 영향을 최소화하기 위하여 이들 요인에 영향을 받지 않도록 제품 및 공정설계를 실시하는 것이 파라미터 설계이다.

3) **허용차설계**(tolerance design)

설계엔지니어들은 파라미터 설계에서 설정된 목표치를 중심으로 허용공차를 결정한다. 이러한 허용공차의 크기는 넓은 허용차 때문에 증가하는 사회적 손실과 좁은 허용차 때문에 증가하는 제조비용을 균형화하는 수준으로 결정한다. 다구지의 방법은 제품 및 공정설계에 모두 적용될 수 있지만 다구지는 제품설계에 훨씬 더 효과적으로 적용되는 기법이라고 볼 수 있다.

3. 품질관리와 PL

3.1 PL의 기본개념

제조물책임(Product Liability : PL)이란 "제조 또는 판매된 제품이 그 사용자 또는 제3자의 생명·신체 또는 재산에 가해진 손해에 대한 법률상의 책임, 즉 결함제품에 대한 제조업자 또는 판매업자의 배상책임"을 말한다.

따라서 제품결함은 그 제품관리와도 매우 큰 관련이 있고, 오늘날에는 PL 문제를 염두에 둔 품질관리가 필요하게 되었다.

미국에서는 1960년대 이후 소비자운동과 각 주마다 PL법의 정비와 더불어 PL소송이 급증하여 그 손해배상액도 꾸준히 증가하고 있다. 연방재판소 사무국의 조사에 의하면 1988년 1년간에 연방재판소에 제소된 것만도 약 17,000건에 달한다.

또한 1985년 7월 EC이사회에서 "결함제품의 책임에 관한 법률, 규제 및 행정상의 규정조정을 위한 각료 이사회 지령"이 전 회원의 만장일치로 채택되었다. 이 결과 EC가맹국은 1988년 7월말까지 그 지령에 따라 PL에 관한 국제법의 정비를 의무화했지만 기한 내에 국내법의 정비를 달성한 나라는 영국, 이탈리아, 그리스 3국뿐이었다.

3.2 각국의 PL현황

미국은 1963년 캘리포니아주 최고재판소 판결에서 그 때까지의 '과실책임' 이론 대신에 '엄격책임'이론을 채용했다. 이 이론은 피해자가 해당 제품에 관련된 사람의 행위상 과실을 입증할 필요는 없고, i) 해당제품에 결함있었던 것, ii) 제품출하시에 이미 결함이 존재하고 있는 것, iii) 이 결함에 의하여 피해가 발생한 것(인과관계의 존재)의 세 가지를 입증하면 충분한 것이고, 이것에 의하여 해당 제품의 제조업자 또는 판매업자는 무과실이어도 책임을 지는 것이다. 그 후, 이 엄격책임이론은 미국의 다른 주에도 파급되어 미국의 모든 주에서 채용하고 있다.

그 결과 1979년에는 연방정부에서 통일 제조물책임 모델법(Model Uniform Product Liability Act)이 발표되었지만 기능을 발휘하지 못했다.

EC에서는 1972년 이후 공동체 가맹국의 소비자 보호 및 경쟁조건의 동일화를 위하여 각 가맹국의 PL법통일을 목표로 지령안의 검토가 개시되었다. 그 후, 1985년 "이사회지령"에 기초를 두고, 각 가맹국은 PL법의 제정 또는 정비를 서둘렀다. 이 이사회지령의 특색은 i) 제조물에 결함이 있다면 기업의 과실책임을 인정한다는 '엄격책임'이론을 채택하고 있는 것이다. ii) 소비자 기대기준에 의한 결함을 인정하는 이것은 해당제품에 대해 일반 소비자가 기대한 안전성이 결여된 경우에 적용한다는 사고방식이다.

일본은 1994년 제조물책임법이 국회에 통과되어 1995년 7월 1일부터 시행되었다. 이 법률은 제조물의 결함으로 사람의 생명, 신체 또는 재산에 손해가 발생한 경우에 해당 제조물의 제조업자들은 손해배상책임에 따라 제조물의 '결함'에 대한 책임원인으로 제조업자들의 '과실'의 유무를 묻지 않고 손해배상책임을 인정하는 것이다. 사실상 이는 민법의 기본원칙의 하나인 과실책임주의의 예외가 되는 것이다.

단, "제조물은 인도할 때 과학 또는 기술에 관한 식견에 의해서는 결함을 인식하는 것이 불가능한 경우에는 그 책임을 면제시킨다"라는 소위 개발위험의 항변을 적용하고 있다.

우리나라가 1999년 제정 2002년 시행중인 제조물책임법의 주요내용은, i) 원칙: 제조물 결함시 무조건배상, ii) 대상: 공산품·가공식품 등 제조물, iii) 책임주체: 제조자(원재료, 부품, 완성품), 수입자(제조물), 제조자 표시 또는 오인할 만한 표시를 한 자, 제조물 공급자(유통업자), iv) 소멸시한: 손해 또는 제조자를 안지 3년, 제조물 유통한지 10년 등이다. 제조물책임법에 대비하여 기업들은 제조물 배상책임보험에 가입하고 있다.

연습문제

1. 제조품질과 설계품질을 비교 설명하라.

2 품질관리의 세 가지 기능에 대하여 설명하라.

3. 품질코스트에 대하여 설명하라.

4. 우리나라의 제조물책임(PL) 현황에 대하여 설명하라.

5. 다구치의 통계기법에 대하여 설명하라.

6. 말콤 발드리지 상의 평가항목에 대하여 설명하라.

7. 크로스비의 "품질경영의 4대 절대조건"은 무엇인가?

8. Juran의 "품질삼분법"이란 무엇인가?

9. 동시공학(concurrent engineering)이란 무엇인가?

10. 품질의 집(house of quality)이란 무엇인가?

11. 품질개선의 방법에 대하여 설명하라.

12. 데밍사이클에 대하여 설명하라.

13. ISO 9000 획득은 기업에 어떠한 이득을 가져다주는가?

〈보론〉 통계적 품질관리

1. 관리도 기법

1.1 관리도의 의의

제품이나 부품의 모든 특성(길이, 강도, 흠, 수율 등)에 반드시 산포가 있으므로 이 산포를 관리하여 공정이 관리상태인가 또는 이상공정인가를 판단할 때 사용하는 것이 관리도이다. 이를 위하여 관리한계선 측정치가 관리한계선 안쪽에 있다면 관리상태이고, 관리한계선 바깥에 존재하면 이상발생으로 보는 과학적 통계를 이용한 방법으로 판단하는 기법이다.

따라서 슈하트(W. A. Shewhart)에 의하여 창안된 관리도(control chart)는 중심선(center line : CL), 관리상한선(upper control limit : UCL), 관리하한선(lower control limit : LCL)을 통계적으로 설정한다.

횡축은 보통 시계열적으로 일, 월, 주, 기, 년 등이고, 종축은 측정치이다. 제조현장의 공정이 안정적일 때 가능한 분산은 우연적으로 발생하기 때문에 우연원인(chance cause)에 의한 분산이라 하고, 다른 재료의 사용, 방법의 변화, 기계의 불안상태, 다른 조건의 발생 등의 경우에는 품질의 분산 및 불량이 발생할 수 있다. 이것은 이상원인(assignable cause)에 의한 분산이라고 한다.

결국, 이유가 있는 원인이 있다면 이것을 발견해 내고, 재발방지의 조치를 취하지 않으면 안된다. 따라서 관리도에 의하여 이상을 발견한다면 당장 그 원인을 탐구하고, 이미 발생한 이상에 대한 조치와 동일한 이상요인의 발생이 되풀이되지 않도록 재발 방지대책을 수립하고, 시정조치를 행하고, 품질의 유지와 향상을 위해 유용하게 사용할 수 있는 것이 관리도의 의의다.

1.2 관리도의 종류

관리도의 종류는 특성치의 종류에 따라 계량치관리도와 계수치관리도로 분류할 수 있다. 관리도에는 현장에서 취한 데이터의 종류에 따라 어떠한 관리도를 쓰는가가 결정된다.

〈표 1〉 관리도의 종류

특성치	관리도	중심선 CL	관리한계선 UCL	관리한계선 LCL
계량치	$\bar{x}-R$관리도	$\bar{\bar{x}}$ $\bar{R}$	$\bar{\bar{x}}+A_2\bar{R}$ $D_4\bar{R}$	$\bar{\bar{x}}-A_2\bar{R}$ $D_3\bar{R}$
	x관리도	x	$x+E_2\bar{R}$	$x-E_2\bar{R}$
계수치	p관리도	$\bar{p}$	$\bar{p}+3\sqrt{\frac{\bar{p}(1-\bar{p})}{n}}$	$\bar{p}-3\sqrt{\frac{\bar{p}(1-\bar{p})}{n}}$
	p_n관리도	$\overline{p_n}$	$\overline{p_n}+3\sqrt{\overline{p_n}(1-\bar{p})}$	$\overline{p_n}-3\sqrt{\overline{p_n}(1-\bar{p})}$
	c관리도	$\bar{c}$	$\bar{c}+3\sqrt{\bar{c}}$	$\bar{c}-3\sqrt{\bar{c}}$
	u관리도	$\bar{u}$	$\bar{u}+3\sqrt{\frac{\bar{u}}{n}}$	$\bar{u}-3\sqrt{\frac{\bar{u}}{n}}$

1.2.1 계량치의 관리도

1) $\bar{x}-\bar{R}$ 관리도(평균치와 범위의 관리도: 정규분포)

$\bar{x}-R$ 관리도는 공정에서 관리하는 품질특성치가 길이, 중량, 시간, 인장강도, 순도 등과 같은 계량치로 표시된 경우에 이용한다. 즉, 평균치를 관리하는 $\bar{x}$관리도와 분산의 변화를 관리하는 R관리도를 동시에 분석하여 공정을 관리하는 것으로 가장 많이 이용된다. 이 관리도는 축의 직경, 전구의 소비전력, 실의 인장강도 등의 계량치 데이터를 관리할 때 사용하는 관리도이다.

이 관리도의 작성 절차는 다음과 같다.

ⅰ) 기간을 결정하여 데이터를 수집한다.

각 군에서 4~5개 정도의 크기로 데이터를 수집하고 군의 크기는 약 20~25군으로 측정한다. 측정된 데이터는 데이터쉬트에 기입한다. 데이터쉬트에는 품명, 샘플링방법, 측정방법 등, 간과할 수 없는 원인을 찾는데 유익하다고 생각되는 사항을 기록한다. 또 데이터는 데이터쉬트에 시간·측정순으로 나열한다. 이 한 묶음의 데이터를 군이라고 부른다. 군의 크기(샘플)를 n으로 나타낸다.

ⅱ) 평균치($\bar{x}$)를 계산한다.

각 군마다 샘플 합계($\sum x$)를 구하고 평균치($\bar{x}$)를 계산한다.

$$\bar{x}=\frac{x_1+x_2+\cdots\cdots+x_n}{n}=\frac{\sum x}{n}$$

단, x_1 = 제1번째의 측정치

x_2 = 제2번째의 측정치

:

x_n = 제n번째의 측정치

iii) 범위(R)를 계산한다.

각 군마다 최대치에서 최소치를 빼어 범위(R)를 계산한다.

$$R = (\text{데이터의 최대치}) - (\text{데이터의 최소치}) = X_{\max} - X_{\min}$$

iv) 관리용지를 준비한다.

그래프용지 또는 적당한 용지의 우측에 $\overline{x}$와 R을 종으로 눈금을 긋고, 또한 그래프용지에는 주의사항을 기재하고, 원인추구의 조치 등을 기입하는 난을 만든다.

v) 점을 기입한다.

ii)에서 구한 $\overline{x}$값과 iii)에서 구한 R값을 표시하여 점을 iv)에서 준비한 관리도 용지에 기입한다. 점은 큰 점으로 확실히 그려 이해하기 쉽도록 하고 관리한계선 외의 점에는 ○표를 붙인다.

vi) 관리선을 계산한다.

v)와 같이 $\overline{x}$와 R을 각각 20～25점의 점을 기입하고 이제까지의 데이터에 대한 관리선으로 중심선(CL) 및 관리상한선(UCL)과 관리하한선(LCL)의 계산을 한다.

① $\overline{x}$ 관리도의 중심선으로는 $\overline{x}$의 평균($\overline{x}$의 총평균)인 $\overline{\overline{x}}$을 계산한다.

즉, 각 군의 $\overline{x}$을 더하여 이것을 군의 수로 나누면 총평균($\overline{\overline{x}}$)을 얻을 수 있다.

일반식으로 나타내면 다음과 같다.

$$\overline{\overline{x}} = \frac{\overline{x}_1 + \overline{x}_2 + \dots\dots\dots\dots + \overline{x}_k}{k} = \frac{\sum \overline{x}}{k}$$

단, $\sum \overline{x}$: 샘플평균치의 합

k : 군의 수

② R관리도의 중심선인 R의 평균치($\overline{R}$)를 계산한다.

즉, 각 군의 R을 더하여 이것을 군의 수로 나누면 범위의 평균치($\overline{R}$)를 얻을 수 있다.

일반식으로 나타내면 다음과 같다.

$$\overline{R}=\frac{R_1+R_2+....+R_k}{k}=\frac{\sum R}{k}$$

단, $\sum R$: 샘플의 범위 합

k : 군의 수

③ $\overline{x}$ 관리도의 관리한계는 다음의 공식으로 계산한다.

관리상한선: $UCL=\overline{\overline{x}}+A_2\overline{R}$

관리하한선: $LCL=\overline{\overline{x}}-A_2\overline{R}$

A_2는 <표 2>에 의하면 샘플 크기 (n)에 따라 정해지는 값이다.

〈표 2〉 관리도의 관리한계 계수표

시료의 크기	$\overline{x}$관리도		$\tilde{x}$관리도	x관리도	R관리도		σ관리도	
n	A_1	A_2	m_3A_2	E_2	D_3	D_4	B_3	B_4
2	3.760	1.880	1.880	2.659	–	3.267	–	3.267
3	2.394	1.023	1.187	1.772	–	2.575	–	2.568
4	1.880	0.729	0.796	1.457	–	2.282	–	2.266
5	1.596	0.577	0.691	1.290	–	2.115	–	2.089
6	1.410	0.488	0.549	1.184	–	2.004	0.030	1.970
7	1.277	0.419	0.509	1.109	0.076	1.924	0.118	1.882
8	1.175	0.373	0.432	1.054	0.136	1.864	0.185	1.815
9	1.094	0.337	0.412	1.010	0.184	1.816	0.239	1.761
10	1.028	0.308	0.363	0.975	0.223	1.777	0.284	1.716

④ R관리도의 관리한계는 다음의 공식으로 계산한다.

관리상한선: $UCL=D_4\overline{R}$

관리하한선: $LCL=D_3\overline{R}$

D_3, D_4는 <표 2>에서 샘플 크기 n에 따라서 부여되는 값이다. n이 6 이하의 경우는 R관리도의 LCL은 고려하지 않는다.

vii) 관리선을 기입한다.

x 관리도에서 x 의 값은 실선으로 그리고, UCL과 LCL의 값은 횡으로 점선을 기입하고 수치를 붙인다.

R관리도에서 $\overline{R}$의 값은 실선으로 UCL과 LCL의 값은 각각 점선으로 기입하고 수치를 부기한다.

viii) 안정상태를 파악한다.

v)에서 찍은 점이 관리한계선의 밖에 나타나지 않고, 점이 일정한 런(run)을 형성하지 않는다고 하면 공정은 안정상태라고 판단된다.

만약 찍은 점 중에 안정상태가 아닌 점이 있다면 그 원인을 탐구하여 다시 이상 상태가 발생하지 않도록 조치를 취해야 한다.

이상과 같이 $x-R$관리도의 작성순서에 대하여 설명하였지만 $\tilde{x}-R$, x, P, Pn, c, u의 각 관리도도 취할 수 있는 데이터의 종류와 관리한계선을 구하는 방법이 다르다. 그러나 관리도의 작성순서는 $x-R$ 관리도에 준한다.

2) $\tilde{x}$-R관리도(중앙치와 범위의 관리도: 정규분포)

$\overline{x}-R$관리도와 유사한 형태로 이 관리도의 $\tilde{x}$는 각 군내에서 측정치의 크기순서로 나열했을 때 중앙치를 취하는 것으로 $\tilde{x}-R$관리도보다 계산이 간단하다.

i) 용어의 설명

$\tilde{x}$란 군내의 데이터를 크기순으로 나열하고 데이터의 수가 홀수일 때에는 그 중앙의 데이터, 짝수인 경우에는 그 중앙의 두 데이터의 평균치를 말한다.

예를 들면 4개(짝수)의 데이터는 다음과 같이 계산한다.

11.6, 11.6, 11.9, 12.2이라면, $\tilde{x}=\dfrac{11.6+11.9}{2}=11.75$

ii) 관리한계선을 구하는 방법

$\tilde{x}$ 관리도의 중심선, 관리상한선, 관리하한선은 다음과 같다.

$$CL=\tilde{\tilde{x}}=\frac{\text{각군의 중앙값의 합}}{\text{군의 수}}=\frac{x_1+x_2+\ldots\ldots+x_k}{k}$$
$$UCL=\tilde{\tilde{x}}+m_3A_2\overline{R}$$
$$LCL=\tilde{\tilde{x}}-m_3A_2\overline{R}$$

R관리도는 $\overline{x}-R$관리도의 R관리도와 같다.

3) x관리도(생데이터의 관리도: 정규분포)

x 관리도는 데이터의 발생간격이 긴 공정관리나 데이터 측정에 시간과 비용이 많아 소요될 경우에 적용된다. 이 관리도는 $x-R$관리도의 보조로서 사

용된다.

i) 용어의 설명

x관리도는 관리한계를 구하기 위하여 계수를 변화시킨다. 결국, x 관리도의 A_2대신에 E_2을 이용한다. x는 각각의 측정치이다.

ii) 관리한계선을 구하는 방법

$$CL = x = \frac{\text{각 데이터의 합계}}{\text{데이터의 수}} = \frac{x_1 + x_2 + \ldots\ldots\ldots + x_k}{k}$$

$$UCL = x + E_2\overline{R}$$

$$LCL = x - E_2\overline{R}$$

이 외에도 $x - \sigma$관리도(평균치와 표준편차의 관리도)가 있다.

1.2.2 계수치의 관리도

1) p관리도(불량률관리도: 이항분포)

p관리도는 물품을 검사하여 양품과 불량품으로 나누었을 때 불량개수의 비율, 즉 불량개수(p_n)를 검사개수(n)로 나눈 불량률(p)을 사용하여 공정을 관리할 때 이용된다.

i) 용어 설명

$$p = \frac{\text{불량개수}}{\text{군의 크기}} = \frac{p_n}{n}$$

ii) 관리한계선을 구하는 방법

$$CL = \overline{p} = \frac{\text{총불량개수}}{\text{총개수}} = \frac{(p_n)_1 + (p_n)_2 + \ldots\ldots + (p_n)_k}{n_1 + n_2 + \ldots\ldots\ldots + n_k}$$

$$UCL = \overline{p} + 3\sqrt{\frac{\overline{p}(1-\overline{p})}{n}}$$

$$LCL = \overline{p} - 3\sqrt{\frac{\overline{p}(1-\overline{p})}{n}}$$

2) p_n관리도(불량개수관리도: 이항분포)

p_n관리도는 불량개수에 따라 품질을 관리하는 경우에 사용되고 각 군의 샘플 크기가 일정하지 않으면 관리의 한계선을 여러 번 구하여야 하는 어려움이 있다.

i) 용어 설명

p_n = 시료 중의 불량개수

ii) 관리한계선을 구하는 방법

$$CL = \bar{p}_n = \frac{\text{총불량개수}}{\text{군의 수}} = \frac{(p_n)_1 + (p_n)_2 + \ldots\ldots + (p_n)_k}{k}$$

$$UCL = \bar{p}_n + 3\sqrt{\bar{p}_n(1-\bar{p})}$$

$$LCL = \bar{p}_n - 3\sqrt{\bar{p}_n(1-\bar{p})}$$

3) c관리도(결점수관리도: 포아송분포)

c관리도는 어떤 일정 단위 중에 나타난 흠의 수라든가, 도금 등의 흠집, 미리 결정된 일정 단위 중에 나타난 결점을 취급할 때 사용한다.

이 관리도는 직물의 일정 면적 중의 흠집수, 에나멜선의 일정 길이 중의 빈볼수, 공장에서 발생하는 상해사고 수 등의 데이터를 관리도로 작성할 때 사용되는 관리도이다.

i) 용어 설명

결함개수(c)는 군의 크기가 일정한 경우, 그 군에 포함된 결점수이다.

ii) 관리한계선을 구하는 방법

$$CL = \bar{c} = \frac{\text{총결점수}}{\text{군의 수}} = \frac{c_1 + c_2 + \ldots\ldots + c_k}{k}$$

$$UCL = \bar{c} + 3\sqrt{\bar{c}}$$

$$LCL = \bar{c} - 3\sqrt{\bar{c}}$$

4) u관리도(단위당의 결점수관리도: 포아송분포)

u관리도는 직물의 옷감군 등의 단위당 결점수를 취급할 때, 검사하는 시료의 면적이나 길이가 일정하지 않을 경우에 사용하는 관리도이다. 이 관리도는 주로 전선의 빈볼수, 철판의 흠집 등의 데이터를 관리도로 작성할 때 사용된다.

i) 용어 설명

$$u = \frac{\text{결점수}}{\text{군의 수}} = \frac{c}{n}$$

ii) 관리한계선을 구하는 방법

$$CL = \bar{u} = \frac{\text{총결점수}}{\text{군의 수}} = \frac{c_1 + c_2 + \ldots\ldots + c_k}{n_1 + n_2 + \ldots\ldots + n_k}$$

$$UCL = \bar{u} + 3\sqrt{\frac{\bar{u}}{n}}$$

$$LCL = \bar{u} - 3\sqrt{\frac{\bar{u}}{n}}$$

1.3 관리도의 해석법

관리도는 품질변동을 제거하기 위해 사용되는 통계기법으로 관리도에 나타난 현상을 보고 공정의 관리상태를 정확하게 해석하는 것도 중요한 일이다. 관리도를 작성했을 때 타점된 점들이 관리한계선을 벗어났는지 여부와 관리한계선 안에 존재하더라도 어떠한 배열상태를 이루고 있는지를 분석하여 공정의 상태를 개선하기 위한 도구로 활용하여야 한다.

i) 안정상태

오랜 기간 연속으로 점들이 상부 및 하부관리한계선 내에 있고 중심선의 상하에 같은 정도만큼 균형이 있는 상태이다. 따라서 평균치도 분산도 안전하고 변화가 없는 상태이므로 안전한 관리상태라고 한다.

ii) 관리한계선외에 점이 나타난 경우

관리한계선 밖에 점이 나타나 있으므로 무엇인가 이상이 있다라고 판단된다. 이것이 이상 원인이기 때문에 제거하는 조치를 취해야 한다.

iii) 7개 이상의 점이 연속으로 한쪽 편에 나타나는 경우

중심선의 한쪽 편에 연속으로 7점이 나란하다면 이상으로 판정하고, 즉시 조치를 취한다. 이러한 현상이 나타나는 원인은 도중에 원료의 롯트가 변한다든가, 작업이나 작업방법의 변경, 기타의 기계를 사용한다든지 하는 경우에도 나타날 수 있다.

iv) 경향을 나타내는 경우

런의 경우는 7개의 점이 연속으로 상승한다든지, 역으로 하강하는 경우이다. 공구, 기계의 마모 등으로 나타난다.

v) 주기성이 있는 경우

상승과 하강이 일정한 간격으로 나타나는 것으로 주기성이 있는 경우에 원인을 조사해 볼 필요가 있다. 예를 들면 계절적 변화나 오전과 오후, 또는 낮과 밤의 작업교대 등의 변화에 영향을 받아 발생한다.

1.4 공정능력

공정능력(process capability)은 공정이 제품 및 서비스를 설계사양에 맞게 생산할 수 있는 것을 의미한다. 여기서 설계사양이란 주로 명목치(nominal value) 혹은 목표와 허용오차(tolerance)로 나타낸다. 예를 들어, 전구의 수명에 대한 설계사양으로 100시간의 명목치에 ±20시간의 허용오차를 둘 수 있다. 이를 생산할 때 이 범위 내에서 생산이 이루어지면 합격이고 이 범위를 벗어나 생산이 되면 불량품이 된다.

공정능력을 정량적으로 평가하는 방법은 공정능력비율과 공정능력지수이다.

1.4.1 공정능력비율

공정분포의 극값이 설계사양의 허용오차 범위 내에 있다면 이 공정은 능력이 있다는 의미이다. 일반적으로 공정분포의 값은 평균의 상하 3σ범위 내에 있게 된다. 그러므로 공정에 의해 산출된 품질지표는 대략 6σ범위 내에 있다. 능력 있는 공정이란 허용오차(상한값과 하한값의 차이)가 공정의 변동인 6σ보다 클 경우이다. 공정능력비율(process capability : C_p)은 다음과 같이 나타낼 수 있다.

$$C_p = \frac{\text{상한값} - \text{하한값}}{6\sigma}$$

여기에서 σ는 공정분포의 표준편차를 의미하며, C_p가 1.0보다 크다면 허용오차 범위 내에서 생산이 이루어지고 있다는 의미이고, 1.0보다 작다면 이 공정은 허용오차를 벗어나 생산을 하고 있다는 의미이다. 대개의 기업들은 공정능력비율을 1.33으로 정하여 공정변동을 줄인다.

1.4.2 공정능력지수

공정능력을 확보하였다면 공정능력비율이 기준값(1.33)보다 크면서 공정의 분포가 설계사양의 명목값 중심으로 분포하고 있어야 한다. 예를 들어, 어떤 제품의 생산공정의 공정능력비율이 기준보다 크다고 해도 생산품의 평균($\bar{\bar{x}}$)이 상한값이나 하한값 근처에 있다면 불량제품이 생산될 수 있다는 의미이다. 그러므로 불량품이 생산될 잠재력을 측정할 수 있도록 상하한값으로 공정능력의 지표를 산출해야 한다. 공정능력지수(process capability index : C_{pk})는 다음과 같다.

$$C_{pk} = \text{최소값}\left[\frac{\bar{\bar{x}} - \text{하한값}}{3\sigma}, \frac{\text{상한값} - \bar{\bar{x}}}{3\sigma}\right]$$

위 식에서 최소값을 취하는 것은 최악의 상황을 고려하기 때문이다. C_{pk}가

1.0보다 크고 공정능력비율이 기준값(1.33)보다 크다면 공정능력을 확보했다고 할 수 있다. 그러나 C_{pk}가 1.0보다 작다면 공정의 평균이 허용한계에 접근하게 되므로 불량품이 발생되는 것이다. 공정능력지수는 항상 공정능력비율보다 작거나 같다.

2. 샘플링검사

2.1 검사의 의의

검사(inspection)란 다음 공정이나 고객에게 품질보증을 목적으로 검사표준을 정하고 물품을 측정하여 그 결과를 미리 설정한 표준과 비교하여 각각의 물품을 양·불량 또는 롯트의 합격·불합격을 판정하여 제품을 처리하고 품질정보를 제공하는 것이다.

검사의 종류는 분류기준에 따라 여러 가지 형태로 나눌 수 있다. 첫째 제조과정에 의한 분류는 수입검사, 공정검사, 제품검사가 있다. 둘째 검사 실시장소에 의한 분류는 집중검사, 순회검사로 나눈다. 셋째 검사의 성질에 의한 분류는 파괴검사, 비파괴검사로 나눌 수 있다. 넷째 방법에 의한 분류로는 전수검사와 샘플링검사가 있다.

전수검사는 검사의 대상이 되는 전체를 검사하는 방법이고, 샘플링검사는 모집단 중에서 일부의 시료를 채취하여 시료의 합격여부에 따라 모집단 전체를 판정하는 통계적 품질관리기법이다.

2.2 샘플링검사의 유형

1.2.1 계수형 샘플링검사

1) 1회샘플링검사

이 방법은 모집단의 크기(N)로 표본크기(n)의 표본을 1회만 추출하여 검사한 결과에 의하여 롯트의 합격, 불합격을 판정하는 형식을 말한다.

이 샘플링검사의 합격여부를 판단하는 기준은 n(표본의 크기: $n \leq N$), c(합격판정개수: acceptance number), x(표본에서 발견되는 불량품의 수)라고 정의할 때 $x \leq c$면 그 롯트는 합격이고, $x > c$면 그 롯트는 불합격이다.

2) 2회 및 다회 샘플링검사

만약 품질수준이 아주 좋으면 1회 샘플링검사로 그 롯트는 합격되고, 품질이 나쁘면 그 롯트는 1회 검사로 불합격 처리된다. 그러나 품질수준이 아주 좋지도 않고 나쁘지도 않으면 두 번째 샘플을 추출하여 검사해야 한다. 이와 같이 1회의 검사결과 불확정적이면 다시 한 번 더 샘플을 추출하여 그 결과로 합격, 불합격을 판정하는 방법이 2회 샘플링검사법(double sampling plan)이다.

다회샘플링검사법(multiple sampling plan)은 1회 또는 2회 검사에서 보다 더 작은 각 샘플의 크기와 각 샘플에 대한 판정수의 상·하한을 규정한다. 어느 샘플을 포함할 때까지의 누적불량품수가 그 샘플에 대하여 설정된 상한보다 크면 그 롯트는 거부된다. 만일 누적불량품수가 하한 이하이면 받아들인다. 만일 중간상태로서 불확정적이면 또 다른 샘플을 추출하여 이의 과정을 반복한다.

3) 순차샘플링검사

순차샘플링검사법(sequential sampling plan)은 파괴검사나 고가품 및 공급부족품의 검사시 정확도를 유지하면서도 가장 적은 수의 제품을 검사하는 방법이다. 이 방법은 품목이 롯트로부터 하나씩 무작위로 추출되어 검사되는데 검사품목의 누계와 불량품의 누계가 기록된다. 만일 불량품의 누계가 검사품목의 누계에 대한 일정한 한계를 넘으면 그 롯트는 바로 불합격으로 판정된다. 반대로 불량품의 누계가 검사품목의 누계에 대한 또 다른 한계에 미달하면 그 롯트는 바로 합격으로 판정된다.

2.2.2 계량형 샘플링검사

계량형 샘플링검사는 측정치가 연속적인 값을 갖는다는 점만 제외하면 계수형 샘플링검사와 원리는 마찬가지이다. 즉, 표본에 포함되는 모든 품목의 품질특성치를 측정한 다음 이들의 평균치를 계산한다. 이 표본평균치가 미리 정해진 기준치를 충족시키면 그 롯트를 받아들이고 그렇지 않으면 거부하게 된다. 품질이 연속변수로서 측정되는 경우에는 계량형 샘플링검사가 적합한 기법이다.

제 2 부 일정계획 시스템

제 5 장 총괄생산계획

The aim of **aggregate planning** is to devise medium-term schedules for families of products that:

* allow all demand to be met
* keep production relatively stable
* keep within the constraints of the capacity plan
* meet any other specific objectives and constraints.

The **master production schedule** gives a detailed timetable for making individual products. This timetable should allow the aggregate plan to be achieved as efficiently as possible.

KEY TERMS

aggregate production planning(총괄생산계획)
back-ordering(납품연기)
chase strategy(추적전략)
level strategy(수준전략)
master production schedule(주생산계획)
mixed strategy(혼합전략)
production planning(생산계획)

제1절 생산계획의 기본개념

1. 생산계획의 의의

생산계획(production planning)이란 생산을 시작하기 전에 판매예측이나 판매계획을 토대로 생산하려는 제품의 종류·수량·가격·생산방법·장소·일정 등에 관하여 가장 경제적이고 합리적인 계획을 수립하는 것이다. 생산계획은 구체적으로 무엇을(제품의 종류), 언제(생산시기), 얼마나(생산수량) 생산할 것인가를 나타내는 것으로 생산계획의 핵심은 생산수량을 결정하는 계획과 일정계획이다.

생산계획을 수립할 때 불확실한 수요를 예측하기 위하여 수요예측이 필요하고, 수요예측의 결과와 시장이나 경제사정 등 기업환경에 관한 요소들을 고려하여 판매계획을 수립하게 된다. 이때 공장에서는 판매계획에 부합되도록 원자재 및 제품의 재고사정과 현장의 생산능력 및 하청업체의 능력 등을 감안하여 생산계획을 수립하게 된다.

[그림 5-1]은 생산계획환경을 구성하는 기업의 내·외부요소들을 나타내고

그림 5-1 생산계획에 이용되는 정보

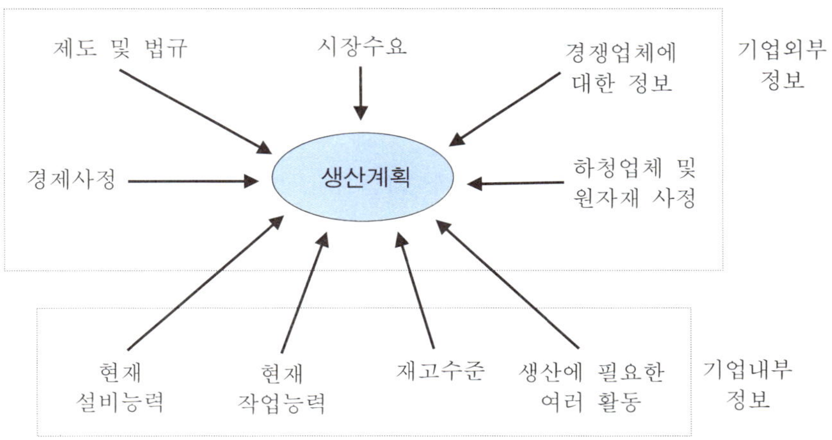

출처 : 이순용, 생산관리론, 법문사, 1989, p. 465.

있다. 일반적으로 외부환경은 생산계획수립자가 직접적으로 통제 불가능한 요소이고, 내부환경은 통제 가능한 요소이다. 어떤 기업에서 제품의 수요는 수요예측에 의하여 관리될 수 있지만, 생산계획수립자는 판매계획과 수주량에 의하여 생산계획을 수립해야 한다. 이것은 생산계획을 수립하는데 통제 가능한 내부요소(internal factors)만을 고려하는 것이다. 그러나 통제 불가능한 외부요소도 생산계획의 결과에 대하여는 많은 영향을 미치고 있다.

2. 생산계획의 종류

생산계획의 종류는 생산계획의 기간에 따라서 장기생산계획, 중기생산계획, 단기생산계획의 세 가지로 나눌 수 있다.

2.1 장기생산계획

장기생산계획은 대상기간이 1년 내지 2년으로 기업의 장기간의 생산을 계획하는 것으로서 이 계획을 수립할 때에는 기업의 조직목표, 장기수요예측, 자본조달계획, 경쟁적 전략 등을 토대로 하여 조직의 목표달성과 조직의 유지 및 발전을 목표로 이루어지며, 이 계획은 설비결정, 제품개발, 공정기술혁신, 입지결정 등을 계획할 때 이용된다.

2.2 중기생산계획

중기생산계획은 대상기간이 6개월에서 1년까지의 중기간에 걸친 생산계획을 수립하는 것으로서 이 계획은 생산능력과 자원의 효율적인 분배를 목적으로 수립된다. 이 계획은 장기생산계획, 기존설비, 중기수요예측, 생산방법, 비용데이터를 토대로 계획이 수립되며 고용, 해고, 생산수량, 잔업, 하청, 재고수준을 계획할 때 사용되는 계획이다.

2.3 단기생산계획

단기생산계획은 대상기간이 1개월 내지 2개월의 단기간에 걸친 생산계획이며 생산요소의 효율적 사용이 목표가 된다. 이 계획은 중기생산계획, 수주, 납기를 토대로 계획이 수립되며 생산일정, 작업순위, 작업할당, 기계부하, 롯트

사이즈 결정 등에 이용된다.

장기, 중기, 단기의 생산계획은 상하의 의존관계를 가진다. 상위계획은 하위계획을 위한 투입이며 제약조건(constraints)이 된다.

제 2 절 총괄생산계획의 기본개념

1. 총괄생산계획의 의의

총괄생산계획(aggregate production planning)이란 약 1년 동안 수요의 변화를 가장 경제적으로 충족시킬 수 있도록 월별로 기업의 전반적인 생산수준, 고용수준, 잔업수준, 하청수준, 재고수준 등을 결정하는 중기계획이다. 그러므로 총괄생산계획은 생산에 관련되는 모든 수준을 결정하는 계획이기 때문에 개별 제품별로 생산계획을 수립하는 것이 아니라 그 기업이 생산하는 여러 제품을 총괄할 수 있는 총괄생산 단위에 입각하여 생산계획을 수립한다.

총괄생산계획의 수립과정은 다음의 3단계과정으로 구성된다. 첫째, 앞으로의 수요를 예측한다. 둘째, 예측된 수요를 토대로 하여 기업의 전반적인 생산 및 인력계획을 수립한다. 여기에서는 고용수준의 변동, 하청, 잔업, 재고 등을 고려하여 총비용을 비교·검토하여야 한다. 셋째, 계획을 실행한다. 계획된 대로 인력, 잔업, 하청 등이 이루어지도록 관리하며, 제품별, 기간별로 상세한 생산계획을 나타내는 주일정계획(master production schedule : MPS)으로 분해한다.

총괄생산계획의 목표는 비용최소화, 서비스수준 최대화, 고용과 조업의 안정, 재고최소화이고, 계획담당자는 모든 목표 사이의 상충관계(tradeoff)를 잘 분석하여 최적의 균형점을 찾아야 할 것이다.

또한 총괄계획에서 정해진 총량은 나중에 주일정계획 단계에서 제품별로 세분된다. 이는 제품별로 생산수량과 생산시기가 정해지지 않고서는 실제의 생산활동이 시작될 수 없기 때문이다.

총괄계획, 주일정계획 및 MRP의 관계는 총생산량을 제품별로 세분화하고 작업배정을 하는 것을 주일정계획이라 한다. 주일정계획은 총괄계획으로부터 도출되며 그 결과는 다시 자재소요계획(MRP)의 입력자료가 된다. 자재소요계획은 주일정계획을 실천하는데 필요한 부품과 구성품을 적시 · 적량공급하는 것을 목적으로 한다.

2. 총괄생산계획의 수립시 고려사항

2.1 제공자료

총괄생산계획에 관련된 생산부문, 판매부문, 자재부문, 재무부문, 설계부문, 인사부문의 관리자들은 총괄계획에 필요한 자료들을 제공해야 한다. 이러한 자료공급을 원활하게 하기 위해서는 각 부문의 대표자들로 구성된 위원회를 구성하는 것이 바람직하다.

그림 5-2 여러 부문의 총괄계획 입력자료

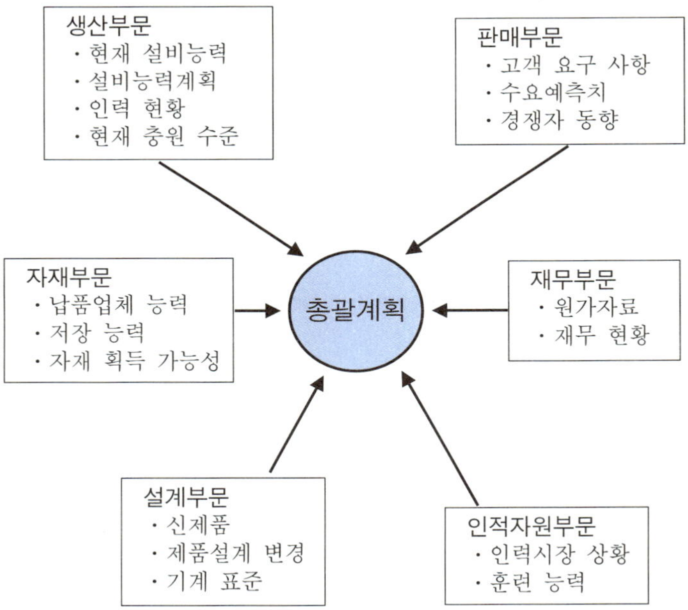

출처 : Lee J. Krajewski, Larry P. Ritzman, *Operations Management*, 4th. ed., Adison Wesley, 1996, p. 594.

2.2 총괄생산계획 수립시 일반원칙

총괄생산계획에 자료를 제공할 때 부문들간에 서로 목표가 다르기 때문에 조직의 자원사용에 대하여 갈등을 일으킬 수 있다. 이러한 갈등을 조금이나마 해소할 수 있는 것은 다음과 같은 총괄생산계획의 수립원칙을 적용하면 된다.

i) 비용최소화와 이윤최대화

ii) 고객 서비스 최대화

iii) 재고최소화

iv) 생산율변동 최소화

v) 고용수준변동의 최소화

vi) 공장과 장비의 이용률 최대화

총괄계획을 수립할 때 각 원칙의 가중치를 결정하기 위해서는 비용의 교환관계나 질적인 요인을 감안해야 한다. 예를 들어, 신속한 적시 배달을 통하여 고객 서비스를 향상시키려면 생산계획에서 완제품 재고를 증가시켜야 한다. 또한, 비용을 최소화시키는 충원계획을 수행할 경우 인력수준의 최소화나 고객서비스 최대화는 동시에 달성할 수 없다. 즉, 계획수립시 대안들은 상충관계(tradeoff)를 발생시키기 때문에 계획의 목표에 따른 가중치를 고려하여 최적방법을 결정하는 것이 중요하다.

이러한 다양한 목적들 사이에서 균형을 찾아 적절한 총괄계획을 수립하려면 다양한 대안들을 고려해야 한다. 여기에는 반응적 대안과 공격적 대안이 있다. 공격적인 대안은 수요패턴을 조정하는 것이고 반응적인 대안은 주어진 수요패턴에 적응하는 것이다.

2.2.1 반응적 대안

총괄생산계획에서 가장 중요한 사항은 수요의 변동을 어떻게 흡수(absorb)하는 가에 있다. 이 전략의 목표는 수요와 공급을 같게 하는 것이다. 하지만 수요에는 통제 불가능한 요소들이 많기 때문에 수요의 변동에 공급을 맞춘다는 것은 매우 어려운 일이다. 그러나 기업내부에서 통제 가능한 부문, 즉 생산수준, 고용수준, 재고수준 등을 조정하면 어느 정도 가능할 것이다. 이 대안을 반응적 대안(reactive alternative) 또는 고용수준의 조정이라고 한다.

수요변화에 대처할 수 있는 총괄계획 중 반응적 대안의 전략은 다음과 같이 4가지로 나눌 수 있다.

i) 수요변동에 따른 고용수준의 조정(changing the employment level)방법

이 방법은 수요의 변동에 대처하기 위하여 종업원수를 조정하는 것이다. 제품의 수요가 많으면 신규채용을 하여 종업원수를 증가시키고, 제품의 수요가 감소하게 되면, 인원을 감원하여 수요감소에 대처하는 방법이다. 그러나 이 방법은 노동조합과의 마찰이 우려되기 때문에 사용할 때에는 심사숙고해야 한다. 종업원의 채용 시에는 모집, 선발, 훈련 등에 많은 비용이 발생하며, 해고 시에는 퇴직급여, 실업보험료 등의 비용과 종업원 사기저하, 기업의 이미지손상, 숙련 및 기술축적이 불가능하다는 점을 고려해야 한다.

ii) 잔업과 조업단축(overtime and undertime)을 통해 생산량을 조절하는 방법

수요가 많을 때는 잔업을 하고, 수요가 적을 때는 조업단축을 하여 수요변화에 대처하는 방법인데, 여기에는 조정의 한계가 있다. 일상적으로 잔업이 너무 많이 이루어지면 이에 따르는 부작용도 많이 발생한다. 먼저 비용면을 보면 잔업수당은 정규작업급여의 50%가 추가되어야 한다. 저개발국가인 경우는 인건비가 제품가격에 차지하는 비율이 작기 때문에 이 방법이 바람직할지 모르지만, 선진국에서는 인건비가 제품 구성 비율에서 높은 비중을 차지하기 때문에 잔업이나 조업단축을 통하여 생산능력을 조절한다는 것은 바람직한 방법이 못된다. 이 밖에도 간접비가 증가하고 생산성이 저하되며, 조업시간단축은 인원과 설비의 유휴로 인한 기회손실이 발생한다.

iii) 자사의 고용수준과 생산량을 일정하게 유지하고, 하청(subcontracting)을 통하여 수요에 대처하는 방법

이 방법은 자사의 생산능력만으로는 수요를 충족시킬 수 없을 때 외부의 생산업체에게 하청을 주는 것이다. 이것은 자사가 시설투자를 하지 않고, 타사의 시설을 이용하여 생산능력을 높이는 방법이다. 그러나 제품의 품질이나 납기를 통제하기가 어렵다는 문제점이 있다.

iv) 자사의 고용수준과 생산량은 일정하게 유지하면서 재고보유(storing and depleting inventories)나 납품연기(back-ordering)로 수요변동에 대처하는 방법

재고보유방법은 비수기에 재고를 비축하고 성수기에 이를 출하하여 초과수요를 흡수하는 방법이다. 이 방법은 고용과 조업도는 안정시킬 수 있지만 재고유지비가 많이 발생하고, 서비스업이나 유행성 품목에는 이 전략의 사용이 불가능하다.

납기연기에 의하여 생산능력을 조절하는 방법은 판매상실과 고객에 대한

기업의 신용이 저하되어 고객을 상실하게 되는 위험이 크다.

2.2.2 공격적 대안

고용조정으로 계절적 수요나 변동적인 수요패턴에 대처하려면 비용이 많이 들 수 있다. 고용조정을 하지 않고도 효율성을 높이고 비용을 절감하는 방법으로 수요변동을 유도하는 것이다. 공격적 대안(aggressive alternative)이란 수요조정으로 자원요소를 조절하려는 조치다. 이러한 조치는 마케팅관리자가 담당하게 된다.

i) **보완적 제품:** 고용조정을 통하지 않고 생산을 균등화시키는 방법 중의 하나는 비슷한 자원을 활용하면서도 수요주기가 다른 보완적 제품(complementary products)이나 서비스를 생산하는 것이다. 예를 들면 정원용 트랙터를 생산하는 회사가 설상차도 생산하면 엔진 등 중요 부품의 소요량을 연중 균등화시킬 수 있다. 서비스산업의 스포츠센터는 여름에 집중되는 인력소요에 균형을 맞추기 위하여 겨울에 스케이팅, 썰매, 실내 체육활동 등의 서비스를 제공할 수 있다. 중요한 것은 기존자원으로 생산 가능하면서 자원에 대한 연간소요를 평준화시킬 수 있는 제품이나 서비스를 찾는 것이다.

ii) **창출가격 설정:** 수요 창출적인 가격설정을 활용한 판촉 캠페인으로 매출을 증가시키는 경우도 있다. 자동차 할인 프로그램, 하절기의 겨울의류 할인판매, 비수기의 항공기운임 할인 등이 창출가격 설정의 예이다.

제 3 절 총괄생산계획의 형태

총괄생산계획은 추적전략(chase strategy), 수준전략(level strategy), 혼합전략(mixed strategy)의 3가지가 있다. 추적전략과 수준전략은 순수전략이라고 불리기도 한다.

1. 추적전략

추적전략(chase strategy)은 월별 필요로 하는 수요가 얼마인지를 정확하게 파악하고, 이에 상응하는 제품을 생산하여 생산이 수요를 '추적'(chase)하거나 혹은 따르는 전략이다. 이 추적전략은 노동력의 크기를 변화시키거나 혹은 월별 필요수요량을 만족시키기 위하여 잔업을 실시하는 조직의 생산능력을 조절한다. 재고수준은 지정된 수준으로 항상 고정시키고, 재고비용은 조직 내에서 설정한 제약조건 하에서 최소화한다. 고용과 해고비용 혹은 잔업비용은 추적전략에서는 많이 소요된다. 노동력은 월별로 변하고 있기 때문에 생산계획 수립자는 노동력의 질과 양에 관심을 가져야 한다. 추적전략은 매력적 전략이다. 그러나 이 전략은 노동력이 풍부한 저임금, 미숙련 직무일 경우에 적합한 전략이다.

이 접근방법은 우유제품과 같이 저장수명이 짧은(short shelf life) 제품의 생산과 정교한 컴퓨터부품과 같은 매우 빨리 진부화되는 품목에 유용하다.

2. 수준전략

수준전략(level strategy)은 생산수준이 일정하다는 의미이다. 회사는 재고의 사용과 잔업을 통하여 수요의 변화에 대처하고, 계획기간동안 매일 일정한 양을 생산한다. 계획기간동안 생산된 양은 수요를 초과할 것이고, 재고는 축적될 것이다. 수요가 생산율을 초과할 때, 축적된 재고는 수요를 만족시키는데 사용될 것이다. 수준전략은 일정한 수준의 생산을 위하여 작업자의 수와 기타 자원을 고정시키는 것이 필요하다. 비록 고용비용과 해고비용이 줄어들지라도, 완제품재고를 유지하는데 소요되는 재무적 비용과 비재무적 비용은 일반적으로 증가한다. 이 수준전략은 숙련된 작업자를 필요로 하는 노동 인센티브 환경에서 적합하다. 모토롤라 혹은 텍사스 인스트루먼트와 같은 기업들은 작업자 훈련과 종업원 개발에 매우 많이 투자하기 때문에, 종업원이 직장을 떠나는 일은 거의 없다.

3. 혼합전략

혼합전략(mixed strategy)은 추적전략과 수준전략의 혼합으로 사용하는 전략이다. 이 전략은 수개월간 동일수준생산의 유지가 필요할 때와 다른 수준의 생산으로 조정이 필요할 때 사용될 수 있다. 예를 들어, H회사의 제품은 가을과 겨울에 잘 팔리기 때문에 봄과 여름에는 종업원을 많이 해고시키고, 가을과 겨울에는 수요가 많기 때문에 이때를 대비하여 종업원을 고용한다.[1] 월별 수요의 변화가 없으므로, 고용비용과 해고비용은 줄어들고, 생산수준이 수준전략보다도 때로는 더 크므로, 완제품 재고량은 줄어들 수 있다. 이 전략은 비용과 유연성의 관점에서 볼 때 추적전략보다는 더 나은 것 같다. 그러나 질적인 관점에서 보면 수준전략만큼 적합하지는 않을 것이다.

제 4 절 총괄생산계획문제의 해법

총괄생산계획의 해법은 매우 다양하며, 기업들은 비정량적 접근법(nonquantitative approaches)을 사용한다. 이 접근방법들은 총괄계획과 연결되는 주먹구구식 혹은 시행착오접근방법(rules of thumb or trial-and-error approaches)을 사용하는 것을 의미한다.[2] 커트 앤드 트라이법(cut-and-try method)은 스프레드쉬트 환경(spreadsheet environment)에서 기능이 매우 효과적인 시행착오접근법이다.

모든 계획에서 노동력의 크기, 기간당 평균재고수준, 노동력크기의 변화를 결정하는 것이 필요하다. 또한 일일 생산율과 같은 그 밖의 정보도 생산전략을 위하여 필요하다. 모든 계획은 계획기간당 필요한 노동시간의 수로서 시작한다. 대부분의 기업들은 가치(values)를 숫자로 계산하는 것을 요구할 것이고, 이것은 다음과 같은 공식에 의하여 얻어질 수 있다.

$$\text{기간당 노동시간} = (\text{기간당 수요량})(\text{단위당 소요시간}) \tag{5.1}$$

$$\text{노동력의 크기} = \frac{\text{계획기간당 총필요시간}}{\text{계획기간동안 작업자당 작업시간}} \tag{5.2}$$

$$\text{일일생산율} = \frac{\text{일일 총작업시간}}{\text{단위당 필요시간}} \tag{5.3}$$

$$\text{기말재고} = (\text{기초재고}) + (\text{월 생산량}) - (\text{월수요량}) \tag{5.4}$$

$$\text{재고비용} = (\text{평균재고수준})(\text{단위당 월 재고유지 비용}) \tag{5.5}$$

---

1) Martha Mangelsdorf, "Managing the New Work Force," Inc, January 1990, pp. 78~83.

2) F. L. Dubois and M. D. Oliff, "Aggregate Production Planning in Practice," *Production and Inventory Management Journal* 32(1991), pp. 26~30.

여기서 한 달에 대한 기초재고는 전달에 대한 기말재고이고, 평균재고수준은 그 달에 대한 기초재고와 기말재고의 평균이다. 총괄적 생산계획은 커트 앤드 트라이 기법과 수리적 기법으로 수립할 수 있다.

1. 커트 앤드 트라이기법

예를 통하여 커트 앤드 트라이기법을 추적전략(chase strategy), 수준전략(level strategy), 혼합전략(mixed strategy)접근법으로 총괄생산계획을 수립하고자 한다.

한양전자는 200명의 종업원이 전축을 생산하는 회사로서 내년도 생산계획을 수립하고자 한다. 전축에 대한 수요와 매월 생산가능일수는 <표 5-1>과 같다. 전축 1대를 생산하는데 12시간의 직접 노동시간이 소요되며, 이 회사의 재고는 적어도 전축 1,500대의 완제품을 필요로 한다. 이것은 일반적으로 약 2주의 수요량과 같다. 전축 39,600대는 260일 제조하여야 만들 수 있다. 고용비용(hiring costs)은 한 사람당 4만원이 소요되고, 해고비용(firing costs)은 한 사람당 5만원이다. 한 단위의 재고를 한달 동안 유지하는데 소요되는 재고유지비는 1천원이다. 시간당 평균임금은 1,600원이다. 잔업생산(주당 40시간이 넘는)에 관련된 추가비용은 정규임금의 1.5배로 하거나 시간당 800원으로 한다. 잔업시간 동안에 소요되는 평균생산시간(제품 한대를 만드는 데에)은 정규시

〈표 5-1〉 월작업일수와 수요계획

월 \ 항목	생산가능일수	수요량
1	21	2,800
2	20	3,000
3	23	3,200
4	22	3,400
5	21	3,600
6	23	3,800
7	22	4,000
8	21	3,600
9	22	3,200
10	22	3,400
11	21	2,800
12	22	2,800
합 계	260	39,600

간 동안 단위당 12시간이 소요되는 반면에 잔업시간 동안에는 단위당 13시간이 소요된다. 잔업생산에 관련하여 추가비용은 단위당 800원×13 = 10,400원이다. 이 제품에 대한 하청은 불가능하다.

이상의 자료를 이용하여 추적전략, 수준전략, 혼합전략접근법으로 총괄생산계획을 수립하면 다음과 같다.

1.1 추적전략적 접근방법

이 추적전략(chase strategy)은 매월 필요로 하는 노동력과 제품수요를 맞추고, 이에 따라 노동력을 조정한다. <표 5-1>의 자료와 식 (5.1)과 식 (5.2)를 이용하여 월 노동시간을 구하고, 필요한 노동력의 크기를 구한다.

$$\begin{aligned}\text{1월의 노동시간} &= (\text{월 수요량})(\text{단위당 소요시간})\\ &= (2{,}800\text{단위/시간})(12\text{시간/단위})\\ &= 33{,}600\text{시간/월}\end{aligned}$$

$$\begin{aligned}\text{1월의 노동력의 크기} &= \frac{\text{1월의 총필요시간}}{\text{1월동안 작업자당 작업시간}}\\ &= \frac{33{,}600\text{시간}}{(8\text{시간/1일})(21\text{일/작업자})} = 200\text{명}\end{aligned}$$

〈표 5-2〉 추적전략에 대한 비용

(원래 노동력 = 200명, 시초 완제품재고=1,500대)

월 \ 항목	생산가능일수	수요량	시간/월	노동력	고용(4만원)	해고(5만원)
1	21	2,800	33,600	200	0	0
2	20	3,000	36,000	225	25	0
3	23	3,200	38,400	209	0	16
4	22	3,400	40,800	232	23	0
5	21	3,600	43,200	258	26	0
6	23	3,800	45,600	248	0	10
7	22	4,000	48,000	273	26	0
8	21	3,600	43,200	258	0	15
9	22	3,200	38,400	219	0	39
10	22	3,400	40,800	232	13	0
11	21	2,800	33,600	200	0	32
12	22	2,800	33,600	191	0	9
총	260	39,600	475,200		113	121

재고유지비용: 1,500×12×1,000원 = 18,000,000원
고용비용: 113×40,000원 = 4,520,000원
해고비용: 121×50,000원 = 6,050,000원
계획의 총비용: 28,570,000원

전월에 대한 기초노동력이 200명이라는 사실에 따라 각 월에 이 공식을 사용하면, <표 5-2>와 같은 자료를 얻을 수 있다. 열에 나타난 노동력의 조정은 고용과 해고라고 이름을 붙쳤다. 고용과 해고에 관련된 비용은 <표 5-2>의 하단에 계산해 두었다. 노동력은 수요의 변화에 따라 변하므로 재고의 수준에 따라 변하지 않는 것으로 가정한다. 이 계획에 따른 총비용은 28,570,000원이다.

1.2 수준전략적 접근방법

수준전략(level strategy)은 안정된 노동력을 유지하고, 수요의 변동에 대처하기 위하여 완제품재고를 보유하는 접근방법이다. 이 접근방법은 260일 동안 39,600대를 생산할 수 있는 일일생산율을 결정하는 것이 중요하다. 그래서 <표 5-3>에 나타난 숫자를 계산하기 위하여 아래와 같은 식 (5.1)에서 식 (5.5)까지를 이용한다.

$$\text{연간노동시간} = (39{,}600)(12\text{시간}) = 475{,}200\text{시간}$$

$$\text{노동력의 크기} = \frac{475{,}200\text{시간}}{(8\text{시간/일})(260\text{일/년})} = 229\text{명}$$

또한 230명을 기준으로 생산계획을 수립하여 일일 생산계획을 계산하면 다음과 같다.

$$\text{일일생산율} = \frac{(230\text{명})(8\text{시간/일})}{12\text{시간/단위}} = 153.33\text{단위/일}$$

월 산출량은 매월 생산일수를 매일 생산량으로 곱함으로서 구할 수 있다. 그러므로 1월의 생산일수는 21일이므로 이 달의 생산량은 다음과 같다.

$$(153.33\text{단위/일})(21\text{일}) = 3{,}219.9\text{단위}$$

그런데 기초재고량이 1,500단위이고, 1월의 수요가 2,800단위이기 때문에 기말재고는 다음과 같다.

기말재고 = 1,500단위 + 3,220단위 - 2,800단위
= 1,920단위

마지막으로 월재고유지비용은 다음과 같다.

$$\text{월재고유지비용} = \frac{(1,500+1,920)}{2}(1,000\text{원})$$
$$= 1,710,000\text{원}$$

〈표 5-3〉 230명으로 수준생산전략

월 \ 항목	생산가능일수	수요량	생산량	기초재고	기말재고	평균재고	재고유지비용
1	21	2,800	3,220	1,500	1,920	1,710	1,710,000
2	20	3,000	3,066	1,920	1,986	1953	1,953,000
3	23	3,200	3,526	1,986	2,312	2,149	2,149,000
4	22	3,400	3,373	2,312	2,285	2,298.5	2,298,500
5	21	3,600	3,220	2,285	1,905	2,095	2,095,000
6	23	3,800	3,526	1,905	1,631	1,768	1,768,000
7	22	4,000	3,374	1,631	1,005	1,318	1,318,000
8	21	3,600	3,220	1,005	625	815	815,000
9	22	3,200	3,374	625	799	712	712,000
10	22	3,400	3,374	799	773	786	786,000
11	21	2,800	3,220	773	1,193	983	983,000
12	22	2,800	3,374	1,193	1767	1,480	1,480000
총	260	39,600	39,867				18,067,500

추적전략과 수준전략을 필요노동력에 의하여 비교하여 보면 수준전략은 일정하게 230명을 필요로 하고, 이에 반하여 추적전략은 최저 191명에서 최고 273명까지 변동하고 있는 것을 알 수 있다.

<표 5-3>에서 보여준 생산수준전략(level production strategy)을 수용할 수 있다. 그러나 재고량은 1,500수준 아래로 떨어져 7월말에는 1,005까지 떨어지고, 8월말에는 625수준까지 떨어진다. 이러한 정책위반의 확인은 커트 앤드 트라이 과정의 일반적인 부분이다.

이 재고문제를 풀기 위하여 한양전자는 두 가지 가능한 대안을 선택할 수 있다. 즉, 잔업을 이용하는 방법과 추가적 재고를 공급하는 방법이다.

(1) 대안 1 : 잔업을 이용하는 방법

잔업대안의 비용은 (a) 추가적인 생산비용과 (b) 추가적 재고유지비용을 포함한다.

i) 최저재고수준이 625이기 때문에, 필요한 추가적 재고는 1,500에서 625를 뺀 것으로 875단위는 생산을 통해 보충되어야 한다. 이 품목들을 생산하는 데 소요되는 추가적 비용은 (875)(10,400원) = 9,100,000원이다.

ii) 추가적 재고비용을 계산하기 위하여, 첫 번째 부족량을 찾아낸다. 이것은 7월 말에 발생한다. 이 부족량을 분석하기 위하여, 단지 추가적 단위 495(1,500-1,005 = 495)는 7월 말까지 이용하는데 필요하다. 최저 재고수준(625대)이 발생할 때, 나머지 380{1,500-(625+495)} 단위는 8월 말까지 이용 가능해야 한다. 이 제품들은 나머지 달 동안 재고로 남을 것이다. 이 방법을 사용함으로써 재고비용은 2,475,000원(495단위×1,000원×5개월)에 1,520,000원(380단위×1,000원×4개월)을 더한 것일 것이다. 그러므로 총추가적 재고비용은 3,995,000원이다.

이 비용변화가 <표 5-3>에 나타낸 원래의 생산비용을 추가할 때, 결과는 31,162,500원(18,067,500원+9,100,000원+3,995,000원)이다.

(2) 대안 2 : 추가적 재고를 공급하는 방법

8월 말에 625의 최저점이 예상되므로 1월에 대한 기초재고는 2,375단위(1,500+875=2,375단위)이어야 한다. 이 추가적 단위는 매월 이용할 수 있고, 재고유지비용에 10,500,000(875×1,000원/월×12개월)원의 추가비용이 추가된다. 이 계획의 비용은 28,567,500(10,500,000원+18,067,500원)원이다. 생산비용의 추정은 전 계획기간에 할당되었다.

이들 두 대안을 비교하여 보면 대안 1보다 대안 2가 비용면에서 보다 좋은 대안이 됨을 알 수 있다.

1.3 혼합전략적 접근방법

<표 5-4>는 혼합전략(mixed strategy)이 다른 두 가지의 전략을 어떻게 조합하는가를 보여준다. 이 자료는 수준전략(level strategy)과 추적전략(chase strategy)접근법을 절충하는 것으로 4분기로 나누어 다룬다.

혼합전략에서 의사결정은 각 4분기 동안 소요되는 노동력과 재고수준을 기초로 만들어진다. 이 결과는 각 분기에 하나씩, 즉 독립된 4가지 수준전략과 같게 된다. 추적전략을 사용할 때 매달 변화가 있기 때문에 각 분기의 소요노동력의 변경은 가능하다.

<표 5-4>에서 각 분기의 노동시간과 노동력의 크기는 식 (5.1)과 식 (5.2)를 이용하여 구할 수 있다.

$$\text{1분기당 소요노동시간} = (\text{분기별 수요량})(\text{단위당 소요시간}) = (9{,}000\text{단위})(12\text{시간/단위}) = 108{,}000\text{시간}$$

$$\text{1분기당 노동력의 크기} = \frac{\text{1분기동안 총소요시간}}{\text{1분기에 작업자당 노동시간}} = \frac{108{,}000\text{시간}}{(8\text{시간})(64\text{일})} = 210.94 = 211\text{명}$$

그러므로 1분기에는 작업자수를 200명에서 211명으로 11명을 추가 고용해야 한다.

이 의사결정과 관련한 재고수준은 <표 5-5>에 나타나 있다. 비록 4분기의 말에 재고가 1,500단위 이상이 될지라도, 이 분기 내의 월말에 재고수준은 그렇지 않을 수 있다. 예를 들어 재고수준은 8월말에는 1,093단위까지 떨어진다. 이 분기의 수요가 앞의 두 분기의 수요보다 크기 때문이다.

〈표 5-4〉 혼합전략: 고용비용과 해고비용

항목 분기	작업일수	분기당 수요	분기당 시간	필요한 작업자	고용	해고
1	64	9,000	108,000	211	11	0
2	66	10,800	129,600	246	35	0
3	65	10,800	129,600	250	4	0
4	65	9,000	108,000	208	0	42
총	260	39,600			50	42

고용비용: 2,000,000원 해고비용: 2,100,000원 총 비용 : 4,100,000원

우리는 1, 2, 3분기의 노동력을 증가시키고, 4분기의 노동력을 감소시킴으로써 재고비용을 낮출 수 있다. 재고가 1,500 이하로 떨어지는 것을 방지하기 위하여 연초에 추가적으로 재고를 비축해야 한다. 작업자 한 명을 추가할 경우 1분기당 520시간{(65일×1일 8(작업시간)}의 노동시간을 제공할 수 있다. 제품 한 단위를 생산하는 데는 12시간이 소요되기 때문에 43.3개의 제품(520시간/12시간)은 각 분기별 한 작업자당 생산할 수 있는 수량이다. 그러므로 앞의 3분기 동안 작업자 10명을 추가 배치함으로써 재고정책을 만족시키고, 소요되는 407(1,500-1,093)단위를 생산할 수 있다. 비록 이 작업자들을 할당하는 방법은

여러 가지 있지만 여기에서 선택할 수 있는 방법은 1분기동안 2명의 추가작업자를 고용하는 것이고, 2분기에서 6명의 작업자를 추가하는 것이고, 3분기에서 2명의 작업자를 추가 고용하는 것이다(<표 5-6>참조).

〈표 5-5〉 혼합전략: 재고비용

월 \ 항목	생산가능일수	수요량	생산량	기초재고	기말재고	평균재고	재고유지비용
1	21	2,800	2,954	1,500	1,654	1,577	1,577,000
2	20	3,000	2,813	1,654	1,467	1,560	1,560,000
3	23	3,200	3,235	1,467	1,502	1,484	1,484,000
4	22	3,400	3,608	1,502	1,711	1,606	1,606,000
5	21	3,600	3,444	1,711	1,555	1,633	1,633,000
6	23	3,800	3,772	1,555	1,527	1,541	1,541,000
7	22	4,000	3,666	1,527	1,193	1,360	1,360,000
8	21	3,600	3,500	1,193	1,093	1,143	1,143,000
9	22	3,200	3,666	1,093	1,559	1,326	1,326,000
10	22	3,400	3,050	1,559	1,209	1,384	1,384,000
11	21	2,800	2,912	1,209	1,321	1,265	1,265,000
12	22	2,800	3,050	1,321	1,571	1,446	1,446,000
총	260	39,600	39,671				17,325,000

〈표 5-6〉 수정된 혼합전략: 고용/해고비용

분기 \ 항목	작업일수	분기당 수요	분기당 시간	필요한 작업자	고용	해고
1	64	9,000	108,000	213	13	0
2	66	10,800	128,000	252	39	0
3	65	10,800	129,600	252	0	0
4	65	9,000	108,000	208	0	44
총	260	39,600			52	44

고용비용: 2,080,000원 해고비용: 2,200,000원 총 비용 : 4,280,000원

이 작업자들의 추가는 총고용의 수를 2명만큼 증가했다. 이 증가는 작업자들이 추가적 재고를 생산하기 위하여 고용되어지는 것이지, 수요 증가 때문에 고용된 것은 아니다.

<표 5-7>은 월별로 재고비용을 요약한 것이다. 이 계획에 관련된 비용은 20,064,000원의 재고유지비용과 4,680,000원의 고용 및 해고비용, 그리고 24,744,000원의 총비용이다.

〈표 5-7〉 수정된 혼합전략: 재고비용

월 \ 항목	생산가능일수	수요량	생산량	기초재고	기말재고	평균재고	재고비용
1	21	2,800	2,982	1,500	1,682	1,591	1,591,000
2	20	3,000	2,840	1,682	1,522	1,602	1,602,000
3	23	3,200	3,267	1,522	1,588	1,555	1,555,000
4	22	3,400	3,696	1,588	1,884	1,736	1,736,000
5	21	3,600	3,528	1,884	1,812	1,848	1,848,000
6	23	3,800	3,864	1,812	1,876	1,844	1,844,000
7	22	4,000	3,696	1,876	1,572	1,734	1,734,000
8	21	3,600	3,528	1,572	1,500	1,536	1,536,000
9	22	3,200	3,696	1,500	1,996	1,748	1,748,000
10	22	3,400	2,933	1,996	1,529	1,763	1,763,000
11	21	2,800	2,800	1,529	1,520	1,524	1,524,000
12	22	2,800	2,933	1,520	1,646	1,583	1,583,000
총	260	39,600	39,763				20,064,000원

커트 앤드 트라이 접근법은 총괄생산계획문제에 대한 실행 가능해를 우리들에게 제시한다. 이 접근방법은 최적해를 제시하지는 못하지만, <표 5-8>에 추적전략, 수준전략, 혼합전략에 관련된 총비용을 나타내고 있다. 한양전자는 최소비용계획을 선택할 것이며, 혼합전략은 이 계획을 만족시킬 것이다.

〈표 5-8〉 3가지 계획의 비용요약

전략 \ 항목	재고유지비용	잔업비용	고용/해고비용	총비용
추적전략	18,000,000		10,620,000	28,570,000
수준전략				
(잔업실시)	22,060,000	9,100,000		31,160,000
(추가적 완제품재고)	28,565,000			28,565,000
혼합전략	20,064,000		4,280,000	24,344,000

실질적으로 기업은 변수의 수에 따라 추적전략, 수준전략, 혹은 혼합전략 중 어느 것을 사용할 수 있다. 이때에 가장 중요한 것은 수요의 변동이다. 계절에 따라 수요변동이 적은 제품은 수준전략이 유용한 접근방법이다. 그러나 제품수요의 변동이 심한 계절적 제품일 때에는 계절적 영향을 줄이는 방법으로 장비와 인원과 같은 자원의 투자가 필요하다.

2. 수리적 기법

2.1 생산계획의 도표법

생산계획의 도표법(tableau method)은 다음과 같은 가설이 필요하다.

i) 기간별 수요 예측치와 생산능력(정규, 잔업, 하청)이 확정적이다.

ii) 원가는 생산량에 비례한다.

iii) 미납주문이 없는 생산계획이어야 한다.

<표 5-9>는 생산계획의 도표법의 양식이다. 이 표에 사용된 기호들을 정의하면 다음과 같다.

〈표 5-9〉 생산계획의 도표법의 양식

대 안		기 간				여유생산능력	총생산능력
		1	2	3	4		
기간	기초재고	0	h	2h	3h		I_0
1	정규	r	r+h	r+2h	r+3h		R_1
	잔업	c	c+h	c+2h	c+3h		O_1
	하청	s	s+h	s+2h	s+3h		S_1
2	정규		r	r+h	r+2h		R_2
	잔업		c	c+h	c+2h		O_2
	하청		s	s+h	s+2h		S_2
3	정규			r	r+h		R_3
	잔업			c	c+h		O_3
	하청			s	s+h		S_3
4	정규				r		R_4
	잔업				c		O_4
	하청				s		S_4
수요량		D_1	D_2	D_3	D_4+I_4		

h = 기간당 단위당 재고유지비용
r = 정규시간 생산시의 단위당 원가
c = 잔업 생산시의 단위당 원가
s = 하청시의 단위당 원가
I_0 = 기초재고수준
I_4 = 4기말의 적정재고수준
R_t = t기간의 정규생산능력
O_t = t 기간의 잔업생산능력
S_t = t기간의 하청생산능력
D_t = t기간의 수요예측치

<표 5-9>의 각 행은 공급대안을 나타낸다. 제1행은 기초재고(현재보유량)를 나타내며, 필요하면 네 기간 중 어느 때나 공급할 수 있다. 제2행은 제1기간의 정규생산을 의미하며 이것도 네 기간 중 언제라도 수요만족에 사용할 수 있다. 제3, 4행은 제1기간의 잔업과 하청을 나타내며 마찬가지로 언제라도 공급할 수 있다.

표의 열들은 각 기간들과 여유생산능력 및 총생산능력을 나타내며, 각 칸의 우측상단은 원가를 나타낸다. 이는 해당기간의 단위당 생산원가와 재고유지비용(다음 기 이후에 판매할 경우)을 더한 것이다. 예를 들면 단위당 정규시간 생산원가는 r이다(제1열). 제1기에 생산하여 제2기에 판매할 경우의 단위당 원가는 r+h인데(제2열), 이는 한 기간 동안 재고로 보관하기 때문이다. ⊠는 미납주문(또는 과거 수요를 충족시키기 위해 생산하는 행위)을 허용하지 않음을 의미한다.

미납주문을 허용하지 않기 때문에 최적해를 찾기 위해서는 다섯 단계를 거쳐 계산된다.

단계 1: 총생산능력 열의 생산능력을 여유생산능력 열에 옮겨 쓴다.

단계 2: 제1열(기간 1)에서 가장 원가가 낮은 칸을 찾는다. 그 칸에 해당하는 행의 여유생산능력과 해당 열의 수요를 넘지 않는 범위 내에서 최대한 생산량을 할당한다.

단계 3: 위의 할당량을 해당하는 행의 여유생산능력에서 뺀다. 여기서 주의해야 할 점은 여유생산능력이 음수가 되지 않아야 하며, 음수를 배당할 수 없으면 생산능력이 부족하여 실행 가능한 해가 없음을 의미한다.

단계 4: 제1기의 수요가 다 충족되지 않았으면, 다시 단계 2부터 반복하되 다음으로 원가가 싼 칸을 찾아 채워 나간다. 이러한 과정을 수요가 만족될 때까지 반복한다.

단계 5: 제2기에서 제4기까지의 수요에 대하여 단계 2~단계 4를 반복한다. 즉, 앞쪽 열부터 순서대로 처리하되, 각 열을 독립적으로 처리한다. 한 열에서 최소원가인 칸을 찾을 때, 여유생산능력이 없는 칸을 모두(⊠ 제외) 체크하여

야 한다.[3)]

[예제 5-1] 도표법을 이용한 생산계획수립

신라 전자는 다양한 종류의 커피포트를 생산하고 있다. 커피포트의 판매량은 3/4분기가 피크이며, 현재 재고는 25만대이며, 기말재고는 30만대를 필요로 한다.

이 회사의 생산관리자는 <표>와 같은 생산능력과 수요예측을 기초로 하여 최적 생산계획을 수립하려고 한다.

단, 정규시간 생산시 단위당 원가는 15,000원이고, 잔업시는 22,500원이며, 하청시는 28,500원이다. 1분기 동안 개당 재고유지비는 4,500원이다.

항목 \ 분기	1분기	2분기	3분기	4분기	합계
수 요 량	300	850	1,500	350	3,000
생 산 능 력					
정 규	450	450	750	450	2,100
잔 업	90	90	150	90	420
하 청	200	200	200	200	800

<설 명>

이 문제에서 총소요량은 330만대(30만+85만+150만+35만+30만)로 총생산능력인 357만대보다 작다. 따라서 여유생산능력이 27만대가 됨을 알 수 있다. 이러한 자료를 이용하여 1분기부터 4분기까지 각 분기별로 단계 2에서 단계 5를 거쳐 계산을 하면 다음의 표와 같다.

예상생산계획의 총원가는 각 칸의 할당량과 단위당 원가를 곱하여 구하면 6,015만원이 된다.

3) Lee J. Krajewski, Larry P. Ritzman, *Operations Management*, 4th. ed., Addison-Wesley, 1996, pp. 606~611.

〈표 5-10〉 신라전자 문제의 테이블 해

(단위: 1,000)

대안		기간 1	기간 2	기간 3	기간 4	여유생산능력	총생산능력
기간	기초재고	0.00 250	4.5	9	13.5		250
1	정규	15 50	19.5 400	24	28.5		450
	잔업	22.5	27	31.5 90	36		90
	하청	28.5	33	37.5 20	42	180	200
2	정규		15 450	19.5	24		450
	잔업		22.5	27 90	31.5		90
	하청		28.5	33 200	37.5		200
3	정규			15 750	19.5		750
	잔업			22.5 150	27		150
	하청			28.5 200	33		200
4	정규				15 450		450
	잔업				22.5 90		90
	하청				28.5 110	90	200
수요량		300	850	1,500	350+300 = 650	270	3,570

2.2 선형계획의 활용

앞에서 언급한 도표법은 선형계획법의 특수한 형태이다. 선형계획 모형은 많은 변수와 제약을 다룰 수 있고, 도표법과 달리 주어진 생산능력계획의 제약을 받지 않을 수도 있다. 선형계획 모형은 재고수준, 미납주문, 하청량, 생산량, 잔업생산, 고용, 해고의 최적수준을 결정할 수 있다.

선형계획의 활용에는 변수들의 관계가 선형이어야 하고, 최적 값이 분수로도 나타날 수 있다는 것이다. 이 모형에 사용되는 결정변수를 모두 총괄생산단위(즉, 생산량)로 측정하여 다음과 같이 정의할 수 있다.

R_i = 기간 i의 정규고용수준
O_i = 기간 i의 잔업량
H_i = 기간 i의 고용자 수
F_i = 기간 i의 해고자 수
S_i = 기간 i의 하청량
I_i = 기간 i의 재고량
P_i = 하청량을 포함한 기간 i의 총산출량

비용 및 기타 관련자료는 다음과 같이 정의한다.

C_R = 단위당 정규임금
C_O = 단위당 잔업비용
C_S = 단위당 하청비용
C_H = 단위당 고용비용
C_F = 단위당 해고비용
C_I = 단위당 기간당 재고유지비
D_i = 기간 i의 수요
a = 정규고용수준에 대한 최대잔업가능비율

계획대상기간을 T라 하고 수요는 매기간 부족하지 않게 충족시켜야 한다면 총괄계획을 위한 선형계획모형은 다음과 같다.

목적함수: 최소화

$$TC(\text{총비용}) = \sum_{i=1}^{T}[C_R R_i + C_O O_i + C_S S_i + C_H H_i + C_F F_i + C_I I_i]$$

제약조건:

i) 정규노동력

$R_{i-1} + H_i - F_i = R_i$, i = 1, 2, …………, T
R_O = 현재의 정규고용수준
R_T = 계획기간 말에 요구되는 정규고용수준
$0 \le H_i \le$ 최대고용가능량, i = 1, 2, ………, T
$0 \le F_i \le$ 최대해고가능량, i = 1, 2, ………, T

ii) 산출량

$P_i = R_i + O_i + S_i$, i = 1, 2, ………………, T
$0 \le O_i \le aR_i$, i = 1, 2,…………………………, T

$0 \leq S_i \leq$ 최대하청가능량, i = 1, 2, ⋯⋯⋯⋯, T

iii) 재고수준

$I_{i-1} + P_i - I_i = D_i$, i = 1, 2, ⋯⋯⋯⋯⋯⋯, T

최소요구재고량$\leq I_i \leq$최대재고가능량, i = 1, 2, ⋯⋯⋯, T

I_0 = 현재의 재고수준

I_r = 계획기간 말에 요구되는 재고수준

iv) 모든 결정변수 ≥ 0

제 5 절 서비스업에 대한 총괄생산계획

서비스업에서는 재고를 보유할 수 없기 때문에 서비스업에서의 총괄생산계획은 수요의 변동에 대처하는 방법에 있어서 제조환경과는 다르다. 서비스업에 대한 수요의 변화는 예측가능하고 노동력의 크기에 대한 조정 또한 가능하다. 예를 들어 소매점은 크리스마스 휴일 동안의 수요증가에 대비하여 사람을 추가로 채용한다. 그러나 대부분의 기업은 성수기(peak period) 동안 보유하고 있는 노동력을 더욱 잘 이용할 수 있는 방법을 개발해야 한다. 이 방법중 하나가 다기능노동력(multi-functional work force)을 개발하는 것이다. 다기능노동력이란 여유 기간 동안 고객과 직접 관련되지 않은 과업을 수행할 수 있는 노동력을 보유하는 것이다. 예를 들어 만약 금전출납계원이나 사무원이 고객을 돕는 것보다 다른 과업을 실행할 수 있다면, 은행이나 소매점은 쉽게 수요에 대비하여 많은 노동력을 확보하여 필요시에 이용할 수 있다.

필요노동력의 기술수준은 서비스 조직에서 또 다른 문제이다. 만약 기술이나 양질의 훈련이 서비스를 제공하는데 필요하다면 인원은 쉽게 대치될 수 없다. 인력추가에 관련된 비용 때문에 추적전략은 서비스조직에 적합하지 않다. 만약 숙련된 노동력이 요구되고 인력 추가에 관련된 내용이 크다면 수준전략의 형태는 고용과 해고보다는 잔업, 조업단축 등을 이용하는 것이 바람직하다. 수요의 증가는 잔업을 이용함으로써 통제가능 하다. 다음은 서비스업에 대한 수준전략을 응용한 예이다.

[예제 5-2] 서비스업에 대한 수준전략의 응용

신원산업은 소매점에 대하여 금전등록기 한 대를 수리해주는데 평균 8시간이 소요된다고 한다. 이 회사에 분기별로 수리를 요청하는 회수(수요)는 다음 표와 같다.

분 기	1	2	3	4
수 요	680	610	650	750

이 회사의 수리기사 1명당 1분기별 500시간(잔업시간은 제외)을 작업할 수 있으며 시간당 인건비는 1,000원이다. 잔업이 허용되지 않을 때와 분기별 15%의 잔업이 허용될 때의 총인건비를 비교하여 어느 전략을 선택할 것인가?

<설 명>

(1) 잔업을 허용하지 않을 때의 소요작업자수

i) 1분기의 총시간

총시간 = 서비스 신청자수×신청당 평균 서비스시간 = 680×8 = 5,440시간

ii) 1분기의 소요작업자수

소요작업자수 = 총시간/1분기당 한 작업자의 작업시간 = 5,440/500 = 11

〈표 5-11〉 분기별 수요

항목 / 분기	서비스요청회수	총시간	소요작업자수
1	680	5,440	11
2	610	4,880	10
3	650	5,200	11
4	750	6,000	12

(2) 잔업을 허용할 경우의 소요작업자수

i) 1분기의 총시간

총시간 = 서비스 신청자수×신청당 평균 서비스시간 = 680×8=5,440

ii) 1분기의 소요작업자수

소요작업자수 = 총시간/1분기당 한 작업자의 작업시간= 5,440/575 = 10

단, 575=500×(1+0.15): 0.15는 잔업률

〈표 5-12〉 잔업이 허용된 계획

분기 \ 항목	서비스요청회수	총시간	소요작업자수	이용가능한 정규시간	잔업시간
1	680	5,440	10	5,500	
2	610	4,880	9	5,500	
3	650	5,200	10	5,500	
4	750	6,000	11	5,500	500
총					500

〈표 5-13〉 잔업유무에 따른 인건비

구분 \ 항목	잔업 없음	15% 잔업
정규노동력 잔 업	24,000,000(12명)원	22,000,000(11명)원 750,000원
총인건비	24,000,000원	22,750,000원

작업자들이 숙련작업자이기 때문에 쉽게 대치할 수 없으므로, 1년 동안 필요로 하는 작업자들의 수는 12명(픽크 기간 동안 필요한 작업자수)이다. 이 계획에 대한 임금은 24,000,000원[(12명)×(1,000원/시간)×(500시간/분기)×(4분기/연)]이다.

<표 5-12>는 잔업을 허용한다는 가정 하에서의 계획이다. 총시간은 금전등록기 수리 신청수에 8을 곱함으로써 구할 수 있다. 소요작업자수는 분기별 15%의 잔업이 가능할 때까지 계산에 넣는다.

그러므로 한 작업자가 분기당 작업할 수 있는 시간은 575시간(1.15×500시간)이다. 그러므로 총시간을 575로 나눔으로써 작업자수를 얻을 수 있다. 이용가능한 정규시간은 5,500시간(500시간×11명)이다. 잔업은 총시간이 이용 가능한 정규시간보다 클 때 발생한다.

두 대안에 대한 비용은 <표 5-13>에 비교하여 요약해 두었다.

<표 5-13>에서 잔업비용은 통상적으로 정규시간의 150%를 적용함으로 750,000원[500(총 작업시간)×1,000(시간당 인건비)×1.5]을 얻을 수 있다. 잔업계획은 연간 1,250,000원이 절약될 수 있다.

제 6 절 엑셀을 이용한 총괄생산계획

예제를 통하여 엑셀 프로그램으로 총괄생산계획을 수립해보자.

1. 총괄생산계획

한양전자는 여러 가지 모델의 CD플레이어를 생산하는데 분기별 수요는 다음 표와 같다. 이 회사는 시초재고는 보유하지 않고 있으며, 현재 작업자수는 60명인데 각 작업자는 분기에 20개의 CD플레이어를 생산한다. 기타 비용자료는 다음 표와 같다. 엑셀을 이용하여 최적전략을 수립하여라.

〈설 명〉

(1) 다음과 같은 표를 작성한다.

제7장 총괄생산계획.xls

	A	B	C	D	E	F	G
3	분기	0	1	2	3	4	합계
4	수요량		800	1,200	600	200	2,800
5	작업자	60					
6	정규생산량						
7	잔업생산량						
8	총생산량						
9	총생산량-수요량						
10	재고	0					
11	재고부족	0					
12	고용인원						
13	해고인원						
14	잔업비용						
15	재고유지비용						
16	재고부족비용						
17	고용/해고비용						
18	정규임금						
19	총비용						

Sheet1 / Sheet2 / Sheet3

(2) 각 셀에 수식을 입력한다.

셀번지	내용	수식	복사범위
C6	정규생산량	C5*20	D6:F6
C8	총생산량	C6+C7	D8:F8
C9	총생산량-수요량	C8-C4	D9:F9
C10	재고	IF(C9+B10-B11>0, C9+B10-B11, 0)	D10:F10
C11	재고부족	IF(B11-C9-B10>0, B11-C9-B10, 0)	D11:F11
C12	고용인원	IF(C5>B5, C5-B5, 0)	D12:F12
C13	해고인원	IF(B5>C5, B5-C5, 0)	D13:F13
C14	잔업비용	C7*300	D14:F14
C15	재고유지비용	C10*200	D15:F15
C16	재고부족비용	C11*260	D16:F16
C17	고용/해고비용	(C12+C13)*2000	D17:F17
C18	정규임금	C5*3000	D18:F18
C19	총비용	SUM(C14:C18)	D19:F19
G4	총수요량	SUM(C4:F4)	
G6	총정규생산량	SUM(C6:F6)	G7:G9
G14	총잔업비용	SUM(C14:F14)	G15:G19

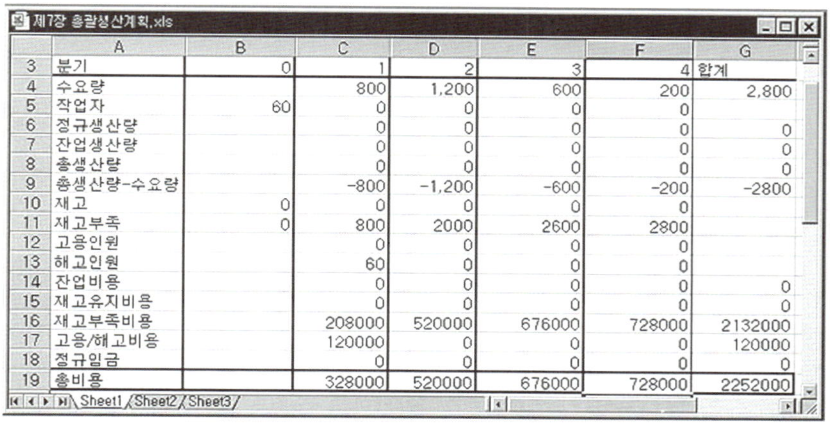

제7장 총괄생산계획.xls

	A	B	C	D	E	F	G
3	분기	0	1	2	3	4	합계
4	수요량		800	1,200	600	200	2,800
5	작업자	60	0	0	0	0	
6	정규생산량		0	0	0	0	0
7	잔업생산량		0	0	0	0	0
8	총생산량		0	0	0	0	0
9	총생산량-수요량		-800	-1,200	-600	-200	-2800
10	재고	0	0	0	0	0	
11	재고부족	0	800	2000	2600	2800	
12	고용인원		0	0	0	0	
13	해고인원		60	0	0	0	
14	잔업비용		0	0	0	0	0
15	재고유지비용		0	0	0	0	0
16	재고부족비용		208000	520000	676000	728000	2132000
17	고용/해고비용		120000	0	0	0	120000
18	정규임금		0	0	0	0	0
19	총비용		328000	520000	676000	728000	2252000

Sheet1 / Sheet2 / Sheet3

(3) 엑셀 해 찾기

[도구(T)]->[해 찾기(V)]를 선택한다. [해 찾기 모델설정]이 나타나면 다음과 같이 입력한다.

① 목표 셀(E): $G$19(최소화할 셀)

② 해의 조건: 최소화에 클릭한다.

③ 변경할 셀(B): $C$5:$F$5, $C$7:$F$7(최적해를 나타내는 범위)

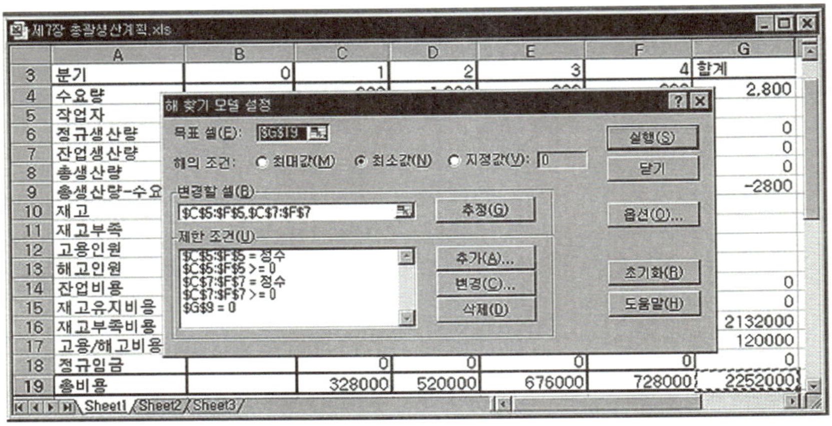

④ 제한조건(U)의 입력: [추가]를 클릭하면 [제한조건 추가]가 나타난다. 제약조건을 입력하고 [추가]를 클릭한다.

i) 작업자는 양수이면서 정수임: $C$5:$F$5=0, $C$5:$F$5>0

분기	수요예측	비용자료
1	800	재고유지비용: 200원/단위/분기
2	1,200	재고부족비용: 260원/단위/분기
3	600	고용비용: 2,000원/작업자
4	200	해고비용: 2,000원/작업자
		잔업비용: 300원/단위
		정규임금: 3,000원/작업자/분기

ii) 잔업생산량도 양수이면서 정수임: $C$7:$F$7=0, $C$7:$F$7>0

iii) 4분기 말까지 모든 수요가 충족되어야 함: $G$9 = 0

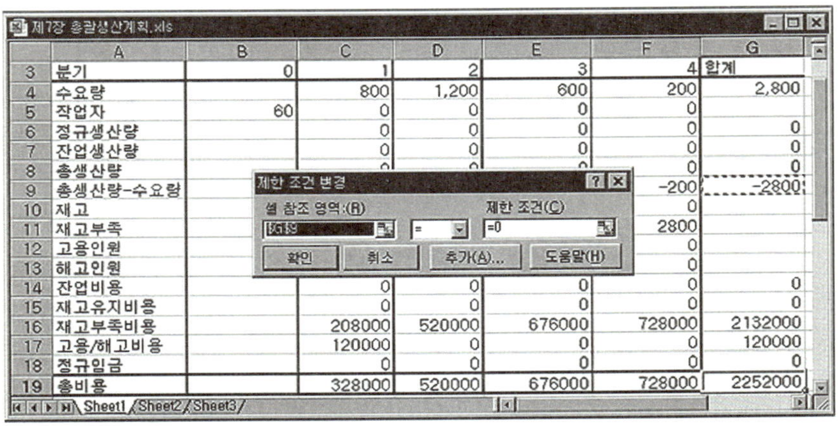

⑤ 모든 제약조건을 입력한 다음 <확인>을 클릭하면 다음과 같은 결과를 얻는다.

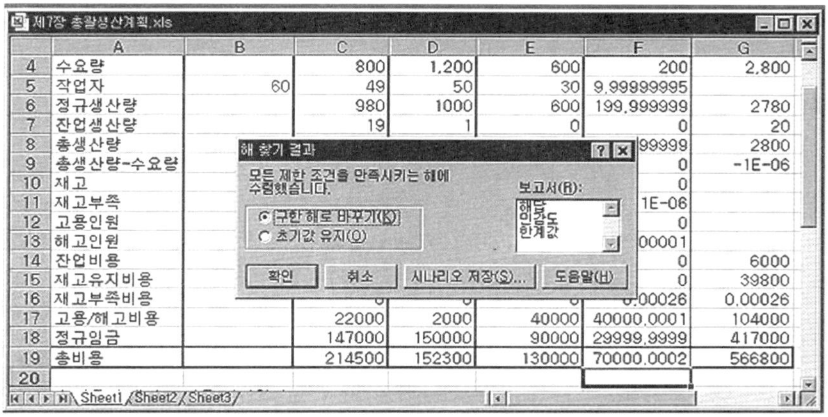

	A	B	C	D	E	F	G
4	수요량		800	1,200	600	200	2,800
5	작업자	60	49	50	30	9.99999995	
6	정규생산량		980	1000	600	199.999999	2780
7	잔업생산량		19	1	0	0	20
8	총생산량					99999	2800
9	총생산량-수요량					0	-1E-06
10	재고					0	
11	재고부족					1E-06	
12	고용인원					0	
13	해고인원					00001	
14	잔업비용					0	6000
15	재고유지비용					0	39800
16	재고부족비용					.00026	0.00026
17	고용/해고비용		22000	2000	40000	40000.0001	104000
18	정규임금		147000	150000	90000	29999.9999	417000
19	총비용		214500	152300	130000	70000.0002	566800
20							

⑥ <실행>을 클릭하면 다음과 같은 최적해를 구할 수 있다.

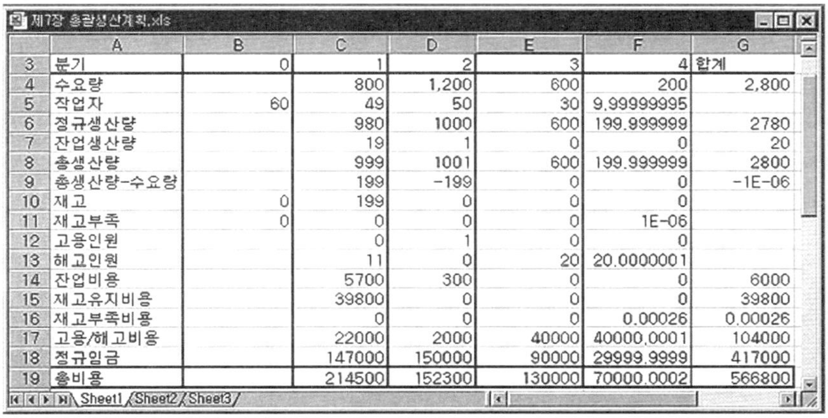

	A	B	C	D	E	F	G
3	분기	0	1	2	3	4	합계
4	수요량		800	1,200	600	200	2,800
5	작업자	60	49	50	30	9.99999995	
6	정규생산량		980	1000	600	199.999999	2780
7	잔업생산량		19	1	0	0	20
8	총생산량		999	1001	600	199.999999	2800
9	총생산량-수요량		199	-199	0	0	-1E-06
10	재고	0	199	0	0	0	
11	재고부족	0	0	0	0	1E-06	
12	고용인원		0	1	0	0	
13	해고인원		11	0	20	20.0000001	
14	잔업비용		5700	300	0	0	6000
15	재고유지비용		39800	0	0	0	39800
16	재고부족비용		0	0	0	0.00026	0.00026
17	고용/해고비용		22000	2000	40000	40000.0001	104000
18	정규임금		147000	150000	90000	29999.9999	417000
19	총비용		214500	152300	130000	70000.0002	566800

연습문제

1. 도로공사의 도로 보수부서는 내년도 도로의 유지보수에 대한 일정계획과 예산에 맞는 충원계획을 수립해야 한다. 내년도 분기별 소요 노동시간을 각각 8,000, 12,000, 16,000, 10,000시간으로 추정한다. 이 부서에 소속된 작업자는 12명이고 각 작업자는 분기당 480시간 이상을 일할 수 있다. 정규시간 임금은 480시간까지 일인당 1분기에 45만원이고, 잔업은 한 시간당 1만3천5백원이다. 잔업은 각 분기별로 정규시간 생산능력의 20%를 넘지 못한다. 정규근무시간에 작업이 없어도 시간당 9천원의 임금을 지급한다. 고용비용은 일인당 195만원이고, 해고비용은 130만원이다. 하청은 하지 않는다.

1) 도로 보수작업을 지연시키지 않고 단축근무가 최소화되는 평균화 인력일정계획을 찾아라. 잔업은 최대한 활용할 수 있다. 이 계획의 총비용은 얼마이며, 단축근무일은 얼마인가?
2) 잔업이 없는 추적전략으로 계획을 수립하라. 이 계획의 총비용은 얼마인가?

2. K건설회사는 주택을 건설하고 있다. 이 회사의 각 작업자는 정규시간에 분기당 600시간을 근무하며, 150시간까지는 잔업을 할 수 있다. 생산부서는 다음 4분기 동안의 주택건설에 필요한 인력소요량을 다음과 같이 추정하였다.

분기	1	2	3	4
수요(시간)	21,000	18,000	30,000	12,000

1인당 정규시간의 임금은 600시간까지는 390만원이며(조업단축시에도 급여지급), 잔업임금은 시간당 9,000원이다. 고용비용은 종업원 1인당 520만원이 소요되고, 해고비용은 130만원이 소요된다. 이 회사는 현재 35명의 종업원을 고용하고 있다.

1) 서비스 지체가 없고 단축근무를 최소화하는 수준전략에 따라 인력계획을 수립하라. 이 계획에 의하면 단축근무를 얼마나 하여야 하는가?
2) 잔업이 없는 추적전략을 이용하여 생산계획을 수립하라. 이때 총고용인원과 해고인원은 얼마인가?
3) 혼합전략을 이용하여 생산계획을 수립하라.
4) 위 세 가지 대안의 비용을 계산하고 비교하라.

3. LG전자의 미국공장은 가정용 냉장고를 생산하고 있다. 생산관리자는 다음과 같은 수요 및 생산능력 자료(100단위)에 기초하여 내년도 생산계획을 수

립하고자 한다.

내용 \ 기간	1	2	3	4
수 요	5,000	6,000	9,000	12,000
생산능력				
정규시간	6,500	6,500	6,500	8,000
잔 업	1,300	1,300	1,300	1,600
하 청	1,000	1,000	1,000	1,000

정규시간이라도 근무하지 않으면 급여를 지급하지 않으며, 잔업이나 하청도 마찬가지다. 정규시간의 냉장고 생산단가는 인건비 300달러를 포함하여 1,000달러이고, 잔업시는 1,150달러이며, 하청일 경우에는 1,250달러이다. 냉장고 한 대의 1분기간 재고유지비는 60달러이며, 현재 재고는 200대이다. 제4기간 말의 재고는 400대이어야 하며, 미납주문을 허용하지 않는다. 도표법을 이용하여 비용을 최소화하는 총괄계획을 수립하여라.

4. 한양가구사는 다음과 같은 판매계획을 수립했다. 월간 가구생산은 종업원 일인당 10개를 생산할 수 있으며, 종업원에 대한 정규임금은 한 달에 2,000,000원이며 조업단축이 발생하더라도 정규임금은 정상적으로 지불한다. 이 회사는 노동조합과의 합의에 의하여 잔업과 하청은 하지 않는다. 종업원 한 명의 고용비용은 1,000,000원이고, 해고비용은 500,000원이다. 단위당 월간 재고유지비용은 8,000원이 소요된다. 현재 종업원수는 200명이다.

월	1	2	3	4	5	6	7	8	9	10	11	12
수요량	1200	1100	1500	2500	2600	1000	3000	2100	2300	3500	1600	1500

1) 추적전략으로 생산계획을 수립하여라.
2) 수준전략으로 생산계획을 수립하여라. 고용수준은 1월초에 한 번 조정할 수 있다.
3) 혼합전략에 따라 생산계획을 수립하여라. 단, 혼합전략은 분기별로 수립한다. 앞의 두 가지 전략보다 혼합전략이 나은 이유를 설명하여라.

5. K제품의 분기별 생산능력은 다음의 표와 같다. 재고유지비는 분기당 1,000원이며 시초재고는 100개이다. 단위당 생산비는 정규생산비용은 900원/개이고, 잔업생산비용은 1,000원/개이고, 하청생산비용은 1,300원/개이다. 도표법을 이용하여 비용을 최소화하는 총괄생산계획을 수립하라.

분기 / 생산능력	1	2	3	4
수 요 량	800	700	1,000	900
생산능력				
정규	800	600	700	800
잔업	150	100	150	200
하청	100	100	50	100

제 6 장 일정계획

Short-term schedules give detailed timetables for jobs, people and equipment. They show what any part of the process is doing at any time

KEY TERMS

backward scheduling(후진일정계획)
critical ratio(임계비율)
dispatching rule(발송규칙)
earliest due date(최단납기우선)
first come first served(선착우선)
flow shop(흐름공정작업)
forward scheduling(후진일정계획)
Job flow time(작업흐름시간)
job loading(작업할당)
job sequencing(작업순서결정)
longest processing time(최장가공시간우선)
makespan(총작업완성시간)
past due(납기지연)
priority sequencing rules(우선순위규칙)
routing sheets(작업경로표)
runout time(소진시간법)
shortest processing time(최단가공시간우선)
work-in-process inventory(공정중재고)

제1절 일정계획의 기본개념

1. 일정계획의 의의

한 라인공정에서 한 가지 제품만을 생산할 때는 일정계획문제는 발생하지 않는다. 이 경우는 자재의 흐름이 공정설계에 의하여 완전히 결정되기 때문이다. 그러나 한 라인에서 여러 종류의 제품을 생산하는 경우에는 일정계획문제가 발생한다. 이때 발생하는 문제는 생산능력을 여러 종류의 제품에 분배하는 문제, 롯트 사이즈를 결정하는 문제, 제품의 작업순서를 결정하는 문제 등이 있다.

한 라인공정에서 여러 가지 제품을 생산하려면 일정한 롯트 사이즈를 교대로 생산해야 한다. 이때 생산품목을 교대(전환)할 때는 그 때마다 작업준비(setup) 또는 라인의 조정을 새로이 해야 한다. 이와 같은 라인의 전환은 적지 않은 비용과 시간이 필요하다.

다품목 라인공정의 일정계획에서 중요한 의사결정은 각 품목의 롯트 사이즈와 생산순위를 결정하는 것이다. 롯트 사이즈를 결정할 때는 작업 준비비(라인 전환비)와 재고유지비의 관계를 고려해야 한다. 롯트 사이즈를 작게 하면 재고유지비는 줄어들지만 작업 준비비는 많이 들고, 롯트 사이즈를 크게 하면 작업 준비비는 줄어들지만 재고유지비가 많이 든다. 즉, 이들은 상충관계에 있기 때문에 재고유지비와 작업 준비비를 합한 비용이 최소가 되는 크기에서 롯트 사이즈를 결정해야 한다.

다음으로 각 품목의 생산시기를 결정해야 한다. 이것은 각 품목의 작업순위를 결정하는 문제이다.

일정계획(scheduling)이란 기업의 생산능력(capacity)을 특정의 과업이나 활동에 배정하는 의사결정이다. 생산능력은 시설계획과 총괄계획에 의하여 결정되고, 생산능력은 일정계획을 통하여 구체적으로 배정되는 것이다. 그러므로 일정계획은 시설계획과 총괄계획을 기초로 하여 작성되는 생산능력에 관한 의사결정의 최종단계이다.

2. 일정계획의 목적

일정계획의 목적은 가동률을 최대화하고, 재고수준을 최소화하며, 고객에 대한 서비스수준을 최대화하는 것이다. 그러나 이러한 문제는 상충관계에 있는 경우가 많다. 작업자와 장비의 가동률을 높이려면 원료와 재공품의 재고를 많이 확보해야 한다. 서비스수준은 고객의 요구(주문, 수요)를 얼마나 신속하게 충족시킬 수 있는가에 따라 측정되는데 높은 서비스수준을 유지하려면 다량의 재고를 확보하고 노동과 장비의 여유능력을 보유해야 한다.

3. 총괄계획과의 관계

일정계획은 총괄계획(aggregate planning)과는 다르다. 총괄계획은 주어진 상황(수요, 비용구조)에서 필요한 생산능력을 결정하고 확보하려는 것이며, 일정계획은 총괄계획에 의하여 확보된 생산능력을 구체적인 생산활동에 배정하려는 것이다. 총괄계획은 생산능력의 확보에 관한 의사결정이며 일정계획은 생산능력의 사용에 관한 의사결정이라 할 수 있다.

제 2 절 일정계획의 기본사항

일정계획은 수요변동에 유연하게 대처할 수 있어야 하며, 생산에 관련된 사람들이 이해하기 쉽고, 사용하기에 편해야 한다.

1. 일정계획수립의 방법

일반적으로 생산일정계획방법은 주문량의 크기와 생산활동의 성격에 따라 달라진다. 대부분의 일정계획수립 방법은 전진일정계획(forward scheduling)과 후진일정계획(backward scheduling)으로 분류된다.

1.1 전진일정계획

전진일정계획법(forward scheduling)은 현재 시점부터 작업을 할당해 나가는 방법으로서 각 주문제품의 작업시간은 각 작업장에 누적시켜 나가며, 필요에 따라서는 납기를 초과하여 할당할 수도 있다.

실제 생산활동이 작업지시서의 수령으로 시작되고, 이 일정계획은 소비자의 주문제품을 중심으로 이루어지지만 소비자가 요구하는 내용을 잘 파악할 수 없는 조립생산방식에서 주로 사용된다. 수술실, 의사, 간호사, 수술도구 등의 일정계획이 이 방법의 예이다.

그림 6-1 전진일정계획

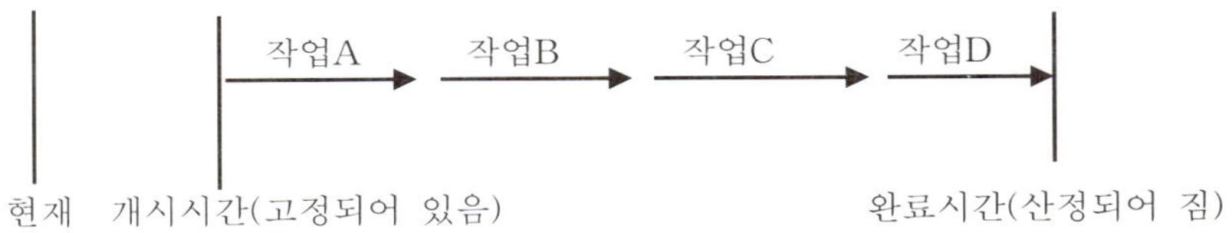

1.2 후진일정계획

후진일정계획법(backward scheduling)은 각 주문의 납기일로부터 역으로 작업을 할당해 나가는 방법으로서 각 주문제품의 작업시간은 각 작업장에 누적시켜 나가며, 필요에 따라서는 납기를 초과하여 할당할 수도 있다.

여기서 고객이 납기일(due date)을 제시하고, 이 납기일은 최종작업의 완료일(finish date)이 된다. 그래서 이 일정계획자는 작업이 시작하는 날짜를 찾기 위하여 완료일으로부터 역산해야 한다.

즉, 실제 생산활동이 납기에 맞추어 계획되며, 완성품에서부터 생산제품의 조달까지 생산활동이 역순으로 계획된다. 이 방법은 MRP 시스템을 쓰고 있는 제조부문과 미리 소비자의 수요를 알 수 있는 서비스 부문에 보다 효율적으로 사용될 수 있다.[1)]

1) Donald Waters, *Operations Management,* Addison-Wesley, 1996, pp. 491~492.

그림 6-2 후진일정계획

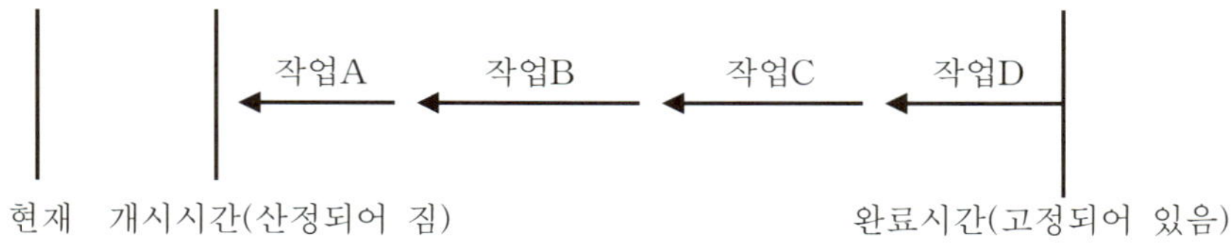

2. 작업의 우선순위결정법

2.1 일정계획작성

일정계획을 수립하기 위해서는 작업경로(routing), 정보의 사용(use of information), 작업할당(job loading), 작업순서결정(job sequencing), 작업지시(dispatching) 등이 필요하다. 또한 작업경로표(routing sheets)나 작업경로 파일(routing file)이 모든 생산품목마다 비치되어 있어야 한다.

작업경로표나 작업경로 파일은 제품과 서비스가 어떻게 생산되고 준비되는가를 상세하게 설명한 것이다. 작업경로나 작업경로 파일은 작업장에서 수행되어야만 하는 업무, 작업순서, 도구사용법, 운영자의 요구기술, 표준준비시간, 테스팅조건에 대한 정보를 담고 있다. 작업경로는 제품을 생산하는데 필요한 조건을 기준으로 결정되며 공장설비요건에 따라 달라진다.

작업순서가 결정되면 다음 단계로 작업할당을 실시한다. 작업할당은 용량(capacity)제한을 고려하여 이루어지는데, 용량제한이 중요하지 않는 부문에서는 유휴작업시간, 재고 등을 고려하여 비용을 최소화하는 방향으로 업무를 할당한다. 작업할당에는 작업순서결정이 포함되어 있다.

작업할당이 결정되면 작업자에게 작업지시를 내린다. 작업자에게 지시하는 것은 과업을 부과하는 마지막 단계이다.

2.2 우선순위규칙

이와 관련하여 제조 및 서비스 부문에서 다음과 같은 작업지시서 발송규칙(dispatching rule) 또는 우선순위규칙(priority rules)을 사용한다.

2,2,1 최단 납기우선

최단 납기우선(earliest due date: EDD)이란 납기일이 가장 가까운 작업을 가장 먼저 처리하고, 그 다음 가까운 작업이 처리되도록 하는 것이다.

2.2.2 선착우선

선착우선(first come, first served: FCFS)에서는 작업장 또는 서비스센터에 먼저 도착하는 작업이 먼저 처리된다. 이 규칙은 고객 서비스에서 공평성(fairness)이 차지하는 비중이 큰 경우에 적용된다.

2.2.3 최장 가공시간우선

최장 가공시간우선(longest processing time: LPT)이란 가공시간이 가장 오래 걸리는 작업이 먼저 처리되도록 한다. 이 규칙은 시간이 오래 걸릴수록 중요한 일이기 때문에 매출액, 순익, 서비스를 증대시키기 위해서는 이러한 일이 먼저 처리되어야 한다는 논리에 입각한 것이다.

2.2.4 최단 가공시간우선

최단 가공시간우선(shortest processing time: SPT)이란 가공시간이 가장 적게 걸리는 작업이 먼저 처리되도록 한다. 이 규칙은 완성된 업무흐름을 극대화하는 것이 비용을 줄이는 것이고 그 결과 이윤을 극대화하는 것이라는 개념에 입각한 것이다.

3. 일정계획의 성과측정방법

일정계획을 결정하는 경우는 일정 선택에 사용되는 성과측정방법을 이해하는 것이 중요하다. 성과측정방법은 여러 가지 우선순위규칙에 따라 계획된 생산일정계획을 평가하여 상황에 맞는 최적의 방법을 찾는데 이용된다. 생산일정계획에 사용되는 가장 일반적인 성과측정방법은 다음과 같다.

3.1 작업흐름시간

한 작업이 작업장에 도착한 시점부터 완성되는 시점까지의 소요시간을 작업흐름시간((job flow time)이라고 한다. 바꾸어 말하면, 한 작업이 작업장에 체류하는 시간을 말한다.

작업흐름시간 = 완성시간 − 첫 작업시간

3.2 총작업완성시간

작업을 완성하는 데 필요한 총시간을 총작업완성시간(makespan)이라고 부른다. 즉, 작업 전체를 완성하는데 소요되는 시간을 의미한다.

총작업완성시간 = 최종작업의 완성시간 − 첫 작업의 시작시간

3.3 납기지연

납기지연척도(past due measure)는 작업만기가 지나 처리되는 작업에 대한 총작업의 백분율 혹은 작업이 만기일을 지난 시간으로 표현될 수 있다.

3.4 공정재고

공정재고(work-in-process inventory)란 공정 중 한 작업에서 다음 작업으로 이동 중에 있는 작업대상물이나 작업 중에 있거나 작업을 기다리고 있는 작업대상물을 말하며, 파이프라인 재고(pipeline inventory)라고도 한다. 이 척도는 단위(단지 개별품목), 작업의 수, 전체시스템을 화폐가치, 혹은 공급일수로서 나타낸다.

3.5 총재고

계획된 입고와 수중재고의 합이 총재고(total inventory)이다.

총재고 = 모든 품목에 대한 계획된 입고 + 모든 품목의 수중 재고

이 척도는 공급, 금액, 혹은 단위(단지 개별적 품목)로 나타낼 수 있다.

3.6 유효율

기계나 작업자에 의하여 생산적으로 소비된 작업시간의 백분율을 유효율(utilization)이라고 부른다.

$$\text{유효율} = \frac{\text{생산적 작업시간}}{\text{이용할 수 있는 총작업시간}}$$

기계나 작업자에 대한 유효율은 모든 기계나 작업자의 생산적 작업시간을 이용할 수 있는 총작업시간으로 나눔으로서 얻을 수 있다.

유효율과 성과척도는 가끔 상호 관련이 있다. 예를 들어 단속공정작업(job shop)에서 평균 작업흐름시간을 최소화하는 것은 공정재고를 줄이는 것과 동시에 유효율을 증가시킬 수 있다. 흐름공정작업장(flow shop)에서는 직무군에 대한 총작업 완성시간을 최소화하는 것은 시설의 유효율을 증가시키는 경향이 있다. 작업흐름시간(job flow time), 총작업 완성시간(makespan), 납기지연(past due), 공정 중 재고, 총재고, 그리고 유효율을 이해하는 것은 합리적인 일정계획을 수립하는데 도움이 된다.

제 3 절 제조업의 일정계획

생산일정계획은 주일정계획을 실행하기 위하여 고안된 단기계획이다. 일정계획은 현재의 생산능력을 어떤 방법으로 최대한 이용할 것이며, 기술적인 생산조건을 어떻게 일정계획에 반영할 것인가에 중점을 두고 있다. 대부분 원료들은 여러 단계의 작업장을 거쳐 제품으로 만들어진다. 이 과정에서 일정계획이 정확하게 수립되지 못한다면 병목현상이 발생하거나 대기시간이 길어질 것이다.

일정계획을 수립하는 방법은 전통적인 수작업 도구인 간트차트(Gantt chart)가 있다. 일정계획을 수립할 때는 기본적인 두 가지 환경을 고려해야 한다. 기본적인 두 가지 제조환경에 따라 사용되는 일정계획 접근법을 단속공정작업(job shop)과 연속공정작업(flow shop)으로 나눈다.

단속공정작업의 공정배치는 기능별 배치(또는 공정별 배치)이다. 기능별 배치란 동일한 기능을 가진 장비와 인원을 한 곳에 모으는 배치법이며, 가공대상물은 롯트나 배치단위로 가공되고 이동되며, 품목마다 가공경로가 다르기 때문에 일정계획을 수립하는 것이 어렵다.

연속공정작업의 공정배치는 연속공정배치이다. 연속공정배치란 제품별 배치(product layout)라고도 하며, 제품이 고정경로를 연속적으로 이동하면서 완성되어 가는 공정으로서 일정계획을 수립하기가 용이하다.

1. 간트차트

간트차트는 1917년 간트(Henry L. Gantt)에 의하여 고안되었으며, 이 표는 기계와 작업진도를 모니터하고 작업순위결정을 위한 시각적인 도구이다. 간트차트의 가로축은 시간을 나타내며, 세로축은 자원(작업장, 기계)을 나타내고, 본체 부분은 자원의 사용이 표시된다. 간트차트는 사용의 용도에 따라서 진도차트(progress chart : 계획의 진도정도를 표시하는 도표), 부하차트(load chart : 작업자나 기계에 부하된 작업량을 표시하는 도표), 기록차트(record chart : 작업자나 기계의 실제 작업시간과 지연상태를 기록하는데 이용되는 도표) 등으로 분류된다.

1.1 진도차트

[그림 6-3]은 책상을 생산하기 위한 단순화된 일정계획표의 예이다.

총괄적인 일정계획이 설정되면 간트차트는 주요 작업장의 부하량을 표시하는데 사용될 수 있다.

그림 6-3 책상생산의 진도차트

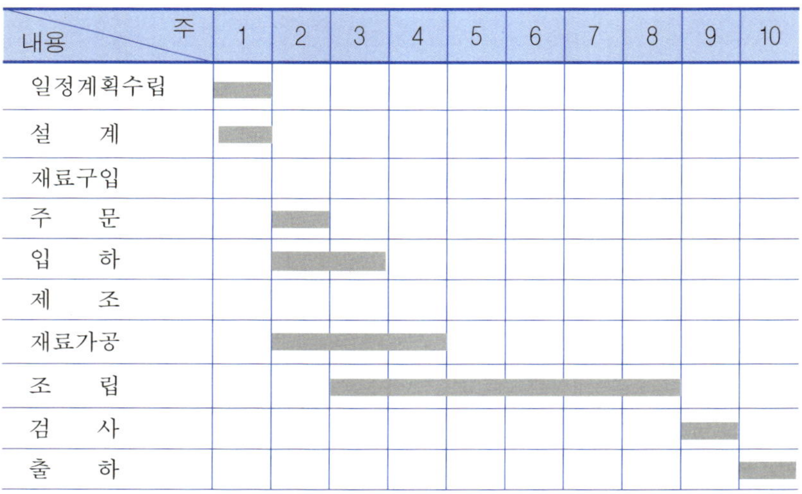

1.2 부하차트

부하차트는 주요설비에 대한 계획된 작업량·정비시간·휴식시간 그리고 누적된 작업량 등을 나타낸다. [그림 6-4]는 부하차트인데 이 차트에서 가는 선은 특정고객의 주문(OS)이나 재고(I)를 위한 일정계획된 작업을 나타내며, 굵은 선은 누적작업량을 나타낸다.

그림 6-4 부하차트

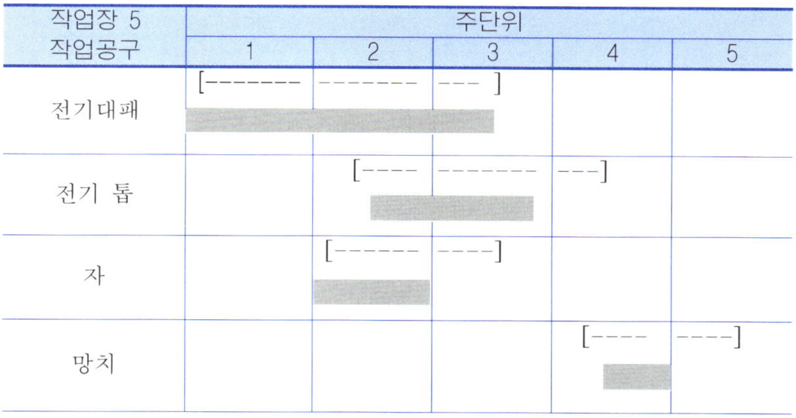

참고: [=예정시작일, ▒=완료작업량,] = 계획작업량, ▷◁ =지연이나 정리를 위한 여유시간, ∨= 평가를 나타낸다.

1.3 기록차트

[그림 6-5]는 작업의 기록차트로서 ∨표시는 진행 실적에 대한 평가가 실시되는 시점을 나타낸다.

기록차트에서 전기대패는 계획보다 하루 늦어졌는데 이것은 대패의 수리 때문이고, 전기톱 작업은 계획보다 하루 일찍 완성되었다.

그림 6-5 기록차트

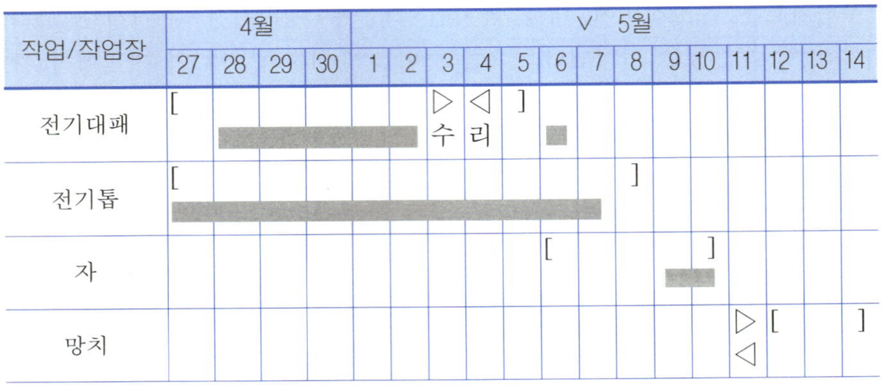

2. 단속공정작업에 대한 일정계획

하나의 기계로 하나의 작업을 실시할 때 여러 가지 실행 가능한 일정계획과 방법이 있는 것과 마찬가지로 일정계획을 수립하는 데는 다양한 방법이 있다. 단속공정작업(Job shop)에서 일정계획을 수립하는 하나의 방법은 작업배치과정(dispatching procedures)이 있다.

작업배치과정(dispatching procedures)은 우선작업순서결정규칙(priority sequencing rules)에 따라 다음 공정에 대한 작업을 결정하는 것이다. 여러 작업이 작업장에서 줄지어 기다리고 있을 때, 우선규칙에 따라 가공작업의 순위를 결정하는 방법이다. 이 규칙은 작업자가 응용하거나 각 작업의 우선순위와 작업의 배치리스트를 작성하는 일정계산 시스템을 통합하여 사용될 수 있다.

단속공정작업에 대한 일정계획에 이용되는 작업순위의 결정규칙은 FCFS, EDD, SPT, CR, S/RO 등이 있다.

2.1 단일작업장(기계)에 대한 일정계획

작업우선순위 결정규칙은 작업배치과정과 더불어 여러 작업의 일정계획을 수립하는데 사용될 수 있다. 한 작업장(기계)에 대한 일정계획을 수립하는데 단일차원규칙과 다차원규칙이 있다.

2.1.1 단일차원규칙

FCFS, EDD, SPT와 같은 우선규칙들은 단속공정 작업장에서 가공을 위하여 대기중인 작업에 대한 정보만을 가지고 작업을 우선 할당하는 규칙들이다. 우리는 이 규칙을 단일차원규칙이라고 한다.

이 규칙들은 작업장에 도착시간, 납기, 가공시간과 같은 작업의 단일현상에 대하여 작업배치의 우선권을 부여한다.

단일 차원규칙을 예제를 통하여 알아본다.

[예제 6-1] EDD와 SPT규칙의 비교

H신차 정비공장은 신차 출고 후 1년 내에 고장나는 엔진을 수리하고 있다. 최근에 수리를 받기 위하여 5대의 차가 기다리고 있다. 이 정비공장에는 엔진을 수리할 수 있는 기술자는 단 한 명뿐이다. 아래의 표는 월요일 아침의 상황을 나타낸다. i) EDD규칙과 ii) SPT규칙을 이용하여 엔진기술자의 일정계획을 수립하고, 납기지연시간, 공정중재고, 그리고 총재고를 계산하라.

작업 \ 시간	가공시간(준비작업 포함)	납기(시간)
갤로퍼	9	11
엑센트	7	13
그렌저	16	21
엑 셀	4	19
쏘나타III	13	23

〈설 명〉

i) EDD규칙에 의한 일정계획수립

EDD규칙은 납기가 가장 이른 순서로 처리하는 규칙이다. 갤로퍼의 납기가 가장 빠르고, 쏘나타III가 납기일이 가장 늦기 때문에 이 순서에 따라 수리하면 된다. 수리의 일정계획과 업무흐름시간, 이른 시간, 지연시간은 다음 표와 같이 계산되어 있다.

작업순서 \ 시간	작업시작		가공시간		작업흐름시간	납기	이른시간	지연시간
갤로퍼	0	+	9	=	9	11	2	
엑센트	9	+	7	=	16	13		3
엑 셀	16	+	4	=	20	19		1
그렌저	20	+	16	=	36	21		15
쏘나타 III	36	+	13	=	49	23		26

이 표에서 각 작업에 대한 흐름시간은 수리시간을 더한 대기시간과 같다. 예를 들어, 엑센트는 엔진기술자가 이에 대한 작업을 시작하기 전 9시간 동안 기다려야 했다. 평균 작업흐름시간, 평균 이른 시간, 평균 지연시간, 평균 공정 중 재고, 평균 총재고는 다음과 같이 계산한다.

$$\text{평균작업흐름시간} = \frac{9+16+20+36+49}{5} = 26\text{시간}$$

$$\text{평균이른시간} = \frac{2+0+0+0+0}{5} = 0.4\text{시간}$$

$$\text{평균지연시간} = \frac{0+3+1+15+26}{5} = 9.0\text{시간}$$

$$\text{평균공정중재고} = \frac{\text{흐름시간의 합계}}{\text{총작업 완성시간}}$$

$$= \frac{9+16+20+36+49}{49} = 2.65\text{대}$$

$$\text{평균총재고} = \frac{\text{시스템 내의 시간의 합}}{\text{총작업 완성시간}} = \frac{11+16+20+36+49}{49} = 2.69\text{대}$$

ii) SPT규칙에 의한 일정계획수립

SPT규칙에 의한 작업순서는 최단 가공시간인 엑셀로부터 시작하여 최장 가공시간인 그렌저에서 끝난다. 다음 표는 작업흐름시간, 이른 시간, 지연시간 및 작업순서를 나타냈다.

작업순서 \ 시간	작업시작		가공시간		작업흐름시간	납기	이른시간	지연시간
엑 셀	0	+	4	=	4	19	15	
엑센트	4	+	7	=	11	13	2	
갤로퍼	11	+	9	=	20	11		9
쏘나타 III	20	+	13	=	33	23		10
그렌저	33	+	16	=	49	21		28

평균작업흐름시간, 평균이른시간, 평균지연시간, 평균공정중재고는 다음과 같이 계산된다.

$$\text{평균작업흐름시간} = \frac{4+11+20+33+49}{5} = 23.4\text{시간}$$

$$\text{평균이른시간} = \frac{15+2+0+0+0}{5} = 3.4\text{시간}$$

$$\text{평균지연시간} = \frac{0+0+9+10+28}{5} = 9.4\text{시간}$$

$$\text{평균공정중재고} = \frac{4+11+20+33+49}{49} = 2.39\text{대}$$

$$\text{평균총재고} = \frac{19+13+20+33+49}{49} = 2.73\text{대}$$

앞의 예제에서 보았듯이 SPT에 의한 일정계획은 더 낮은 평균 작업흐름시간과 더 낮은 공정재고를 보여준다. EDD에 의한 일정계획은 평균지연시간과 최장지연시간이 SPT에 의한 일정계획보다 짧기 때문에 고객에게 더 나은 서비스를 제공할 수 있다. 이것은 또한 더 낮은 총재고를 보유하게 한다. 평균이른시간을 통하여 보면 SPT에 의한 일정계획은 EDD에 의한 일정계획보다 평균적으로 작업의 속도가 더 빠르며 이것은 이익이 될 수 있다. 만약 업무가 약속보다 빨리 수행된다면 총수입은 더 일찍 얻어질 수도 있고, 그렇지 못할 경우 완성된 업무는 최종재고로 남아야 한다. 이때 평균공정재고는 증가될 수도 있다. 그러므로 선택된 우선순위규칙에 따라 생산일정계획을 수립할 때 조직은 이익을 얻을 수도 있고, 또한 손실을 입을 수도 있다.

앞의 예제에서 SPT와 EDD는 성과기준에 따라 서로 다른 가치를 얻는 일정계획을 제공한다. 그러나 두 일정계획은 49시간이라는 동일한 총작업 완성시간을 가지고 있다.

2.1.2 다차원규칙

CR과 S/RO과 같은 우선순위규칙은 다차원규칙(multiple-dimension rules)이다. 다차원규칙이란 업무의 한 가지 국면 이상에 적용하기 때문에 붙여진 이름이다. 여기서 다차원에 대한 작업순위결정규칙인 CR과 S/RO에 대하여 알아보자.

ⅰ) 임계비율(critical ratio: CR)

하나의 작업장(m=1)에서 처리할 수 있는 여러 개의 작업(n=다수)을 소요시간 내에 끝낼 수 있는 정도를 측정하는 것을 의미한다. 이 공식은 다음과 같다.

$$CR = \frac{\text{잔여작업 시간}}{\text{소요 시간}} = \frac{\text{납기} - \text{오늘 일짜}}{\text{소요작업일수}}$$

임계비율이 1.0보다 작으면 작업이 예정보다 지연되고 있음을 의미하고, 1.0보다 크다는 의미는 작업이 일정계획보다 앞서 있다는 의미이며, 음수면 납기를 넘긴 작업임을 의미한다.

ⅱ) 잔여작업의 최소 여유시간율(slack per remaining operations: S/RO)

여유시간은 납기일에서 잔여가공시간을 뺀 시간을 말한다. 이 여유시간을 잔여작업수로 나누면 작업당 여유시간을 구할 수 있다. 즉, 작업의 우선순위는 여유를 작업의 수로 나눔으로서 결정된다.

$$S/RO = \frac{\text{납기일} - \text{잔여작업일수}}{\text{잔여작업의 수}} = \frac{\text{여유시간}}{\text{잔여작업의 수}}$$

일정계획의 수립은 S/RO의 값이 작은 작업부터 먼저 작업을 한다. 만약 두 개 이상의 작업이 S/RO의 값이 같다면 그 중 임의로 하나를 선택하면 된다. 다음의 예는 작업순서를 결정하기 위하여 CR과 S/RO을 사용했다.

[예제 6-2] CR과 S/RO규칙에 의한 일정계획

아래 표는 하나의 작업장에서 처리할 4개의 작업에 대한 자료이다. 이 자료를 이용하여 다음의 규칙에 따라 생산계획을 수립하라. 단 오늘은 제25일이다.

i) CR규칙에 따른 자료

항목 / 작업	납기일	소요작업일수
A	35	4
B	30	3
C	29	3
D	38	6

ii) S/RO규칙에 따른 자료

항목 / 작업	잔여작업시간	납기	잔여작업수
A	7	15	10
B	2	10	2
C	9	20	12
D	7	8	5

〈설 명〉

i) 다음의 공식을 이용하여 임계비율(CR)을 계산한다.

$$CR = \frac{\text{잔여작업 시간}}{\text{소요 시간}} = \frac{\text{납기} - \text{오늘 일짜}}{\text{소요작업일수}}$$

항목 / 작업	납기일	소요작업일수	CR	작업순서
A	35	4	(35-25)/4=2.50	4
B	30	3	(30-25)/3=1.67	2
C	29	3	(29-25)/3=1.33	1
D	38	6	(38-25)/6=2.17	3

작업순서는 임계비율이 가장 작은 작업부터 시작해야 하므로 작업의 순서는 C-B-D-A이다.

ii) 다음의 공식을 이용하여 S/RO을 계산한다.

$$S/RO = \frac{\text{납기일} - \text{잔여작업일수}}{\text{잔여작업수}} = \frac{\text{여유시간}}{\text{잔여작업수}} = \frac{15-7}{10} = 0.80$$

작업 \ 항목	잔여작업시간 (1)	납기 (2)	여유시간 (3)=(2)-(1)	잔여작업수 (4)	S/OR (5)=(3)/(4)	순위 (6)
A	7	15	8	10	0.8	2
B	2	10	8	2	4	4
C	9	20	11	12	0.9	3
D	7	8	1	5	0.2	1

작업의 순서는 S/RO이 가장 작은 작업부터 시작함으로 작업의 순서는 D-A-C-B이다.

시뮬레이션 연구는 다음을 보여준다. 즉, S/RO은 작업지연시간(job past due)의 백분율에 관해서는 EDD보다 낫지만 평균 업무흐름에 관해서는 SPT와 EDD보다 못하다. 또한 이 연구는 CR은 SPT보다 더 긴 업무흐름시간이 되고, 만기 시간의 분포에서 분산이 적음을 나타낸다. 결론적으로 다차원규칙은 더 많은 정보를 사용하지만 뚜렷한 최선의 선택방법은 없고, 각 규칙은 예정된 환경에서 검토되어야 한다.

2.2 두 개의 작업장에 의한 일정계획

존슨(Johnson)의 법칙은 두 개의 작업장에서 과업군에 대한 일정계획을 수립하는데 총작업 완성시간을 최소화하는 절차이다. 존슨의 법칙은 두 개의 작업장에서 작업의 우선순위(sequence)가 동일해야만 하고, 또한 과업에 할당된 우선순위(priority)는 둘 다 같아야 한다. 이 절차는 이미 알려진 과업, 알려진 가공시간, 그리고 첫 번째 작업장에서 가공을 시작할 수 있는 가정이 기초로 되고 있다. 이 절차는 다음과 같다.

i) 각 작업의 기계별 작업시간치를 표에 기입한다.

ii) 표에서 최소 작업시간치를 갖는 일감을 찾는다. 단, 수치가 같을 때는 임의로 선택한다.

iii) 최소 시간치가 기계 1의 작업시간치일 때에는 해당 작업을 앞에 배치하고, 기계 2의 것일 때에는 뒤에 배치한다.

iv) iii)에서 선택된 일감의 작업시간치(기계 1과 기계 2의 것 모두)를 표에서 지운다.

v) 순서의 모든 위치가 결정될 때까지 ii) iii) iv)단계를 반복한다

[예제 6-3] 두 개의 작업장에 의한 일정계획(Johnson의 법칙)

강변제과점은 2개의 기계로 연속적으로 진행되는 5단계의 작업(A, B, C, D, E)을 수행하는데, 각 작업에 소요되는 시간은 다음과 같다. 작업을 수행하는 동안 총소요시간을 최소화하는 일정순서를 결정하고 이것을 간트차트로 나타내라.

기계 \ 작업	작업시간				
	A	B	C	D	E
M1	6	5	9	8	7
M2	4	10	3	5	11

〈설 명〉

존슨의 법칙은 최소작업시간을 기준으로 함으로 최소작업시간이 첫 번째 기계에 있으면 가능한 앞에 배열하고, 두 번째 기계에 있으면 가능한 뒤에 배열하는 것이 존슨의 법칙이다. 이 법칙에 따라 배정해 나아간다.

i) 최소작업시간은 두 번째 기계의 C작업이다. 가능한 한 늦게 작업을 착수한다.

				C

ii) 다음으로 최소작업시간은 두 번째 기계의 A작업이다. 가능한 한 늦게 작업을 착수한다.

			A	C

iii) 나머지에서 최소작업시간은 5시간으로 B작업과 D작업이다. 첫 번째 기계의 B작업을 가능한 한 빨리 배열하고, 두 번째 기계의 D작업을 가능한 한 늦게 배열한다.

B		D	A	C

iv) 나머지 작업 E를 빈곳에 배열한다.

B	E	D	A	C

이와 같은 결과를 두 기계의 작업순서로 나타내면 다음과 같다.

M1기계	5	7	8	6	9
M2기계	10	11	5	4	3

위의 자료를 이용하여 M1기계와 M2기계에 대한 일정계획을 간트차트에 따라 작성하면 다음과 같다.

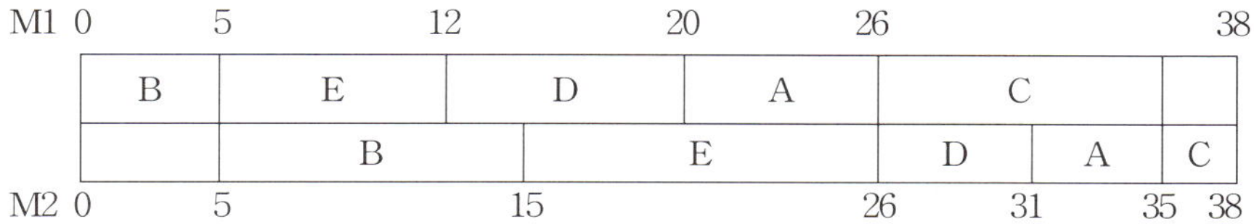

2.3 다수 작업장 일정계획

주문은 단속공정에서 다수의 작업장을 거쳐 생산되거나 서비스를 받게 된다. 모든 주문이 동일한 순서로 각 작업장에 투입되지는 않으며, 주문마다 작업장에 투입되는 수와 형태가 다르다. 이러한 다양한 형태에서 최적 분석기법은 존재하지 않으며, 최적 작업순서를 찾는 것도 현실적으로 불가능하다.

이러한 복잡한 사항에서는 전체 작업일정을 한꺼번에 결정하는 것이 아니라 각 작업장마다 현재 대기 중인 작업 중 어느 작업을 우선적으로 처리할 것인가를 우선순위규칙을 이용하여 동태적으로 결정해야 한다. 따라서 이때에는 우선순위규칙을 상대적으로 평가하기 위해서는 시뮬레이션을 이용할 수 있다. 시뮬레이션에 의한 연구평가의 결과를 통하여 우선순위규칙을 알아보자. 효율성의 측면에서는 최단 가공시간우선규칙의 적용이 바람직하고, 납기의 측면에서는 잔여작업당 최소여유시간규칙(S/RO)과 임계비율(CR)이 바람직한 것으로 나타났다. 그러나 실질적으로는 효율성보다 고객서비스 차원에서 납기를 더 중요하게 다룬다.

3. 연속공정작업에 대한 일정계획

조립라인(assembly line)과 장치산업에 대한 생산의 흐름은 부분적으로 공정설계에 의하여 결정된다. 따라서 라인공정의 일정계획문제는 공정설계의 과정에서 결정된다고 할 수 있다.

하나의 라인공정에서 한 가지 품목만을 생산할 때는 일정계획문제가 발생하지 않지만, 하나의 라인에서 여러 가지 품목을 생산해야 할 경우에는 생산능력의 배분문제, 롯트 사이즈의 결정문제, 작업순위 결정문제가 발생한다. 이러한 하나의 라인에서 다품목이 생산될 때 일반적으로 배치(batch)로 생산되며, 다음 품목의 생산을 위해서는 라인변경(line changeover)이 필요하게 된다. 배치생산방식의 예로는 에어컨, 냉장고, 전자레인지, 스토브, 타이어 생산방식 등을 들 수 있다.

다품목 라인공정의 일정계획에서 중요한 의사결정은 품목의 롯트 사이즈와 생산순위를 결정하는 것이다. 롯트 사이즈는 작업준비비와 재고유지비를 고려하여 최적 롯트 사이즈를 결정할 수 있으며, 생산순위(sequencing)는 여러 가지 수리적 모델이 개발되었으나 대부분이 수요의 불확실성을 고려하지 않았기 때문에 실용적이 못된다. 이러한 문제점을 조금이라도 덜어줄 수 있는 기법이 소진기간법이다.[2)]

소진기간법(runout time)은 각 품목의 수요와 재고량을 비교하여 그 우선순위를 결정한다. 어떤 품목의 재고량이 미래의 수요에 비하여 상대적으로 적을수록 그 품목은 높은 순위가 부여된다. 이러한 생산의 긴급도와 우선순위는 소진기간에 의하여 측정된다. 제품 i의 소진기간(R_i)은 다음과 같다.

$$R_i = \frac{\text{품목 } i \text{의 재고량}}{\text{제품 } i \text{의 주당수요량}}, \quad i = 1, 2, 3, \cdots\cdots n$$

소진기간법은 위의 공식을 이용하여 모든 품목의 소진기간(R_i)을 산출하고 그 중에서 R_i의 값이 작은 순서대로 우선적으로 생산하는 기법이다.

[예제 6-4] 소진기간법에 의한 일정계획

LG전자의 K라인공정은 네 가지 TV모델을 생산하고 있다. 각 모델의 경제적 롯트 사이즈, 생산율, 재고량 및 예상수요량은 <표 6-1>과 같다. 이들 자료를 이용하여 일정계획을 수립하여라.

〈표 6-1〉 소진기간의 계산

모델명	수요자료		공급자료	
	재고	주당수요	경제적 롯트사이즈	주당생산율
A	2,000	200	1,000	1,000
B	500	100	500	1,000
C	1,500	200	1,000	500
D	3,000	500	2,000	1,000

2) 이상범, 현대 생산·운영관리, 경문사, 1995, pp. 312~315.

〈설 명〉

먼저 소진기간의 공식을 이용하여 각 모델들의 소진기간을 계산한다. 모델 A에 대한 소진기간은 R_1=2,000/200=10이다. 이러한 방법으로 모델 B에서 모델 D까지의 소진기간을 산정한다. 그 결과 <표 6-2>와 같다. 이 표에서 각 모델의 소진기간을 보면 모델 B가 5.0주로 가장 짧으므로 제품 B를 가장 먼저 생산한다. 제품 B의 롯트 사이즈는 500이고 생산능력은 주당 1,000이므로 제품 B 한 롯트를 생산하는데 0.5주의 시간이 소요된다.

다음으로 제품 B의 생산이 완료되는 0.5주말 시점에서 각 모델마다 재고량과 소진기간을 다시 계산한다. 생산이 완료된 제품 B의 0.5주말 재고는 다음과 같다.

기말재고(950) = 기초재고(500) + 생산량(500) - 기간의 수요량(0.5×100)

그리고 생산이 이루어지지 않는 모델들의 0.5주말 재고는 각 모델마다 기초재고에서 0.5주 동안의 수요를 뺌으로써 구할 수 있다. 예를 들어 모델 C의 0.5주말 재고는 1,500-(0.5×200) = 1,400세트가 된다.

〈표 6-2〉 소진기간의 계산(1)

모델명	수요자료			공급자료		
	재고	주당수요	소진기간(주)	경제적 롯트사이즈	주당생산율	생산기간(주)
A	2,000	200	10	1,000	1,000	1.0
B	500	100	5.0	500	1,000	0.5
C	1,500	200	7.5	1,000	500	2.0
D	3,000	500	6.0	2,000	1,000	2.0

〈표 6-3〉 소진기간의 계산(2)

모델명	0.5주말		2.5주말		4.5주말	
	재고	소진기간	재고	소진기간	재고	소진기간
A	1,900	9.5	1,500	7.5	1,100	5.5
B	950	9.5	750	7.5	550	5.5
C	1,400	7.0	1,000	5.0	1,600	8.0
D	2,750	5.5	3,750	7.5	2,750	5.5

다음에는 0.5주가 경과한 시점의 재고와 소진기간을 새로이 산출한다(<표 6-3>). 이번에는 제품 D의 소진기간이 가장 짧으므로 제품 D가 제2순위 품목으로 결정된다. 제품 D를 한 롯트 생산하는 데는 2주의 시간이 소요되므로 이번에는 0.5+2.0=2.5주말 현재의 재고와 소진기간을 새로이 산출한다. 여기서는 제품 B가 제3순위품목으로 결정된다. 이러한 절차에 의하여 4.5주말의 소진기간을 산출하여 작업의 순위를 결정하면 작업순위는 B-D-C-A순서로 된다.

이 소진기간법은 예제에서와 같이 최초의 계산 결과에 의하여 전 품목의 순위를 한꺼번에 결정해서는 안된다. 즉, 0.5주말, 2.5주말… 과 같이 전진 시뮬레이션을 하면서 한번에 한 품목씩 순위를 정해야 한다. 또한 이와 같은 방법에 의하여 전 품목의 순위가 결정되더라도 그것은 완전히 고정되는 것은 아니다. 수요나 공급 데이터에 변동이 발생하면 새로운 데이터를 사용하여 순위를 다시 계산하여야 한다. 그러므로 소진기간법은 상황의 변동에 따라 계속적으로 작업순위를 조정해나가는 동태적인 기법이라 할 수 있다. 이 기법의 단점은 재고유지비, 재고품절비용 등의 비용요인을 고려할 수 없다는 것이다.

제 4 절 서비스업의 일정계획

제조업과 서비스업간의 중요한 특징 중의 하나는 서비스업은 불확실한 수요를 완충시키기 위한 재고를 보유할 수 없다는 것이다. 또한 서비스 운영에서 수요를 정확하게 예측한다는 건 불가능한 일이다. 고객이 햄버거를 산다던지, 머리를 깍는 것 같은 일들은 순간적으로 결정한다. 그러므로 이러한 수요형태에서 정확한 생산능력을 확보한다는 것은 서비스공급자에게는 어렵다. 이 부분에서 우리는 서비스공급자의 생산능력관리를 촉진시킬 수 있는 일정계획에 대하여 논의한다.

1. 고객수요의 일정계획

고객수요의 일정계획을 수립하는 방법은 일반적으로 시간약속제(appointment), 예약제도(reservations), 주문잔고제(backlogs)의 세 가지 방법이 있다.

1.1 시간약속제

시간약속제(appointment system)는 서비스하는 명확한 시간을 고객에게 할당하는 방법이다. 이 방법의 이점은 고객에게 즉시 서비스를 할 수 있고, 높은 서비스 유효성에 있다. 이와 같은 시간약속제를 사용하는 서비스공급자의 예는 의사, 치과의사, 변호사, 자동차 수리점에서 찾아볼 수 있다. 시간약속제는 서비스가 즉시에 이루어지기 때문에 고객의 일정계획을 단순히 일정한 시간간격으로 수립하는 것보다는 고객 개개인의 필요에 따라 시간약속의 길이를 맞추는 것이 더욱 효과적이다. 이 접근방법은 일정계획의 편차(schedule slippage)를 최소화할 수 있다. 그러나 예약고객이 늦게 도착한다든지 혹은 no-show(예약을 해 놓고 나타나지 않음)가 많으면 시간약속제는 역효과를 낼 수 있다.

1.2 예약제도

예약제도(reservation systems)는 시간약속제도와 매우 유사하지만 이 제도는 고객의 의사에 따라 서비스와 관련된 시설을 이용하거나 실질적으로 사용하려고 할 때 활용된다. 예를 들어 고객이 호텔, 자동차, 항공기 좌석, 콘서트 좌석 등을 예약하는 것이 여기에 속한다. 예약제도의 장점은 고객이 시설의 이용을 계획하는 사항을 서비스관리자들에게 주어 리드타임을 갖출 수 있게 하는 것이다. 가끔 예약은 no-show의 문제점을 줄이기 위하여 예약금(down payment)의 형태를 요구하기도 한다.

1.3 주문잔고제

고객에 대한 일정계획을 수립하는 하나의 방법은 주문잔고에 따라 실시하는 방법이다. 즉, 서비스가 언제 시작되는지를 고객은 정확히 알지 못한다. 고객은 서비스요구서를 주문접수자에게 제출한다. 주문접수자는 잔고에 따라 서비스를 실시한다. 이러한 서비스 시스템은 TV수리점, 레스토랑, 은행, 잡화점, 이발관 등에서 찾아 볼 수 있다. 다양한 우선순위규칙은 다음 공정에 주문을 결정할 때 사용될 수 있다. 일반적인 규칙은 선착우선에 따른다. 그러나 만약 이 주문이 앞선 주문에 대한 재작업이 포함되어 있다면 이것은 더 높은 우선순위를 갖는다.

2. 노동력의 일정계획

일정계획 시스템으로 생산능력을 관리하는 다른 하나의 방법은 우체국 직원, 간호사, 경찰관의 업무형태에서 볼 수 있는 것으로 특정한 근무일과 비근무일로 나누는 것이다. 이 접근법은 고객이 빠른 반응을 요구할 때와 총수요가 상당히 정확하게 예측될 수 있을 때 사용된다. 이런 경우에 생산능력은 서비스 시스템에서 기대작업량(expected loads)을 만족시키도록 조정된다.

노동력 일정계획은 충원계획을 종업원에 대한 작업의 일정계획으로 바꾸는 것이다. 종업원 각자에 대한 작업일을 결정하는 것은 업무상 충원계획이 되지 않는다. 매일 이용 가능한 노동력은 일일 노동력소요를 초과하거나 충족되어야만 한다. 만약 그렇지 않다면 일정계획자는 노동력 소요를 만족시킬 때까지 비근무일을 재정리해야 한다. 만약 이러한 계획을 재정리할 수 없다면 경영자는 충원계획을 변경해야 하고, 더 많은 종업원에게 잔업을 시키거나 더 많은 종업원을 보유해야 한다.

2.1 제약조건

노동력 일정계획을 수립할 때 영향을 미치는 기술적 제약조건은 종업원의 충원과 시스템운영에 필요조건이 된다. 뿐만 아니라 법률과 행위상의 문제를 포함한 그 밖의 제약조건들이 있을 수도 있다.

예를 들어 항공기는 운행 중에 승무원 수의 최소화를 요구하고 있고, 소방서에서는 화재를 진화하는 동안 소방안전원 수의 최소화를 요구하고 있다. 이러한 제약하는 조건은 노동력 일정계획을 짜는 데 경영자의 유연성을 제한하는 요소로 작용한다.

작업자들의 심리적 욕구에 의하여 부여된 제약조건은 일정계획을 더욱더 복잡하게 한다. 이들 제약조건 중 몇 가지는 노동협약서(labor agreements)에 기재된다. 예를 들어 고용주는 종업원에게 주당 확실한 휴가일을 약속한다든지 혹은 종업원의 작업시간이 일주일에 48시간을 초과할 수 없다는 것 등이다.

2.2 노동력 일정계획 시스템에 컴퓨터의 응용

노동력 일정계획은 가끔 무수한 제약조건과 이해관계가 수반된다. 전화회사, 우편주문 카탈로그점, 비상 핫라인점과 같은 기업형태의 종업원은 일주일에 7일, 하루 24시간동안 근무해야 한다. 때로는 참모들은 대부분 비상근(part-time)이다. 따라서 일정계획을 수립하는데 경영자에게 상당한 유연성을 요구한다.

컴퓨터일정계획 시스템은 이러한 노동력 일정계획의 복잡성에 대처할 수 있다. 예를 들어 빈(L. L. Bean)의 전화 서비스센터에서는 일주일에 7일, 하루 24시간 전화교환원을 배치해야만 한다. 이 회사는 350명의 정규종업원과 임시종업원을 고용하고 있는데 정규종업원의 로테이션 일정은 일주일(7일)에 할당된 주당 작업부담을 최소로 하는 방향으로 계획이 수립되어야 한다. 한편, 임시종업원(temporary staff)은 변동적인 일정계획에 투입된다. 이 일정계획은 주당 최소 20시간이 확보되어 있다. 빈은 전화서비스 센터에 대한 시간당 업무부담의 예측, 업무부담을 능력소요에 할당, 그리고 이들 수요를 만족할 수 있는 정규와 임시 전화교환원의 배치, 주당 교환원 배정계획 등을 세우기 위하여 컴퓨터 프로그램을 사용했다. 이 프로그램은 교환원의 부족과 초과기대비용의 합이 최소가 되는 일정계획을 제시하였다.

연습문제

1. L전자 K조립라인에서는 CNR405K, CNR405D, CNR405G 세 모델의 TV를 생산하고 있다. 각 제품에 대한 자료는 다음과 같다.

제 품	보유재고	롯트사이즈	주수요	주생산능력
CNR405D	10,000	3,000	1,000	1,000
CNR405G	6,000	1,500	500	1,500
CNR405K	9,000	4,000	2,000	2,000

1) 소진기간법을 이용하여 다음 6주간의 제품생산순위를 결정하라.
2) 6주말의 재고량은 얼마인가?

2. 어떤 작업장에서는 다음의 네 가지 과업을 처리해야 한다. 과업은 A, B, C, D의 순으로 도착한다.

과업	가공시간(일)	납기일
A	14	20
B	10	16
C	7	15
D	6	17

1) FCFS, SPT, DD를 각각 적용하여 작업순서를 결정하라.
2) 위에서 사용한 각 규칙별로 평균작업흐름시간, 평균지연시간, 평균공정중재고를 산출하라.
3) 각 규칙의 우열을 논하라.

3. 다음 표는 월요일 오전 9시에 어떤 작업장에 접수된 과업들이다. 이 과업들은 앞으로 서로 다른 작업과정을 거쳐야 하지만 모두 이 작업장에서 첫 작업이 시작된다. 아래의 표에 나타난 총가공시간은 한 과업에 포함된 모든 작업의 가공시간의 합이다. S/RO을 적용하여 과업의 가공순서를 정하라.

과업(도착순)	총가공시간(일수)	납기일	잔여작업수
A	8	20	2
B	10	18	4
C	5	25	5
D	11	17	3
E	9	35	4

4. 모든 과업은 작업장 1, 작업장 2의 순으로 두 작업장을 거쳐서 완성된다. 과업의 배정은 존슨의 법칙을 이용하여 다음 물음에 답하라.

1) 두 작업장의 유휴시간을 최소로 하는 작업순위를 결정하라.

2) 두 작업장의 간트차트를 작성하고 각 작업장의 유휴시간을 산출하라.

과업 / 작업장	가공시간(분) A	B	C	D	E	F
작업장 1	20	16	43	60	35	42
작업장 2	27	30	51	12	28	24

〈보론〉 프로젝트관리

I. PERT의 기본개념

1. PERT기법의 의의

PERT(Program Evaluation and Review Technique or Program Evaluation Research Task)란 경영자가 사업목표를 달성하기 위하여 수행하는 기본계획(planning), 세부계획(scheduling) 및 통제기능(controlling)에 도움을 줄 수 있는 수리적 기법[1]이며 네트워크 다이아그램을 중심으로 한 경영과학의 한 분야이다.

PERT기법은 인원, 물자, 기기, 시간 등 모든 자원(resources)의 분배를 합리적·과학적·경제적으로 수행할 수 있게 한다. 그리고 프로젝트수행 중에도 수시로 필요에 따라 공사진행정도에 대한 체크를 할 수 있어 현재 진행상태와 계획을 비교·검토하여 문제점을 미리 발견하여 그에 대한 적절한 조치를 취할 수 있다.

이 기법은 비반복적인 대규모 사업에 적용하는 것이 바람직하며 보다 구체적으로 적용범위를 열거하면 다음과 같다.

i) 연구개발계획 및 경제개발계획
ii) 비반복적인 대규모사업(고속도로, 항만공사, 교량, 선박, 항공기건조계획)
iii) 공장설비 보전계획 및 공정관리 계획
iv) 공장건립계획
v) 컴퓨터 설치 확장 및 변경
vi) 시장조사 및 신제품의 개발

등의 분야에 활용되고 있으며, 그 범위가 더욱 넓어져 가고 있다.

---

1) L. Shaffer, J. Ritter & W. Meyer, *The Critical path Method*, McGrow-Hill, 1965, p. 1.

2. 네트워크의 분석

프로젝트를 수행하고자 할 때 문제점은 프로젝트의 목표를 정하고, 이 목표 달성에 필요한 업무와 작업을 선정하여 이들 간의 상호작용에 따라 작업순서를 어떻게 할 것인가를 결정하는 것이다. 이때 각 활동의 상호관계를 일목요연하게 나타내 주는 것이 네트워크 다이아그램인데, PERT기법에는 이 네트워크의 적용이 필수적이다.

네트워크란 작업의 진행순서에 따라 단계(node)와 활동(activity or arrow) 그리고 명목활동(dotted arrow or dummy activity)으로 표시해 나가는 일련의 네트워크 화살표(arrow) 다이아그램이다.

네트워크는 프로젝트의 계획구조와 순서를 나타내므로 활동과 정보의 흐름을 정확하게 표현해야 한다. 그래서 네트워크에는 일반적으로 계획의 목적, 계획의 달성, 진도의 파악, 계획의 검토, 작업상호간의 평가 등의 기본사항이 포함되어야 한다. 또 이러한 프로젝트를 성공적으로 수행하기 위하여 계획을 합리적으로 잘 세워야 하며, 합리적으로 수립된 계획을 효과적으로 잘 관리, 통제하면서 계획과 실체가 일치되도록 해야 한다.

이 기법은 프로젝트를 효율적으로 관리하기 위하여 네트워크를 이용하여 일정, 인력 및 자금 등을 합리적으로 계획하고 통제하는 기법으로서 목표의 설정(objectives), 작업순서의 결정(planning), 일정계획(scheduling), 예측평가(evaluation), 결정과 실시(decision and action)와 같은 순서로 실시되며, 피드백 된다.

Ⅱ. 네트워크 다이아그램의 작성원리

1. 네트워크 다이아그램의 구성요소

네트워크 다이아그램으로 작업공정을 종합적이고, 시스템적으로 나타낼 때 네트워크 다이아그램의 구성요소는 활동(activity or job)과 단계(event or node)의 두 가지로 구성된다. 이들 구성요소를 구체적으로 설명하면 다음과 같다.

1.1 단 계

단계(event or node)는 작업을 수행함에 따라 활동이 시작 또는 종료되는 시점을 의미한다. 이러한 경우 활동이 시작되는 시점을 착수단계(beginning event; i)라 하고, 종료되는 시점을 완료단계(ending event; j)라 한다.

그러나 전체 프로젝트상에서 최초단계(initial event)와 최종단계(terminal event)가 아닌 단계는 선행활동의 완료단계(j)와 후속활동의 착수단계(i)를 공유하게 된다. 이러한 관계를 도표로 작성하면 [그림 1]과 같다.

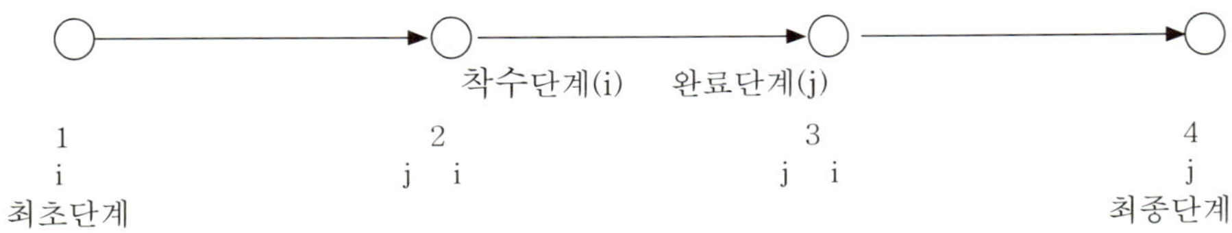

[그림 1] 전체프로젝트를 나타내는 단계

[그림 1]에서 i는 착수단계, j는 완료단계를 의미한다. 단계는 다음과 같은 성질을 가지고 있다. 첫째, 작업(활동)의 착수 또는 완료를 나타내는 시점을 의미한다. 둘째, 다른 활동과의 연결시점을 이룬다. 셋째, 시간이나 자원의 소비가 이루어지지 않는 순간적인 시점이다.

1.2 활 동

활동(activity or job)이란 프로젝트가 수행되는 동안 시간 및 자원의 낭비가 이루어지는 작업을 의미한다. 활동은 네트워크상에 실선 화살표(⟶)로 작업의 진행방향을 나타낸다.

프로젝트 수행과정에서 단계들은 활동에 따라 분리되기도 하고 결합되기도 하는데, 두 개 이상의 활동으로 분리되는 단계를 분기단계(burst event)라 하고, 두 개 이상의 활동이 하나의 단계로 결합되는 단계를 합병단계(merge event)라 한다.

[그림 2]에서 분기단계 ①은 요소작업 a, b의 활동으로 분리되는 단계이며, 합병단계 ④는 소요작업 c, d의 활동이 결합되는 단계이다. 이 개념은 전체프로젝트를 이해하고, 일정(TE, TL)을 산정할 때 매우 중요한 요소이다.

활동의 성질을 요약하면 활동은 첫째, 전체 프로젝트를 구성하는 하나의 요소작업을 나타내며, 둘째, 반드시 선행단계와 후속단계를 하나씩 갖게 되며, 셋째, 하나 또는 여러 활동이 한 단계에서 착수도 되고, 완료도 된다.

이 활동 중에는 시간이나 자원이 필요치 않는 명목활동(dummy activity)이 있다. 이것은 네트워크 상에 점선화살표(┈┈▶)로 나타내며, 이는 실제 발생하는 활동이 아니라 다른 활동과의 상호관계를 표시하기 위해서 네트워크 상에서 사용되는 모의 화살표에 불과하다.

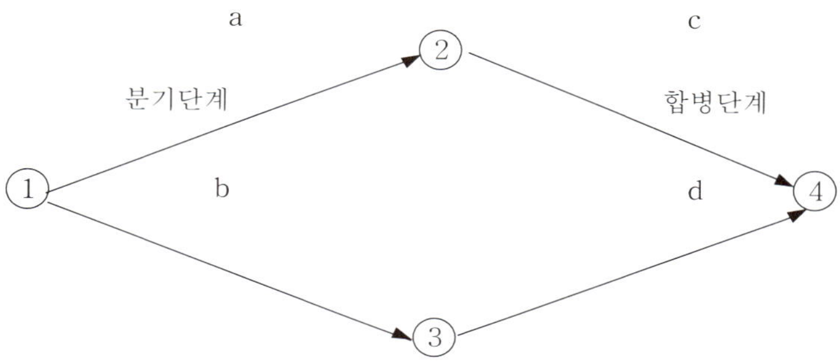

[그림 2] 분기단계와 합병단계

이상에서 설명한 단계와 활동 및 명목활동을 중심으로 해서 네트워크 다이아그램이 작성된다. 네트워크를 작성하는 원리는 간단하지만 어떤 프로젝트를 네트워크화 하려면 여러 가지 어려운 점이 발생하고, 프로젝트의 계획대로 나타내기가 힘들 경우도 있다.

2. 네트워크 다이아그램작성의 기본원칙

네트워크 다이아그램을 작성하는데 기본적인 원칙은 다음과 같다. 이 원칙에 따라 작성하면 어떠한 프로젝트도 네트워크로 표현할 수 있다.

2.1 단계의 원칙

네트워크 다이아그램 상의 단계는 최초단계와 최종단계를 제외하고 선행활동과 후속활동 사이에 존재한다. 따라서 그 단계까지 연결된 모든 활동이 끝나지 않으면 그 단계는 존재하지 않는다.

2.2 활동의 원칙

활동은 항상 선행단계와 후속단계를 각각 하나씩 가진다. 선행단계가 존재하지 않으면 그 활동의 후속단계도 존재하지 않는다. 또한 동일한 단계 사이의 활동수는 하나로 제한된다. 그리고 활동의 순서관계를 나타내기 위하여 필요에 따라 명목활동이 사용된다.

2.3 공정의 원칙

네트워크 다이아그램 상에 나타난 활동에 관련된 모든 요소는 반드시 완성되어야 한다. 즉, 각 단계 사이에 여러 공정이 존재할 때, 목표로 하는 단계까지 도달하는데 여러 공정을 독립된 공정으로 보고 반드시 완성해야 한다.

2.4 연결의 원칙

네트워크 다이아그램을 작성할 때 모든 활동은 화살표를 사용하여 한 방향으로 표시해 나간다. 즉, 좌측에서 우측으로 한 방향의 연결로 선도 곡선보다는 직선으로 표시하는 것이 일반적이다. 이 활동선은 앞 단계로 되돌아갈 수도 없으며, 어떤 두 단계 사이의 활동선의 수도 하나뿐이다.

Ⅲ. PERT/time기법

1. 활동시간의 추정

프로젝트의 네트워크 다이아그램이 작성되면 여기에 따라 각 활동소요시간의 견적치를 구해야 한다. 작업활동에 대한 소요시간의 견적치를 구하는 데는 상당한 불확실성이 내포될 수 있다. 따라서 아무리 작업활동에 정통한 전문가라 하더라도 미래의 작업활동에 대해서 작업시간을 정확하게 알 수 없다. 특히 새로운 프로젝트인 경우 불확실성이 항상 존재하기 때문에 어떤 특정인이 시간을 견적한다든지 여러 사람이 시간을 견적하는 방법을 채택하여야 한다.

CPM이나 PERT/cost에 있어서 작업의 소요시간추정은 1점견적법(system of single time estimate), 즉 하나의 작업활동에 대해서 단일 시간추정치를 견적하는 방법을 채택하며, 이때 시간추정치는 정상시간치를 이용한다. 그러나 PERT/time에서는 3개의 시간추정치로부터 예정시간치(expected time)를 계산하여 소요시간을 추정하는 3점견적법(system of three time estimates)을 채택하고 있다. 이때 시간추정치는 다음과 같다.

1) **낙관시간치**(optimistic time; t_o or a);

작업활동을 수행하는데 필요한 최소시간, 다시 말하면 모든 시간이 예정대로 잘 진행될 때의 소요시간이다.

2) **정상시간치**(most likely time; t_m or m);

작업활동을 수행하는 데 정상으로 소요되는 시간, 다시 말하면 최선의 시간치이며, 1점견적법을 이용할 경우는 이 시간치가 이용된다.

3) **비관시간치**(pessimistic time; t_p or b);

작업활동을 수행하는데 필요한 최대시간을 의미하며, 모든 일이 뜻대로 되지 않을 때의 소요시간이다.

이상의 세 가지 시간치(t_o, t_m, t_p)의 상호관계를 표시하면 다음과 같다.

$$t_o \leq t_m \leq t_p$$

여기서 각 수치는 작업일수로 표시되며, 그 단위는 일, 주, 월 등 임의로 선택할 수 있으나 동일 계획공정 중에서는 통일해야 한다.

1.1 예정시간치의 계산

낙관시간치, 정상시간치, 비관시간치의 견적시간치가 추정되면 이것에 의하여 하나의 소요시간을 산출하게 되는데 여기서는 이것을 예정시간치(expected time; t_e)라고 부른다.

이것은 소요시간 분포도에 의하여 그 원리를 설명할 수 있으며 그림으로 표시하면 [그림 3]과 같이 β분포(beta distribution)를 형성한다.

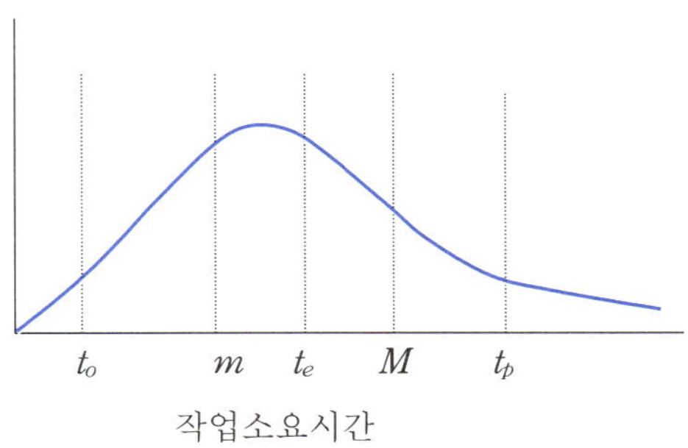

[그림 3] t_e를 설명하는 도수분포곡선

이 도표는 견적시간의 상한을 t_p, 하한을 t_o로 하고, t_m은 본 분포곡선의 정점이 되고 있다. 이러한 분포를 β분포라 가정하면, M을 중간범위로 했을 경우, 소요시간의 평균치(예정시간치) t_e는 $\frac{1}{3}(2t_m+M)$으로 추정된다. 여기서 $M=\frac{t_o+t_p}{2}$이므로 이것을 앞의 식에 대입하여 정리하면 예정시간치를 구하는 공식이 된다.

$$t_e=\frac{1}{3}(2t_m+M)=\frac{1}{6}(t_o+4t_m+t_p) \tag{1}$$

이 공식은 일종의 가중평균(weight mean)을 나타내며, t_m은 t_o와 t_p의 4배 정도의 비중을 두고 있음을 의미한다.

1.2 분　산

전술한 예정시간치(te)의 분산(variance; σ^2)은 다음 식으로 구하는 것이 일반적이다.

$$\sigma^2=\left[\frac{t_p-t_o}{6}\right]^2 \tag{2}$$

예정시간치(te)에서는 정상시간치(t_m)를 중시했으나 분산에서는 낙관시간치와 비관시간치의 범위를 구하여 예정시간치에 대한 불확실성의 정도를 판단할 수 있다. 즉, t_p와 t_o의 차에 해당하는 분포의 범위가 작으면 작을수록 그 공정에 대한 신뢰성은 크다고 볼 수 있으며, 또 그 공정의 완료에 소요되는 시간에 대한 신뢰성도 크다고 할 수 있다.

2. 단계시간에 의한 일정계산

2.1 가장 이른 예정일(TE)의 계산

가장 이른예정일(Earliest expected time: TE)은 네트워크의 각 단계에서 한 작업이 개시되거나 완료될 수 있는 가장 빠른 날짜를 말한다.[2] 바꾸어 말하면 가장 빠른 예정일 이전에는 그 다음 작업을 개시할 수 없는 것이다.

---

2) S. E. Loss, *PERT/time Calculation without Topological ordering*, comm. ACM, 8(1965), pp. 172~174.

TE_j의 계산은 최초단계(initial event)에서부터 전진해 가면서 선행단계의 TE_i에 다음 작업소요시간(te_{ij})을 완료단계(ending event)까지 가산하여 나아간다. 이러한 계산방법을 전진계산(forward pass computation)이라 한다.[3]

[전진계산의 법칙]

i) 최초단계(initial event)의 TE_i는 0이다.

($TE_i = 0$: $TE_0 = 0$)

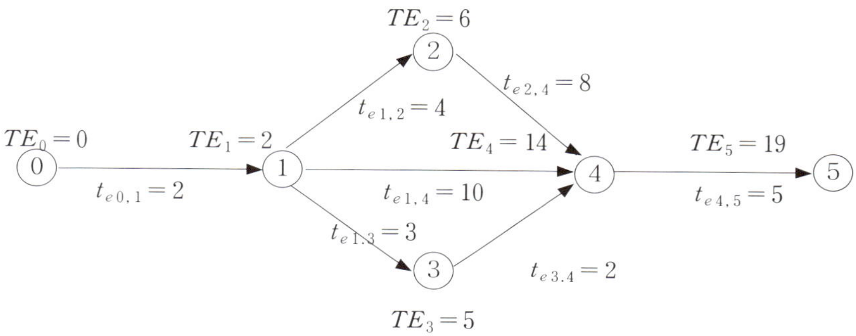

[그림 4] 네트워크 다이아그램

ii) 각 후속단계(TE_j)는 선행단계(TE_i)에 이들 양 단계간의 작업에 소요되는 시간(te_{ij})을 가산하여 구한다.

$$(TE_j = TE_i + t_{eij})$$

[그림 4]에 의하여 계산하면 다음과 같다.

$$TE_1 = TE_0 + t_{e\,0.1} = 0 + 2 = 2$$

$$TE_2 = TE_1 + t_{e1.2} = 2 + 4 = 6$$

$$TE_3 = TE_1 + t_{e1.3} = 2 + 3 = 5$$

iii) 합병단계(merge event)에서 TE_j 계산은 각 경로별로 선형단계(TE_i)에 두 단계간의 활동소요시간(te_{ij})을 가산하여 얻은 수치 중에서 최대치를 취하는 단계를 합병단계의 TE_j 라고 한다.

---

3) Joseph, J. Moder & Cecil R. Phillips, *Project with CPM and PERT*, Van Nostrand Reinhold Co., 1964, p. 65.

[그림 4]에 의하여 계산하면 다음과 같다.

$$TE_4 = TE_2 + t_{2.4} = 6 + 8 = 14(Max)$$

$$TE_4 = TE_1 + t_{e\,1.4} = 2 + 10 = 12$$

$$TE_4 = TE_3 + t_{e\,3.4} = 5 + 2 = 7$$

iv) 단, 명목상의 활동(dummy activity)에 대하여는 활동소요시간($t_{e\,i.j}$)은 0이다.

2.2 가장 늦은 허용완료일(TL)의 계산

가장 늦은 허용완료일(Latest allowable time: TL)이란 프로젝트를 계획대로 추진할 때 최종완성기일에 영향을 미치지 않는 범위 내에서 작업이 끝나도 되는 가장 늦은 허용완료일을 의미한다.

가장 늦은 허용완료일(TL)의 계산은 최종완료일(TL_j)로부터 후퇴해 가면서 선행단계(TL_i)에서 활동소요시간($t_{ei.j}$)을 감하여 구한다. 이와 같은 계산의 법칙을 후퇴계산(backward pass computation)[4]이라 한다.

[후퇴계산의 법칙]

i) 최종단계(terminal event)의 TL은 예정달성기일(scheduled completion time: Ts)의 제시가 없을 때는 최종단계의 TE와 같다.($TL_j = TE_j$)

[그림 4]에 의하여 계산하면 다음과 같다.

$$TL_5 = TE_5 = 19$$

ii) 단계가 분기단계(burst event)가 아닐 때는 선행단계는 후속단계에서 양 단계간의 활동소요시간을 감하여 구한다.

$$(TL_i = TL_j - te_{i.j})$$

[그림 4]에 의하여 계산하면 다음과 같다.

$$TL_2 = TL_4 - te_{2.4} = 14 - 8 = 6$$

$$TL_3 = TL_4 - te_{3.4} = 14 - 2 = 12$$

---

4) Joseph T. Moder & Cecil R. Phillips; *op. cit.*, p. 56.

iii) 단계가 분기단계(burst event)일 때는 각 경로마다 후속단계에서 양단계간의 활동소요시간을 감해서 얻은 각 수치 중에서 최소치를 취한다.

[그림 4]에 의하여 계산하면 다음과 같다.

$$TL_1 = TL_2 - te_{1.2} = 6 - 4 = 2(Min)$$
$$TL_1 = TL_4 - te_{1.4} = 14 - 10 = 4$$
$$TL_1 = TL_3 - te_{1.3} = 12 - 3 = 9$$

iv) 단, 명목활동(dummy activity)에 대하여는 활동소요시간(te_{ij})은 0이다.

2.3 단계여유(S)의 계산

단계여유(slack time: S)는 어떤 단계가 최초단계에 영향을 미치지 않는 범위 내에서 각 단계에 허용할 수 있는 여유시간을 말한다.

단계여유는 TL - TE로 계산하며, S로 나타낸다. 단계여유에는 정여유, 0여유, 부여유의 3가지 종류가 있다.

2.3.1 정여유(positive slack)

TL - TE > 0, 즉 S > 0인 경우로서 여유가 있는 단계를 의미하며, 이 단계에서는 자원의 과잉을 나타낸다.

2.3.2 영여유(zero slack)

TL - TE = 0, 즉 S = 0인 경우로서 여유가 없는 단계로서 자원의 적정배분을 나타내고, 이것을 연결한 것이 주공정(critical path)이다.

2.3.3 부여유(negative slack)

TL - TE < 0, 즉 S < 0인 경우로서 계획된 일정보다 늦은 상태로서 작업을 예정된 기일 내에 완성할 수 없든지 또는 자원의 부족상태를 나타낸다.

2.4 주공정의 표현

이상의 절차에 따라 네트워크 다이아그램를 작성하고, 가장 이른 예정일(TE)과 가장 늦은 완료일(TL)을 계산하여 TL - TE에 의하여 단계여유시간(S)을 구하면, 여유시간의 값이 최소가 되는 단계가 있는데 이들을 연결하는 공정선이 주공정(critical path)이 된다. 이 최소의 여유를 갖고 있는 작업활동들은 계획일정보다 늦어지면 최종단계의 프로젝트 완성이 그 만큼 지연됨으로 이 주공정을 애로공정(隘路工程)이라고도 한다.

애로공정은 반드시 최초단계(initial event)와 최종단계(terminal event)를 연결하여야 하는데 영여유를 연결해 나가는 도중에 연결되지 않고 끊어지면 이는 계산착오라는 것을 알 수 있다. 또한 애로공정은 하나만 있는 것이 아니고 두개 이상 있을 때도 있으며, 때로는 네트워크 다이아그램 전체가 주공정이 되는 경우도 있다.

3. 프로젝트의 성공확률 계산

어떤 프로젝트의 계획을 수립할 때 언제까지 완료해야 된다는 기간이 정해져야 한다. 이때 그 기간 내에 완료될 확률을 구해보면, 그 기간이 적합한지 혹은 계획을 수정해야 될 것인지를 알 수 있을 것이다.

예정달성일(scheduling time ; T_S)이 주공정상의 완료예정일(T_C는 최종단계의 TE와 같다)보다 적어 확률이 0.5보다 작을 때 네트워크 다이아그램상에 여유활동(slack activity)이 많아 자원의 재분배를 통하여 주공정의 소요시간을 단축시키는 것이 바람직하다. 또한 예정달성일(T_S)이 완료예정일(T_C)보다 너무 길다면 현 상태로 수행한다는 것은 자원의 낭비를 의미함으로 비용을 줄여서 수행할 수 있게 하여야 한다.

확률을 계산하는 방법은 식 (3)에 의하여 구한다.

$$Z = \frac{T_S - T_C}{\sqrt{\sum \sigma_i^2}} \tag{3}$$

확률을 계산하는 절차는 다음과 같다.

ⅰ) 주공정(critical path)에 포함된 모든 공정의 소요시간의 분산(variance; σ^2)을 구한다. $\sigma^2 = \left(\frac{t_p - t_o}{6}\right)^2$에 의하여 구할 수 있다.

ⅱ) 전체프로젝트 중에서 주공정에 해당되는 분산을 구하여 그 값을 합하여 평방근을 구한다.

ⅲ) 예정달성기일과 완료예정기일의 차이를 2)에서 구한 값으로 나누면 Z 값을 구할 수 있다.

ⅳ) Z값을 표준정규 확률분포 면적표(table of area for standard normal probability distribution)에서 확률을 구한다.

이러한 절차를 통하여 프로젝트가 계획대로 완성할 수 있는 확률을 구한다. 하지만 이러한 확률을 해석할 수 있는 기준이 있어야 한다. 왜냐하면 확률이 높고 낮음에 따라 프로젝트 전체에 어떠한 영향을 미치는지를 알아야 하기 때문이다. 여기서는 미국의 IBM회사에서 사용하고 있는 성공확률의 해석기준을 참고로 한다.

i) $P_R < 0.3$일 때는 계획대로 프로젝트를 완성할 수 있는 확률이 30% 이하이므로 근본적으로 이 계획을 재수립하여 성공확률을 높여야 한다.

ii) $0.3 \leq P_R < 0.4$일 때는 정체나 지연이 프로젝트에 큰 영향을 미치지 않으므로 계획을 재수립할 필요는 없으나 이 프로젝트를 재고할 필요는 있다.

iii) $0.4 \leq P_R < 0.65$일 때에 한하여 합리적이라고 생각됨으로 네트워크 그대로 작업을 진행시켜도 좋다.

iv) $P_R \geq 0.65$일 때는 자원의 낭비가 너무 많으므로 계획을 재검토할 필요가 있다. 경우에 따라서는 다시 계획을 수립해야 한다.

4. 활동시간에 의한 일정계산

단계중심의 네트워크 다이아그램은 상부관리층이 이용하기에 편리한 반면에 활동중심의 네트워크 다이아그램은 개별작업의 관리가 주요 관심이 되는 실무자나 하부관리층이 이용하기에 편리한 네트워크이다.

사실 활동중심의 일정계산으로 활동의 일정과 순서가 정확히 표시되면 이에 따라 단계를 확인할 수 있지만, 단계중심의 일정계산은 활동을 파악하기 어렵다. 따라서 활동중심의 일정계산을 하는 것이 일반적이며, 활동중심의 일정계산을 하기 위해서는 활동과 관련된 시간개념을 이해해야 한다.[5)]

즉, 어떤 작업을 수행하는데 빨리 착수하면 빨리 완공할 수 있을 것이며, 또한 늦게 착수하면, 그 만큼 늦게 완료될 것이다. 따라서 한 단위 작업에 종사하고 있는 작업 및 감독자들로서는 빨리 작업을 착수한다면 언제 착수할 수 있으며, 늦게 착수한다면, 언제까지 착수할 수 있을 것인가를 사전에 알 수 있는 것은 과학적인 작업관리를 하는데 매우 중요한 일이다. 그러므로 빠른 작업의 완료와 늦은 완료에 대한 문제를 합리적으로 파악하여 일정계획을 수립할 수 있어야 한다.

---

0) 이순용, 생산관리론, 법문사, 1989, p. 580.

4.1 활동시간의 계산

4.1.1 가장 이른 개시시간(earliest start time: ES_{ij})

어떤 활동이 개시될 수 있는 가장 빠른 시간을 뜻하며, 단계중심의 시간계산에서 볼 때 선행단계의 가장 이른 예정일(TE_i)과 동일하다.

$$ES_{ij} = TE_i$$

4.1.2 가장 늦은 개시시간(latest start time: LS_{ij})

어떤 활동이 개시될 수 있는 시간으로서 이 보다 늦게 시작하면 후속단계의 공기를 지킬 수 없는 한계시간을 의미한다. 이 시간은 가장 늦은 완료시간에서 그 활동의 경과시간(duration time: D_{ij} or t_{eij})을 감하여 구한다.

$$LS_{ij} = LF_{ij} - D_{ij} = TL_j - te_{ij}$$

4.1.3 가장 이른 완료시간 (earliest finish time: EF_{ij})

가장 이른 개시시간에 어떤 활동이 시작했을 경우, 그 활동이 완료될 수 있는 가장 이른 예정완료임을 의미한다. 이 시간은 가장 이른 개시시간(ES_{ij})에 활동의 경과시간을 가산함으로써 얻을 수 있다.

$$EF_{ij} = ES_{ij} + D_{ij} = TE_i + te_{ij}$$

4.1.4 가장 늦은 완료시간(latest finish time: LF_{ij})

어떤 활동이 늦어도 완료되어야 하는 한계시간을 의미한다. 이는 단계중심의 계산에서 볼 때 후속단계의 가장 늦은 완성일(TL_j)과 같다.

$$LF_{ij} = TL_j$$

활동시간의 계산에 사용된 용어들을 설명하기 위하여 단계시간의 계산에서 사용된 용어들을 동일선상에서 비교 설명하면 [그림 5]와 같다.

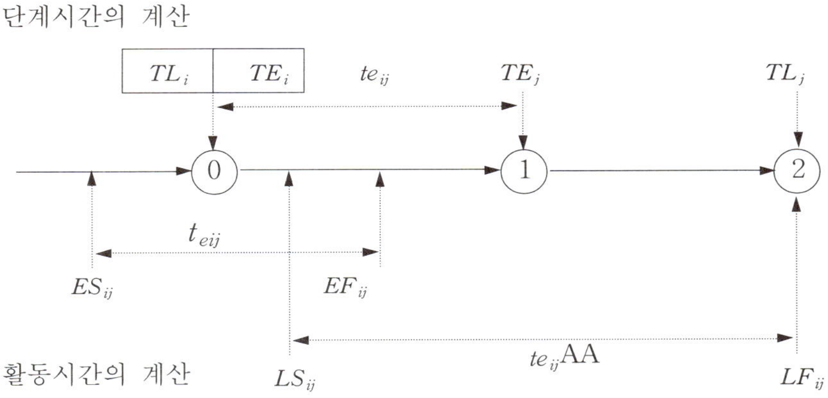

[그림 5] 단계시간과 활동시간의 관계

4.2 활동여유의 계산

단계여유(slack)는 각 단계에서의 여유시간을 나타내지만 실질적으로 여유의 유무와 관계있는 것은 활동여유(float or activity slack)라 할 수 있다. 활동여유에는 총여유시간(total float), 자유여유시간(free float), 독립여유시간(independent float), 간섭여유시간(dependent float or interfering float) 등이 있다.

4.2.1 총여유시간(Total Float : TF)

한 활동이 전체 프로젝트의 최종 완료일에 영향을 미치지 않고 지연되어도 되는 최대시간을 총여유시간(Total float)이라 한다.

총여유시간의 계산을 가장 늦은 완료일(TL_i)에서 가장 이른 예정일(TE_i)과 활동의 소요시간(te_{ij})을 감하면 총여유시간이 된다. 또한 가장 늦은 개시시간(LS_{ij})과 가장 이른 개시시간(ES_{ij})과의 차 및 가장 늦은 완료시간(LF_{ij})에서 가장 이른 완료일(EF_{ij})과의 차를 총여유시간이라고도 한다. 이 이상 작업이 지연되면 공기를 지킬 수 없게 되어 전체 공정의 지연을 초래하게 된다.

$$TF_{ij} = TL_i - (TE_i + te_{ij}) = LS_{ij} - ES_{ij} = LF_{ij} - EF_{ij}$$

4.2.2 자유여유시간(Free Float : FF)

총여유시간을 이용하면 선행활동들은 가장 이른 개시시간에 착수해야 하고 후속활동들은 가장 늦은 개시시간에 착수되어야 한다. 하지만 자유여유시간은 일련의 공정에 있어서 모든 활동이 가급적 빨리 개시될 때 해당활동에 대한 이용 가능한 활동여유시간이 된다. 이렇게 함으로써 한 활동은 어떤 후속활동에도 영향을 주지 않고 자유여유시간의 범위 내에서 지연될 수 있으며, 또한 후속활동은 가장 이른 개시시간에 개시될 수 있다.

자유여유시간은 후속단계의 가장 이른 개시시간(ES_{ij})에서 해당 활동의 가장 이른 완료시간(EF_{ij})을 감하여 구할 수 있다.

$$
\begin{aligned}
FF_{ij} &= ES_{ij} - EF_{ij} \\
&= TE_j - (TE_i + te_{ij}) \\
&= TE_j - EF_{ij} \\
&= TF_{ij} - (slack)_j \\
&= TF_{ij} - (TL_j - TE_j)
\end{aligned}
$$

4.2.3 독립여유시간(Independent Float : INDF)

어떤 공정에서 최악의 사태가 발생했을 경우 선행공정이 가장 늦은 개시시간(LS)에 개시되었음에도 불구하고, 그 후속공정이 가장 이른 개시시간(ES)에 개시할 수 있을 경우를 생각할 수 있다. 이것은 그 활동 성과에서 얻은 완전히 독립적인 여유시간이므로 독립여유시간이라 한다.

$$
\begin{aligned}
INDF_{ij} &= TE_j - (TL_i + te_{ij}) \\
&= TE_j - (TE_i + (slack)_i + te_{ij}) \\
&= FF_{ij} - (slack)_i
\end{aligned}
$$

이상에서 TF_{ij}, FF_{ij}, $INDF_{ij}$의 관계를 식으로 표시하면 다음과 같다.

총여유시간(TF_{ij}) ≥ 자유여유시간(FF_{ij}) ≥ 독립여유시간($INDF_{ij}$) ≥ 0

따라서 총여유시간이 0일 때 그 활동의 자유여유시간 및 독립여유시간은 모두 0이 된다.

4.2.4 간섭여유시간(dependent float or interfering float : INTF)

총여유시간과 자유여유시간과의 차이를 간섭여유시간이라 한다. 예를 들면 자유여유시간을 전부 사용하고, 여유기간을 초과하여 사용하면, 그 만큼 후속공정의 여유시간이 감소된다. 다시 말하면, 어떤 활동의 개시시간이나 또는 후속공정의 여유시간은 전연 없어지게 되며, 작업완료시간도 그 만큼 지연된다.

$$INTF_{ij} = TF_{ij} - FF_{ij}$$
$$= (TL_j - EF_{ij}) - (TE_j - EF_{ij})$$
$$= TL_j - TE_j = (slack)_j$$

4.3 주공정의 표현

주공정(critical path)은 단계시간의 일정계산에서 설명한 바 있다. 주공정은 총여유시간(TF_{ij}), 자유여유시간(FF_{ij}), 독립여유시간($INDF_{ij}$), 간섭여유시간($INTF_{ij}$)이 0일 때 영여유를 연결하면 주공정이 된다.

Ⅳ. CPM기법

1. CPM의 기본개념

CPM(critical path method)기법은 PERT/time과 같이 네트워크 다이아그램을 중심으로 구성되어 있으며, PERT/time기법과 같이 일정단축에 목적이 있으나, PERT/time 및 PERT/cost에서 볼 수 없는 특징적인 기법으로 소요일수와 비용관계를 상호 연결시키면서 비용절감을 모색하는 것이 CPM기법이 가지는 특징이라 할 수 있다.

CPM은 PERT/cost와는 다른 측면에서 비용문제를 취급하고 있다. 즉, 각 활동의 소요일수와 비용의 상호관계를 조사하여 최소의 비용으로 공사기간을 단축시키고, 그 공사계획이 최소비용에 의해서 수행될 수 있도록 최적공기를 구하는 것이 이 기법의 목적이다.

2. 비용경사와 일정계획

CPM으로 프로젝트 전체의 비용을 다루기 전에 네트워크 중 각 작업의 비용이 소요시간과 어떠한 관계가 있는가를 명확히 해야 한다. 일반적으로 소요시간을 단축시키는 데에는 얼마간 여분의 비용이 필요하게 되고, 이 비용은 작업의 성질에 따라 다르다. 그러나 CPM에서는 문제를 간단하게 하기 위하여 비용과 소요시간간에 직접적인 관계만 있는 것으로 제한한다.

그래서 CPM기법은 일정단축과 비용최소의 상호관계를 분석하게 된다. 이 기법은 작업일정을 단축하되 비용은 가능하면 최소가 되도록 연구·검토하는 것이다.

작업공정을 최단시일 내에 완성토록 함과 함께 비용절감이라는 이중적인 성과를 동시에 촉진할 수 있는 기법이다. 여기서 이러한 이중적인 목적을 달성하기 위해 주공정과 여유공정의 상호관계 그리고 단기속성계획(crash scheduling)과 연장계획(uncrash scheduling)의 상호관계를 이용하여 비용문제와 시간문제를 연구·검토하고자 한다.

2.1 비용경사

한 작업공정의 진행에서 정상작업(normal)시간을 단축하고, 비용을 증가시키는 단기속성(crash)과 역으로 단기속성으로 된 작업을 연장(uncrash)함으로써 비용절감(reduction of cost)을 시도하는 경우에 CPM에서 시간과 비용간의 관계는 상충관계(trade-off)라 할 수 있다. 이 관계에서 비용경사(cost slope)가 결정된다.

각 작업(i, j)에는 정상소요시간(D_{ij})과 단기속성소요시간(d_{ij})이 있다(실제의 소요시간 y_{ij}는 D_{ij}보다 길게 될 수 있지만, d_{ij}보다 짧게 될 수는 없다). 다음으로 정상소요시간에서 작업하는 경우의 비용을 M_{ij}, 단기속성소요시간에서 작업하는 경우의 비용을 m_{ij}이라고 놓고, 점(d_{ij}, m_{ij})과 점(D_{ij}, M_{ij})을 잇는 직선상에 비용을 비용경사라고 한다([그림 6]).

수식으로 나타내면 소요시간(y_{ij})는 단기속성 소요시간(d_{ij})보다는 크거나 같고, 정상소요시간(D_{ij})보다는 작거나 같다. 이때의 비용은 다음 식으로 나타낼 수 있다.

$$Z_{ij} = -C_{ij} y_{ij} + k_{ij} \tag{4}$$

여기서 C_{ij} 및 k_{ij}는 다음과 같다.

$$C_{ij} = \frac{m_{ij} - M_{ij}}{D_{ij} - d_{ij}} \tag{5}$$

$$k_{ij} = \frac{m_{ij} D_{ij} - M_{ij} d_{ij}}{D_{ij} - d_{ij}} \tag{6}$$

위 식에서 C_{ij}는 이 직선의 기울기이고, 이것을 비용경사(cost slope)라고 부른다. 비용경사란 이 작업의 소요시간을 한 단위 단축하는 데에 필요한 비용을 나타낸다.

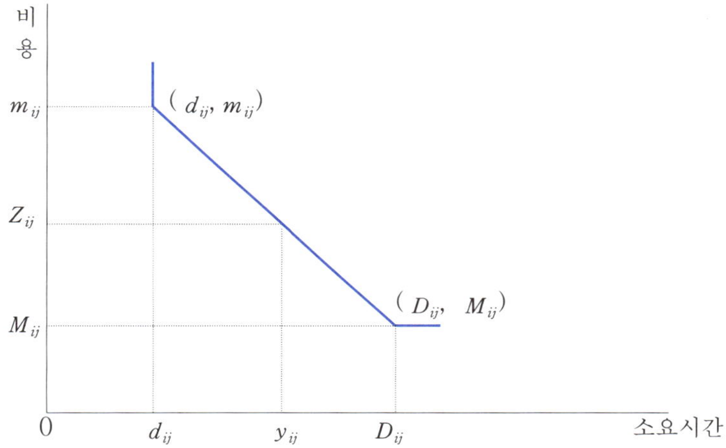

[그림 6] 비용곡선

2.2 일정단축과 비용

비용경사에서와 같이 비용곡선을 각 작업에 할당한 다음 프로젝트 전체의 수행시간을 가장 경제적으로 단축하는데 좋은 방법을 생각해 보자. 최초로 [그림 7]과 같은 경로(path)의 화살표(arrow) 다이아그램으로 고려해 보자. <표 5>는 그 작업표를 나타낸다.

* 정상계획

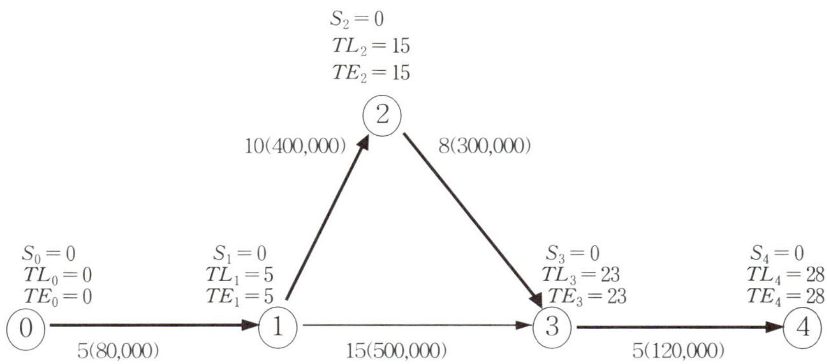

*단기속성계획

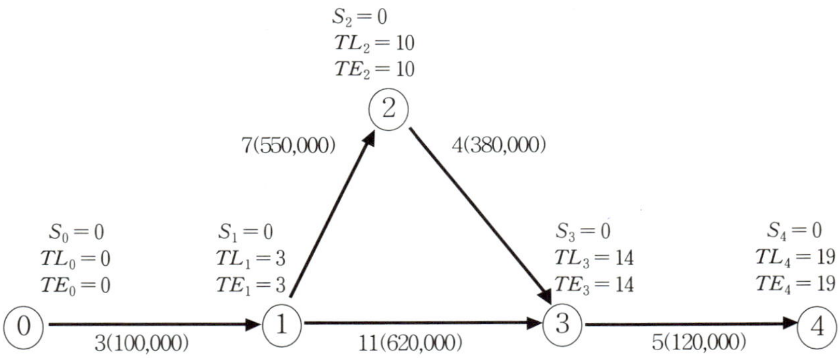

[그림 7] 경로의 화살표 다이아그램

〈표 5〉 작업표

단 계	활 동	D_{ij}	M_{ij}	d_{ij}	m_{ij}	C_{ij}
ⓞ →①	a	5일	80,000원	3일	100,000원	10,000원/일
① →②	b	10	400,000	7	550,000	50,000
① →③	c	15	500,000	11	620,000	30,000
② →③	d	8	300,000	4	380,000	20,000
③ →④	e	5	120,000	5	120,000	

일정단축을 위하여 우리는 여러 단계를 거쳐 작업을 해야 한다. 만약 최고경영자가 이 프로젝트를 7일을 단축시켜 프로젝트를 완성하라고 요구했을 때 당신은 어떻게 하겠는가? 이때 여러분은 다음과 같은 절차에 따라 일정단축을 시도해야 할 것이다.

〔제1차 단축과정〕

이 프로젝트는 최소의 추가 부담으로 7일을 단축시킬 수 있을까? 일정을 단축할 때에 주의해야 할 점은 여유가 없는 주공정을 먼저 선정하고, 다음으로 이 주공정 중에서 비용경사(C_{ij})가 최소가 되는 공정을 선정하여야 한다.

[그림 8]에서 주공정 ⓞ→ ①→ ②→ ③→ ④ 중에서 비용경사가 최소가 되는 공정은 ⓞ→ ①공정으로서 비용경사는 10,000원/일이다. 이 공정에서 최대로 단축할 수 있는 기간은 2일(정상작업이 5일이고, 단기속성작업이 3일이므로 이들의 차는 2일임)이다. 그러므로 비용증가는 20,000원(10,000×2)이 된다. 그렇지만 주공정은 변함이 없이 ⓞ→ ①→ ②→ ③→ ④가 된다. 그러나 TE는 26일

로 2일이 단축되었다. 이때 총비용은 1,420,000원으로 20,000원이 증가되었다.

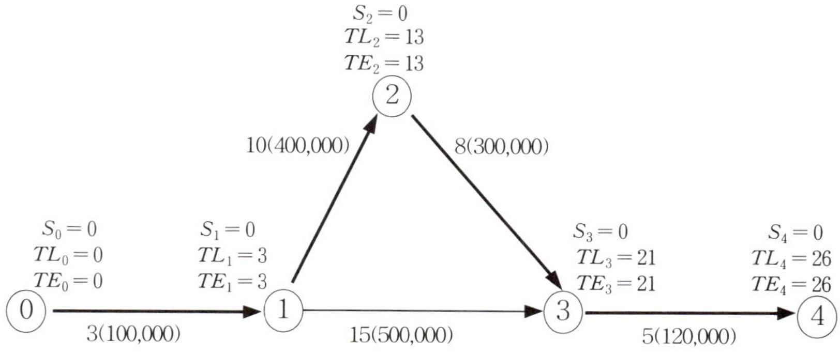

[그림 8] 제1단계 네트워크 다이아그램

〔제2차 단축과정〕

만약 주공정이 변하면은 다시 네트워크 다이아그램을 작성해야 하지만 주공정에 변함이 없기 때문에 그냥 [그림 8]을 이용하면 된다. 그러므로 [그림 8]에서 주공정 ⓞ→ ①→ ②→ ③→ ④ 중에서 비용경사가 최소가 되는 공정은 ②→ ③공정으로써 20,000원/일이다.

이 공정에서 최대로 단축할 수 있는 기간은 4일(정상작업이 8일이고, 단기속성작업이 4일이므로 이들의 차는 4일임)이다. 그러므로 비용증가는 80,000원(20,000×4)이 된다. 이제 주공정이 ⓞ→ ①→ ③→ ④와 같이 변한다. 그러므로 TE는 23일이 되고, 총비용은 1,500,000원이다.

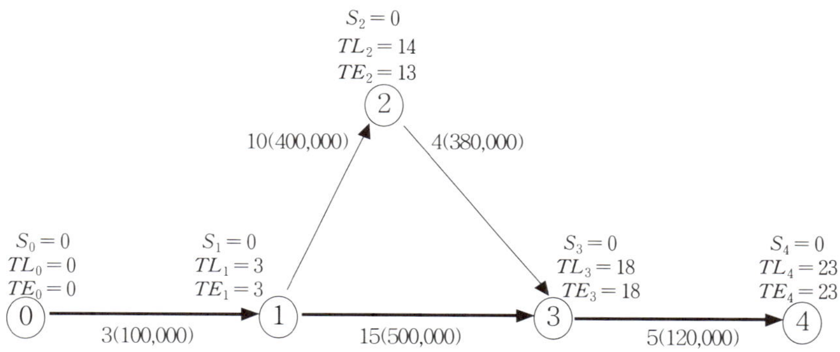

[그림 9] 제2단계 네트워크 다이아그램

〔제3차 단축과정〕

다시 작성된 네트워크 다이아그램의 주공정은 ⓞ→ ①→ ③→ ④이다. 이 공정에서 비용경사가 가장 작은 공정은 ①→ ③이 된다. 이 공정의 비용경사는 30,000원/일이다. 이 공정에서 최대로 단축할 수 있는 기간은 4일(정상작업이 15일이고, 단기속성작업이 11일이므로 이들의 차는 4일임)이다. 그러나 2일만을 단축한다. 그 이유는 ⓞ→①→③→④ 경로를 통한 TE_4가 비용을 많이 투자하면서 21보다 작게할 필요는 없기 때문이다. 그러므로 비용증가는 60,000원(30,000×2)이 된다. 이때 TE는 22일이며, 이때 총비용은 1,560,000원이다.

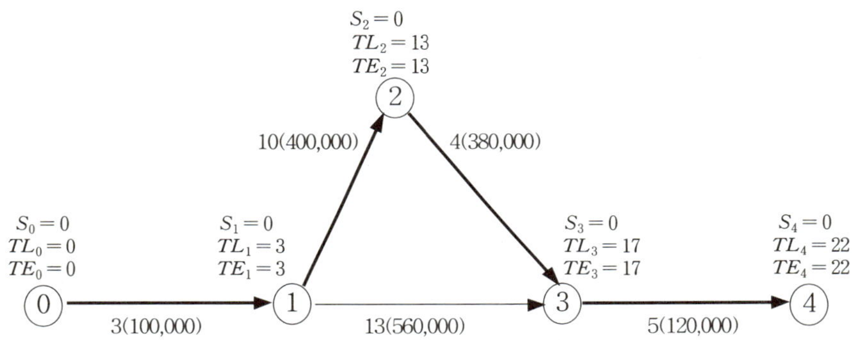

[그림 10] 제3단계 네트워크 다이아그램

〔제4차 단축과정〕

다시 작성된 네트워크 다이아그램의 주공정은 ⓞ→①→②→③→④이다. 이 공정에서 단축할 수 있는 ①→②이다. 여기에서 단 1일만 단축하면 최종 TE_4가 21이 되면서 전체 네트워크가 주공정이 된다. 이때 비용경사가 50,000원/일이기 때문에 비용증가는 50,000원으로 총비용은 1,610,000원이 된다.

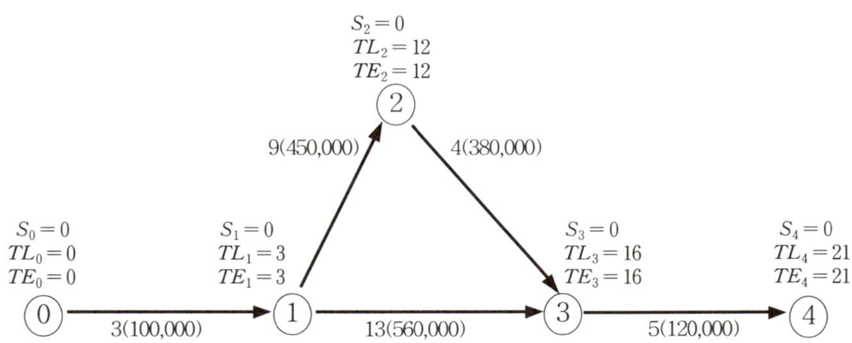

[그림 11] 제3단계 네트워크 다이아그램

이상의 일정단축과정을 통하여 최고경영자가 요구하는 일정단축은 7일을 단축하면서 비용은 210,000원이 증가되었다.

제 7 장 JIT생산시스템

Just-in-time systems organize operations so that they occur just as they are needed. If materials arrive just as they are needed, stocks of work in progress can be eliminated.

The dominant goal of JIT can be summed up quite simply: **eliminate waste.**

Waste can be considered any effort or expenditure that doesn't add value to a service or product. Fujio Cho of Toyota describes **waste** as "*anything other than the minimum amount of equipment, materials, parts, and workers' time, which are absolutely essential to add value to the product*"

KEY TERMS

just in time system(적시생산시스템)
multifunction worker(다기능작업자)
processing waste(가공의 낭비)
repetitive production system(반복생산시스템)
transportation waste(운반의 낭비)
waste from product defects(불량제품의 낭비)
waste from overproduction(과잉생산의 낭비)
waste of motion(동작의 낭비)
waste of waiting time(대기시간의 낭비)

제 1 절 JIT생산시스템의 의의

JIT(just in time)생산시스템은 1970년대 일본의 도요다 자동차회사에서 개발한 도요다 생산방식으로서 소롯트생산을 중심으로 한 생산관리 시스템이다. 이 생산방식은 필요한 부품을 필요한 수량만큼 필요한 시기에 생산함으로써 모든 낭비적인 요소를 제거하려는 생산관리 시스템이라 할 수 있다. 이 방법은 제품을 미리 생산하지 않고 필요한 시점에 생산함으로써 재고를 줄이고 생산원가를 낮출 수 있는 것이다.

궁극적으로 이 방법은 불필요한 생산요소를 배제하면서 부가가치를 높이기 위한 것으로 낭비(waste) 제거를 목적으로 한다. 이 낭비는 도요다 생산방식에서 과잉생산의 낭비(waste from overproduction), 대기시간의 낭비(waste of waiting time), 운반의 낭비(transportation waste), 가공의 낭비(processing waste), 동작의 낭비(waste of motion), 재고의 낭비(inventory waste), 제품불량의 낭비(waste from product defects)의 7가지이다. 이러한 낭비를 제거하기 위하여 사용할 수 있는 수단으로 JIT생산, 소롯트생산, 자동화, TQC 및 현장개선의 4가지 하위시스템이 있다.[1] 여기서 JIT생산은 과잉생산의 낭비, 대기시간의 낭비, 재고의 낭비를 제거하는 효과적인 수단이며, 자동화는 가공 및 동작의 낭비를 제거하며, TQC 및 현장개선은 운반의 낭비, 가공의 낭비, 동작의 낭비, 제품불량의 낭비를 줄일 수 있다.

JIT의 궁극적인 목적은 원가절감, 재고감축, 품질향상에 의하여 투자수익을 증대하는 것이다. 낭비를 제거하고 작업자의 참여를 유도하는 것은 투자수익을 증대하는 효과적인 수단이 된다.

JIT는 반복생산시스템(repetitive production system)에 적합한 생산관리방식으로서 이는 표준화된 제품을 대량으로 생산하는 시스템으로서 대체로 대량생산 시스템과 같은 뜻으로 해석할 수 있다. 오늘날 JIT가 비교적 많이 보급되고 있는 업종은 자동차, 전자, 기계, 가정기구, 모터사이클 등의 업종이다.

---

1) 田中一成, 生産管理 システム: SNS法, 日刊工業新聞社, 1984, p. 2.

제 2 절 JIT생산시스템의 중요한 요소

JIT시스템(just-in-time)은 생산공정에서 비생산적인 시간과 비효율을 제거하는데 집중하여 공정과 품질을 지속적으로 개선한다. 종업원의 참여와 재고감축이 JIT운영의 핵심으로 이는 무재고(無在庫), 동기화 생산, 린(lean)생산방식, 재고없는 생산(휴렛 팩커트), 필요한 만큼의 자재(할리데이빗슨), 연속적 흐름생산(IBM) 등 여러 가지 이름으로 사용되어지고 있다. 본 절에서는 JIT시스템의 중요한 요소들을 설명하고자 한다.

1. 자재흐름의 풀방법

JIT에 있어서 칸반(Kanban)이라 하는 간편한 부품인출시스템(parts withdrawal system)에 의하여 후속공정이 선행공정으로부터 부품을 공급받는다. 한 작업장에서 가공된 부품은 한정된 수의 용기에 담겨지는데 이 용기가 모두 가득 차게 되면 작업자는 작업을 중단한다. 그러다가 부품사용작업장(후속작업장)으로부터 빈 용기가 공급되면 다시 작업을 개시한다. 이와 같은 부품인출시스템 때문에 재공품 재고는 일정한 수준(용기의 최대수용능력)을 초과하지 않으며 부품은 정확히 필요한 순간에 생산되어 공급된다. 말하자면 후속작업장은 칸반시스템에 의하여 선행작업장의 부품을 끌어당겨(pull) 사용하는 것이다. 만일 어떤 작업장이 기계고장이나 품질불량으로 인하여 가동이 정지되면 모든 선행공정은 각자의 용기가 충만되는 순간부터 차례로 가동을 정지하게 될 것이다.

2. 균등한 고품질

JIT시스템에 있어서 품질은 절대적으로 중요하다. 불량이 발생하는 것은 자체가 낭비일 뿐만 아니라 전체 생산공정을 정지시키는 결과를 초래한다. 그리하여 한 공정에서의 불량발생은 공장전체의 문제로서 취급되어 그 해결책이 강구된다. 어떤 공정에서 불량품이 생산되는 경우에는 이 불량품은 후속공정에서 즉시 발견되므로 JIT시스템은 자체가 품질개선을 촉진하는 구조적 특성을 가졌다고 할 수 있다.

부익 시티(Buick City)가 1985년에 JIT를 도입하였을 때, 만약 작업장에서 품질문제가 발생하면, 경영자는 작업자들에게 생산라인을 정지시킬 수 있는 권한을 부여했다. 일본은 이것을 "andon"이라고 부른다. 또한 GM사는 생산라인 점검을 없앴으며, 감독자수를 반으로 줄였다. 그러나 라인스톱제도는 도입하지 않았다. 그 결과 생산성과 품질은 급강하(nose-dive)하게 되었다. 이 회사는 이 문제를 바로잡기 위하여 팀제로 운영되었고, 작업방법은 바뀌었고, andon시스템은 작업자들이 라인을 정지시키지 않고 도움을 요청할 수 있도록 노란 경고코드를 취하도록 수정되었다.

3. 소롯트 사이즈

JIT시스템에 있어서는 롯트사이즈를 최소화하는 것을 중요한 목적으로 하는데 궁극적으로는 롯트의 크기가 1개인 롯트를 실현하는 것을 이상으로 한다. 그런데 작업준비비(setup costs)가 클 때는 롯트사이즈를 작게 할 수 없으므로 작업준비비를 최대한으로 줄여야 한다. 작업준비비는 롯트사이즈를 크게 하고 재고과잉을 초래하는 근본원인인 것이다. 그러므로 작업준비시간의 단축은 JIT의 성패를 좌우하는 열쇠라 할 수 있다. 소롯트생산은 생산리드타임과 재고를 감축시킴으로 생산시스템의 신축성도 크게 향상될 수 있다.

소롯트사이즈의 장점은 다음과 같다.

첫째, 소롯트사이즈는 재고주기를 줄인다. 완전재고를 초과한 재고가 주문사이에 발생한다. 평균재고주기는 롯트사이즈의 1/2이다. 즉, 롯트사이즈가 작아짐에 따라 재고주기(cycle inventory)는 작아진다. 재고주기를 줄이는 것은 재고유지와 제조에 관련된 시간과 공간을 줄이는 것이다.

둘째, 소롯트사이즈는 리드타임을 줄이는데 도움이 된다. 각 작업장에서 총처리시간이 소롯트보다 대롯트에서 더 크기 때문에 리드타임의 감소는 파이프라인(pipeline)재고를 줄인다. 또한, 그 작업장에서 다른 하나의 대롯트 작업을 마칠 때까지 대롯트는 다음 작업장에서 오랫동안 기다려야 한다. 만약 불량품이 발견된다면 전체 롯트는 재작업을 필요로 하는 모든 품목을 찾기 위하여 검사해야 하기 때문에 대롯트는 지연의 원인이 된다.

셋째, 소롯트는 운영시스템을 일정하게 유지할 수 있다. 대롯트는 작업시간이 많이 소요되기 때문에 일정이 복잡하지만 소롯트는 일정계획이 단순할 수 있다. 일정계획자는 능률적으로 생산능력을 유용화할 수 있다. 소롯트는 생산에서 대기시간을 줄임으로서 혼합생산이 가능하다.

4. 반복생산시스템

JIT는 반복생산시스템(repetitive production system)에 적합한 생산관리방식으로서 작업자들이 표준화된 작업이나 동일한 작업방법으로 반복적으로 작업을 함으로써 작업자들이 더욱 효과적으로 과업을 수행할 수 있어 생산성은 증가한다. 부품과 작업방법의 표준화는 JIT시스템의 저재고목표의 달성과 높은 생산성을 달성하는데 도움이 된다.

오늘날 JIT가 비교적 많이 보급되고 있는 업종은 자동차, 전자, 기계 등의 업종이다.

5. 공급자와 밀접한 관계

JIT시스템은 매우 낮은 재고수준으로 운영되기 때문에 공급업자와 밀접한 관계를 필요로 한다. 부품납품은 자주 이루어져야 하고, 리드 타임이 짧아야 하고, 일정대로 도착되어야 하며, 고품질이 유지되어야 한다. 또한 공급업자와 하루에 여러 번 납품할 것을 계약하는 것이 필요하다. 구매부서에서는 공급업자의 수를 줄이기 위해 인근지역의 공급자를 이용하고 공급업자와 관계를 개선하는데 초점을 맞추어야 한다.

전형적으로 JIT시스템이 이행될 때 가장 먼저 취하여야 할 행동 중 하나는 공급업자의 수를 줄이는 것이다. 예를 들어, Xerox회사는 공급업자의 수를 5,000개에서 300개로 줄였다. 이러한 접근은 적시에 고품질의 부품을 납품하려는 공급업자들에게는 커다란 압력이었다. 이를 보상하기 위하여 JIT사용자들은 공급업자와 계약기간을 연장하고, 그들에게 주문에 대한 회사의 유익한 정보를 주었다. 추가적으로 회사는 생산이 시작되기 전에 발생할지도 모르는 문제점을 피하기 위하여 제품 설계단계에서 공급업자들을 참여시킨다. 그들은 공급업자 전체 체인을 통하여 JIT재고 흐름을 성취하기 위하여 노력하는 공급업자와 같이 일을 한다.

JIT시스템을 사용하는 제조업자들은 일반적으로 그 지역의 공급업자를 이용한다. 예를 들어 GM사가 데니시의 세턴(Saturn)번화가에 위치했을 때 많은 공급업자들은 가까이 밀집해 있었다. 할리-데비드슨(Harley-Davidson)은 공급자수를 줄이고, 그들의 공장 가까이 우선 입주할 수 있는 권한을 주었다.

예를 들어, 밀워키 엔진공장 공급업자의 3/4은 175마일 이내에 위치했었다. 지리적 근접(geographic proximity)은 회사가 필요한 완전재고의 보유를 줄일 수 있다는 의미이다. 회사 인근에 공급업자를 둘 수 없는 회사들은 분배시스템을 바꾸어야 한다. 예를 들어, GM사와 캘리포니아에 있는 도요다사와 합작회사인 NUMMI(New Unitet Motor Manufacturing Incorporated)는 인디애나, 오하이오, 미시간에 공급업자를 두었다. 기차와 무개 트레일러(piggyback truck trailers)의 조정시스템을 통하여, 공급업자들은 매일 생산일자에 맞추어 정확하게 충분한 부품을 납품한다.

JIT기법은 공급업자와 협력이 필수적이다. JIT철학은 능률을 향상시키는 방법을 찾는 것이고, 공급업자들의 체인을 통하여 재고를 줄이는 것이다. 회사와 공급업자들과의 긴밀한 협력은 모든 사람에게 유익한 상황이 될 수 있다. 공급업자들은 생산하기 전에 비효율적인 부품설계를 피할 수 있도록 새로운 제품의 설계에 참여시킬 수 있다.

6. 노동력의 유연성

JIT시스템에서는 신속한 작업전환(changeover)과 소롯트생산이 결정적으로 중요하며 이를 달성하기 위하여 다기능작업자(multifunction worker)를 필요로 한다. 작업자는 여러 가지 기계를 다룰 수 있고 그것의 작업준비와 보전을 할 수 있어야 한다. 작업전환이 빈번하므로 작업자는 자주 다른 기계로 옮겨가면서 각종 작업을 수행하므로 작업자는 여러 가지 작업을 수행할 수 있도록 다기능교육(cross-training)을 받아야 한다.

7. 생산자동화

생산자동화(automated production)는 JIT시스템에서 중요한 역할을 하고, 저비용 생산에 중요하다. 도요다 자동차회사를 설립한 사기치 도요다(Sakichi

Toyoda)는 한때 이러한 말을 했다. "돈이 어디에 있던지 그것은 기계에 투자하여라." JIT를 적용함으로써 발생된 재고감소결과로 얻어진 돈은 비용을 줄이기 위한 자동화에 투자될 수 있다. 물론, 이 이익은 보다 큰 이득이 되고, 보다 큰 시장점유를 할 수 있다(가격을 인하할 수 있기 때문에). 그러나 자동화는 주의 깊게 계획해야 한다. 경영자들은 자동화가 기업에 유익하다고 믿고 있으나 이것이 항상 그러한 것은 아니다.

제 3 절 칸반시스템

1. 칸반시스템의 개괄

칸반(kanban)이란 카드, 간판 등의 일본말인데 JIT에서는 부품의 생산과 운반을 통제하는 수단으로 이용되고 있다. 칸반시스템(kanban system)은 후속공정(부품사용공정)이 부품을 필요로 한다는 사실을 선행공정(부품생산공정)에 알려 부품이 적시에 공급되도록 하는 기능을 수행한다. 이러한 후속공정과 선행공정의 정보를 알려주는 역할을 카드가 한다. 칸반시스템에서 이 카드는 생산한 품목의 용기마다 한 장씩 부착되며, 어떤 품목에 대한 일일수요량의 일정 비율을 나타내며, 용기에 담긴 부품이 소진되면 그 카드를 용기에서 떼어 수거함에 넣고, 빈 용기는 저장소로 옮긴다. 이 카드는 해당 품목을 한 용기분 더 생산하라는 신호가 된다. 용기 한 개가 가득 차면, 그 용기에 카드를 부착하여 저장소로 보낸다. 부품 사용자가 용기를 인수해 가면 앞의 절차가 반복된다.

도요다는 인출카드(withdrawal kanban)와 생산명령카드(production ordering kanban)의 두 가지 카드 시스템을 사용한다. 인출카드에는 품목명, 인출수량, 사용부서의 저장소, 생산부서의 저장장소를 명시하고, 생산명령카드에는 품목명, 생산량, 필요한 자재와 저장장소, 완성 후 저장장소를 명시한다. 인출카드 없이 자재를 인출할 수 없고, 생산카드 없이 생산할 수 없고, 이 카드는 생산을 시작할 때 용기에 부착한다.

[그림 7-1]은 두 카드 시스템을 나타낸 그림이다. 용기는 조립라인과 가공작업장 사이를 이동한다. 인출 카드(회색 카드, 이동경로)는 조립라인에 자재가

필요할 때 사용한다. 생산카드(검정카드)는 가공작업장이 부품을 추가 생산하는 것을 승인하는 역할을 하며 용기와 함께 이동한다.

그림 7-1 두 카드 칸반 시스템

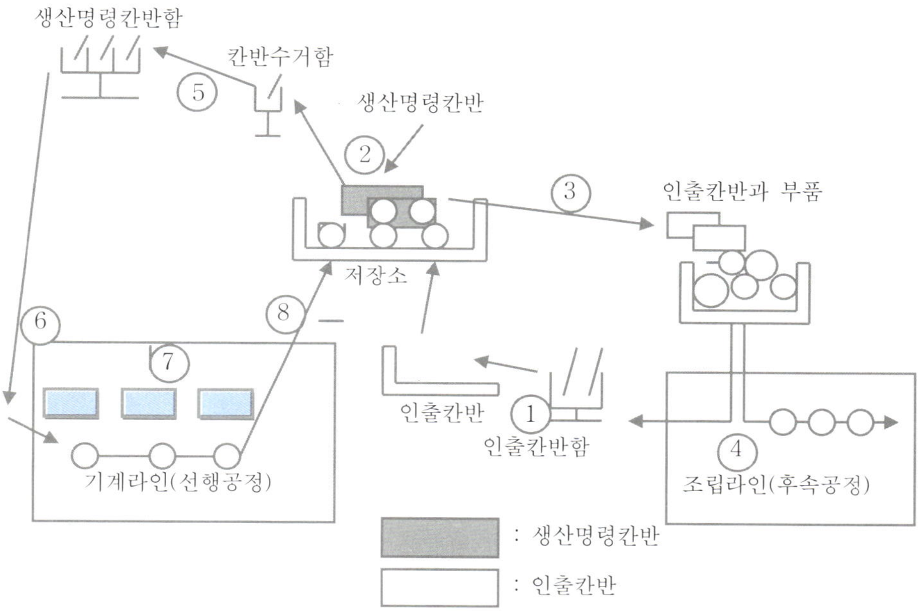

출처 : Yasuhiro Monden, Toyota Production System, 1981, p. 20.

두 가지 카드는 서로 다른 순환선을 형성하며, 이 두 가지 순환선을 따라 8단계의 상황이 전개된다.[2]

1. 후속공정의 운반인은 지게차나 지프차로 필요한 수의 인출칸반과 빈용기를 선행공정의 저장소로 옮긴다.
2. 후속공정의 운반인이 저장장소에서 부품을 인출할 때, 그는 용기에 부착된 생산명령칸반을 떼어 칸반수거함에 넣는다. 또한 선행공정의 사람이 지시한 장소에 빈 용기를 둔다.
3. 가득 찬 용기의 내용물을 인출칸반의 명세와 비교한 후에 용기에 생산명령칸반을 떼어버리고 그 곳에 인출칸반을 부착한다.

2) Yasuhiro Monden, *Toyota Production System*, 1981, pp. 19~20.

4. 작업이 후속공정에서 시작될 때, 인출칸반은 인출칸반함에 넣어두어야 한다.
5. 선행공정에서, 생산명령칸반은 어떤 시점에 칸반수거함에서 생산명령칸반함으로 보내어진다.
6. 생산명령칸반함에 있는 생산명령칸반의 순서에 따라 부품을 생산한다. 생산명령칸반을 빈 용기에 부착하여 기계라인(선행공정)으로 투입한다.
7. 생산명령칸반과 용기는 선행공정 전체를 같이 흐른다.
8. 완성된 부품을 저장장소로 운송하여 조립라인의 생산 소요량을 지원한다. 이 단계로 생산명령칸반의 순환이 완료된다.

용기의 운반을 통제하는 수단으로 사용되는 생산명령칸반(production ordering kanban)과 인출칸반(withdrawal kanban)은 생산과 운반을 지시함과 동시에 용기안의 부품을 식별하는 기능을 수행한다. 칸반카드는 종이, 금속, 플라스틱 등으로 만들어지는데 그 양식은 [그림 7-2]와 같다.

그림 7-2 **칸반카드**

인출칸반

부품번호: W 250 부품명: 바퀴	선행공정: 스템핑A15
용기용량: 20 / 용기형: B / 발행번호: 3/8	후속공정: 고무타이어M6

용기용량	용기형	발행번호
20	B	3/8

생산명령칸반

부품번호: M2104 부품명: 바퀴테 관리장소: 3202-5 용기용량: 20	공 정: 스템핑 A15

또한 칸반을 효과적으로 운영하기 위한 전제조건, 즉 칸반의 운영규칙(kanban rules)은 다음과 같다.

i) 후속공정은 선행공정으로부터 필요한 시기에 필요한 양만큼을 인출해야 한다.

ii) 후속공정은 인출한 양만큼의 제품을 생산해야 한다.

iii) 불량품은 후속공정에 보내서는 아니 된다.

ⅳ) 칸반의 수는 최소화되어야 한다.
ⅴ) 칸반은 수요의 작은 변동에 적용할 수 있도록 이용되어야 한다.

2. 용기수의 결정

JIT시스템에서 허용된 용기의 수에 따라 허용재고량이 결정된다. 관리자는 용기의 크기와 공급자의 작업장과 수요자의 작업장간을 이동하는 용기의 수를 결정해야 한다.

두 작업장간을 이동하는 용기의 수는 재공품재고와 안전재고의 양에 직접적으로 영향을 미친다. 용기는 생산대기, 라인대기, 창고보관, 수송 등에 시간을 소비한다. 필요한 용기의 수를 결정하기 위해서는 용기 하나 분의 부품을 생산하는데 필요한 평균 리드타임을 정확히 추정하여야 한다. 리드타임은 가공작업장의 용기당 처리시간과 대기시간과 자재취급시간의 함수관계이다. 조립라인에 필요한 용기수는 리드타임 동안의 평균수요와 안전재고의 합을 용기의 크기로 나눈 것과 같다.

$$n = \frac{\text{리드타임 동안의 평균수요} + \text{안전재고}}{\text{용기의 크기}}$$

$$= \frac{d(\overline{w} + \overline{p})(1 + \alpha)}{c}$$

최대재고량은 다음과 같다.

최대재고량 = (용기의 수)×(용기 1대의 크기) = nc

용기의 크기를 결정하는데 사용되는 용어들은 다음과 같다.

n = 용기의 수
d = 부품의 일일 수요예측치
$\overline{w}$ = 용기당 생산공정에서의 평균대기시간과 자재처리시간(단위는 일)
$\overline{p}$ = 용기당 평균가공시간(단위는 일)
c = 용기 1대의 크기(표준용기 하나 당 부품수)
α = 공급자 작업장과 사용자 작업장의 효율을 고려한 정책변수(도요타는 10% 이하의 값을 이용한다.)

칸반시스템을 이용하면 기업은 생산시스템의 자재흐름을 조정할 수 있다. 즉, 용기의 수를 조정함으로써 재고조절이 가능하다. 용기의 크기(c)와 효율요소(a)는 관리자가 재고통제를 위하여 사용할 수 있는 변수들이다. c를 조정하면 롯트의 크기가 변하고, a를 조정하면 완전재고의 양이 변한다.

[예제 7-1] 칸반시스템에서 적절한 카드수의 결정

LG전자부품은 TV브라운관에 사용되는 전자총을 생산한다. 한 용기분의 부품을 생산하기 위해서는 공정 중에서 0.01일, 자재처리와 생산 사이클 동안의 대기에 0.04일이 필요하다. 부품의 일일 수요는 8,000단위이다. 관리자는 10%의 안전재고가 필요하다고 한다.

(1) 각 용기에 40개의 부품을 담을 수 있다면 용기수는 얼마나 필요한가?

(2) 최대재고량은 얼마인가?

〈설 명〉

(1) d=8,000단위/일, $\overline{p}$=0.01, a=0.10, $\overline{w}$=0.04, c =40단위라면

$$n=\frac{8,000(0.04+0.01)(1+0.10)}{40}=11(\text{용기})$$

(2) n=11, c = 40단위이므로 이때의 최대재고량은 다음과 같다.

최대재고량 = 11×40 = 4400개

제 4 절 서비스산업의 JIT와 JIT Ⅱ

1. 서비스산업의 JIT

JIT시스템의 원리는 서비스산업에도 적용할 수 있다. 예를 들어, 레스토랑의 햄버거, 우체국의 우편물, 은행의 수표 및 어음 등이 있다. 이와 같이 서비스산업에의 JIT시스템의 적용은 서비스 대상이 유형품목이고, 작업이 반복적이며, 작업량이 충분하면 이 시스템의 도입이 효과적이라고 할 수 있다. 즉,

서비스가 제조업과 유사한 처리과정을 포함해야 한다.

JIT시스템의 중요한 목적은 공정개선에 있다. 따라서 JIT개념의 일부를 서비스업체에도 유용하게 적용할 수 있는데, 이들 개념은 다음과 같다.

i) 일관성 있는 고품질

벤치마킹, 서비스 디자인, 품질기능 등을 서비스부문에 성공적으로 적용할 수 있다. 무결점 서비스의 가치를 서비스 종업원에게 교육할 수 있다.

ii) 균등한 설비부하

예약시스템(reservation systems)과 가격차별화 정책(differential pricing)으로 설비부하를 균등화할 수 있다.

iii) 작업방법의 표준화

반복적인 서비스업무인 경우에, 모든 종업원이 사용하는 작업방법을 분석하고, 개선을 표준화함으로써 커다란 효율을 얻을 수 있다. 예를 들어, UPS(United Parcel Service)는 서비스 개선에 항상 작업방법을 모니터하고, 작업방법을 수정한다.

iv) 납품업체와 긴밀한 관계유지

Wal-mart와 K-mart 등의 대량 유통점, 패스트푸드 레스토랑과 같은 대량 서비스업체는 고품질의 상품을 짧은 리드타임 안에 자주 납품받기 위하여 납품업체와 긴밀한 유대관계를 필요로 한다.

v) 노동력의 유연성

서비스가 고객화 되면 될수록 다기능 종업원이 필요하다. 예를 들면, 전자제품 수리점은 다양한 고장원인을 찾아내서 수리할 수 있는 종업원이 필요하다.

vi) 자동화

자동화는 JIT서비스를 제공하는데 중요한 역할을 한다. 예를 들어, 은행은 자동인출예금기(ATMs)를 사용하여 24시간 다양한 서비스를 제공한다.

vii) PM(preventive maintenance)

기계의존도가 높은 서비스에서는 일상적인 유지보수를 해야 한다. 예를 들면, 롯데월드와 같은 서비스업에서는 고객에게 신뢰를 줄 수 있게끔 유지보수 계약에 주의해야 한다.

viii) 자재흐름의 풀방식

패스트푸드와 같이 유형의 품목을 처리하는 서비스업체는 풀방식을 활용할 수 있다.

ix) 제품중심

서비스업의 경영자는 종업원과 장비를 잘 구성하여 흐름을 균등화하고 종업원이 시간을 낭비하지 않도록 할 수 있다.

2. JIT II

JIT II는 음향기기와 스피커를 생산하는 보스사(Bose Corporation)에 의하여 개념이 적립되어 실행되었다. JIT II시스템은 납품업체에서 파견된 직원이 공장에 와서 구매부서원처럼 전일제로 근무하며, 이 공장주재 대리인(in-plant representative)에게 구매발주권을 부여한다. 이 대리인의 임무는 다음과 같다.

i) 납품업체에 구매발주를 한다.

ii) 원가절감과 공정개선에 도움이 되는 아이디어를 제공한다.

iii) 납품업체, 자재계약자, 기타 하청업체의 생산일정을 관리한다.

공장주재 대리인은 전형적인 JIT시스템에서의 구매담당자, 판매원, 때로는 자재계획담당자를 대신한다. 그러므로 JIT시스템은 납품업체와 매우 긴밀한 관계를 유지한다. 보스사는 1987년에 이 시스템을 도입했으며, 1992년에는 9명의 공장주재 대리인을 두게 되어 총구매예산의 25%를 절감하게 되었다.

JIT II를 채택함으로써 납품업체는 다음과 같은 이점을 얻을 수 있다.

i) 판매노력이 없어진다.

ii) 의사소통과 구매발주업무가 개선된다.

iii) 이 시스템의 도입과 함께 사업규모가 커지며, 신제품이 개발되어 사업이 계속 성장한다.

iv) 계약기간의 만료나 재입찰 없이 계약이 항상 유지된다.

v) 납품업자는 기술부서와 직접 접촉하여 판매할 수 있다.

vi) 송장처리와 대금지급이 효율적이다.

JIT II시스템은 물류, 생산, 구매과정을 통합하여 납품업체와 긴밀한 유대관계를 유지할 수 있는 기업의 조직을 갖출 수 있다.

제 5 절 JIT생산시스템의 적용

1. JIT와 MRP시스템의 비교

JIT와 MRP시스템의 차이점을 제시함으로써 기업에게 그 기업의 사항에 맞는 시스템을 선택할 수 있는 기준을 마련하고자 하는데 그 의미가 있으며, 차이점은 다음과 같다.

i) MRP는 계획을 강조하는 반면에 JIT는 낭비제거를 강조한다. MRP는 자재계획을 수립하고 계획대로 실천에 역점을 둔다. JIT는 재고감소, 문제점의 노출과 해결, 자재의 적시 공급에 의하여 낭비를 제거한다.

ii) MRP는 컴퓨터를 이용한 고수준의 정보처리시스템을 사용하는데 JIT는 간단한 시각적 통제에 의존한다. MRP에서는 생산주문서, 구매주문서, 예외사항보고서 등의 통제목적으로 각종 보고와 문서를 사용하지만 JIT는 단순한 칸반카드를 사용한다.

iii) JIT는 매일, 매시의 생산수량에 이르기까지 균일화가 달성되도록 주일정계획의 안정을 요구한다. 그러나 MRP의 주일정계획은 상당한 정도의 신축성이 허용된다.

iv) JIT는 작업준비시간을 단축하고 생산롯트를 최소화하는 것을 목적으로 한다. MRP시스템에서는 대롯트생산이 바람직한 것으로 생각되며 롯트사이즈는 실행, 지시, 또는 작업준비비와 재고유지비의 상충관계(tradeoff)에 의하여 결정된다.

v) JIT에서 공급업자는 생산팀의 일원으로 생각하고 있다. 공급업자는 장기공급계약에 의하여 독점적으로 공급하되 소량다회납품(小量多回納品)이 요구된다. MRP에서 공급업자는 거래의 적수로서, 가급적 많은 공급업자를 확보하여 업자끼리 경쟁을 붙이도록 한다.

vi) JIT시스템은 작업자가 적시에 양질의 부품을 생산하여 후속공정에 공급하기를 요구한다. 작업자는 적극적으로 문제해결 활동에 참여하여 생산성과 품질향상을 실천하여야 한다. MRP에서 작업자는 시스템의 한 부분으로서 지정된 한 가지 작업을 수행하도록 통제를 받는다. 작업자의 역할은 주어진 계획을 충실하게 이행하는 것이다.

2. JIT생산시스템의 적용과 실시

2.1. JIT생산시스템의 적용

MRP시스템은 주문생산과 같은 비반복적 생산에 적절한 반면 JIT시스템은 반복적 생산에 효과적이다. 반복생산과 비반복생산의 중간형태인 준반복생산(semi-repetitive production)에서는 MRP와 JIT의 절충방식인 싱크로 MRP(synchro MRP)가 바람직하다. 이 경우 자재계획수립은 MRP를 이용하고 생산현장관리는 JIT를 적용하는데, 이것은 일본의 야마하(Yamaha Motors Co.)에서 시도된 바 있다.

JIT시스템은 자동차, 오토바이, 기계, 전자 및 전기제품, 카메라 등을 만드는 반복적 생산공장에서 도입이 늘고 있는 추세이다.

2.2 JIT의 실시

JIT는 일본의 도요다자동차회사가 처음으로 실시하였다. 미국에서는 1980년에 가와사키 USA(Kawasaki USA)사가 처음으로 도입하였으며 그 후 포드, GM, 모토로라, IBM 등 회사가 이 기법을 도입했다. 지금까지 발표된 논문들을 보면 JIT를 도입함으로써 재고회전율향상, 품질향상, 원가절감, 신축성향상을 가져왔다.

JIT를 효과적으로 실시하기 위한 방법에는 다음과 같은 지침이 필요하다.[3)]

i) 최고경영층의 참여를 얻는다.

ii) 작업자의 협력을 얻는다.

iii) 최종조립라인부터 시작하여 모든 작업장의 1일 생산수량이 매일 균일하도록 생산계획을 수립한다.

iv) 최종조립단계부터 부품생산단계로 역진하면서 작업준비시간과 롯트사이즈를 줄여간다.

v) 부품생산율을 최종조립의 생산율에 일치하도록 한다.

vi) JIT를 공장 밖으로 연장하여 공급업자에게 적용한다.

---

3) Hall, Robert W, "Kanban versus MRP II - Which is Best for Your?" *Modern Materials Handling*(November, 1982).

2.3 실시상의 이득

JIT시스템은 가동준비시간을 줄이고, 소롯트 생산에 초점을 두고 있다. 또한 공정간의 안전재고와 재공품재고를 줄이므로 저장공간과 재고투자가 줄어든다. 소롯트와 자재의 원활한 흐름은 생산 리드타임을 감소시키고 작업자의 생산성을 향상시키며 설비가동률을 개선하는데 도움을 준다. 이러한 이점을 요약하면 다음과 같다.

ⅰ) JIT시스템은 소요공간을 줄인다.

ⅱ) 구매부품, 원자재, 재공품, 완제품에 대한 재고투자를 줄인다.

ⅲ) 생산 리드타임을 줄인다.

ⅳ) 직접 근로자, 간접 보조 근로자, 사무원의 노동생산성을 향상시킨다.

ⅴ) 장비 사용률을 증가시킨다.

ⅵ) 행정업무를 줄이고, 단순 계획시스템을 요구한다.

ⅶ) 근로자의 경영참가를 유도한다.

ⅷ) 제품의 품질을 향상시킨다.

JIT시스템의 최대 장점은 시스템의 단순화에 있다. MPS에 따라 제품 혼합이나 생산량을 변화시키기 위해서 시스템 내의 카드 수만 조정하면 된다. JIT시스템은 근로자의 참여를 상당히 수반한다. 소집단간의 회의는 작업자들의 참여를 촉진하여 많은 개선을 이루어 낸다. 이러한 JIT시스템의 장점은 경영자로 하여금 공장에 JIT시스템 원리를 도입할 것인지 고려하게 될 것이다.

연습문제

1. JIT 생산시스템의 중요한 요소에 대하여 설명하라.

2. JIT 생산시스템에서 공급업자와의 긴밀한 관계유지가 중요한 이유는 무엇인가?

3. JIT 생산시스템에서 풀(pull)방식과 푸시(push)방식의 차이점이 무엇인가?

4. 롯트사이즈 감축이 가져올 수 있는 이점이 무엇인가?

5. 준비시간의 감축이 가져올 수 있는 이점이 무엇인가?

6. 작업장 A에서 50개의 부품을 생산하는데 작업준비시간과 가공시간을 합하여 30분이 소요된다. 이 작업장에서 하나의 표준용기(50개의 부품을 수용함)를 다음 작업장 B로 운반하는 데는 10분이 소요된다. 이 부품의 수요율은 1분당 한 개다.

1) 작업장 A의 생산시간, 유휴시간, 용기가 운반되는 시간을 나타내는 그림을 그려라.

2) 위의 그림을 보고 용기가 몇 개 있어야 하는가를 알아내라.

3) $n = \frac{DT}{C}$ 의 공식을 사용하여 필요한 용기의 수를 산출하라.

제 8 장 제품 및 공정설계

Quality function deployment(QFD) is a structured approach for integrating the "voice of the customer" into the product development process

Computer-aided design(CAD) uses computer graphics for product design.

Modular design is another form of standardization. **Modules** represent groupings of component parts into subassemblies, usually to the point where the individual parts lose their separate identity.

A line process is more product focused, with resources organized around the product or service.

A continuous process is the extreme end of high-volume, standardized production with rigid line flow.

KEY TERMS

computer-aided design(컴퓨터지원설계)
computer aided process planning(컴퓨터지원공정계획)
concurrent engineering(동시공학)
continuous process(연속공정)
intermittent process(단속공정)
line process(라인공정)
modular design(모듈러설계)
quality function deployment(품질기능전개)
quality robust design(품질로버스트설계)
sequential design process(순차적 설계과정)
time-based competition(시간경쟁)

제 1 절 제품설계의 기본개념

1. 제품설계의 고려사항 및 중요성

기업은 제품을 생산하여 고객에게 제공한다. 따라서 신제품개발은 기업의 기본목표인 유지 발전에 가장 기본적인 요소중에 하나이다. 그러나 제품을 개발하는데 많은 시간과 비용이 소요되기 때문에 기업이 어려움을 느끼고 있다.

종전에 제품설계는 설계실 및 개발팀의 전용물이었다. 그러나 소비자의 요구는 산업화 사회를 거쳐 정보화 사회로 넘어 오면서 갈수록 개성·전문·다양화되어 가기 때문에 그들의 다양한 욕구를 충족시키기 위하여는 그들의 욕구를 설계단계부터 반영하여야 한다. 따라서 제품설계에는 기업 내의 전 부서뿐만 아니라 소비자까지도 참여시키게 되었다. 또한 제품개발은 경쟁업체보다 빠른 시간 내에 고객에게 출시해야 한다. 경쟁력 있는 제품설계를 위해서 고려해야 할 사항은 다음과 같다.

첫째, 제품설계는 고객의 입장에서 이루어져야 한다(가격, 품질, 신뢰성).

둘째, 회사의 생산능력이 있어야 한다(작업조건, 예산).

셋째, 생산은 신속하게, 쉽게, 대량적으로 가능해야 한다.

넷째, 소요부품은 가능하면 적어야 하고, 후에 설계변경이 수월해야 한다.

설계단계에서 제품생산비용의 60~80%가 결정되는데, 제품설계는 제품의 생산단계에 상당한 영향을 미친다. 따라서 생산단계에서 설계변경을 하는 것은 비경제적이다.

제품설계의 중요성은 다음과 같다.

첫째, 고객의 욕구만족, 최종제품의 품질, 판매전략, 수익성에 영향을 미친다.

둘째, 생산비용, 공정형태, 생산능률, 고장수리시간을 결정한다.

2. 시간경쟁과 제품개발과정

2.1 시간경쟁

오늘날 제품의 수명주기는 종전에 비하여 상당히 짧아졌다. 이것은 소비자의 기호가 빠르게 변화고 있다는 것을 의미하며, 또한 국제화 시대에 따라 경쟁이 치열하다는 의미기도 하다. 그래서 신제품의 출시선점은 기업의 경쟁전략에 중요한 위치를 차지하게 된다. 즉, 신제품을 빠르게 출시하는 기업은 그렇지 못한 기업에 비하여 경쟁우위를 가지게 된다. 이러한 개념을 시간경쟁(time-based competition)이라고 한다.

맥킨지사는 기업의 이익을 감소시키는 요인으로 i) 시장출시가 늦은 제품의 이익감소는 33%, ii) 비용이 상승된 제품의 이익감소는 22%, iii) 개발비용이 50%를 초과한 제품의 이익감소는 3.5%라고 하였다. 그러므로 국제화 시대의 기업은 제품설계에 시간경쟁전략을 고려하지 않는 것은 상상할 수도 없다.

2.2 제품개발과정

기업에 따라서는 차이가 있지만 제품개발과정은 크게 아이디어 창출, 제품선정, 예비설계, 최종설계의 네 단계로 나눌 수 있다.

기존제품의 개선 혹은 신제품에 대한 아이디어는 여러 곳에서부터 도출될 수 있다. 아이디어를 수집하고, 제품을 선정하며, 선정된 제품의 타당성조사는 마케팅부서에서 한다. 조사결과 타당성이 없으면 거절되거나 다시 피드백되고, 타당성이 있는 제품에 대해서는 설계기사에 의하여 예비설계가 이루어진다. 예비설계는 실험을 통하여 최종설계로 넘어가 외형설계와 생산설계가 이루어진다. 최종설계가 이루어지면 제품설계는 완료되고 이에 따라 공정설계가 이루어진다. 이러한 제품설계과정은 다음과 같다.

2.2.1 아이디어창출

아이디어창출은 제품개발의 첫 단계로서 기업의 내부와 외부의 원천으로부터 제품에 관련된 아이디어를 얻을 수 있다. 기업의 내부원천으로는 관리자, 종업원, 연구개발부서, 기술부서, 생산부서 및 마케팅부서 등이 있다. 기업외부원천으로는 고객, 소비자, 발명가, 경쟁업체, 공급업체 등이 있다.

2.2.2 제품선정

기업 내・외부로부터 획득된 아이디어가 모두 제품으로 개발되는 것은 아니다. 이들 아이디어를 시장잠재력, 재무적 타당성, 생산적합성에 대한 조사 및 분석을 통하여 제품화를 결정해야 한다. 그러나 제품으로서 타당성을 검토할 때 사용되는 기준들은 대부분 주관적이고, 수집된 정보도 매우 제한적이기 때문에 제품의 선정은 신중을 기해야 한다.

2.2.3 예비설계

제품으로 선정된 아이디어는 설계기술부서로 보내져 예비 및 세부설계가 이루어진다. 예비적인 제품설계단계는 신제품에 대한 아이디어를 구체적인 제품으로 전환하는 것이다. 이 단계에서는 검사와 분석을 위해서 원형(prototype)이 개발되고, 원가, 품질 및 제품성능간의 상충관계를 고려하여 경쟁력있고 생산가능한 제품으로 설계되는 것이다.

원형제작은 최종제품과 유사하게 여러 유형이 수작업으로 만들어지기도 한다. 또한 원형실험은 시장에서 6개월~1년에 걸쳐서 특정지역에 한정되어 이루어지며, 고객이 신제품에 대한 선호도를 계량적인 자료로 얻고자 하는데 목적이 있다.

2.2.4 최종설계

예비설계가 완료되면 최종설계단계로 옮아간다. 최종설계단계는 기능설계, 형태설계 및 생산설계를 거쳐서 예비설계를 개선시키며, 최종설계단계에서는 제품의 설계도와 제품명세서가 만들어진다. 원형실험의 결과 설계변경이 필요하면 최종설계에 반영한다.

1) 기능설계(functional design)

기능설계는 제품이 어떻게 작동되는가와 관련된 개념으로 주로 설계기술자가 담당한다. 이 단계의 중요한 특성은 신뢰성과 유지보수성이다.

2) 형태설계(form design)

형태설계는 제품의 물리적인 외양, 즉 모양, 색깔, 크기 및 스타일을 의미한다. 이미지, 디자인 등과 같은 요소들 역시 형태설계의 일부이다.

3) 생산설계(production design)

생산설계는 제품을 생산하는데 있어 용이성 및 비용과 관련된 개념이다. 만약 제조 불가능한 설계와 이용 불가능한 기술과 자원이 요구되는 설계를 했다면 생산부서에서는 생산 가능하도록 재설계되는 경우도 있다. 생산설계를 위해서 단순화, 표준화 및 모듈화 설계가 있다.

제 2 절 제품설계과정의 개선방법

일반적으로 1980년대까지 미국 기업들의 제품설계방식은 순차적 설계과정(sequential design process)을 채택했었다. 그러나 이런 설계과정은 기업환경의 변화(기업의 대규모화, 제품수의 증가, 설계의 복잡화)로 많은 문제점이 나타났다. 환경변화에 따른 문제점뿐만 아니라 기업의 부문간 갈등으로 제품의 품질수준이 낮아지거나 원가상승요인을 유발하기도 하였다. 전통적인 순차적 설계과정의 문제점을 개선할 수 있는 여러 가지 기법을 알아보고자 한다.

1. 동시공학

동시공학(concurrent engineering : CE)이란 기업의 모든 부서를 제품설계활동에 참여시키는 기법이다. 때로는 외부의 공급업자와 고객까지도 포함시키는 경우도 있다. 기업이 제품의 설계단계에서부터 전부서의 경험을 적용함으로써 제품개발의 시간단축, 개발비용의 절감, 품질향상을 기할 수 있다.

2. 제조를 위한 설계(DFMA)

제조를 위한 설계(design for manufacture and assembly : DFMA)란 기존의 설비를 이용하여 생산과 조립을 쉽게 할 수 있도록 부품과 조립품을 설계하는 기법이다. 예를 들면 인간과 산업로봇이 쉽게 집을 수 있고, 순서대로 조립할 수 있도록 부품과 조립품을 설계하는 것이다.

DFMA를 실행하기 위한 일반적인 지침은 다음과 같다.

① 부품을 가급적이면 적게 사용하고, 모듈러설계를 많이 한다.

② 부품을 사각(死角)에서 조립하도록 설계하지 말고, 조립하기 쉽게 설계한다.

③ 부품의 변동을 최소화한다.

3. 품질로버스트설계

품질로버스트설계(quality robust design)란 제품이 많은 조건 하에서도 모든 기능을 충분히 수행할 수 있도록 제품을 설계하는 것이다. 바꿔 말하면 불리한 작업조건과 환경조건에서도 지속적으로 성능특성이 균일한 제품이 생산되도록 설계하는 것을 말한다.

4. 품질기능전개

품질기능전개(quality function deployment: QFD)란 고객의 요구를 특정한 제품이나 서비스의 특성으로 전환하는 기법이다. QFD는 1972년 일본의 미쯔비시 고베 조선소에서 개발되었으며, 기본적인 설계도구는 품질의 집(house of quality)이다.

품질의 집은 고객요구(customer requirement), 경쟁력평가(competitive assessment), 제품특성(product characteristics), 상관관계행렬(relationship matrix), 제품특성의 상충관계행렬(trade-off matrix), 기술적 평가와 설계목표(technical assessments and design targets)의 여섯 가지로 구성되어 있다.

기업은 품질의 집을 완성함으로써 낮은 비용으로 고객만족을 향상시킬 수 있는 제품특성을 어떻게 변화시켜야 하는가를 알 수 있게 되었다.

5. CAD

CAD(computer-aided design)란 컴퓨터를 이용해서 제품이나 부품을 설계하고, 변경하고, 분석하고, 문서화하는 설계행위에 관련된 모든 작업을 수행하는 일종의 소프트웨어 시스템이다.

CAD는 종전의 설계방법과는 매우 다르다. CAD에서는 설계자가 대화식 컴퓨터그래픽시스템을 사용하기 때문에 과거처럼 펜을 손에 쥐고 설계하지 않고, 컴퓨터 앞에 앉아 키보드, 마우스, 조이스틱, 라이트 펜, 트랙 볼을 이용해 그래픽과 기호 그리고 다른 필요한 자료를 직접 모니터를 통해 도면을 직접 그리면서 설계한다.

6. 표준화

표준화(standardization)는 제품의 크기, 모양, 성능 및 그 밖의 특성들을 규정하는 과정을 의미한다. 표준화는 여러 제품간에 부품을 상호교환하여 사용함으로써 대량생산과 구매, 재고투자의 절감, 구매와 자재취급의 용이, 품질검사노력의 절감 및 생산과 관련된 어려움의 완화 등을 가져 올 수 있다.

7. 모듈화 설계

모듈화 설계(modular design)란 여러 가지 상이한 제품에 조립될 수 있는 일련의 기본적인 부품(혹은 모듈)을 개발하는 것이다. 이것은 생산부서를 지원해 주면서 고객의 욕구를 충족시켜 줄 수 있는 부품 공유성 혹은 모듈러 속성을 고려한 설계이다.

모듈화 설계는 부품의 수를 줄이고, 공정과 장비의 표준화를 가능케 하며, 제품의 다양성을 높여주는 기법으로서 제품의 복잡성과 원가를 줄일 수 있다.

제 3 절 공정설계의 기본개념

1. 공정설계의 의의

공정설계란 제품이나 서비스의 생산방법을 구상하는 것이다. 생산시스템의 공정형태, 생산단계, 가공방법과 기술, 기계 및 장비, 인력소요 등이 공정설계에 의하여 결정되기 때문에 공정설계는 생산분야의 중요한 의사결정인 기업의 설비투자, 설비배치, 인력계획, 직무설계 등에 영향을 미친다.

공정설계의 목표는 양질의 제품을 경제적으로 신축성 있게 생산할 수 있도록 도와주는 것이다. 최근에는 여기에 생산공정에 참여하는 종업원의 직무만족을 최대화하며 동시에 생산공정으로 인하여 발생하는 환경오염을 최소화하려는 노력이 주요한 문제로 대두되고 있다.

2. 공정의 선정

공정선정(process selection)은 기업이 제품을 생산하거나 서비스를 공급하는 방법을 선택하는 것이다. 본질적으로 이것은 기술의 선택과 기술에 관련된 문제들에 영향을 미칠 뿐만 아니라 생산능력계획, 설비배치, 설비 및 장비, 작업시스템의 설계에 중요한 영향을 미친다. [그림 8-1]은 공정선택과 시스템설계와의 관계를 설명하고 있다.

공정선택은 새로운 제품이나 서비스가 계획될 때 방향의 문제로서 대두된다. 그러나 이것은 또한 주기적으로 장비의 기술적 변화뿐만 아니라 제품에서나 서비스의 변화 때문에 발생한다.

그림 8-1 공정선택 및 시스템 설계

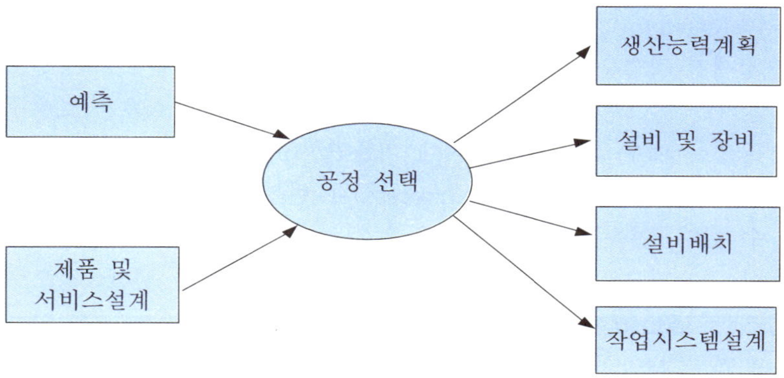

2.1 자가제조와 구매

공정계획의 초기단계는 제품을 자가제조를 할 것인지, 하청을 줄 것인지, 혹은 구매할 것인지를 결정하는 것이다. 어떤 제조업자는 부품들을 자가제조보다는 차라리 구매하는 것을 결정할 것이다. 즉, 단순히 조립하는 제조업자들은 모든 부품을 구입한다. 많은 기업들은 관리적 서비스(janitorial service) 또는 수선 서비스(repair service)에 대한 계약을 한다. 만약 이러한 구매나 계약이 결정되면, 공정선택에 대한 필요성은 줄어들거나 사라진다.

기업들은 생산능력(available capacity), 전문적 지식(expertise), 품질문제(quality consideration), 수요의 본질(nature of demand), 비용(cost) 같은 요소에 따라 자가생산을 할 것인지 구매를 할 것이지를 결정하게 된다.

2.2 공정의 형태

생산공정은 생산의 흐름을 통하여 파악할 수 있다. 생산의 흐름이란 생산활동의 공간적·시간적 진행 형태를 의미하며, 이것은 작업진행의 순서, 경로, 시간적 특성 등으로 알 수 있다. 흐름의 주체가 제조업에서는 자재가 될 것이고, 서비스업에서는 인간, 서류, 정보 등이다. 공정형태는 라인공정, 단속공정, 프로젝트공정으로 분류할 수 있다.[1)]

2.2.1 라인공정

라인공정(line process)은 공정의 흐름이 직선이며, 라인공정은 조립라인과 카페테리아(cafeteria)가 있다. 라인공정에서 작업되는 제품은 표준화가 되어 있으며, 정해진 작업순서에 따라 한 작업장에서 다음 작업장으로 직선으로 일관되게 흘러간다. [그림 8-2]는 라인공정의 전형적인 제품흐름을 보여주고 있다. 라인공정은 매우 효율적인 동시에 비유연성(inflexible)을 지니고 있다.

라인공정은 연속공정(continuous process)과 반복공정(repetitive process)으로 분류할 수 있다. 연속공정이란 가동을 중지하고 새로 시작하는 데 많은 시간과 비용이 소요되므로 하루 24시간 계속적으로 가동되는 생산공정으로 장치산업(process industry: 화학, 제지, 철강, 석유정제, 전력 및 전화사업)이 여기에 속한다. 반복공정은 동일한 생산과정을 반복적으로 거쳐 큰 롯트를 생산하며, 보통 조립라인형태의 생산방식을 취하는 대량생산이 여기에 속한다. 라인공정

그림 8-2 라인공정의 제품흐름

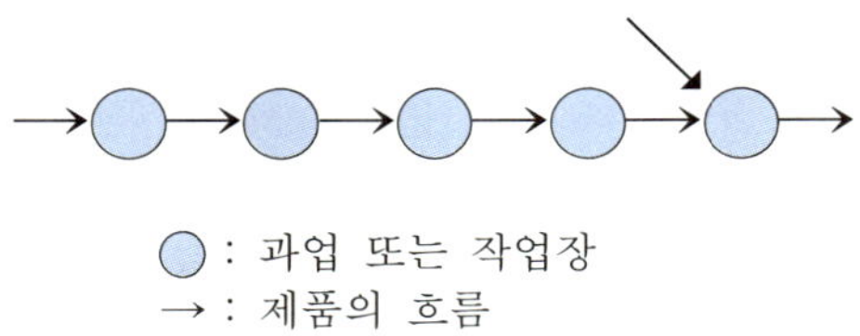

1) 이상범, 현대생산·운영관리, 경문사, 1995, pp. 129~133.

의 설비와 인원배치방법을 제품별 배치(product layout)라 한다.

이 공정의 장점은 생산능률이 높고, 생산공정이 고도로 기계화되어 있어 품질이 균일하며, 인건비가 싸다. 반면에 설비투자비용이 많이 들며, 생산품목이나 생산수량 면에서 신축성이 약하다는 단점이 있다.

2.2.2 단속공정

단속공정(intermittent process)은 다양한 제품이 소규모의 배치 또는 롯트로 단속적인 시간간격으로 생산되는 공정이다. 단속공정에서는 비슷한 기능을 수행하는 장비나 작업자가 한데 모여 하나의 작업장을 형성하며, 제품의 흐름은 필요한 작업장만을 흐르게 한다. 따라서 개개의 제품은 서로 다른 생산흐름을 취하며, 작업의 시작과 중단이 자주 일어나기 때문에 제품의 흐름이 불규칙적이고 원할하지 못하다. 정비공장, 기계설비의 제작, 맞춤복 등이 단속공정에 속한다. [그림 8-3]은 단속공정의 제품흐름이다.

그림 8-3 단속공정의 제품흐름

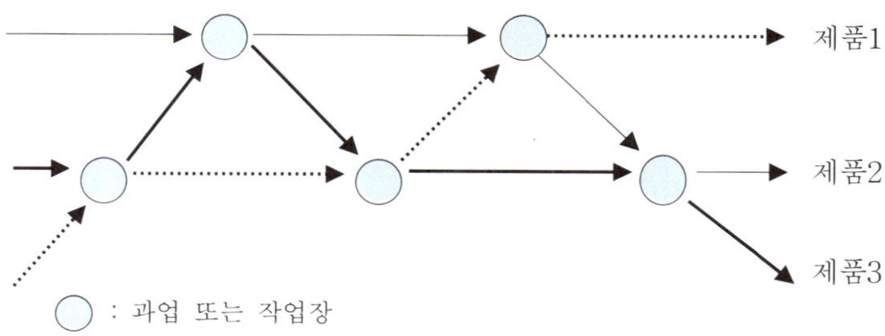

단속공정은 제품의 모델이나 생산수량의 변경에 매우 탄력적인 반면에 생산의 효율성[2]이 떨어지며, 재고관리, 일정계획, 품질관리가 어렵다. 단속공정의 특징은 설비배치의 형태가 공정별 배치(process layout)이며, 고객의 주문에 따라 제품을 생산하는 개별주문생산공정(job shop)이며, 비표준화된 제품의 생산, 소량의 제품을 생산하는 데에 적합하다.

이 공정의 장점은 신축성이 크며, 설비투자가 적게 들며, 작업자들의 직무

2) 생산의 효율성(%) $= \frac{\text{실제작업받은시간}}{\text{생산공정 내에 머문 총시간}}$ 이다. 효율성은 라인공정이 90~100%인데 반하여 단속공정의 효율성은 10~20인 경우가 보통이다.

만족도가 상대적으로 높다. 반면에 생산능률이 낮고, 인건비부담이 크며, 공정간의 재고가 많이 발생한다는 단점이 있다.

2.2.3 프로젝트 공정

프로젝트 공정(project process)이란 비반복적인 대규모 사업의 생산활동을 의미하며, 대체로 한번으로 끝나는 활동으로서 그 존속기간이 한정된다는 특징이 있다. 댐건설, 조선, 항공기제작, 연구개발, 교량건설, 고속도로건설 등이 이 공정에 속한다.

이 공정의 특징은 i) 가공대상은 정위치에 고정되어 있고 생산요소(작업자, 장비, 자재 등)가 이동하면서 작업을 수행한다, ii) 연속공정보다는 단속공정에 가깝다, iii) 다른 공정형태에 비하여 공정의 표준화, 기계화, 연속화가 어렵다, iv) 네트워크기법을 생산일정과 자원배정에 이용한다 등이다.

이상에서 세 가지 공정유형에 대하여 설명했다. 경영자는 생산하고자 하는 제품의 종류에 따라 필요한 공정형태를 선택하여야 한다. 공정형태를 선택할 때 기본적인 고려사항은 제품수요와 생산품목의 종류이다. 소품종다량생산(少品種多量生産)에는 연속공정(連續工程)이 적합하고, 다품종소량생산(多品種少量生産)에는 단속공정(斷續工程)이 적합하다. 그러므로 표준제품의 대량생산에는 연속공정형태가 유리하며, 비표준품, 수주생산, 수요가 한정된 제품, 라이프 사이클 초기의 제품, 진부화 위험이 큰 제품 등은 단속생산형태가 적합하다고 할 수 있다. 이러한 관계는 <표 8-1>에 상세하게 요약해 놓았다.

〈표 8-1〉 연속공정 · 단속공정 및 프로젝트 공정의 비교

항목(특징, 장단점)	연속공정	단속공정	프로젝트 공정
1. 생산의 흐름	연속적, 고정경로	단속적, 가변적	고정위치
2. 생산품목과 수량	소품종다량생산	다품종소량생산	독특한 단일제품
3. 설비배치	제품별 배치	공정별 배치	고정위치배정
4. 운반시스템	고정경로시스템	가변경로시스템	가변경로시스템
5. 생산성	높 다	낮 다	낮 다
6. 신축성	낮 다	높 다	높 다
7. 설비투자	많 다	적 다	적 다
8. 재공품재고	적 다	많 다	많 다
9. 공정관리	단 순	복 잡	복 잡

3. 제품 · 공정전략

공정은 시간의 흐름에 따라 변할 수 있으며 또한 여건의 변화에 적응해야 함으로 공정선정은 동태적인 문제라고 할 수 있다. 즉, 제품의 변화에 따라 공정도 변하여야 한다.

헤이즈(R. H. Hayes)와 휠라이트(S. C. Wheelwright)는 그의 논문에서 공정구조(공정수명주기)와 제품구조(제품수명주기)의 관계를 행렬형태로 [그림 8-4]와 같이 나타냈다. 이 행렬에서 제품구조는 개별제품의 소량생산에서 표준제품의 대량생산으로 전진되고 있으며, 공정구조는 개별주문공정에서 연속생산공정으로 발전되어 가고 있다. 에버나티(W. J. Abernathy)와 타운젠드(P. L. Townsend)는 1975년에 그들의 논문에서 공정에도 수명주기가 있다고 발표했으며, 공정의 수명주기는 '유동적이고 신축적인 공정'에서 '능률적이고 표준화된 공정'으로 진전한다고 보았다.

[그림 8-4]의 공정-제품행렬은 공정전략과 제품전략의 관계를 이해하는데 도움을 준다. 헤이즈와 휠라이트(1979)는 제품전략과 공정전략을 마이크로오븐을 생산하는 리톤(Litton)사의 예를 들어 설명하였다. 1960년대 초부터 새로운 성장제품의 디자인 수정에 대비하여 생산설비의 신축성을 가장 중요시하였다. 1970년대 종반에 제품이 성숙단계에 돌입하고 일반 전자제품생산자들도 대거 제품생산에 참여할 것이 예상되면서 리톤사는 생산능률화와 수직적 통합화의 방향으로 생산공정을 재편성할 것을 검토하게 되었다. 리톤사는 제품전략과 공정전략의 동시적인 수정(대각선상의 이동)을 고려하게 되었다.

제품 · 공정행렬에 의하면 최선의 전략은 경쟁회사보다 앞서서 대각선을 타고 활강(滑降)하거나 대각선 밑으로 내려가는 것이라 생각될 것이다. 때문에 회사가 대각선으로부터 크게 이탈하는 것은 위험한 전략이라 할 수 있다.

만일 어떤 회사가 공정구조를 고려하지 않고 제품 또는 시장요인만을 생각하고 특수능력을 정의한다면 그 회사의 경쟁전략은 불균형을 면할 수 없을 것이다. 이러한 단차원적인 전략으로 인하여 회사는 대각선 밖으로 밀려나 기업경쟁에서 불리한 입장에 놓이게 된다. 스키너(Wickham Skinner)는 이런 형태를 생산초점부재(lack of operations focus)라고 표현하여 이런 문제는 생산공정전략이 마케팅개념과 연결되지 못하는 경우에 발생하는 것이라고 주장했다.[3]

---

3) 임석현, 생산 · 운영관리, 삼영사, 1989, pp. 121~130.

그림 8-4 공정-제품행렬

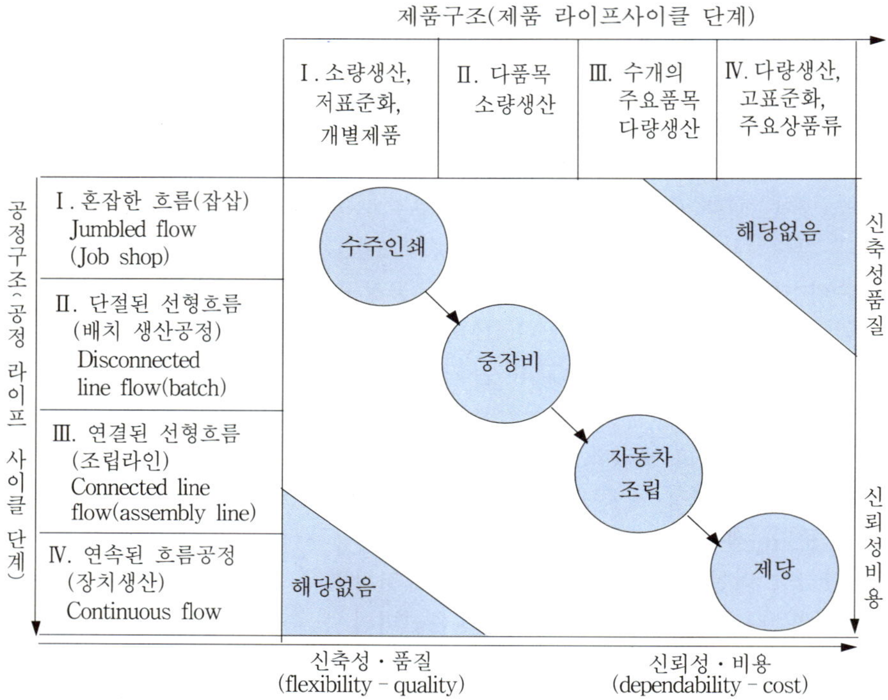

출처: Hayes and Wheelwright(1979), p. 137.

지금까지 설명한 공정설계는 거시적인 의사결정이었다. 이러한 거시적인 의사결정은 사용할 공정과 기술의 유형을 결정하는 것이다. 거시적인 공정설계에 대한 의사결정이 실행된 후에는 공정흐름분석(process-flow analysis)과 설비배치(facilities layout)가 이루어져야 한다.

제 4 절 공정흐름분석과 설비배치

1. 공정흐름분석

공정흐름분석은 모든 생산분야에 영향을 미치므로 이 분석을 실시할 때는 상당한 주의를 요한다. 공정흐름분석은 다음과 같은 절차에 따라 실시하는 것이 바람직하다.

i) 분석의 목적을 결정한다. 즉, 효율성, 유효성, 생산능력 및 작업자 사기의 향상 등을 분석목적으로 한다.

ii) 연구대상이 되는 관련 생산공정을 선정한다.

iii) 기존의 변환과정을 각종 도표나 효율성의 척도에 의해 나타내고 분석한다.

iv) 공정흐름이나 사용되는 투입물을 수정함으로써 공정설계의 개선안을 개발한다.

v) 수정된 공정설계에 대해 경영층의 재가를 얻는다.

vi) 새로운 공정설계를 실행에 옮긴다.

공정흐름분석을 위하여 일반적으로 사용되는 도표로서는 공정절차표, 조립도, 작업공정표, 흐름공정도가 있다.

1.1 공정절차표

공정절차표(route sheet or operations process sheet)는 제품을 생산하기 위하여 수행해야 할 작업과 검사, 그 진행순서, 사용될 기계·장비, 작업소요시간, 담당부문 등의 정보를 기록한 표이다. 그러므로 공정절차표는 제조부문에서 특정부품을 실제로 생산하기 위하여 필요로 하는 가공방법과 수단에 관한 자료를 요약한 것이다.

1.2 조립도

조립도(assembly chart)는 공정절차표 만큼 상세하지는 않지만 최종제품을 생산하기 위해 필요한 공정과 그 선후관계를 네트워크형태로 나타낸 표이다.

조립도는 작업(○), 검사(□)로 표시하여 전 제조공정을 파악하는데 편리하도록 작성되었다.

1.3 작업공정표

작업공정표(operation process chart)는 조립도보다는 더 구체적인 도표이다. 작업공정도에는 조립과정과 함께 개개 부품의 생산과정도 나타낸다. 부품의 생산과정은 작업(○)과 검사(□)의 두 기호를 사용하여 작업의 순서대로 나타내며, 재료나 부품의 투입시점과 결합시점, 여러 활동(작업, 검사)의 소요시간 등이 표시된다.

1.4 흐름공정도

흐름공정도(flow process chart)는 생산과정을 작업공정도보다 더욱 상세하게 나타낸 도표이다. 이 공정도는 생산의 흐름을 이해하는데 사용되기보다는 공정개선을 위한 분석수단으로 사용된다. 흐름공정도는 표준기호, 즉 공정분석기호([그림 8-5] 참조)를 이용하여 작성되며, 이 공정도는 작업, 검사 외에도 저장, 운반, 지연의 세 가지 비생산적 활동도 표시된다.

공정흐름의 개선을 위하여 흐름공정도를 분석할 때 분석자는 '제거할 수 있는 요소가 없는가?', '결합할 수 있는 요소는 없는가?', '순서를 바꾸면 어떤가?', '개선할 수 있는 요소는 없는가?' 하는 것을 자문하면서 공정흐름도를 분석, 검토해야 한다.

〈표 8-2〉 공정분석기호

기호	명칭	정 의
○	작업(operation)	형태, 내용, 정보의 의도적인 변경
□	검사(inspection)	수량, 품질의 검사(기준과의 비교)
⇨	운반(transportation)	의도적인 이동
▽	저장(storage)	다음 단계를 위한 의도적인 보관
D	지연(delay)	비의도적인 유휴상태

2. 설비배치

설비배치(facility layout)란 한 시스템내부에 있는 여러 가지 설비의 공간적인 구성을 말한다. 즉, 여러 부문, 작업장, 기계·장비, 자재운반 및 보관, 고객서비스, 유틸리티시설 등의 공간적인 배치상태를 설비배치라 할 수 있다.

설비배치는 자재운반, 기계가동률, 재고수준, 작업자의 생산능률 등에 직접적인 영향을 미친다. 또한 설비배치는 조직의 의사소통이나 고객의 만족도에도 영향을 미친다. 이러한 의미에서 설비배치는 생산시스템의 능률과 고객서비스의 질을 결정하는 중요한 요소가 된다.

2.1 설비배치의 유형

설비배치의 유형은 작업흐름의 형태에 따라 제품별 배치, 공정별 배치, 고정위치배치의 세 가지 기본형과 그룹 테크놀러지 배치와 모듈러 셀 배치와 같은 특수형이 있다.

2.1.1 제품별 배치

제품별 배치(product layout)란 라인배치(line layout)라고도 하며, 생산설비가 한 가지 품목을 전문적으로 생산하기 위하여 직렬(serially)로 배치되어 있는 설비배치형태이다. 바꾸어 말하면 작업자와 설비가 제품의 생산단계와 공정순서(sequence of operations)에 따라 배치된 형태이다.

제품별 배치는 개개의 품목이 동일한 가공경로를 연속적으로 이동하며, 또한 가공경로가 일정하기 때문에 컨베이어, 트랜스퍼머신, 파이프라인과 같은 고정경로의 운반장비(fixed-path material handling equipments)가 이용될 수 있다.

제품별 배치는 고성능의 전문기계와 운반장비로 구성되어 생산능률이 높은 반면에 설비투자비용(전문기계 및 운반장비)이 크므로 수요가 줄면 제품의 단위당 생산원가는 오히려 높을 수 있다. 그러므로 제품별 배치는 표준제품의 대량생산시스템에 적합한 배치형태라 할 수 있다. 자동차조립, 정유, 화공품, 전자제품, 식품가공, 음료가공, 셀프서비스 식당(cafeterias) 등이 제품별 배치라 할 수 있다.

(1) 장 점

① 생산성이 높고 단위당 생산원가가 저렴하다.
② 내부운반이 신속하고 능률적이다.
③ 내부운반이 신속하므로 재공품 재고가 적다.
④ 생산계획과 통제가 용이하다.

(2) 단 점

① 생산품목이나 제품디자인에 대한 유연성이 약하다.
② 설비투자비용이 많다.
③ 생산중단의 위험과 손실이 크다.
③ 종업원의 만족도가 낮다.

2.1.2 공정별 배치

공정별 배치(process layout)는 동일한 기능을 수행하는 기계설비를 종류별로 작업장에 모아 배치하는 형태이다. 이 배치형태를 일명 기능별 배치라고도 부른다. 제품별 배치에서는 설비가 제품의 가공순으로 배치되는데, 공정별 배치는 설비의 기능별로 배치된다.

생산설비가 공정별로 배치되어 있으면 비교적 적은 설비와 인원으로 여러 가지 작업을 할 수 있다. 그러므로 수주생산, 비표준품생산과 같은 생산에 신축성 있게 대처할 수 있고, 이때 공정별 배치가 가장 경제적인 배치형태이다. 이 배치형태는 다품종소량생산에 적합한 배치형태이다.

(1) 장 점

① 유연성이 크다.
② 설비투자가 적다.
③ 생산중단의 위험과 손실이 적다.
④ 종업원의 직무만족도가 높다.
⑤ 다품종소량생산에 유리하다.

(2) 단 점

① 생산성이 낮고 단위당 생산원가가 높다.
② 내부운반이 느리고 비효율적이다.
③ 생산계획과 통제가 복잡하다.

2.1.3 고정형 배치

고정형 배치(fixed-position layout)는 제품의 특수성 때문에 가공대상은 특정위치에 고정되고 인원, 기계, 자재 등이 이동하면서 생산활동을 수행하는 배치형태이다. 이 배치는 프로젝트형의 생산활동에서 이용되며, 건설공사, 항공기조립, 선박, 우주 로켓트 건설에 사용되는 배치형태이다. 이 배치는 신축성 있는 생산을 할 수 있으며, 부피가 크거나 무거운 제품을 생산하는 데에 적합하다. 반면에 기계설비의 운반에 시간과 비용이 많이 소요되며, 기계가동률이 떨어진다.

2.1.4 그룹 테크놀러지 배치

그룹 테그놀러지(group technology: GT)란 비슷한 특성(크기, 모양, 형태)을 가진 부품끼리 모아 부품군으로 분류하고, 이러한 유사성을 부품의 생산이나 설계에 이용하는 기법이다. GT를 이용하여 여러 종류의 부품을 몇 개의 부품군으로 분류하고, 각 부품군의 생산에 필요한 서로 다른 기계장비들을 모아 제조셀(manufacturing cell)로 구성하는 설비배치 형태를 그룹 테크놀러지 배치라고 한다.

GT는 작은 롯트의 주문생산, 수요의 다양화, 재고와 자재를 효율적으로 통제, 디자인과 제조를 병행하려는 데 그 필요성이 있다. 부품군을 효율적으로 관리하기 위하여 분류코딩 시스템(coding system)이 필요하다. 이 분류코딩 시스템은 데이터 베이스로부터 필요한 정보를 신속하게 검색하도록 해준다.

GT배치는 생산소요시간과 생산준비시간을 단축시키며, 자재취급량과 재공품재고와 설비투자비용을 줄인다.

2.1.5 모듈러 셀 배치

모듈러 셀(modular cell) 배치는 컨베이어 대신에 셀(cell)형태로 구성된 작업대에서 조립-조정-포장 등의 활동을 하도록 하는 생산방식이다. 전체시스템은 ㄷ자모양으로 되어 있고, 각 셀에서는 소수인원이 한 조로 구성되어 작업을 한다. 이 방식은 고객이 원하는 모델을 원하는 수량만큼 적기에 공급하고자 하는 목적에서 개발되었다. 이 시스템은 다품종소량생산에서 납기준수를 위하여 시작되었으나, 생산성과 품질향상도 함께 기할 수 있는 생산방식이다.

2.2 설비배치의 기법

2.2.1 공정별 배치의 기법

공정별 배치는 각 부문간에 서로 인접해야 할 부문과 가까이해야 하는 부문을 결정하는 것이 무엇보다도 중요한 문제이다. 그러나 이러한 상대위치 결정문제는 n개의 주어진 위치에 n개의 부문을 배치하는 것은 서로 다른 배치안의 수($n!$)만큼 존재할 것이다.

이러한 배치안을 비교, 평가하려면 평가기준이 있어야 한다. 설비배치의 평가기준으로서 가장 일반적인 것은 운반비용 또는 이동비용의 최소화이다.

부문간의 총운반비용은 각 부문 i에서 j까지의 운반량 또는 운반회수 (T_{ij}) 운반거리 (D_{ij}), 단위당 운반비용 (C_{ij})을 곱하여 총합함으로써 구할 수 있다. 이것을 식으로 나타내면 다음과 같다.

$$TC = \sum\sum T_{ij}D_{ij}C_{ij} \tag{8.1}$$

총운반비용 공식에서 T_{ij}와 C_{ij}는 상수라고 생각할 수 있고, 각 부문간의 상대위치에 따라 달라지는 D_{ij}는 변수라 할 수 있다. 일반적으로 배치안은 계량적인 배치모델로써 총운반비용을 최소로 하는 것이다. 그러나 실제의 설비배치에 있어서는 작업자의 안전, 종업원의 직무만족, 고객의 편의, 커뮤니케이션의 원활화 등의 질적인 요소 또한 매우 중요하다.

공정별 배치기법으로서는 이동량·거리분석, 활동순서분석, 체계적 배치법(SLP), 전산적 기법(ALDEP, CORELAP, CRAFT) 등이 있다.

공정별 배치는 정보수집단계, 배치계획단계, 세부배치설계단계의 세 가지 기본단계를 가지고 있다.

2.2.2 제품별 배치의 기법

제품별 배치(product layouts)는 공정별 배치와 아주 판이한 관리문제이다. 조립라인(assembly line)이나 생산라인이라고 불리는 제품별 배치는 작업장이 차례로 배치된다. 제품은 라인의 처음에서 완성제품이 될 때까지 한 작업장에서 다른 작업장으로 옮겨간다. 일반적으로 한 작업자는 반복적인 과업을 수행하기 위하여 각 작업장을 운영한다. 작업장간에는 재고가 적게 쌓인다. 한 제품을 생산하는데 소요되는 시간은 가장 늦은 작업장의 소요시간이 된다. 예를 들면 가장 느린 작업장이 단위당 45초 소요된다면, 이 라인에서 한 제품을 생산하는데는 최소한 45초가 소요된다. 그러므로 작업장간에는 작업량을 균형있게 배정하는 것이 중요하다. 이것이 제품별 배치의 기본원칙이며, 이것은 라인 밸런싱을 통하여 실현이 가능하다.

1) 라인 밸런싱의 의의

생산라인이나 조립라인은 여러 개의 작업장으로 구성되어 있다. 작업장은 라인을 구성하는 단위조직이라 할 수 있다. 어떤 제품을 만드는 생산활동은 여러 가지의 과업으로 분할되어 각 작업장에 분배되기 때문에 과업은 최소의 단위작업이다.

조립라인을 설계하려면 작업장의 수와 각 작업장의 작업내용(과업배정)을 결정해야 한다. 조립라인을 설계할 때 가장 중요한 것은 라인의 능률을 최대로 하는 것이다. 이것은 조립라인에서 발생하는 총유휴시간을 최소화하는 것을 의미한다. 총유휴시간을 최소화하기 위해서는 각 과업수행에 소요되는 시간을 균등하게 하는 것이다. 즉, 과업배정을 균형화 하는 것이다. 이와 같이 생산라인이나 조립라인에서 과업배정을 균형있게 하는 것을 라인 밸런싱(line balancing)이라 한다.

각 작업장에 배정된 과업량이 동일하지 않을 때는 과업량이 적은 작업장에서 유휴시간이 발생한다. 라인의 생산능력은 가장 과업이 많은(가장 느린) 작업장의 생산능력과 같게 된다. 가장 느린 작업장을 애로공정(bottleneck)이라 한다. 모든 작업장의 과업시간이 동일할 때는 유휴시간은 없어지고 인원과 장비는 100% 활용된다.

[그림 8-5]는 과업시간, 유휴시간(1사이클당) 및 사이클타임의 관계를 보여준다.

그림 8-5 과업시간, 유휴시간 및 사이클타임의 관계

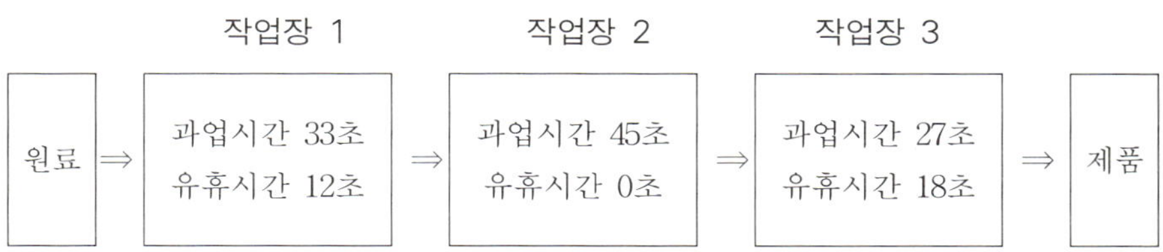

* 이 제품생산의 사이클타임 45초(tact time은 45초)

그러나 생산라인의 완전 균형이란 그렇게 많지 않다. 라인 밸런싱의 기본적인 문제는 작업장의 수를 결정하고 각 작업장에 대한 과업의 배정을 결정하는 것이다. 라인 밸런싱의 성과는 라인의 생산능력(capacity), 능률(efficiency) 및 과업순서(sequence)의 3요소로 평가할 수 있다.

2) 라인 밸런싱의 절차

라인 밸런싱은 다섯 단계를 거쳐서 이루어진다. 지금부터 이들 각 단계에 대하여 설명해보자.

첫째 단계, 공정의 선행 다이아그램을 작성한다.

선행 다이아그램을 이용하여 작업간의 연속적인 선행관계를 원(○)과 화살표(→)를 이용하여 나타낸다.

둘째 단계, 생산주기(cycle time: Ct)를 구한다.

생산주기란 한 부품을 생산하는데 소요되는 시간을 뜻한다. 즉, 1일 작업시간을 1일 생산량으로 나누면 생산주기를 구할 수 있다.

$$\text{생산주기}(Ct) = \frac{\text{1일작업시간}}{\text{1일생산량}} \tag{8.2}$$

이렇게 계산된 생산주기가 최장작업의 작업시간과 총작업시간 사이에 존재하지 않으면 아니된다.

$$t_{\max} \le Ct \le \sum t_i \tag{8.3}$$

여기서 $t_{\max}$는 각 작업 중에 최대값이고, $\sum t_i$는 각 작업의 작업시간 합을 의미한다. 만약 주당 생산량이 2,400개이고, 주당 작업시간이 40시간이라 한다면, 이때 생산주기(Ct)는 약 60초이다. 이 생산주기(60초)는 최대작업시간과 총작업시간 사이에서 생산량과 효율성을 감안하여 결정되며, 생산주기는 이들 사이에 존재함으로 식 (8.3)을 만족시킨다.

셋째 단계, 필요한 작업장 수를 결정한다.

다음 공식을 이용하여 주기시간제약을 만족시키는 데 필요한 이론적 최소 작업장의 수(N)를 결정한다.

$$N = \frac{\text{총작업시간}(\sum t_i)}{\text{생산주기}(Ct)} \tag{8.4}$$

넷째 단계, 규칙을 이용하여 과업을 작업장에 배치한다.

이때에 이용되는 규칙은 다음과 같으며, 우선 규칙 1을 적용하며, 후속과업의 수가 같을 경우에는 규칙 2와 규칙 3의 순으로 적용한다.

〈규칙 1〉 후속작업의 수가 가장 많은 작업을 우선 배정한다. 즉, 최다후속과업원칙이다.

〈규칙 2〉 작업시간이 긴 작업을 우선 배정한다. 즉, 최장과업시간원칙(longest operation time rule: LOT원칙)이다.

〈규칙 3〉 후속작업시간의 총합과 자신의 작업시간을 합해서 제일 많은 작업을 우선 배정한다.

다섯째 단계, 유효율을 계산한다.

라인 밸런싱의 성과는 라인의 효율(efficiency of the line)로서 측정한다. 라인의 효율성은 다음과 같이 계산한다.

$$E = \frac{\text{총작업시간}(\sum t_i)}{\text{실제작업장의 수}(N) \times \text{생산주기}(Ct)}$$

또한 라인의 효율 대신에 라인의 지연율(balance delay)을 사용하는 경우도 있는데 지연율은 1-E로 계산할 수 있다. 지연율이 10% 이하이면 밸런싱이 잘 된 것으로 볼 수 있다.

[예제 8.1]

정원관리 장비제조업체인 한양공업사는 BB라는 비료분사기를 생산할 수 있는 생산라인을 설계하고 있다. 아래의 비료분사기 조립에 관련된 자료를 이용하여 다음 물음에 답하여라.

작업요소	작업내용	소요시간(초)	선행작업
A	호퍼에 다리부착	40	-
B	추진축 삽입	30	A
C	굴대 부착	50	A
D	교반기 부착	40	B
E	구동창치바퀴 부착	6	B
F	프리 휠 부착	25	C
G	포스트 장착	15	C
H	조정기 부착	20	D, E
I	명패 부착	18	F, G
	총소요시간	244	

i) 공정의 선행 다이아그램을 작성하여라.

ii) 이 업체의 일일생산량은 480대를 생산한다. 생산주기를 구하여라

iii) 필요한 작업장수를 구하여라.

iv) 규칙을 이용하여 과업을 작업장에 배치하라.

v) 유효율을 계산하여라.

〈설 명〉

i) 공정의 선행 다이아그램을 작성하여라.

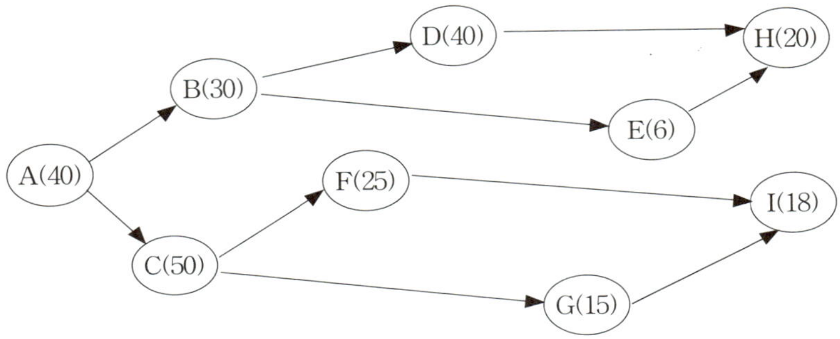

ii) 생산주기를 구하여라

$$\text{생산주기}(Ct) = \frac{\text{1일작업시간}}{\text{1일생산량}} = \frac{8\times60\times60}{480} = 60(\text{초})$$

생산주기가 60초는 최대작업시간 50초보다는 길고 총작업시간 224초보다는 짧으므로 제약조건을 만족시킨다.

iii) 필요한 작업장수를 구하여라.

$$N = \frac{\text{총작업시간}(\sum t_i)}{\text{생산주기}(Ct)} = \frac{244}{60} = 4.067(\text{5개})$$

iv) 규칙을 이용하여 과업을 작업장에 배치하라.

우선 최다후속과업원칙에 따라 과업을 배정하고, 후속과업의 수가 동수일 경우 규칙 2, 3을 적용시킨다. 이때 주의할 점은 선행관계와 사이클타임(60초)이라는 두 가지 제약조건을 만족시켜야 한다. 각 작업장에 할당되는 과업은 다음 표와 같다.

작업장	과업	과업시간	잔여시간	할당가능 과업
작업장 1	A	40	20(유휴)	없음
작업장 2	C	50	10(유휴)	없음
작업장 3	B	30	30	F, E
	F	25	5(유휴)	없음
작업장 4	D	40	20	G, H
	G	15	5(유휴)	없음
작업장 5	E	6	54	H, I
	H	20	34	없음
	I	18	16(유휴)	없음
총여유시간			40초	

v) 유효율을 계산한다.

$$E = \frac{\text{총작업시간}(\sum t_i)}{\text{실제작업장의 수}(N) \times \text{생산주기}(Ct)} = \frac{244}{5 \times 60} = 0.81(81\%)$$

유효율이 90% 이상이어야 작업장 배치의 밸런싱이 잘되었다고 볼 수 있다.

제 5 절 생산능력

1. 생산능력의 의의

생산능력(capacity)이란 생산시스템이 일정한 기간 동안 생산할 수 있는 최대생산량을 말한다. 단일제품이나 몇 가지 유사한 제품을 생산하는 기업의 생산능력은 산출물의 단위로 쉽게 측정될 수 있다. 예를 들면, 자동차공장의 자동차 대수, 제철공장의 조강 톤수, 맥주공장이나 정유공장의 배럴(barrel), 발전소의 메가와트 등이다.

그러나 제품믹스(product mix)가 복잡하여 산출물의 단위가 다양한 경우에는 보통 제한된 가용자원, 즉 투입물의 크기로 생산능력을 측정한다. <표 8-3>은 생산능력을 측정하는 단위를 나타내고 있다.

생산능력을 측정할 때 다교대생산(多交代生産)인 경우 생산능력을 어떻게 인정할 것이며, 피크생산능력(peak capacity)과 유지생산능력(維持生産能力: sustained capacity)을 어떻게 구별하여 생산능력에 반영할 것인가 이다.

먼저 다교대생산인 경우는 공칭생산능력(公稱生産能力: nominal capacity)의 개념을 사용하는 것이 바람직할 것이다. 공칭생산능력이란 하루 1교대, 2교대, 3교대 어느 것이 정상이든 간에 일정기간당 최대산출량을 의미한다. 그러나 최대산출량이라도 잔업이나 추가적인 하청 등은 포함시키지 않는 것이 바람직하다.

다음으로 피크생산능력(peak capacity)과 유지생산능력(sustained capacity)은 어떻게 생산능력을 파악해야 할 것인가? 피크생산능력이란 잔업이나 임시추가고용을 이용하여 일시적으로 유지되는 생산능력이다. 이에 비해 유지생산능력은 정상적인 방법으로 오랫동안 계속 유지될 수 있는 생산능력이다. 설비

〈표 8-3〉 생산능력의 측정

구분 기준	조 직	측 정 단 위
산 출	자동차제조업 양조장 통조림공장 철강제조업 전력회사	자동차의 수 맥주의 배럴 식료품의 톤수 철강의 톤수 전력의 메가톤
투 입	항공기 병원 기술자단기직업소개소 상품화 계획 영화관 레스토랑 세무소 대학 창고	좌석수 병상수 노동시간/기계사용시간 판매영역이나 전시의 제곱피트 좌석수 좌석이나 식탁수 세무사의 수 학생/시설의 수 저장넓이의 제곱

계획에서는 피크생산능력과 유지생산능력 양쪽 모두를 고려해야 하지만, 발전소, 식당, 전화국과 같은 서비스산업에서는 제품이 재고로 보관될 수 없으므로 피크생산능력이 유지생산능력보다 더 중요시되기도 한다.

이와 같은 생산능력의 측정 단위와 측정의 기본원리를 기초로 하여 생산능력의 계산과 생산능력의 조정에 대하여 알아보자.

2. 생산능력의 계산

생산능력을 계산하려면 무엇보다도 먼저 실제생산수량을 결정할 수 있어야 한다. 이 실제생산능력을 결정하기 위하여 설계생산능력과 시스템생산능력 및 시스템능률을 알아보자.

설계생산능력(design capacity)이란 공장건설단계에서 결정되는 생산능력을 말하며, 제품믹스나 제품디자인의 변화에 따라 설계생산능력이 그대로 유지될 수 없게 되어 생산능력이 감소하게 된 생산능력을 시스템생산능력(system capacity)이라고 한다. 그러나 여러 가지 요인으로 인하여 시스템생산능력은 실제생산수량이 될 수는 없다. 실제생산능력은 시스템생산능력에서 시스템의 감소요인(수요의 감소, 관리의 비능률, 장비의 비능률, 작업의 비능률)을 제함으로서 얻을 수 있다. <표 8-4>는 이들 세 가지 생산능력의 관계를 보여주고 있다.

〈표 8-4〉 설계 · 시스템 · 실제생산능력의 관계

설계생산능력 (설계생산능력의 감소요인) ① 제품믹스 및 시장조건의 변화 ② 제품디자인의 변화	시스템생산능력 (시스템생산능력의 감소요인) ① 수요의 감소 ② 관리의 비능률 ③ 장비의 비능률 ④ 작업의 비능률	실제의 생산수량

* 설계생산능력 - 시스템생산능력 = 실제생산능력

실제생산수량과 시스템생산능력의 비율을 시스템능률(system efficiency : SE)이라 한다. 시스템능률이 크면 클수록 시스템생산능력이 효과적으로 관리된다는 의미이다.

일정기간 동안 요구되는 산출량이 정해지면 이 산출량을 생산하는데 필요한 생산수단(기계 또는 노동력)의 양은 쉽게 결정된다. 예를 들어, 어떤 제품의 수요를 충족시키기 위해서는 한 달에 2,000기계시간이 필요하다고 하자. 만일 기계 한 대당 한 달 작업시간이 200시간이라면 10대의 기계가 필요하게 된다.

일반적으로 일정기간의 소요산출량이 정해지면 이 산출량을 생산하는데 소요되는 총표준작업시간을 먼저 계산한 다음, 이것을 생산의 효율성으로 나누어 총실제작업시간을 구한다. 그리고 이 총실제작업시간을 그 기간 동안 한 단위 생산수단(기계 또는 노동력)의 총작업 가능시간수로 나누면 필요한 생산수단의 양이 결정된다. 이러한 사항을 수식으로 나타내면 다음과 같다.

$$\text{총표준작업시간} = \text{소요생산량} \times (\text{단위당 표준준비시간} + \text{단위당 표준작업 시간}) + (\text{필요한 배치의 수} \times \text{배치당 표준준비시간})$$

$$\text{총실제작업시간} = \frac{\text{총표준작업시간}}{\text{생산의 효율성}^{4)}}$$

$$\text{소요생산수단} = \frac{\text{총실제작업시간}}{\text{일정기간 동안 한 단위 생산수단의 총작업가능시간}}$$

[예제 8.1] 배치생산에 대한 소요생산수단의 결정

어느 회사는 단일제품을 생산하고 있는데, 이 제품의 다음 달 수요는 200개이고 현재 재고는 없다고 한다. 제품의 단위당 표준 준비시간은 0.5시간이며, 단위당 표준작업시간은 3시간이다. 200개의 제품은 10개의 배치로 나누어 생

4) 생산의 효율성=조직의 효율성×작업자의 효율성×기계의 효율성

산되며(즉, 한 배치의 크기는 20개), 배치당 표준 준비시간은 4시간이다. 조직의 효율성은 100%, 작업자의 효율성은 95%, 그리고 기계의 효율성은 90%라고 한다. 이 회사는 다음 달 중 22일 작업하며, 1일 작업시간은 8시간이다. 다음 달의 수요 200개를 충족시키려면 몇 대의 기계가 필요하겠는가? 총표준작업시간, 총실제작업시간 및 필요한 기계의 수는 다음과 같이 계산된다.

〈설 명〉

$$\text{총표준작업시간} = 200(0.5+3)+10(4) = 740\text{시간}$$

$$\text{총실제작업시간} = \frac{740}{1.0\times0.95\times0.9} = 865.5\text{시간}$$

$$\text{필요한 기계의 수} = \frac{865.5}{22(8)} = 4.9\text{대(약 5대)}$$

3. 생산능력의 조정전략

생산능력이 결정되면 시스템생산능력과 현재의 생산능력을 비교하여 생산능력을 확장하거나 축소하여 시스템의 규모에 맞는 생산시설을 운용하여야 한다. 이때 가용생산능력을 추정하여 현존 생산능력의 감모를 고려해야 할 것이다.

시스템생산능력을 조정할 경우 두 가지 측면에서 고려해야 한다. 첫째는 기존시설을 이용하면서 조업도 조정을 실시하는 방법, 둘째는 조업도 조정으로 수요를 충족시킬 수 없을 때는 시설확장을 고려해야 한다.

3.1 조업도 조정에 의한 방법

현재의 시설을 유지하면서 생산능력을 조정하는 방법은 잔업과 조업단축(overtime and undertime), 다교대작업(multiple shifts), 고용 및 해고(hiring and layoff), 재고보유(inventory carrying), 하청(subcontracting) 등이 있다.

3.2 시설확장에 의한 방법

시설확장을 통하여 수요를 충족시킬 때는 확장의 규모와 시기에 여러 가지 방법이 있으나 특히 규모의 경제(economies of scale)와 규모의 비경제

(diseconomies of scale)를 고려해야 한다.

규모의 경제(economies of scale)란 설비의 규모가 커져 생산량이 증가하면 고정비가 더 많은 생산량에 분담되므로 단위당 생산비용이 감소하는 현상을 말한다. 이러한 규모의 경제가 발생하는 이유는 생산설비의 건설비용과 가동비용이 설비의 크기에 비례하여 증가하지는 않기 때문에 발생한다.

예를 들면, 일반적으로 생산율이 2배인 기계의 구입비용과 가동비용은 2배보다 적다. 또한 관리자 및 지원부서에 들어가는 간접비가 더 많은 생산량에 분담되어질 수 있다는 점이다. 그 결과 설비의 크기가 커짐에 따라 단위당 생산비용은 감소한다. [그림 8-6]은 규모의 경제현상과 규모의 비경제현상을 나타내고 있다.

그러나 규모의 경제는 설비의 규모가 커짐에 따라 계속되는 것이 아니다. 설비의 규모가 너무 커져 일정 수준을 넘게 되면 오히려 단위당 생산비용이 증가하는 규모의 비경제현상이 나타날 수 있는데, 이는 다음과 같은 이유로 발생한다. i) 설비의 규모가 너무 커지면 수송비의 비경제현상이 나타난다. 예를 들면, 단일의 대규모 공장은 시장 근처에 입지한 다수의 소규모 공장보다 수송비용이 더 많이 든다. ii) 대규모 관료적인 조직에서는 의사소통, 조정 및 통제비용이 증가하기 때문에 규모의 비경제현상이 나타날 수 있다. 즉, 조직의 규모가 커질수록 이를 관리하기 위해 관리계층이 늘어나며, 이와 관련된 비용은 산출량보다 더 빨리 증가한다. 더욱이 생산제품이 추가되고 설비가 커짐에 따라 복잡성과 혼란의 증대에 따른 비용이 발생한다.

그림 8-6 규모의 경제와 규모의 비경제현상

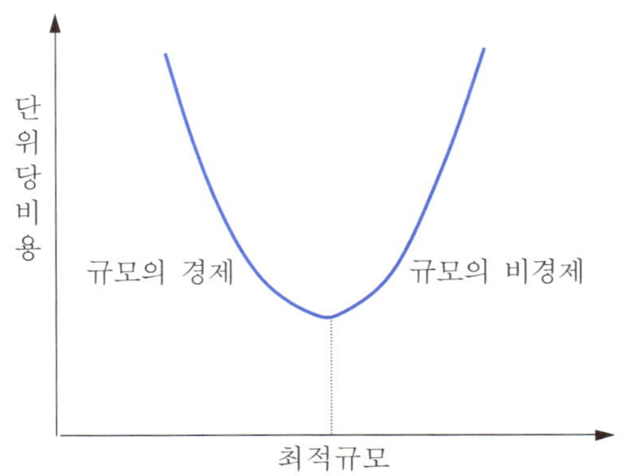

[그림 8-6]에서 보는 바와 같이 단위당 생산비용이 최소가 되는 설비의 최적 크기가 존재한다. 이러한 설비의 최적 크기는 고정비가 얼마나 큰가와 규모의 비경제가 얼마나 빨리 나타나는가에 달려 있다. 더욱이 설비의 최적 크기는 기업의 비용구조, 제품구조, 생산전략(원가, 품질, 납품 및 유연성)에 따라 달라진다.

따라서 설비의 최적 크기를 결정하기 위해서는 단순한 비용측면의 규모의 경제란 개념을 넘어서, 설비의 크기가 비용뿐만 아니라 품질, 납품, 유연성과 같은 다른 생산목표에 어떻게 영향을 미치는가를 면밀하게 살펴보아야 한다.

예를 들어, 어느 대규모 자동차회사가 모든 엔진의 생산을 한 공장에 집중시켰다고 하자. 매출액이 증가함에 따라 이 엔진공장은 점점 더 커지게 된다. 규모의 경제에 따라 단위당 생산비용은 낮아지는 반면, 이 대규모 중앙집중화된 공장으로부터 수요지까지의 수송비는 더 커지고, 납품은 더 늦어지며, 유연성은 떨어지게 된다. 이와 같이 대규모 중앙집중화 된 공장은 유연성, 납품, 수송비 등에 나쁜 영향을 미치는 경우가 많다. 따라서 일정 수준에 도달하면 규모의 비경제현상이 나타나거나 또는 비용 외의 다른 생산목표가 더 중요하게 되어 오히려 다수의 소규모 공장이 선호될 것이다.

연습문제

1. 규모의 경제와 규모의 비경제현상을 비교 설명하라.

2. 설계생산능력과 시스템생산능력을 비교 설명하라.

3. CAPP(computer aided process planning)에 대하여 간단히 설명하라.

4. 생산능력의 측정방법에 대하여 설명하라.

5. 공정분석기호에 대하여 설명하라.

6. 연속공정, 단속공정, 프로젝트공정을 비교 설명하라.

7. 제품설계과정의 개선방법에 대하여 설명하라.

8. 제품개발과정에 대하여 설명하라.

〈보론〉 방법연구와 작업측정

I. 방법연구

1. 동작분석

동작분석(motion study)이란 하나의 작업 또는 1사이클의 작업에 대하여 작업자가 행하는 동작내용을 상세하게 관측하여 분석·연구하는 것이며, 그 중에서 불필요하다고 생각되는 동작을 제거하고, 보다 피로가 작은 경제적인 동작의 표준작업방법을 확립하는 것을 목적으로 하는 기법이다.

동작을 개선한다라는 것은 동작경제의 원칙에 따라 합리적으로 고치고, 무리, 무타(효과나 효력이 없음)를 제거하여, 작업동작의 순서·방법을 가장 경제적으로 개선하기 위한 것이다. 동작분석에는 동작개선과 동시에 치공구나 작업환경에 대하여도 개선이 행하여진다.

1.1 동작분석의 방법

1.1.1 서브릭분석

서브릭(Therblig)분석이란 길브레스(F. B. Gilbreth)에 의하여 고안된 동작분석법으로 18가지의 서브릭 기호로 이루어졌고, 이것을 단위로 하여 작업능률을 올리도록 하는 것이다. 결국 인간의 동작을 철저하고 상세하게 분석하여 18가지의 기본동작을 조합시킴으로서 어떠한 작업도 분석할 수 있도록 고안되었다.

<표 1>와 같이 서브릭 기호는 크게 3가지로 분류되어 있다. 제A분류는 작업을 진행하는데 필요한 요소, 제B분류는 제A분류의 요소동작을 지연시키는 요소, 제C분류는 동작으로서 움직임이 없는 요소로 분류하고 있다.

따라서 서브릭 기호로 현상을 분석하면 우선 제A분류의 요소로 제C분류의 서브릭을 제거하는 것이다. 다음으로 제B분류의 서브릭을 가능한 한 작게 하는 것이 가장 효과적이다. 또 제A분류의 서브릭에 대하여는 합리적인 순서로 조합시키고, 가장 에너지가 작은 최단시간으로 작업이 가능하도록 동작계열을

만들어 내는 것이다.

〈표 1〉 서브릭 기호

번호	명칭	서브릭 기호	기호의 설명	그룹
1	찾는다(Search)	Sh	눈으로 물건을 찾는다	B
2	발견하다(Find)	F	찾는 물건을 발견한다	B
3	선택하다(Select)	ST	선택한 것을 가리키는 화살표	B
4	쥔다(Grasp)	G	손으로 물건을 쥐고 있는 모양	A
5	빈손을 이동한다(Transport empty)	TE	빈손의 모양	A
6	운반한다(Transport loaded)	TL	손바닥에 물건이 놓인 상태	A
7	잡고 있다(Hold)	H	자석에 쇠붙이가 붙어 있는 상태	C
8	놓는다(Release load)	RL	손바닥을 거꾸로 하여 물건을 떨어뜨린다	A
9	위치를 잡는다(Posittion)	P	손으로 물건을 정한 위치에 놓는다	B
10	미리 놓는다(Pre-position)	PP	볼링의 나인핀을 세운 모양	B
11	검사한다(Inspect)	I	확대경	B
12	조립한다(Assemble)	A	몇 개의 물건이 결합된 상태	A
13	분해한다(Disassemble)	DA	결합된 물건의 한 부분이 제거된 상태	A
14	사용한다(Use)	U	Use(사용한다)의 첫자	A
15	피할 수 없는 지연(Unavoidable delay)	UD	사람이 넘어지는 모양	C
16	피할 수 있는 지연(Avoidable delay)	AD	사람이 누워서 일을 멈춘 상태	C
17	생각한다(Plan)	Pn	이마에 손을 대고 생각한다	B
18	휴식한다(Rest for overcoming fatigue)	R	사람이 의자에 앉아 쉬고 있는 모양	C

1.1.2 필름 분석

필름분석은 대상작업을 촬영한 후 각 프레임을 분석하여 동작내용, 동작순서 및 동작시간을 명확하게 하여 작업개선에 도움을 주기 위한 기법이다.

필름분석은 방법연구와 작업측정용의 VTR(video tape recorder)이 이용되어 빠른 속도로 보급되었다.

1) Micro Motion분석

미세동작분석(micro motion study)에서는 사이모차트(simo chart)와 영사분석을 사용한다. 사모아차트는 작업자의 동작을 서브릭기호로 기록하고 분석하기 위한 도표이다. 미세동작은 작업하는 장면을 고속도(960프레임/분 이상)로 촬영하고 저속도(60프레임/분)로 영사하면서 미세동작을 기록하고 분석하는 것이다. 이 기법은 대량생산시스템에서 다수의 작업자가 수행하는 반복작업에 적용되며, 작업방법의 기록보전, 작업교육용으로 사용된다.

2) Memo Motion분석

메모모션 스터디는 미세동작분석과는 정반대로 저속으로 작업을 촬영하고 고속으로 필름을 영사함으로서 사이클이 긴 작업의 흐름을 짧은 시간 내에 파악할 수 있다. 이때의 촬영속도는 보통 1초에 1프레임(frame), 1분에 100프레임이 선택되고 있다.

역시 Memo Motion분석은 연합작업이나 사이클 타임이 긴 작업의 분석에 이용되고, Micro Motion 분석은 단순반복작업과 사이클 타임이 짧은 작업에 이용된다.

1.2 동작경제의 원칙

동작경제의 원칙(principles of motion economy)은 1968년 반스(Ralph M. Barnes)교수에 의하여 창안되었으며, 여기에는 인체의 사용, 작업장의 배열, 공구와 장비의 설계에 관한 세 부분으로 구성되어 있다. 동작경제의 원칙은 공장의 작업장뿐만 아니라 사무실에서도 적용될 수 있으며, 작업능률의 향상뿐만 아니라 작업자의 에너지소모와 피로를 줄이는 데도 좋은 효과가 있다. 즉, 피로를 가장 적게 하여 유용한 작업량을 증가시키기 위한 인간의 에너지를 유효하게 활용하는 방법에 관한 경험적인 법칙이다.

1.2.1 신체의 사용에 관한 원칙(use of the human body)

i) 양손은 동시에 시작하여 가능한 한 동시에 끝나도록 한다.

ii) 휴식시간을 제외하고는 양손이 동시에 쉬지 않도록 한다.

iii) 양팔의 동작은 동시에 반대로 대칭방향으로 움직이도록 한다.

iv) 손과 신체의 동작은 작업을 원만하게 처리할 수 있는 범위 내에서 가장 낮은 동작등급을 사용하도록 한다.

v) 가능한 한 관성(momentum)을 이용하여 작업을 하도록 하되, 작업자가 관성을 억제하여야 되는 경우에는 관성을 최소로 줄인다.

vi) 손의 동작을 부드럽게 하여 연속적인 동작이 되도록 하며, 방향이 갑작스럽게 크게 바뀌는 모양의 직접동작은 피하도록 한다.

vii) 탄도동작(ballistic movements)은 제한되거나 통제된 동작보다 더 신속하고, 용이하며 정확하다.

viii) 가능하면 쉽고도 자연스러운 리듬이 작업동작에 생기도록 작업을 배치한다.

ix) 가급적 작업자의 시선의 이동회수와 이동범위가 적도록 한다.

1.2.2 작업장의 배치에 관한 원칙(arrangement of the workplace)

i) 모든 공구나 재료는 자기 위치에 있도록 한다.

ii) 공구, 재료 및 제어장치는 사용위치에 가까이 둔다.

iii) 중력 이송원리를 이용한 부품상자(gravity feed bin)나 용기를 이용하여 부품을 부품사용장소에 가까이 보낼 수 있도록 한다.

iv) 가능하면 낙하식 운반(drop delivery)방법을 사용한다.

v) 공구나 재료는 작업동작이 원활하게 수행되도록 그 위치를 정해준다.

vi) 작업자가 잘 보면서 작업을 할 수 있도록 한다. 이를 위하여 적절하게 조명을 해 주는 것이 필요하다.

vii) 작업자가 작업 중 자세의 변경, 즉 앉거나 서는 것을 임의로 할 수 있도록 작업대와 의자 높이가 조정되도록 한다.

viii) 작업자가 좋은 자세를 취할 수 있도록 의자는 높이뿐만 아니라 디자인도 좋아야 한다.

1.2.3 공구 및 설비디자인에 관한 원칙(design of tools and equipment)

i) 치구(jig와 fixture)나 족답장치(foot-operated device)를 효과적으로 사용할 수 있는 작업에서는 이러한 장치를 활용하여 양손이 다른 일을 할 수 있도록 한다.

ii) 공구의 기능을 결합해서 사용하도록 한다.

iii) 공구와 자재는 가능한 한 사용하기 쉽도록 미리 위치를 잡아준다.

iv) 각 손가락이 서로 다른 작업을 할 때에는 작업량을 손가락의 능력에 맞게 분배해야 한다.

v) 레버(levers), 핸들, 제어장치는 작업자가 몸의 자세를 크게 바꾸지 않더라도 조작하기 쉽도록 배열한다.

Ⅱ. 작업측정

1. 작업측정의 의의

작업측정(work measurement)은 업무수행시 소요되는 시간을 결정하는 것으로 결정된 시간은 업무수행의 표준시간이 된다. 표준시간(standard time)은 직무수행시 소요되는 시간 또는 업무의 기준으로서 주어지는 시간의 길이로 표준시간은 시간당 단위 또는 단위당 시간으로 나타낸다. 표준시간이 정해진 다음 그 정보는 각 작업자의 성과측정을 산출하는데 사용된다.

2. 작업측정의 목적

작업측정은 어떤 작업을 처음부터 끝까지 완전히 수행하는데 소요되는 시간을 결정하는 것이다. 이러한 작업측정은 다음과 같은 목적으로 사용된다.

i) 작업성과의 평가기준
ii) 필요한 작업자수의 예측
iii) 생산능력(capacity)의 추정
iv) 제품비용 및 가격의 결정
v) 작업방법의 비교
vi) 일정계획수립의 용이
vii) 임금에서 인센티브제도의 도입

3. 표준시간의 설정

3.1. 표준시간설정의 목적

표준시간이란 자격을 갖춘 작업자가 정상적인 작업환경하에서 주어진 자재와 공구를 가지고 표준적인 방법에 따라 특정 과업을 수행하는데 소요되는 시간이다. 이러한 표준시간은 다음과 같은 목적으로 설정된다.

i) 작업자의 공평한 작업량의 결정
ii) 소요 작업자수 및 기계대수 등의 산정
iii) 기준일정의 선정
iv) 생산능률의 측정
v) 임금 또는 임률결정의 자료
vi) 원가견적과 판매가격의 설정

3.2 표준시간의 구성

표준시간의 구성은 측정시간에 레이팅(rating)계수를 곱하여 얻은 정상작업시간에 여유시간을 더한 것이다. 정상작업시간이란 실질적인 작업시간으로 이것은 본래의 작업만으로 써 버리는 주체작업시간과 공구나 기계손질 등에 소비되는 부수작업시간으로 이루어진다. 여유시간이란 관리상의 결함이나 개인적 이유, 피로 등에 의하여 작업이 중단됨으로 발생하는 지연시간이다. 여기에는 선정시간, 정상시간, 여유율이 있다.

3.2.1 선정시간(selected time)

선정시간이란 관찰치의 평균을 말한다. 예를 들어 어떤 작업의 관찰치가 0.18, 0.20, 0.19, 0.20, 0.17, 0.21, 0.22, 0.42*, 0.19, 0.20이라면 이때 이 작업의 선정시간은 다음과 같다. 단, 관측치 중에서 비정상적이라고 생각되는 것(이상치:0.42*)이 있으면 선정시간의 계산에서 제외한다.

$$\text{선정시간}(\bar{t}) = \frac{0.18 + 0.20 + \cdots\cdots + 0.20}{9} = \frac{1.76}{9} = 0.196(\text{분})$$

3.2.2 정상시간(normal time)

관측자는 요소작업의 측정과 요소작업별로 작업자의 능률평정(performance rating)을 하여야 한다. 능률평정은 레이팅 또는 평준화라고도 하는데, 이것은 작업자의 능률 또는 작업속도를 판정하는 것을 말한다. 레이팅의 결과는 레이팅계수(rating factor)로서 표시된다.

정상시간(t_n)은 선정시간($\bar{t}$)을 레이팅계수(R)로 곱하여 산정한다.

3.2.3 여유시간(slack time)

표준시간은 정상시간에 여유시간을 더하여 구할 수 있다. 여유시간은 다음과 같은 요소로서 구성된다.

1) 작업여유

작업의 일부이기는 하지만 불규칙적이기 때문에 정규작업으로 다룰 수 없는 지연이다. 이와 같은 지연은 작업의 종류나 관리상태에 따라 다르게 나타난다. 예를 들면, 공구교체, 주유, 청소 등, 기타 작업 중에 불규칙적으로 발생하는 지연에 대한 것으로, 정상시간에 대하여 보통 3-5%의 여유율이 부여된다.

2) 직장여유

공장이나 직장의 관리방식에 따라 발생하는 지연이다. 예를 들면, 조회, 업무연락, 기계고장, 정전, 재료 또는 공구대기 등, 그 직장에 특유한 지연에 대한 것으로, 직장에 따라 많은 차이가 있지만, 정상시간에 대하여 보통 3~5%

의 여유율로 많이 이용되고 있다.

3) 생리여유

작업자 자신의 생리적 요구에 의하여 소요되는 시간이다. 예를 들면, 땀닦기, 물마시기, 용변 등 개인의 생리적 현상으로 인한 지연에 대한 것으로, 정상시간에 대하여 2~5%, 보통 3%정도이다.

4) 피로여유

작업자가 피로를 회복하기 위하여 휴식을 취한다던가, 피로로 인하여 작업이 지연되기 때문에 소요되는 시간이다. 이는 노동강도에 따라 다르기 때문에 일반적인 측정이 매우 어렵다. 일반적으로 중노동의 경우는 20~30%, 경노동의 경우는 5~10%의 피로여유율을 부여한다.

여유시간은 작업의 난이도와 작업조건을 고려하여 결정하는데 그 범위는 10~35% 사이가 보통이다.

4. 표준시간의 설정방법

표준시간을 결정하는 방법으로는 다음과 같이 분류할 수 있다.

i) 시간연구법(stop watch method)

ii) 워크 샘플링법

iii) PST법

4.1 시간연구법

시간연구(time study)는 테일러(F. W. Taylor)가 제창한 것으로 정상적인 1일의 작업량을 설정하기 위하여 작업에 소요되는 표준시간을 파악할 목적으로 행해진다.

따라서 공정분석을 통하여 전공정의 작업개선이 이루어지면, 다음에 몇 가지의 공정에 대한 작업방법을 상세하게 연구하게 된다. 이 경우에는 작업자의 동작 그 자체를 직접 관측하고, 작업 중의 동작이나 가공조건을 개선하고, 다시금 그 소요시간을 측정하게 된다. 이를 위한 기법으로 시간연구가 있다.

4.1.1 시간연구법의 절차

시간연구라고 하면 스톱워치법이라고 생각할 정도로 광범위하게 보급되어 있고, 현재 모든 기업에서 활발하게 이용하고 있는 방법이다.

이것은 주로 반복적으로 단시간의 작업에 적용하는 방법이다. 스톱워치에 의한 시간연구는 다음과 같은 순서로 행하여진다.

i) 대상이 되는 작업, 작업자 및 작업조건에 관한 자료를 기록한다.

ii) 작업을 몇 가지의 요소작업으로 분할한다. 관측하기 전에 미리 작업을 분할하여 놓는다.

iii) 각 요소작업의 시간을 측정하여 기록한다.

iv) 요소작업마다 관찰시간치의 평균을 정하여 선정시간을 구한다.

v) 관찰시간치를 정상속도로 환산한다. 즉, 관측된 작업자의 속도를 관측자가 갖는 정상속도의 감각에서 그 비율을 판정한다. 이것을 레이팅(rating)이라고 한다. 관측시간치에 관측계수를 곱하여 정상시간(normal time)을 산출한다.

vi) 각 요소작업의 정상시간을 합하여, 정상 사이클 시간을 산출한다.

vii) 정상 사이클 시간에 여유율을 곱하여 여유시간을 구한다. 즉, 운반이나 재료대기, 기계수리 등을 위하여 여유시간을 고려한다.

viii) 정상 사이클 시간과 여유시간을 합하면 표준시간이 된다.

4.1.2 작업의 관측과 기록

시간연구원은 선정된 작업자가 일하는 장면을 직접 관측하면서 데이터를 기록한다. 시간측정은 1/100분 단위의 스톱워치를 사용하며, 처음에는 보통 5~10회 정도 관측하고, 나중에는 필요한 관측회수를 산출한다. 요소작업의 시간측정기록 방법은 반복법(snapback timing)과 계속법(continuos timing) 두 가지가 있다. 반복법은 하나의 요소작업이 끝나는 순간에 시간을 읽고 기록하는 방법이고, 계속법은 누적측정시간치(r)를 측정하는 방법이다. 즉, 작업요소를 연결시켜 한 작업이 끝날 때까지 측정하는 방법이다. 바꾸어 말하면 변동성이 가장 큰 소요의 측정치(t)의 누적시간이다.

4.1.3 관측회수의 결정

필요한 관측회수는 분석자가 요구하는 정확도(accuracy)와 신뢰수준(confidence level)에 달려 있고 그 외에 데이터의 변동성(variability)의 영향을 받는다. 필요한 관측회수 N은 다음의 공식에 의하여 산출된다.

$$N=\left[\frac{(z/a)\sqrt{n\sum t^2-(\sum t)^2}}{\sum t}\right]^2$$

단, t = 변동성이 가장 큰 요소의 측정치
z = 요구되는 신뢰수준에 대응하는 표준정규편차수
a = 요구되는 정확도(상대오차로 표시됨)
n = 이미 관측된 회수(예비관측회수)

4.1.4 표준시간의 결정

정상작업시간에 대한 여유율을 k라고 하면 총여유시간은 kT_n이 된다. 그래서 표준시간(T_s)은 다음과 같이 구할 수 있다. 여기서 T_n은 총정상시간이다.

$$T_s = T_n + kT_n = (1+k)T_n$$

4.2 워크 샘플링법

4.2.1 워크 샘플링법의 의의

워크 샘플링은 1934년에 티펫(L.H.C. Tippett)이 고안한 작업측정기법으로 지연율분석(ratio delay analysis)이라고도 한다. 이 기법은 다수의 무작위적이며 순간적인 관측에 의하여 특정 활동에 소요된 시간의 비율을 추정하는 기법이다.

4.2.2 워크 샘플링법의 용도

i) 기계・장비 또는 작업자의 가동률(유휴율)조사
ii) 여유율의 측정(표준시간의 일부로 포함될 여유율)
iii) 직무내용의 측정(예컨대 사무직원의 서류작성, 타이핑, 전화통화 등 특정활동에 소비하는 시간을 조사하는 것)
iv) 표준시간결정

4.2.3 워크 샘플링법의 원리

기계의 가동률조사를 통해 워크 샘플링법의 원리를 알아보자. 기계의 가동률이란 하루의 규정된 조업시간 중에서 기계가 가동하는 시간의 비율을 의미한다.

기계의 가동시간수를 정확하게 파악하려면 전담 관측자가 하루 종일 기계 상태(가동, 유휴)를 지켜보아야 할 것이다. 신뢰할 수 있는 자료를 얻기 위해서는 며칠을 계속해야 할 것이다. 그러나 WS법을 이용하면 관측자는 랜덤한 방법으로 작업장에 나타나 그 순간 기계의 상태를 관측하고 그 결과를 <표 2>와 같이 기록하면 된다.

〈표 2〉 워크 샘플링에 의한 가동률조사

가동여부 \ 항목	관측기록	회수	백분율
가동(working)	正正正正正正正正正正正 正正正正正正正	90	90%
유휴(idle)	正正	10	10%
합계		100	100%

불규칙적인 시간간격으로 순간적인 관측을 여러 번 되풀이할 때 특정의 현상이 관측되는 회수는 그 현상의 지속시간에 비례한다. 워크 샘플링은 이와 같은 무작위 표본 축출(random sampling)의 이론을 적용한 것이다.

4.2.4 유휴율조사와 관측회수의 결정

1) 활동(상태)의 구분

여기서는 어떠한 상태를 가동으로 보고, 어떠한 상태를 유휴상태로 보느냐를 명확하게 해야 한다.

2) 관측회수의 결정

관측회수를 결정하는 방법은 두 가지가 있다. 정확도가 상대오차와 절대오차로 주어지는 경우이다.

a) 요구되는 정확도가 상대오차로 표시될 때

$$N=\left(\frac{z}{s}\right)^2\left(\frac{1-p}{p}\right)$$

여기서, s는 상대오차이고, p는 모집단의 유휴율, N은 관측회수이다.

b) 요구되는 정확도가 절대오차로 표시될 때,

$$N=\left(\frac{z}{e}\right)^2 p(1-p)$$

여기서, e는 절대오차이다.

단, 절대오차와 상대오차와의 관계는 $e=sp$이다.

3) 관측시각의 결정

관측회수가 결정되면 다음으로 관측시각을 결정한다. 이것은 예정된 총관측회수로부터 하루의 관측회수를 정한다. H공장의 예는 1200/12 = 100(회)이다. 100회의 관측시간은 난수표를 이용하여 무작위로 정할 수 있다. 난수표의 숫자는 3단위로 하여 첫째 숫자는 시간, 둘째와 셋째는 분으로 생각하고 측정할 수 있는 시간은 실제 근무시간으로 한정한다.

4.2.5 표준시간의 결정

표준시간을 결정하는 절차는 다음과 같다.

i) 주어진 가동률(p)을 측정한다.

ii) 현장관측에 의하여 레이팅계수(R)를 결정한다(R은 전기간의 평균치).

iii) 조사기간(D) 중의 생산수량(n)을 조사한다.

이와 같은 자료를 이용하여 정상시간(T_n)을 구할 수 있다.

$$T_n = \frac{pD}{n} R$$

제 3 부 공급체인 시스템

제 9 장 수요예측

Judgemental forecasting methods are subjective views, often based on the opinions of experts. They are sometimes called **qualitative** or **subjective** forecasts.

Causal forecasting looks for a cause or relationship that can be used to forecast.

For moving averages:

F_{t+1} = average of n most recent demands

= latest demand + next latest +.......+ n^{th} latest

$$= \frac{D_t + D_{t-1} + \ldots . D_{t-n+1}}{n}$$

For exponential smoothing:

New forecast = α × latest demand + (1−α)×last forecast

$$F_{t+1} = \alpha D_t + (1-\alpha)F_t$$

KEY TERMS

company demand(자사수요)
correlation coefficient(상관계수)
dependent variable(종속변수)
forecasting(예측)
independent variable(독립변수)
market demand(시장수요)
multiple regression analysis(중회기분석)
regression analysis(회기분석)
simple moving average technique(단순이동평균법)
simple regression analysis(단순회기분석)
weighed moving average technique(가중이동평균법)

제 1 절 수요예측의 기본개념

기업은 미래의 불확실성에 대비하기 위하여 수요예측을 한다. 수요예측의 개념을 명확하게 하기 위해서는 수요의 개념과 예측의 개념을 따로 파악하는 것이 필요하다.

먼저 수요에 대한 기본개념은 시장수요(market demand)를 뜻한다. 시장수요에 대하여 필립 코틀러(Philip Kotler)는 다음과 같이 정의하고 있다.

> "어떤 제품의 시장수요는 한정된 고객층에 의하여, 한정된 지역에서, 한정된 기간에, 한정된 마케팅으로 한정된 마케팅 프로그래밍을 기초로 구매될 총량이다."[1)]

그런데 어떤 제품의 시장수요는 그 제품의 전체수요 내지 산업수요라고 할 수 있다. 이 같이 시장수요에 포함된 것으로 자사수요(company demand)가 있다. 코틀러(P. Kotler)는 자사수요를 다음과 같이 정의하고 있다. "자사수요는 시장수요를 점유하는 자사의 점유율이다." 또는 "자사수요는 시장수요의 모든 결정요인에 따라 자사의 시장점유율에 영향을 미치는 모든 것에 의하여 결정된다."라고 기술하고 있다.[2)] 어떤 제품의 자사수요는 그 제품의 시장수요에 자사의 시장점유율을 곱하여 구할 수 있다. 그러나 자사수요는 자사의 시장점유율에 영향을 미치는 모든 요인[3)]에 따라서 결정되기 때문에 이 측정은 반드시 용이한 것은 아니다.

다음으로 예측(forecasting)의 개념에 대하여 검토하여 보자.

예측에 관하여는 "장래의 사건 또는 상태에 관한 예언, 견적, 예상"이라든가, "장래의 일을 사전에 추측하는 것" 또는 "장래의 사상에 관한 확률집합을 얻기 위하여 이용 가능한 지식을 최대한으로 이용하는 기술"이라는 개념이 제시되고 있다. 이러한 개념의 정의에 따라 예측이란 다음과 같이 정의할 수 있다. "예측은 이용 가능한 정보를 최대한으로 활용하여 불확실한 장래의 사

---

1) Philip Kotler, *Marketing Management; Analysis, Planning and Control*, Prentice-Hall, 1976, p. 118.
2) *Ibid.*, p. 122.
3) 마케팅 지출, 마케팅 믹스, 마케팅 효과, 마케팅 탄력성, 지역에 대한 판매할당, 과거의 마케팅 지출의 이월효과, 마케팅 의사결정 변수의 시너지효과

상을 확률적으로 추측하는 것이다."

위에서 기술한 시장수요, 자사수요, 예측의 개념에 따라 수요예측의 개념을 종합해보면, 수요예측은 이용 가능한 정보를 최대한으로 활용하여 불확실한 장래의 어떤 제품에 대한 수요를 확률적으로 추측하는 것이다.

수요예측은 단순히 어떤 제품의 장래 수요량을 추측하는 것이 아니고, 어떤 제품에 대한 고객층, 지역, 마케팅 환경, 마케팅 프로그램을 전제로 한 상태하에서 장래의 수요량을 추측하는 것이다.

제 2 절 수요예측의 과정

수요예측의 과정은 [그림 9-1]과 같이 나타낼 수 있다.

효과적인 수요예측을 위해서는 예측치의 산정을 위하여 예측목적의 설정, 수요결정요인의 결정, 자료수집, 예측방법의 설정, 예측치의 산정, 예측결과의 적용, 예측치의 평가에 관한 과정이 필요하다.

그림 9-1 수요예측의 과정

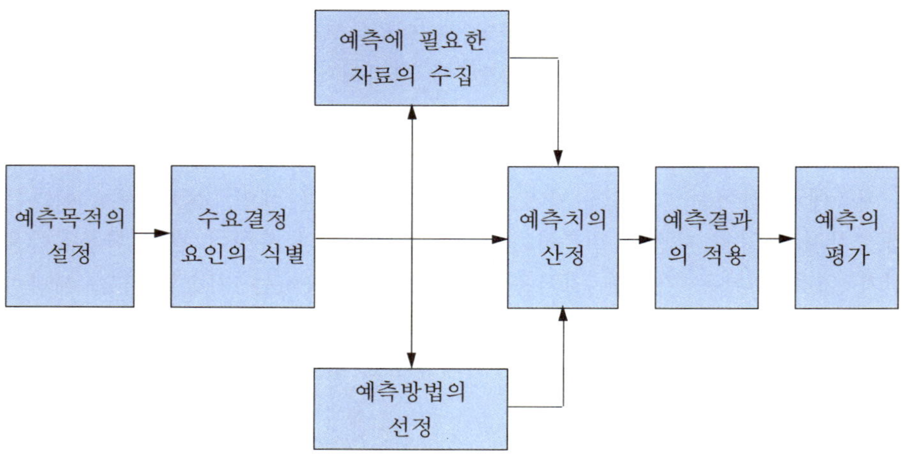

예측과정의 각 단계에 대하여 설명을 하면 다음과 같다.

ⅰ) 예측목적의 설정

예측목적의 설정은 예측치의 사용자와 밀접한 관계가 있는 것에 주의가 필요하다. 예측치의 사용자를 적절히 파악하고, 적절한 예측치 자료의 제공이 보증되는 방향으로 예측목적이 설정되는 것이 중요하다.

ⅱ) 수요결정요인의 결정

수요의 결정요인은 수요에 영향을 미치는 요소로서 특정제품에 대한 구매욕구, 구매자수, 환경조건, 마케팅 전략 등이다. 또한 수요예측은 예측목적에 따라 결정된 예측변수에 대한 수요의 결정요인을 구체적으로 검토하고, 이것을 식별하는 것이 중요하다.

ⅲ) 예측에 필요한 자료의 수집

수요의 결정요인이 결정되면, 예측된 변수에 대하여 수요의 결정요인에 미치는 영향을 평가하기 위한 수단이 필요하다. 즉, 자료의 수집과 예측방법을 선택하는 것이다. 자료의 수집과 예측방법은 수요에 필요한 예측치를 제공할 수 있을 것이다.

예측에 필요한 자료로서는 자사의 매출액, 업계전체의 매출액, 자사의 매출액과 관계있는 독립변수, 자사의 예상매출액, 업계전체의 예상매출액 등을 들 수 있다.

ⅳ) 예측방법의 선정

예측방법은 질적 방법과 계량적 방법이 있다. 예측방법의 선정은 여러 사항을 고려하여 결정해야 한다.

ⅴ) 예측치의 산정

선정한 예측방법을 이용하여 예측치를 산정한다. 대부분의 경우, 하나 이상의 예측방법이 이용되기 때문에 각 결과의 최종적인 예측치는 유사하게 나타나야 한다.

ⅵ) 예측결과의 적용

최종적인 예측치가 산정되면, 그 예측치는 계획책정에 예측정보를 이용하는 사내의 담당자에게 배포된다. 이때 배포는 장기계획정책에 관련된 최고경영층에 한정되는 것이 보통이다.

ⅶ) 예측치의 평가

예측치의 평가는 예측치의 정확도와 예측오차에 의한 손실성에 대하여 실시한다.

우선, 예측치의 정확도는 예측치와 실적치와의 비교에 의하여 측정된다. 예측치와 실적치와의 차이인 예측오차는 많은 요인들에 의하여 발생된다. 예측오차를 발생시키는 요인으로서는 예측치 산정에 이용되는 자료의 성질, 특정제품의 상대적인 예측 곤란성, 마케팅 정책의 수정 등이 있고, 이러한 예측오차의 발생 때문에 예측치를 정확하게 평가하는 것은 그리 쉽지 않다. 정확한 평가를 내리기 위해서는 예측과정의 초기단계로부터 상세하게 기록하는 것이 필요하다.

예측오차의 손실성이란 기업이 예측오차 때문에 발생한 손실를 말한다. 이 같은 손실은 이익의 감소를 가져오기도 하며 이는 예측치에 있어서 중요한 의사결정의 오류, 매출액이 변화한 경우의 고정비-변동비의 비율변경, 마케팅 정책의 변경 등과 같은 원인 때문에 발생한다. 기업에 상당한 손실을 끼치므로 그의 발생원인을 정확히 찾아내는 것이 필요하다.

이상에서 예측치의 평가는 예측치의 정확도와 더불어 예측치의 손실평가를 내용으로 하지만 실제 기업에서는 이 예측치의 평가는 다소 무시되는 경향이 있다.

제 3 절 수요예측의 방법

수요예측의 방법(approach)은 질적 방법(qualitative approach)과 양적 방법(quantitative approach)으로 대별할 수 있다. 질적 방법은 계량모델을 필요로 하지 않으며, 전적으로 의견-형태의 자료에 기인한 것이다. 한편 양적 방법은 함수형태의 계량모델을 특정화하고, 이 모델을 구축·사용하기 위하여 자료를 이용하는 것이다.

1. 질적 방법

질적 방법은 시장이나 시장의 영향요인에 특별한 지식을 갖고 있는 사람들이 존재하는 것을 가정한다. 이 같은 지식을 가진 사람들은 미래의 수요수준을 예상한 후에 역할을 한다. 질적 방법에 이용되는 자료는 수요에 관련된 사람들의 의견을 반영한 것이다. 사람들의 의견형성 내지 경험의 이용에 대하여는 어느 정도 통제할 수 없는 것이 보통이다. 예측담당자, 즉 시장 등에 관한 지식을 가진 사람들은 그 경험을 적절히 이용하고, 합리적인 방법으로 미래의 수요를 추정한다. 질적 방법에는 시장조사법, 패널동의법, 중역의견법, 판매원의견합성법, 수명주기 유추법, 델파이 방법(delphi technique) 등이 있다.

1.1 시장조사법

시장조사법(market research)은 시장의 상황에 대한 자료를 수집하기 위해서 소비자 패널을 사용하거나 설문지, 서베이 등을 사용하는 것을 말한다. 이 방법은 단기적인 예측에 적합하다. 그러나 이 자료를 처리하는데는 해박한 통계적 지식이 필요하며 시간과 비용이 많이 소요된다.

1.2 패널동의법

패널동의법(panel consensus)은 소비자, 영업사원, 경영자들로 패널을 구성하고 이들의 의견을 모아서 예측치로 활용하는 방법이다.

1.3 중역의견법

중역의견법(exective opinions)은 상위의 경영자들이 모여서 집단적으로 행하는 예측기법이다. 이 방법은 일반적으로 장기계획이나 신제품개발에 사용된다.

1.4 판매원의견합성법

판매원의견합성법(sales force composite)은 판매원에게 각자 담당하고 있는 지역의 수요를 예측하도록 하고 이러한 지역수요의 예측치들을 모두 고려하여 전체의 수요를 예측하는 방법이다.

1.5 수명주기 유추법

수명주기 유추법(life cycle analogy)은 신제품이 개발될 경우에 과거의 자료가 없으므로, 신제품과 비슷한 기존제품의 수명주기상 도입기, 성장기, 성숙기, 쇠퇴기의 단계에서 수요변화에 관한 과거 자료를 이용하여 신제품 수요변화를 유추하는 방법이다.

1.6 델파이 방법

수요예측을 하려고 하는 사항에 대하여 전문가 집단으로부터 주관적인 의견을 수집하여 평가, 검토 또는 해석을 통하여 장래를 예측하는 방법이다.

2. 양적 방법

2.1 평균방법

평균방법을 이용하여 예측을 하려면 과거의 충분한 자료를 보유하고 있어야만 하고, 과거의 자료에 대한 신뢰성이 있어야 한다. 일반적으로 5개년 이상의 자료가 필요하며, 이 방법은 과거의 자료를 광범위하게 이용할 수 있을 때만 가능하다.

여기에는 단순평균법, 단순이동평균법, 가중이동평균법이 있다. 이 방법들을 예를 들어서 설명한다.

2.1.1 단순평균법(simple average technique: SAT)

과거의 자료를 단순하게 산술평균하는 방법이다.

$$\mathrm{SAT} = \frac{\sum_{i=1}^{n} D_i}{n}$$

단, D_i는 기간 i의 수요이고, n은 기간의 총수이다.

2.1.2 단순이동평균법(simple moving average technique: SMAT)

단순평균법의 단점인 수요패턴의 변화가 예측을 오도할 수 있는 문제점을 극복하기 위하여 고안된 방법이다. 이 방법은 미래의 수요와 관련성이 많다고 생각되는 최근 여러 기간에서 발생된 자료를 이용하는 방법이다.

$$\mathrm{SMAT} = \frac{\text{최근 } n \text{기간의 총수요}}{\text{사용된 기간의 수}} = \frac{\sum_{j=1}^{n} D_j}{n}$$

2.1.3 가중이동평균법(weighted moving average technique: WMAT)

미래에 가까운 수요가 보다 중요하다는 전제 하에서 미래에 가까운 자료에 대하여 큰 가중치를 부여하여 평균을 산정하는 방법이다.

$$\text{WMAT} = \sum_{j=1}^{n} C_j D_j$$

단, 여기서 가중치는 $0 \leq C_j \leq 1$이고, 가중치의 총합은 1이다.

[예제 9-1] 이동평균법

한양가구사의 6년간 책상수요는 다음과 같다. 단순평균법, 이동평균법(4년 전부터), 가중평균법(3년 전부터, 이때 가중치는 0.2, 0.3, 0.5로 한다)을 이용하여 97년의 수요를 예측하시오.

과거의 수요량

기 간	수요(단위 : 개)
91년	300
92년	320
93년	400
94년	500
95년	550
96년	700

〈설 명〉

i) 단순평균법

$$\text{SAT} = \frac{\sum_{i=1}^{n} D_i}{n} = \frac{300+320+400+500+550+700}{6} = 461.67$$

ii) 단순이동평균법

$$\text{SMAT} = \frac{\sum_{j=1}^{n} D_j}{n} = \frac{400+500+550+700}{4} = 537.5$$

iii) 가중이동평균법

$$\text{WMAT} = \sum_{j=1}^{n} C_j D_j = (500 \times 0.2) + (550 \times 0.3) + (700 \times 0.5) = 615$$

2.2 회귀분석

회귀분석(regression analysis)은 독립변수가 종속변수에 미치는 영향력의 크기를 파악하여 독립변수의 일정한 값에 대응되는 종속변수의 값을 예측하기 위한 것이다. 회귀분석을 설명하기 위하여 하나의 예를 들어보자. 어느 가전제품 대리점의 월매출액과 영업사원수 사이에 어떠한 관계가 있을까? 상식적으로 영업사원이 많으면 매출액은 클 것이고, 영업사원이 적으면 매출액은 줄어들 것이다. 이런 변수들 간에는 영향을 주는 변수도 있고, 영향을 받는 변수도 있다. 전자를 독립변수(independent variable)라고 하며, 후자를 종속변수(dependent variable)라고 한다. 이러한 회귀분석은 다음과 같은 주요한 목적이 있다.

첫째, 기술(記述)이다. 즉, 영업사원수와 매출액간의 관계를 설명할 수 있다. 둘째, 통제이다. 영업사원수와 매출액 사이의 관계를 조사하여 영업관리의 효율적인 통제에 회귀분석을 이용할 수 있다. 셋째, 예측이다. 기업에서 매출액을 추정함으로써 미래의 판매예측이 가능하다.

회귀분석은 독립변수와 종속변수가 각각 하나씩인 단순회귀분석(simple regression analysis)과 여러 개의 독립변수와 하나의 종속변수만을 갖는 중회귀분석(multiple regression analysis)으로 나눈다.

2.2.1 단순회귀분석

단순회귀분석(simple regression analysis)은 하나의 독립변수와 하나의 종속변수간의 관계를 나타내는 것이다. 두 변수의 관계를 알기 위하여 <표 9-1>의 관찰치를 좌표평면에 그린다. 이 수치는 [그림 9-2]와 같이 나타낼 수 있는데 이를 산포도(scatter diagram)라고 한다.

〈표 9-1〉 영업사원수와 매출액

월	영업사원수	매출액(억원)	월	영업사원수	매출액(억원)
1	9	31	6	13	39
2	11	40	7	10	42
3	7	28	8	12	39
4	15	52	9	14	55
5	8	30	합계	99	356

그림 9-2 산포도

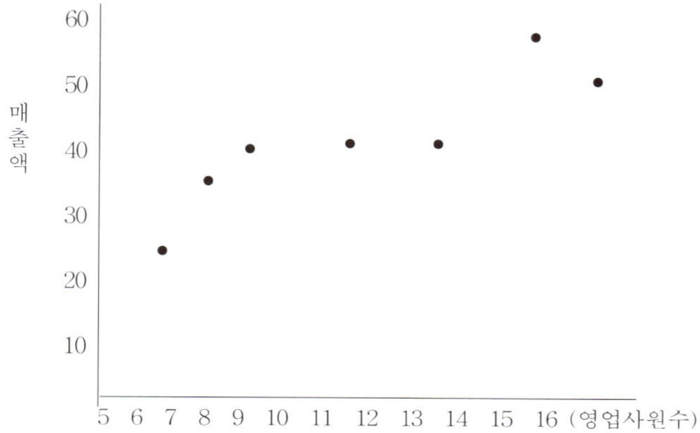

이 산포도를 보면 두 변수(매출액과 영업사원수) 사이에는 정(正)의 선형관계가 존재함을 알 수 있다. 즉, 영업사원수가 증가하면 매출액도 증가한다. 독립변수(영업사원수: X)에 종속변수(매출액: Y)를 관계시키는 회귀방정식을 찾는 기본적인 방법은 자를 사용하여 모든 점들에 가장 가깝도록 직선을 긋는 것이다. 이렇게 구한 직선을 회귀방정식(regression equation) 또는 회귀선(혹은 추세선)이라고 한다.

우리는 모집단에 대한 단순회귀선모형을 알아보기로 하자.

$$Y_i = \alpha + \beta X_i + \varepsilon_i \tag{9.1}$$

여기서

Y_i = 종속변수
X_i = 독립변수
α와 β는 매개변수
ε_i = 오차이며 분포는 $N(0, \sigma^2)$
$\text{Cov}(\varepsilon_i, \varepsilon_j) = 0$ (단 $i \neq j$)

위 식에서 Y_i는 확률변수이고, 오차는 평균이 0이고, 분산이 σ^2인 정규분포를 나타내며, 상호 독립적이라고 가정한다.

Y_i 확률변수의 기대치는 다음과 같으며

$$E(Y_i) = E(\alpha + \beta X_i + \varepsilon_i) = \alpha + \beta X_i + E(\varepsilon_i) \tag{9.2}$$

여기서 $E(\varepsilon_i)=0$임으로 식 (9.2)는 $E(Y_i)=\alpha+\beta X_i$로 나타낼 수 있다. 선형회귀모형 $E(Y_i)$에서 α는 절편이고 β은 기울기이다. 두 변수의 관계를 알기 위해 표본 관찰치들로부터 회귀직선을 구하여야 한다.

$$\widehat{Y}_i = a + bX_i \tag{9.3}$$

여기서 a와 b는 α와 β의 추정치이다. 우리는 표본으로부터 회귀모수 α와 β에 가장 접근할 수 있는 추정량을 발견하기 위하여 최소자승법(最小自乘法)을 이용할 수 있다.

최소자승법이란 잔차(殘差)제곱의 합이 최소가 되는 a와 b를 찾는 것이다. 잔차란 실제 관찰치 (Y_i)와 예측치 $(\widehat{Y}_i)$간의 차이값을 의미하며, 잔차(e_i)는 다음과 같이 나타낸다.

$$e_i = Y_i - \widehat{Y}_i \tag{9.4}$$

변수들의 관계를 정확히 예측하기 위해서는 이 잔차는 최소가 되어야 하며, 이 목적을 달성하기 위하여 잔차제곱의 합이 최소화하면 된다. 따라서 $\sum_{i=1}^{n} e_i^2$을 최소로 하는 a와 b의 값을 구하면 된다. 식 (9.5)을 T로 놓으면 다음과 같다.

$$T = \sum_{i=1}^{n} e_i^2 = \sum_{i=1}^{n} (Y_i - \widehat{Y}_i)^2 = \sum_{i=1}^{n} (Y_i - a - bX_i)^2 \tag{9.5}$$

위 식을 a와 b에 대하여 편미분하고, 그 결과를 0으로 놓으면 다음과 같다.

$$\frac{\partial T}{\partial a} = 2\sum_{i=1}^{n} (Y_i - a - bX_i)(-1) = 0$$

$$\frac{\partial T}{\partial b} = 2\sum_{i=1}^{n} (Y_i - a - bX_i)(-X_i) = 0$$

이 두 식을 정리하여 a와 b를 결정변수로 놓고, 연립방정식으로 풀면 다음과 같이 된다.

$$b = \frac{n\Sigma X_i Y_i - (\Sigma X_i)(\Sigma Y_i)}{n\Sigma X_i^2 - (\Sigma X_i)^2} = \frac{\Sigma(X_i - \overline{X})(Y_i - \overline{Y})}{\Sigma(X_i - \overline{X})^2}$$

$$a = \frac{1}{n}(\Sigma Y_i - b\Sigma X_i) = \overline{Y} - b\overline{X} \tag{9.6}$$

이 식을 이용하여 회귀선(추세선)을 구할 수 있다. [예제 9-2]는 이 식을 이용하여 회귀선을 구하고 회귀선에 대하여 보충 설명한다.

i) 추정표준오차(standard error of estimate) 및 신뢰구간의 결정

회귀방정식으로부터 구한 추정치의 신뢰도를 판단하기 위해서는 회귀선 주위에 점들이 산포되어 있는 정도인 추정표준오차를 측정해야 하며, 신뢰구간은 데이터가 30개 이상이면 정규분포를 이용하고 30개 이하이면 t분포를 이용한다. 추정표준오차를 구하는 공식은 다음과 같다.

$$S_{y.x}=\sqrt{\frac{\Sigma Y^2-a\Sigma Y-b\Sigma XY}{n-2}}$$

신뢰구간을 구하는 공식은 표본의 수가 충분히 큰 경우와 그렇지 못한 경우를 나누어서 생각한다. 만약 표본의 수가 충분한 경우(n>30)에는 아래의 식에서 t 대신에 Z를 대입하면 된다.

$$\widehat{Y}\pm t^{(\alpha/2,\,n-2)}\cdot S_{y\cdot x}$$

ii) 상관계수분석

상관계수분석은 독립변수와 종속변수간에 존재하는 상호의존관계의 정도를 측정하는 것을 의미한다. 상관계수(correlation coefficient : r)는 두 변수간 상호관계의 강도와 방향을 측정한다. 상관계수는 -1에서 +1까지의 값을 가질 수 있는데, $r=0$이면 무상관이고, $r=\pm1$이면 완전상관(perfect correlation)관계에 있다고 한다. 상관계수의 부호가 +이면 정상관계수로서 두 변수가 같은 방향으로 변화하고, -이면 음의 상관계수로서 반대방향으로 변함을 의미한다. 상관계수의 식은 다음과 같다.

$$r=\frac{n(\Sigma XY)-(\Sigma X)(\Sigma Y)}{\sqrt{n(\Sigma X^2)-(\Sigma X)^2}\cdot\sqrt{n(\Sigma Y^2)-(\Sigma Y)^2}}$$

또한 회귀식이 실제의 자료를 얼마나 잘 나타내고 있는가를 알기 위해 결정계수(coefficient of determination : r^2)를 구한다. 결정계수란 독립변수의 변동이 종속변수의 변동을 얼마만큼 설명하는가를 나타내는 수치이며, 이는 상관계수를 제곱하여 구할 수 있다. 결정계수는 0에서 1 사이의 값을 갖는다. 예를 들어 결정계수가 0.9504이면 종속변수 Y 변동의 95.04%는 독립변수 X의 변동으로 설명될 수 있다는 의미이다.

[예제 9-2] 단순회귀분석

<표 9-1>의 자료를 이용하여 최소자승법에 의하여 회귀선을 구하고, 이 회귀선에 대하여 설명하여라.

〈설 명〉

월	사원수(X)	매출액(Y)	$X \times Y$	X^2
1	9	31	279	81
2	11	40	440	121
3	7	28	196	49
4	15	52	780	225
5	8	30	240	64
6	13	39	507	169
7	10	42	420	100
8	12	39	468	144
9	14	55	770	196
합계	$\sum X_i = 99$	$\sum Y_i = 356$	$\sum X_i Y_i = 4100$	$\sum X_i^2 = 1149$

위 표를 이용하여 기울기(b)와 절편(a)을 구하면 다음과 같다.

$$\widehat{Y_i} = 3.067X_i + 5.819$$

위의 회귀선에서 기울기가 3.067이라는 의미는 영업사원 한 사람이 월 판매할 수 있는 매출액이라고 말할 수 있다. 절편 5.819는 영업사원이 한 명도 없음에도 불구하고 이 정도를 팔았다는 의미다. 여기서 우리는 회귀모형의 적용범위를 제한할 필요성이 있다. 이 제한은 주어진 자료의 범위 내에서 결정되어야 한다. 이 문제는 영업사원수가 7명에서 15명 사이의 판매실적에 따라 결정되어야 한다. 이 범위를 넘어서면 회귀함수는 달라지고 그 신뢰성도 떨어질 것이다.

2.2.2 중회귀분석

단순회귀모형에서는 독립변수와 종속변수가 각각 하나인 경우의 회귀분석에 대하여 알아보았다. 그러나 회귀분석을 실제 문제에 적용할 때 하나의 독립변수만으로 종속변수를 충분히 설명할 수 없는 경우가 대부분이다. 따라서 두 개, 혹은 그 이상의 독립변수를 필요로 하는 회귀모형에 관한 문제가 많다. 예를 들면 매출액(종속변수)에 영향을 미치는 독립변수는 광고비뿐만 아니라 제품의 가격, 경기, 계절 등 수많은 요인들이 있다. 종속변수는 이러한 독립변수에 의해서 영향을 받기 때문에 정확한 예측을 위해서는 이 모든 요인이 독립변수로서 모형에 포함되어야 한다. 이러한 현실 문제를 해결하기 위하여 두 개 이상의 독립변수들을 이용하는데 이를 중회귀분석(multiple regression analysis)이라 한다.

독립변수가 k개($k \geq 2$)인 중회귀모형의 일반적인 형태는 다음과 같다.

$$Y = \alpha + \beta_1 X_1 + \beta_2 X_2 + \ldots\ldots + \beta_k X_k + \varepsilon \tag{9.7}$$

여기서 $X_1, X_2, \ldots, X_k$는 i 번째 독립변수이고, α는 Y축의 절편이고, β_1, $\beta_2, \ldots, \beta_k$는 각 독립변수의 계수이며, ε는 오차항으로써 $N(0, \sigma^2)$이며 독립적이다. 관찰치 Y의 기대치는 다음과 같다.

$$E(Y) = \alpha + \beta_1 X_1 + \beta_2 X_2 +, \ldots\ldots, + \beta_k X_k \tag{9.8}$$

이 경우의 추정된 회귀방정식은 다음과 같다.

$$\widehat{Y}_i = a + b_1 X_1 + b_2 X_2 +, \ldots\ldots, + b_k X_k \tag{9.9}$$

단순회귀직선 $\widehat{Y} = \alpha + \beta X$는 직선이지만 식 (9.9)는 평면이 된다. 만약 독립변수가 3개 이상이 되면 초편면을 구성한다. 이제 이상의 결과를 이용하여 독립변수가 2개이고 종속변수가 하나인 회귀방정식을 구해보자.

식 (9.7)에서 독립변수가 두 개인 것으로 생각하여 모수들을 최소자승법에 의해 추정해 보자. 잔차제곱의 합을 T라 하면 다음과 같이 나타낼 수 있다.

$$T = \Sigma e^2 = \Sigma(Y - \widehat{Y})^2 = \Sigma(Y - a - b_1 X_1 - b_2 X_2)^2 \tag{9.10}$$

T를 최소로 하는 b_i의 값을 구하려면, 각각에 대하여 편미분한 후에 0으로 놓으면 다음과 같이 된다.

$$\begin{aligned} \frac{\partial T}{\partial a} &= 2\Sigma(Y - a - b_1 X_1 - b_2 X_2)(-1) = 0 \\ \frac{\partial T}{\partial b_1} &= 2\Sigma(Y - a - b_1 X_1 - b_2 X_2)(-X_1) = 0 \\ \frac{\partial T}{\partial b_2} &= 2\Sigma(Y - a - b_1 X_1 - b_2 X_2)(-X_2) = 0 \end{aligned} \tag{9.11}$$

위 식을 정리하여 방정식을 구하면 다음과 같다.

$$\begin{aligned} \Sigma Y &= na + b_1 \Sigma X_1 + b_2 \Sigma X_2 \\ \Sigma X_1 Y &= a \Sigma X_1 + b_1 \Sigma X_1^2 + b_2 \Sigma X_1 X_2 \\ \Sigma X_2 Y &= a \Sigma X_2 + b_1 \Sigma X_1 X_2 + b_2 \Sigma X_2^2 \end{aligned} \tag{9.12}$$

[예제 9-3] 중회귀분석

다음 <표 9-2>는 G사의 냉장고 판매량(종속변수)과 1인당 GNP 및 여름평균기온(2개의 독립변수)에 대한 측정자료를 나타낸 표이다. 이 표를 이용하여 회귀방정식을 구하여라.

〈표 9-2〉 중회귀분석의 기초자료

연 도	판매량(1만대)	1인당 GNP(만원)	여름평균기온
1	15	450	20
2	19	530	21
3	17	460	20
4	19	530	21
5	27	580	22
6	20	550	21
7	24	570	21
8	30	610	22
9	26	610	23
합 계	197	4890	191

〈설 명〉

식 (9.12)에 필요한 모든 자료를 얻기 위하여 <표 9-3>과 같이 연산을 하였다.

〈표 9-3〉 중회귀모형의 계수계산

번호 \ 자료	Y	X_1	X_2	X_1Y	X_2Y	X_1X_2	Y^2	X_1^2	X_2^2	$\hat{Y}$
1	15	450	20	6,750	300	9,000	225	202,500	400	14.3824
2	19	530	21	10,070	399	11,130	361	280,900	420	20.8160
3	17	460	20	7,820	340	9,200	289	211,600	400	15.1857
4	19	530	21	10,070	399	11,130	361	280,900	420	20.8160
5	27	580	22	15,660	594	12,760	729	336,400	440	24.8407
6	20	550	21	11,000	420	11,550	400	302,500	420	22.4220
7	24	570	21	13,680	504	11,970	576	324,900	420	24.0280
8	30	610	22	18,300	660	13,420	900	372,100	440	27.2497
9	26	610	23	15,860	598	14,030	676	372,100	490	27.2594
합 계	197	4,890	191	109,210	4,212	104,190	4,517	2,683,900	3,850	

앞의 연산 결과를 식 (9.12)에 대입하여 계수(a, b_1, b_2)를 구한다.

$$197 = 9a + 4{,}890\, b_1 + 191\, b_2$$

$$109{,}210 = 4{,}890a + 2{,}683{,}900\, b_1 + 104{,}190\, b_2$$

$$4{,}212 = 191a + 104{,}190\, b_1 + 3{,}850\, b_2$$

에서 방정식을 풀면, a = −21.9467, b_1 = 0.0803, b_2 = 0.0097이다. 따라서 중회귀식은 다음과 같다.

$$\hat{Y} = -21.9467 + 0.0803\,X_1 + 0.0097\,X_2$$

이 회귀선은 GNP이 10,000원 상승하고, 온도가 1도 상승함에 따라 냉장고 판매량은 각각 0.0803대와 0.0097대가 증가한다는 의미이고, 또 이 방정식은 GNP(450-610만원)와 온도(섭시 20-23도)를 기준으로 만들어진 함수이므로 이 범위 내에서 이 중회귀선은 유효하다.

변수와 관찰치의 수가 많을 경우에는 손으로 계산하는 것은 불가능하므로 컴퓨터를 이용해야 한다.

2.3 지수평활법

지수평활법(exponential smoothing method)은 단순지수평활법과 이중지수평활법이 있다. 지수평활법은 현시점에 가까운 실적치에 큰 가중치를 부여하고 과거로 거슬러 올라 갈수록 그 가중치를 감소시켜 적용하는 예측방법이다.

이 기법은 이동평균법과 같이 수많은 자료를 필요로 하지 않고 이 기간의 실적치, 당기간의 예측치 및 평활계수의 값만을 이용한다.

2.3.1 단순지수평활법(simple exponential smoothing)

이 방법의 기본적인 식은 다음과 같다.

차기예측치 = 당기예측치 + α(당기실적치 − 당기예측치)

위의 관계를 수식으로 나타내면 다음과 같다.

$$S_{t+1} = S_t + \alpha(X_t - S_t) \tag{9.16}$$

식 (9.16)을 사용하기에 편리하게 정리하면 다음의 식을 얻을 수 있다.

$$S_{t+1} = \alpha X_t + (1-\alpha)S_t \tag{9.17}$$

여기서

S_t = 당기간의 예측치

S_{t+1} = 차기의 예측치

X_t = 당기간의 실적치
α = 평활계수$(0 \leq \alpha \leq 1)$

위 식에서 차기의 예측치는 항상 당기간의 실적치와 당기간의 예측치 사이에 있다. 당기간의 실적치와 당기간의 예측치의 상대적인 영향정도는 평활계수에 의하여 결정된다.

효과적인 지수평활법의 이용을 위하여서는 예측담당자가 평활계수α의 적절한 값을 선택하는 것이 필요하다. 이 평활계수의 값은 0에서 1의 범위이지만, 과거의 실적치가 비교적 안정한 경우에는 작은 값(0.1, 0.2, 0.3)을 이용할 수 있다. 또, 과거의 실적치가 불안정한 경우에는 큰 값(0.7, 0.8, 0.9)을 이용할 수 있다.

[예제 9-4] 지수평활법에 의한 예측

타이어를 생산·판매하고 있는 K타이어는 1997년 7월의 판매예측치가 200,000개이고 판매실적은 205,000개이었다고 한다. 지수평활계수가 0.2라고 한다면 다음 달 8월의 판매예측을 지수평활법에 의하여 구하여라.

〈설 명〉

8월의 판매예측치 = $S_{t+1} = S_t + \alpha(X_t - S_t)$
= 200,000 + 0.2(205,000 - 200,000)
= 200,000 + 0.2×5,000
= 201,000개

2.3.2 이중지수평활법(double exponential smoothing)

단순지수평활법은 수요의 상향추세나 하향추세가 없는 경우에 적합한 예측방법이다. 그러나 장기적인 추세가 있는 경우에 이 방법을 사용하게 되면 상향추세인 경우에는 너무 낮은 예측치를, 하향추세인 경우에는 너무 높은 예측치를 얻을 수밖에 없다. 따라서 이러한 경향이 존재하면 추세조정 지수평활법(trend adjusted exponential smoothing or forecast including demand: FIT)인 이중지수평활법(double exponential smoothing)을 사용해야 한다. 이 방법은 두 가지의 지수평활계수(α, β)를 사용한다. 이중지수평활모델은 다음과 같다.

$$FIT_{t+1} = F_t + T_t$$

여기에서 FIT_{t+1}은 $t+1$기의 추세조정 지수평활치, F_t는 평활된 예측치(smoothed forecast), T_t는 현재 추세치(current trend estimate)이다.

$$F_t = FIT_t + \alpha(A_t - FIT_t)$$
$$T_t = T_{t-1} + \beta(FIT_t - FIT_{t-1} - T_{t-1})$$

여기서 α, β는 평활화계수이다.

[예제 9-5] 이중지수평활법에 의한 예측

다음 표는 지난 12주 동안 렌트카의 수요이다. 이 회사의 사장은 이와 같은 수요패턴이 계속될 것이라고 생각하고, 추세조정(FIT)인 지수평활모델을 이용한 예측을 하고자 한다. $\alpha = 0.1$, $\beta = 0.9$을 이용하여 모델을 개발하라. 최초추세값은 2를 사용하고 최초예측은 144를 이용할 것

주(t)	1	2	3	4	5	6	7	8	9	10	11	12
수요(A)	144	154	146	158	150	158	156	164	167	162	169	172

〈설 명〉

t =1일 때 최초값은 $F_1 = 144$이고, $T_1 = 2$이다. 이 값을 기초로 우리들은 위의 식을 이용하여 $FIT_{t+1} = FIT_2$을 계산할 수 있다.

$$FIT_2 = F_1 + T_1 = 144 + 2 = 146$$

FIT_3의 값은 위의 식을 이용하여 F_2와 T_2을 결정해야 한다.

$$F_2 = FIT_2 + \alpha(A_2 - FIT_2) = 146 + 0.1(154 - 146) = 146.8$$
$$T_2 = T_1 + \beta(FIT_2 - FIT_1 - T_1) = 2 + 0.9(146 - 144 - 2) = 2$$

그러므로

$$FIT_3 = F_2 + T_2 = 146.8 + 2 = 148.8$$

이러한 과정을 반복하여 다음과 같은 표를 만들 수 있다.

〈표 9-4〉 FIT_{t+1}의 계산결과

주(t) \ 자료	수요(A)	F	T	FIT_t
1	144	144.00	2.00	144.00
2	154	146.80	2.00	146.00
3	146	148.52	2.72	148.80
4	158	151.92	2.47	151.24
5	150	153.95	3.08	154.39
6	158	157.13	2.68	157.03
7	156	159.43	2.77	159.81
8	164	162.38	2.43	162.20
9	167	165.03	2.59	164.81
10	162	167.06	2.79	167.62
11	169	169.77	2.29	169.85
12	172	172.05	2.22	172.06

3. 합성적 방법

수요예측은 역사적으로 보면, 예측방법의 중심이 질적 방법에서 양적 방법으로 옮겨지고 있다. 그렇다고 질적 방법을 사용하지 않는다는 의미는 아니다. 결국 질적 방법과 양적 방법과의 합성적 방법으로 그 형태를 한정하고 있다.

합성적 방법은 기업의 경영관리자에게 호소하는 방법이다. 말하자면 합성적 방법은 경영자나 판매원이 갖는 시장정보를 예측의 메커니즘에 편성시키는 것이기 때문이다. 경영자는 자신의 판단을 명시적으로 편성시키지 않은 예측방법에는 본래 의문을 갖고 있다.

경영자가 양적 방법에 의심을 갖는 것은 어떤 의미에서는 당연하다고 생각된다. 왜냐하면 모든 환경의 변화(예를 들면, 경제상태의 변화)를 예측 시스템에 반영할 수 없으므로 바람직한 예측결과를 얻을 수 없다. 그러나 환경의 변화는 오히려 미래의 상태라고 생각할 수 있기 때문에 이것에 대응할 수 있도록 예측시스템을 개발하는 것이 바람직할 것이다. 이 같은 의미에서 양적 방법 혹은 질적 방법을 단독으로 사용하는 것보다는 양자를 결합한 합성적 방법이 유용하다라고 생각할 수 있다.

합성적 방법은 미시적인 수준(micro level)에서의 중요한 마케팅 정보를 명시적으로 예측시스템에 편성하기 때문에 양적 방법을 단독으로 이용할 경우

보다는 좋은 예측결과를 얻을 수 있다.

합성적 방법에 관해서는 지금까지 각종 개발이 이루어져 왔지만, 앞으로 더 진전될 것이라고 예상한다.

예측치를 결합하는 간단한 방법은 다음 식과 같다.

$$\text{합성예측치} = \frac{\text{질적 방법에 의한 예측치} + \text{양적 방법에 의한 예측치}}{2}$$

이 합성예측치의 오차는 두 가지 예측치오차의 평균(이 경우 오차는 평균평방오차이다)이다. 이 단순한 합성법은 본래 두 가지 예측치보다도 우수한 예측치를 제공한다.

이 같은 단순한 방법을 한층 개선한 방법이 제시되었다. 이것은 질적 방법에 의한 예측치와 양적 방법에 의한 예측치의 가중평균을 갖는 합성예측치인 것이다. 이때 이용되는 가중치(weight)는 각각의 예측치의 오차 $(1-\frac{\text{잔차의 평균}}{\text{실적치의 평균}}\times 100)$에 반비례하는 것이다. 지금 질적 방법에 의한 예측치를 $\widehat{y_s}$, 양적 방법에 의한 예측치를 $\widehat{y_0}$로 하고, 또 각각의 오차를 E_s, E_0라 하면 합성예측치 $\widehat{y_c}$는 다음에 의하여 구하여진다.[4)]

$$\widehat{y_c} = K\widehat{y_s} + (1-K)\widehat{y_0} \tag{9.18}$$

여기서

$$K = \frac{E_o}{E_s + E_0}$$

따라서

$$1-K = \frac{E_s}{E_s + E_0}$$

위 식에서 합성예측치($\widehat{y_c}$)의 오차는 $\widehat{y_s}$의 오차(E_s), $\widehat{y_0}$의 오차(E_0)보다도 적다는 것을 시사하고 있다. 이러한 점에서 합성예측치는 질적 방법에 의한 예측치나 양적 방법에 의한 예측치보다도 우수한 것이라고 할 수 있다.

합성적 방법은 3가지 이상의 예측치 결합에도 적용할 수 있지만 어느 쪽이든 최근의 오차에 기인한 가중치(weight)를 부여하기 때문에 대체적 예측방법의 선택에 유의할 필요는 없다.

---

4) 宮沢永光, 生産財需要予測論, 東海大学出版会, 1982, pp. 122～123.

제 4 절 예측오차의 측정과 통제

앞에서 제시한 예측의 어떠한 기법을 사용한다고 하더라도 실제와 예측에는 차이가 발생하게 마련인데, 이를 예측오차(forecast error)라고 한다. 예측모형은 여러 가지 요인에 영향을 받는데, 이러한 요인을 예측모형에 모두 반영할 수 없기 때문에 예측오차는 발생한다.

1. 예측오차의 측정

시계열 자료에 대한 예측오차를 측정하는 기법으로서는 절대평균편차와 평균자승편차가 있다.

1.1 절대평균편차

절대평균편차(mean absolute deviation: MAD)는 실제치와 예측치의 차에 대한 합계를 관찰수(n)로 나누어 구한다. 식은 다음과 같다.

$$MAD = \frac{\sum|\text{실제치} - \text{예측치}|}{n}$$

1.2 평균자승오차

자승한 예측오차의 합을 관찰수(n)로 나누어 구하는 기법이다. 평균자승오차(mean squared error: MSE)는 작은 오차보다 큰 오차에 더 많은 가중치를 부여하는 기법이다.

$$MSE = \frac{\sum(\text{실제치} - \text{예측치})^2}{n}$$

2. 예측오차의 통제

현재의 예측모형이 제대로 기능을 수행하는지 밝히기 위하여 예측오차를 검토할 필요가 있다. 예측오차를 검토하는 기법이 추적지표(tracking signal: TS)이다. 추적지표는 누적오차를 절대평균편차로 나눈 값이다.

$$TS = \frac{\sum(\text{실제치} - \text{예측치})}{MAD}$$

추적지표(TS)의 해석방법은 다음과 같다.

i) TS값이 0에 가까우면 예측기법에서 나온 예측치가 실제치에 가깝다는 의미이다.

ii) TS값이 부(負)의 값을 갖게 되면 예측치가 실제치보다 높다는 의미이다.

iii) TS값이 정(正)의 값을 갖게 되면 예측치가 실제치보다 낮다는 의미이다.

일반적으로 TS의 값이 ±3에서 ±8범위 내에 존재하면 예측결과는 양호하다고 인정하지만 이 범위를 넘어서면 조정조치를 취해야 한다. 예를 들어 조정은 지수평활법에서는 평활계수(α)를 변경해야 한다. 최초로 MAD값이 계산되면 MAD는 지수평활법을 사용하여 계속 수정되는데, 이 때에 공식은 다음과 같다.

$$MAD_t = MAD_{t-1} + \alpha(|\text{실제치} - \text{예측지}|_t - MAD_{t-1})$$

제 5 절 엑셀을 이용한 수요예측

수요예측은 여러 가지 통계처리 소프트웨어가 있다. 이 중에서 가장 일반화된 EXCEL을 이용하여 수요예측을 하고자 한다. 여기서 예제를 통하여 수요예측을 해 보자

1. 이동평균에 의한 수요예측

(1) 다음 자료를 이용하여 3개월과 6개월에 단순이동평균을 구하여라.

(2) 3개월 가중이동평균을 구하여라(가중치는 각각 0.2, 0.3, 0.5임).

연/월	매출액(천원)	연/월	매출액(천원)	연/월	매출액(천원)
2000/1	360	2000/7	332	2001/1	370
2	340	8	346	2	385
3	350	9	370	3	390
4	390	10	380	4	395
5	375	11	390	5	380
6	390	12	350	6	385

〈설 명〉

(1) 3개월, 6개월 단순이동평균

엑셀로 문제를 푸는 절차는 다음과 같다.

① 수식을 입력한다.

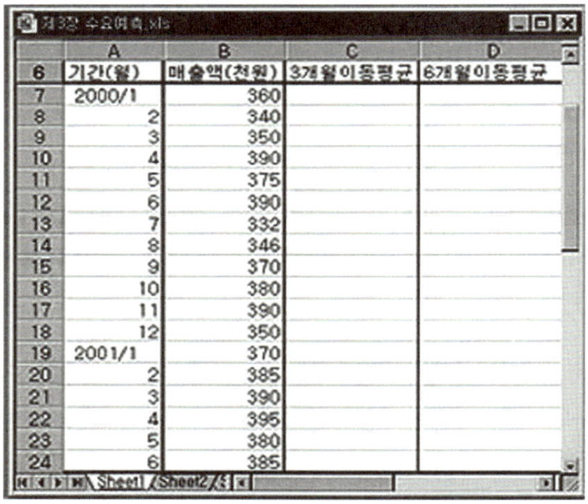

	A	B	C	D
6	기간(월)	매출액(천원)	3개월이동평균	6개월이동평균
7	2000/1	360		
8	2	340		
9	3	350		
10	4	390		
11	5	375		
12	6	390		
13	7	332		
14	8	346		
15	9	370		
16	10	380		
17	11	390		
18	12	350		
19	2001/1	370		
20	2	385		
21	3	390		
22	4	395		
23	5	380		
24	6	385		

i) 3개월 이동평균: C10 = SUM(B7:B9)/3

ii) 6개월 이동평균: D13 = SUM(B7:B12)/6

② 셀을 복사한다.

i) 3개월 이동평균: C11 : C24

ii) 6개월 이동평균: D14 : D24

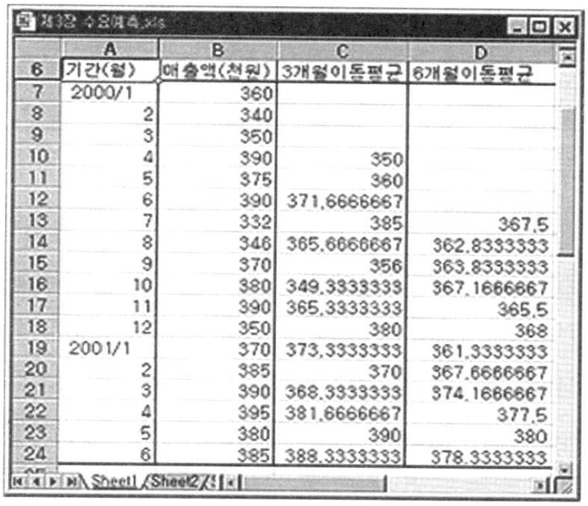

	A	B	C	D
6	기간(월)	매출액(천원)	3개월이동평균	6개월이동평균
7	2000/1	360		
8	2	340		
9	3	350		
10	4	390	350	
11	5	375	360	
12	6	390	371.6666667	
13	7	332	385	367.5
14	8	346	365.6666667	362.8333333
15	9	370	356	363.8333333
16	10	380	349.3333333	367.1666667
17	11	390	365.3333333	365.5
18	12	350	380	368
19	2001/1	370	373.3333333	361.3333333
20	2	385	370	367.6666667
21	3	390	368.3333333	374.1666667
22	4	395	381.6666667	377.5
23	5	380	390	380
24	6	385	388.3333333	378.3333333

③ 「차트 마법사」를 누른다.

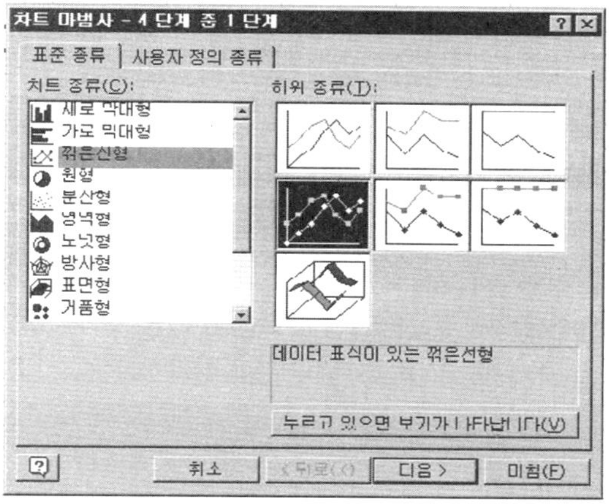

이것은 그래프를 이용하여 이동평균의 추세를 알아보는 것이다.

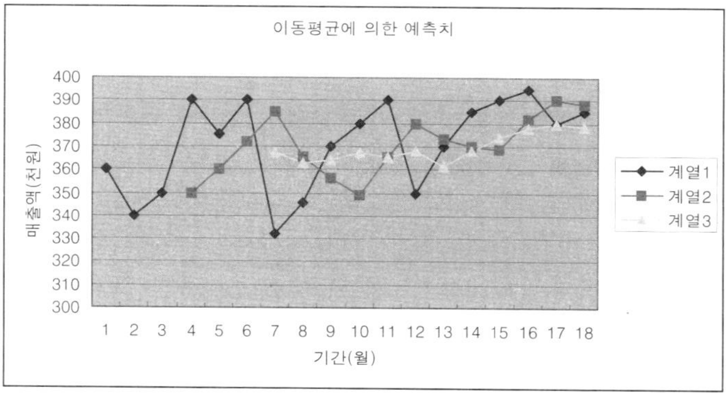

(2) 가중이동평균

① 수식을 입력한다.

i) 3개월 가중이동평균: C7 = (B4*$F$4) + (B5*$F$5) + (B6*$F$6)

② 셀을 복사한다.

i) 3개월 가중이동평균: C7 : C22

제3장 수요예측.xls

	A	B	C	D	E	F
3	기간(월)	매출액(천원)	3개월이동평균			
4	2000/1	360			가중치(1)	0.2
5	2	340			가중치(2)	0.3
6	3	350			가중치(3)	0.5
7	4	390	349			
8	5	375	368			
9	6	390	374.5			
10	7	332	385.5			
11	8	346	358			
12	9	370	350.6			
13	10	380	355.2			
14	11	390	370.2			
15	12	350	383			
16	2001/1	370	368			
17	2	385	368			
18	3	390	373.5			
19	4	395	384.5			
20	5	380	391.5			
21	6	385	386.5			
22			385.5			

Sheet1 Sheet2 She

2. 지수평활법에 의한 수요예측

다음 자료를 이용하여 지수평활법에 의한 수요를 예측하여라

(1) 단순지수평활법에 의한 수요예측(평활계수: 0.2, 0.8)

(2) 이중지수평활법에 의한 수요예측(α=0.2, β=0.2), 단, 1월의 예측치는 300으로 한다.

연/월	매출액(천원)	연/월	매출액(천원)
2000/1	360	2000/7	332
2	340	8	346
3	350	9	370
4	390	10	380
5	375	11	390
6	390	12	350

〈설 명〉

(1) 단순지수평활법

① 수식을 입력하라.

제3장 k수요예측.xls

	A	B	C	D	E
4	기간(월)	매출액(천원)	0.2	0.8	전기수요법
5	2000/1	360			
6	2	340			
7	3	350			
8	4	390			
9	5	375			
10	6	390			
11	7	332			
12	8	346			
13	9	370			
14	10	380			
15	11	390			
16	12	350			

Sheet1

ⅰ) 평활계수가 0.2일 경우: C6 = C5 + $C$4*(B5-C5)

ⅱ) 평활계수가 0.8일 경우: D6 = D5 + $D$4*(B5-D5)

② 셀을 복사한다.

ⅰ) 평활계수가 0.2일 경우: C6:C16

ⅱ) 평활계수가 0.8일 경우: D6:D16

제3장 k수요예측.xls

	A	B	C	D	E
4	기간(월)	매출액(천원)	0.2	0.8	전기수요법
5	2000/1	360	300	300	
6	2	340	312	348	360
7	3	350	317.6	341.6	340
8	4	390	324.08	348.32	350
9	5	375	337.264	381.664	390
10	6	390	344.8112	376.3328	375
11	7	332	353.84896	387.26656	390
12	8	346	349.479168	343.053312	332
13	9	370	348.7833344	345.410662	346
14	10	380	353.0266675	365.082132	370
15	11	390	358.421334	377.016426	380
16	12	350	364.7370672	387.403285	390

Sheet1 / Sheet2 / Sh

(2) 이동지수평활법

① 수식을 입력한다.

제3장 k수요예측.xls

	A	B	C	D	E
26	기간(월)	매출액(천원)	단순지수평활	지수평활추세	추세조정예측치
27	2000/1	360	300	0	300
28	2	340			
29	3	350			
30	4	390			
31	5	375			
32	6	390			
33	7	332			
34	8	346			
35	9	370			
36	10	380			
37	11	390			
38	12	350			
39					
40	Alpha	0.2			
41	Beta	0.2			

Sheet1 / Sheet2 / Sh

i) C28 = \$B\$40*B27 + (1-\$B\$40)*(C27-D27)+D27

ii) D28 = \$B\$41*(C28-C27) + (1-\$B\$41)*D27

iii) E28 = C28 + D28

② 셀을 복사한다.

i) 단순지수평활: C28:C38

ii) 지수평활추세: D28:D38

iii) 추세조정예측치: E28:E38

제3장 k수요예측.xls

	A	B	C	D	E
26	기간(월)	매출액(천원)	단순지수평활	지수평활추세	추세조정예측치
27	2000/1	360	300	0	300
28	2	340	312	2.4	314.4
29	3	350	318.08	3.136	321.216
30	4	390	325.0912	3.91104	329.00224
31	5	375	338.855168	5.8816256	344.7367936
32	6	390	347.2604595	6.38635878	353.6468183
33	7	332	357.0856394	7.074123	364.1597624
34	8	346	353.4833361	4.93883774	358.4221738
35	9	370	352.9744364	3.84929026	356.8237267
36	10	380	357.1494072	3.91442636	361.0638336
37	11	390	362.502411	4.20214186	366.7045529
38	12	350	368.8423572	4.62970272	373.4720599
39					
40	Alpha	0.2			
41	Beta	0.2			

Sheet1 / Sheet2 / Sh

3. 회귀분석

(1) 다음 자료를 이용하여 단순회귀분석을 하여라

월	사원수(x)	매출액(y)
1	9	31
2	11	40
3	7	28
4	15	52
5	8	30
6	13	39
7	10	42
8	12	39
9	14	55

(2) 다음 자료를 이용하여 중회귀분석을 하여라.

연도	판매량(만대)	1인당 GNP(만원)	여름평균기온
1	15	450	20
2	19	530	21
3	17	460	20
4	19	530	21
5	27	580	22
6	20	550	21
7	24	570	21
8	30	610	22
9	26	610	23

TIP [도구(T)]->[데이터분석(D)] 또는 [해 찾기(V)]가 없을 경우 [도구]->[추가기능(I)]에서 분석도구와 해 찾기 추가기능을 설치했야 한다.

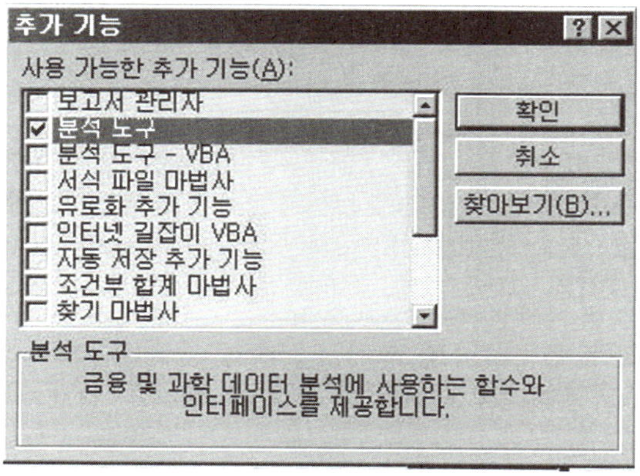

〈설 명〉

회귀분석에서는 이동평균법과는 달리 [도구(*T*)]->[데이터분석(*D*)] 메뉴를 이용하여 설명한다.

(1) 단순회귀분석

① 다음과 같은 표를 작성한다.

	A	B	C
3	월	사원수(X)	매출액(Y)
4	1	9	31
5	2	11	40
6	3	7	28
7	4	15	52
8	5	8	30
9	6	13	39
10	7	10	42
11	8	12	39
12	9	14	55

② 엑셀 해 찾기

[도구(T)]->[데이터분석(D)]에서 회귀분석을 선택하고 확인을 클릭하면 다음과 같은 회귀분석에 관한 대화상자가 나온다.

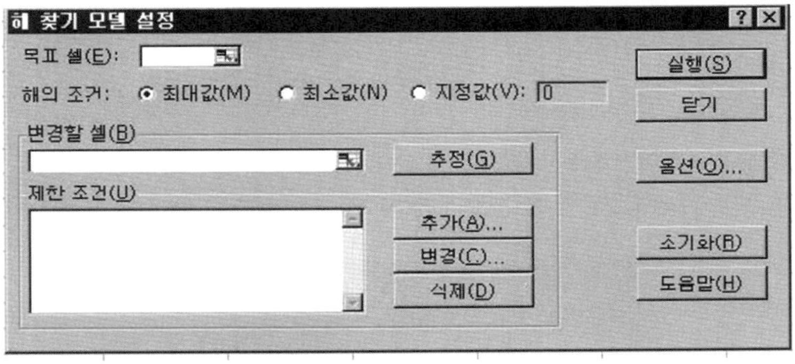

③ 이 대화상자에 자료입력을 한다

i) *Y*축입력범위: C4:C12.

ii) *X*축입력범위: B4:B12

iii) 이름표(L)를 클릭한다.

iv) 출력옵션의 출력범위에 출력하고자 하는 장소(A25)를 입력한다.

v) 이 외에도 잔차, 표준편차 등 필요한 부분을 선택하면 필요한 자료를 얻을 수 있다.

	월	사원수(X)	매출액(Y)
4	1	9	31
5	2	11	40
6	3	7	28
7	4	15	52
8	5	8	30
9	6	13	39
10	7	10	42
11	8	12	39
12	9	14	55

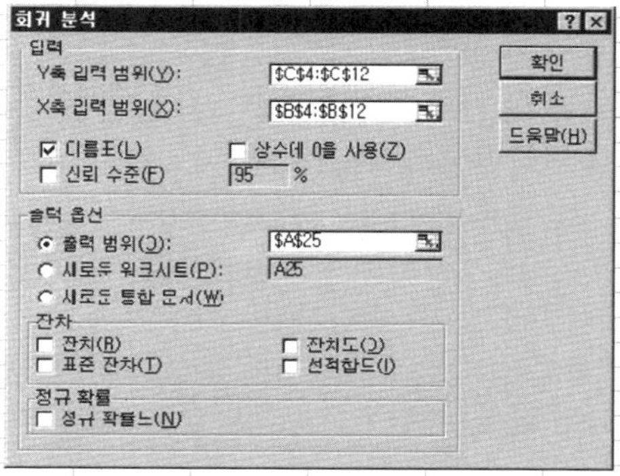

④ 회귀분석의 결과해석

필요한 자료를 입력한 후 확인을 클릭하면 다음의 표를 얻을 수 있다.

	회귀분석 통계량	
28	다중 상관계수	0.891113
29	결정계수	0.794082
30	조정된 결정계수	0.759762
31	표준 오차	4.59746
32	관측수	8

34 분산 분석

		자유도	제곱합	제곱 평균	F 비	유의한 F
36	회귀	1	489.0552	489.05518	23.1378	0.00297
37	잔차	6	126.8198	21.136637		
38	계	7	615.875			

		계수	표준 오차	t 통계량	P-값	하위 95%	상위 95%	하위 95.0%	상위 95.0%
41	Y 절편	7.22973	7.13037	1.0139347	0.34974	-10.218	24.67713	-10.2177	24.67713
42	9	2.968468	0.617123	4.8101763	0.00297	1.45842	4.478514	1.458423	4.478514

(2) 중회귀분석

① 다음과 같은 표를 작성한다.

제3장 수요예측.xls

	A	B	C	D
3	월	판매량(1만대)	1인당 GNP(만원)	여름평균기온
4	1	15	450	20
5	2	19	530	21
6	3	17	460	20
7	4	19	530	21
8	5	27	580	22
9	6	20	550	21
10	7	24	570	21
11	8	30	610	22
12	9	26	610	23

Sheet2 / Sheet

② 엑셀 해 찾기

[도구(T)]->[데이터분석(D)]에서 회귀분석을 선택하고 확인을 클릭하면 회귀분석에 관한 대화상자가 나온다.

③ 이 대화상자에 자료입력을 한다

i) *Y*축입력범위: B4:B12.

ii) *X*축입력범위: C4:D12(단순회귀분석과 다른 점은 *X*축의 입력범위를 독립변수끼리 인접시켜 이를 한번에 입력한다)

iii) 이름표(L)를 클릭한다.

iv) 출력옵션의 출력범위에 출력하고자 하는 장소(A25)를 입력한다.

v) 이 외에도 잔차, 표준편차 등 필요한 부분을 선택하면 필요한 자료를 얻을 수 있다.

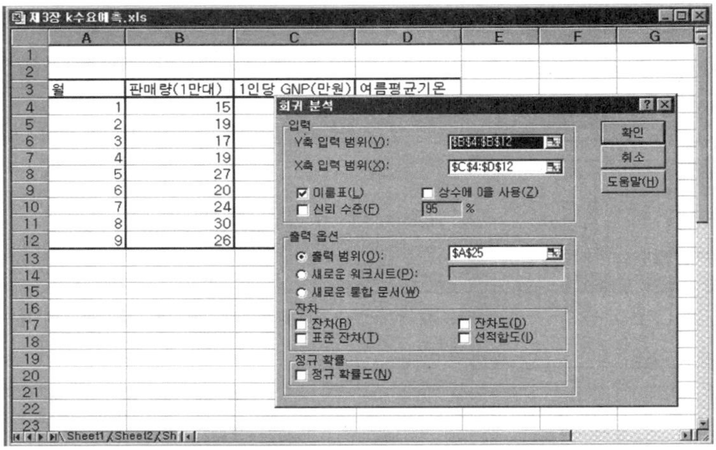

④ 회귀분석의 결과해석

필요한 자료를 입력한 후 확인을 클릭하면 다음의 표를 얻을 수 있다.

요약 출력

회귀분석 통계량	
다중 상관계수	0.898493568
결정계수	0.807290691
조정된 결정계수	0.730206968
표준 오차	2.416421332
관측수	8

분산 분석

	자유도	제곱합	제곱 평균	F 비	유의한 F
회귀	2	122.3045397	61.15226986	10.47290731	0.016302595
잔차	5	29.19546028	5.839092055		
계	7	151.5			

	계수	표준 오차	t 통계량	P-값	하위 95%	상위 95%	하위 95.0%	상위 95.0%
Y 절편	-21.11979823	29.26932648	-0.72156762	0.502881588	-96.35887429	54.11927782	-96.35887429	54.11927782
450	0.088272383	0.041597765	2.122046294	0.087278993	-0.018657901	0.195202668	-0.018657901	0.195202668
20	-0.239596469	2.250765691	-0.106451094	0.919363574	-6.025364417	5.546171479	-6.025364417	5.546171479

연습문제

1. 다음 표는 LG전자 교촌대리점의 금년 상반기 냉장고의 판매실적이다. 이 자료를 이용하여 다음 물음에 답하시오.

월	1	2	3	4	5	6
판매량	22	21	25	22	26	25

(1) 단순이동평균법(최근 4개월 동안)을 이용하여 7월의 판매예측을 하여라.
(2) 4월, 5월, 6월의 자료를 이용하여 가중이동평균법으로 7월의 판매예측을 하여라. 단, 가중치는 현 시점에서 가까운 순서로 0.5, 0.3, 0.2이다.

2. L프로야구구단은 지난 시즌 126게임 중 63게임을 대구구장에서 경기를 가졌다. 지난해 L구단의 성적이 부진했지만, 시즌 초반에는 성적이 좋아 15번의 매진이 있었다. 이 구장에 음료수 판매권을 가진 K유통은 이 기간의 자료로 다음 시즌에 대비하여 물량을 확보하기 위해 내년의 수요를 예측하고자 한다. 음료수는 온도와 상관관계가 있다고 생각하여 온도의 변화에 따른 판매량을 조사하였다. 다음 표를 이용하여 내년도의 판매량을 예측할 수 있는 회귀식을 구하고, 절대평균편차(MAD)와 결정계수를 구하여라.

번호	온도(x)	음료수판매량(y)	번호	온도(x)	음료수판매량(y)
1	31	135	9	32	140
2	25	130	10	16	110
3	9	100	11	36	155
4	30	138	12	37	158
5	29	125	13	15	115
6	8	95	14	28	125
7	19	118	15	23	120
8	34	150			

3. H자동차 딜러는 1998년 8월의 판매예측치가 90대였고, 판매실적은 100대라고 한다면 당해 연도 9월의 판매를 예측하여라. 단, 지수평활계수가 0.2라고 한다.

제 10 장 재고관리

Stock are supplies of goods and materials that are held by an organization. They are formed whenever the organization's inputs or outputs are not used at the time they become avaiable.

The main purpose of stocks is to act as a buffer between supply and demand. They allow operations to continue smoothly and avoid disruptions.

For a periodic review system:

order quantity = target stock level − stock on hand.

KEY TERMS

anticipation or leveling inventory(예상재고)
backorders(추후납품)
buffer stocks(완충재고)
carrying cost(재고유지비)
economic production quantity(경제적 생산량)
pipeline inventories(수송중재고)
safety stocks(안전재고)
setup cost(준비비)
shortage cost(재고부족비)
speculative stocks(투기재고)
stockout transaction stocks(거래재고)
work-in-process stocks(공정중재고)

제 1 절 재고관리의 기본개념

기업은 원재료, 부분품, 제품, 반제품, 공정품, 저장품 및 시설보전용품 등의 재고자산을 가지고 있다. 우리나라의 경우 업종에 따라 다르지만 전체 자산 중에서 재고자산이 차지하는 비율은 약 20%이다. 1978년 미국의 조사에 의하면 미국 기업의 재고자산가액은 23%가 되고, 일본 자재관리자협회에 의한 일본 기업의 재고유지비율은 평균 22%가 된다고 한다.

따라서 기업은 재고자산을 얼마나 보유해야 재고유지비를 최소로 하고, 품절로 인한 기회손실비용을 최소로 할 수 있을까 하는 문제가 매우 중요하게 된다. 따라서 재고관리방법의 개발이 필요했고, 이러한 필요에 따라 1915년 이후 많은 발전을 하게 되었다.

1915년경부터 수학적 기법을 이용하여 최적 재고량을 산출하고, 이것을 결정의 보조로 하려는 시도에 관심이 집중되었고, 재고관리문제에 이 복잡한 분석기법을 응용하게 되었다. 그 이유는 많은 기업에서 대차대조표의 자산 부분에 재고량이 최대의 항목이 되고 있기 때문이다. 재고량이 과대하거나 재고량의 부족으로 인해 경영의 파탄을 초래하는 경우가 가끔 있었다. 기업에서는 중요한 부품이 품절되면 제조공정이 정지되고, 소매점에서는 고객이 필요로 하는 상품을 제공할 수 없어 고객을 잃어버리게 될 뿐만 아니라, 고객의 불신을 초래하여 장래의 이익을 놓치게 될 것이다. 이러한 이유로 재고량을 적절하게 관리하는 문제는 기업의 이익과 발전에 커다란 의미를 갖는 것이다.

1. 재고의 종류

재고(inventory)란 미래에 사용하기 위해 갖추고 있는 저장품이다. 재고는 광의로 설명하면 생산에 필요한 요소들로서 사람, 자본, 에너지시설, 원자재, 부품, 완성된 제품과 재공품 등이 포함된다. 어떤 품목을 재고관리 대상으로 선정하느냐는 그 조직이 어떠한 조직인가에 따라 다르다. 예를 들어 대상 기업이 제조회사라면 기술인력, 기계, 원자제, 완성품 및 운영자본을 재고관리의 대상으로 간주할 수 있고, 서비스 회사인 항공회사는 좌석 수를 재고관리의 대상으로 선정할 수 있다.

재고의 종류는 기업의 판매관리(sale operations), 활동, 변환을 지속시키는 데 필요한 재고인 거래재고(transaction stocks)와 재고를 보유함으로써 이익의 보장을 가능케 하는 조직재고(organization stocks)가 있다. 이 재고를 더 세분하면, 첫째 거래재고(transaction stocks)는 현재 작업 중에 있거나 작업을 기다리고 있거나, 작업자에게로 이동 중에 있는 공정중재고(work in process stocks : WIP)와 소매점에서 판매를 지원하기 위하여 운송 중에 있는 수송중재고(pipeline inventories)가 있다. 둘째 조직재고(organization stocks)로서는 기업의 불확실한 수요에 대처하기 위하여 완충역할을 하는 안전재고(safety stocks), 주기적 판매(cyclical sale) 때 생산수준 또는 생산능력의 변화에 대처하기 위한 예상재고(anticipation or leveling inventory), 자재구입 내지 제품 생산의 경우 구입량과 생산량이 자재의 사용량 및 판매량에 일치하지 않으므로 생기는 롯트 사이즈 재고(lot-size or cycle inventories), 가격의 상승을 예상하여 보유하는 투기재고(speculative stocks) 등이 있다.

2. 재고량을 결정하는 기본원칙

재고량은 기업전체의 운용비용을 최소가 되도록 결정해야 한다. 이를 위해서는 1회의 발주량과 발주회수로 결정하지 않으면 아니 된다. 발주비용을 최소로 하기 위해서는 1회의 발주량을 크게 하는 것이 바람직하지만 재고유지비용이 커지고, 1회 발주량을 작게 하면 발주비용이 많이 발생하게 된다. 어느 쪽의 사고방식도 그것이 극단적으로 치우친다면 기업의 이익은 바람직하지 못한 영향을 초래하기 때문에 전체 이익을 크게 하기 위해서는 두 가지 면에서의 타협점을 발견하는 것이 필요하다.

3. 재고비용

어떤 재고수준을 유지하기 위하여 필요한 경비는 세 가지로 나눌 수 있다. 처음의 두 가지는 발주비용과 재고유지비용이고, 제3의 비용은 품절이 발생한 경우 기업이 입는 손실이다. 품절이 발생한다면 그 물건의 판매에 의하여 얻을 수 있는 이익을 잃어버리게 되고 또 공장에서는 중요한 부품이 품절되면 생산공정의 정지를 초래하는 것이 된다. 여기서 기술하는 재고모형에서는 품절은 발생하지 않는다고 가정하고 발주비용과 재고유지비용의 두 가지만을 생각한다.

3.1 발주비용

발주비용(조달비용)은 발주한 물품이 창고에 들어올 때까지의 총비용으로 발주 때마다 발생한다. 이 중에는 구입전표의 발행, 그에 따른 각종 절차, 상품의 수령절차, 창고에 반입, 대금의 지불절차 등에 관련하여 발생한 모든 비용이 포함된다.

자사에서 생산하는 품목에 대한 조달비용은 앞에서 설명한 각 비용 이외에 다음의 <표 10-1>과 같은 비용들이 있다.

〈표 10-1〉 발주비용의 예

구 분	발 주 비 용
구입품목	청구, 발주, 운송, 수납과 검사, 창고에 반입, 회계 및 회계감사, 재고 및 영업비
생산품목	청구, 준비, 수납과 검사, 창고에 반입, 회계 및 감사비, 재고 및 영업비

3.2 재고유지비

재고유지비는 기업이 재고를 보유하면서 발생되는 필연적인 비용이다. 이 비용은 반대급부 없이 현실적인 지출과 장래 이익에 대한 투자라는 형태의 지출이라는 양 측면에서 고려할 필요가 있다.

예를 들면 창고의 점유면적에 대한 비용을 생각해 볼 때 그 장소에 창고를 설치하여 발생하는 지출(支出)과 창고를 건립하지 않고 창고를 임대함으로써 발생할 수 있는 기회손실의 양면을 생각하지 않으면 안된다. 또 재고보유를 위한 창고건설비용은 다른 목적으로 투자된 경우 얻게 되는 이익을 고려할 필요가 있다.

재고유지비를 정확하게 파악하는 것은 어려운 일이지만, 참고로 <표 10-2>를 들어보자.

〈표 10-2〉 재고유지비의 상품가격 구성비

항 목	근사치
금리(재고를 위하여 투자된 자금에 대한)	4-10%
보험금	1-3%
세금	1-3%
창고보관금(광열비, 난방비, 냉방비를 포함함)	0-3%
진부화, 감가상각	4-16%
상품가격의 구성비	20-25%

<표 10-2>에 의하면 제조업에서의 재고유지비는 상품가격의 약 20~25% 정도이다. 물론 예외도 있을 것이다. 또 상기의 비용은 연간 단위당 평균 재고가격에 대한 백분율로 나타낸 것이다. 이들 가치는 앞에서 발주비용을 구한 것과 동일한 기법을 이용하여 얻은 것이다.

3.3 재고부족비

재고부족비란 재고품절(stockout), 즉 재고부족으로 발생되는 손실을 말한다. 이는 재고부족으로 발생하는 판매기회의 상실로 일종의 기회비용이 발생하게 된다. 이러한 재고부족 때문에 기업은 간접적으로 많은 손실을 입게 된다. 재고부족비는 구체적으로 회사신용의 손상, 판매수입의 감소, 공급지연으로 인한 손실, 긴급생산을 위한 추가비용, 생산중단의 손실 등이 있다.

제 2 절 고전적 경제적 발주량

본 절에서는 재고품목의 공급을 위하여 고전적 확정경제적 발주량(classic deterministic economic order quantity: EOQ)모형을 설명한다. 이것은 재고모형 중 가장 간단한 모형이며, 최적주문량(Qo)과 최적재주문점(Ro)을 찾는 것이 목적이다.

1. 모형의 가설

경제적 발주량(EOQ)모형은 다음과 같은 전제조건이 만족되어야 성립한다.

i) 발주비용은 매 주문마다 일정하다(발주량의 크기와 관계없음)

ii) 재고유지비는 발주량의 크기와 정비례한다.

iii) 품절은 인정하지 않는다.

iv) 1회 발주량은 1회로 납품된다.

v) 구입단가는 일정하다(발주량의 크기와 관계없음)

vi) 수요율과 조달기간이 일정한 확정적 모델이다.

vii) 단일품목을 대상으로 한다.

이 가정은 [그림 10-1]에 나타난 재고행위의 형태에 근거한 것이다. [그림 10-1]에서 t_L은 고정적이고, D는 상수이기 때문에 재주문점 R은 t_LD에 의하여 결정된다. [그림 10-1]의 각 톱니부분도 시간 t_L이 소요되는 재고순환(inventory cycle)동안 재고행위를 나타낸다.

그림 10-1 재고행위 : 고전적 EOQ모형

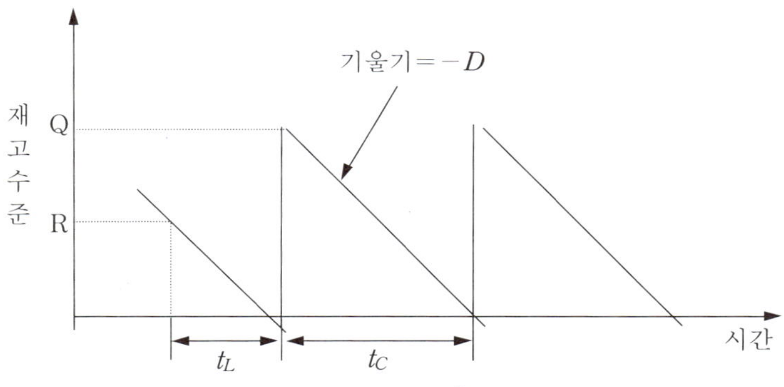

$$t_C = \frac{Q}{D}$$

2. 모형개발

이 모형은 1915년 해리스(F.W. Harris)에 의하여 고안되었다. 이 모형을 전개하기 위하여 여기에 사용된 용어정의를 하면 다음과 같다.

TIC : 연간 관계총비용(Total Incremental cost)
TICo : 적정 연간 관계총비용(Total incremental cost of optimal solution)
Q : 발주량(lot-size or Quantity of order)
Qo : 경제적 발주량(Optimal size or Quantity)
D : 연간 수요량(annual Demands in units)
Cp : 1회 발주비용(preparation cost per order)
C_H : 단위당 연간 재고유지비(Holding cost per Unit per year)
P : 구입단가 또는 제조단가(purchase or produaction price)
i : 단위당 연간 재고유지비율(Interest per unit per year)
No : 연간 적정발주횟수 또는 생산횟수(Optimal Number of order or manufacturing runs per year)
to : 적정 발주간격 또는 생산기간(time between orders or manufacturing runs)

총비용의 최소화는 앞에서 언급한 비용요소들의 총합이 기준이 된다. 이 모형의 가정하에서 품절이 허용되지 않기 때문에 품절비용은 포함시키지 않는다. 그리고 단위당 구매비용이 일정하다고 가정했기 때문에 이 비용은 재고정책에 영향을 받지 않는다. 결론적으로 연간 관계총비용은 발주비에 재고유지비를 더한 비용이다. 연간 발주비용을 구하면 다음과 같다.

2.1 연간 발주비용

연간 발주비용 = (연간 발주횟수: *No*)×(1회 발주당 발주비: *Cp*)

그러나 연간 발주횟수는 다음과 같이 정의하고 있다.

No = (연간 수요량; *D*) ÷ (1회 발주량; *Q*)

예를 들면 만약 연간 500단위가 소요되고, 1회 주문이 250단위라면 이때 연간 2회 주문이 이루어진다. 그러므로 연간 발주비용은 다음과 같다.

$$f_1(Q) = \frac{D}{Q} C_P \qquad (10.1)$$

2.2 연간 재고유지비

재고주기당 재고유지비는 연간 평균재고량에 단위당 재고유지비를 곱하여 구한다. [그림 10-1]은 어떤 재고주기 동안 평균재고량이 $\frac{Q}{2}$와 같다는 결론에 도달할 것이다. 더욱 엄격히 재고주기에서 평균재고는 재고주기의 크기에 따라서 재고곡선하의 영역에 의하여 결정된다. [그림 10-1]에서 하나의 3각형 영역은 가장 높은 곳의 반 혹은 $1t_c\frac{Q}{2}$이다. t_c로 이 결과를 나누면 $\frac{Q}{2}$이다. 그러므로 연간 재고유지비는 다음과 같다.

$$f_2(Q) = \frac{Q}{2}C_H \tag{10.2}$$

2.3 연간 관계총비용

연간 발주비용에 연간 재고유지비를 더하면 연간 관계총비용(TIC)을 구할 수 있다.

$$\begin{aligned} TIC(Q) &= f_1(Q) + f_2(Q) \\ &= \left(\frac{D}{Q}\right)C_P + \left(\frac{Q}{2}\right)C_H \end{aligned} \tag{10.3}$$

[그림 10-2]는 Q의 함수로서 발주비용 재고유지비용, 그리고 그들의 합을 나타낸다. 재고관리의 기본목표는 총재고비용을 최소화하는 것이므로 [그림 10-2]에서 총비용이 최소인 점 Q_0을 구하기 위하여 $TIC(Q)$방정식을 Q에 대하여 편미분한다.

$$\frac{\partial TIC(Q)}{\partial Q} = -\frac{DC_P}{Q^2} + \frac{C_H}{2} \tag{10.4}$$

여기서 $\frac{\partial TIC(Q)}{\partial Q} = 0$으로 놓으면 총비용곡선(TIC(Q))의 최저점을 구할 수 있다.

$$-\frac{DC_P}{Q^2} + \frac{C_H}{2} = 0$$

$$\frac{DC_P}{Q^2} = \frac{C_H}{2}$$

$$Q^2 = \frac{2DC_P}{C_H}$$

$$Q_0 = \sqrt{\frac{2DC_P}{C_H}} \tag{10.5}$$

그림 10-2 경제적 발주량의 결정모형

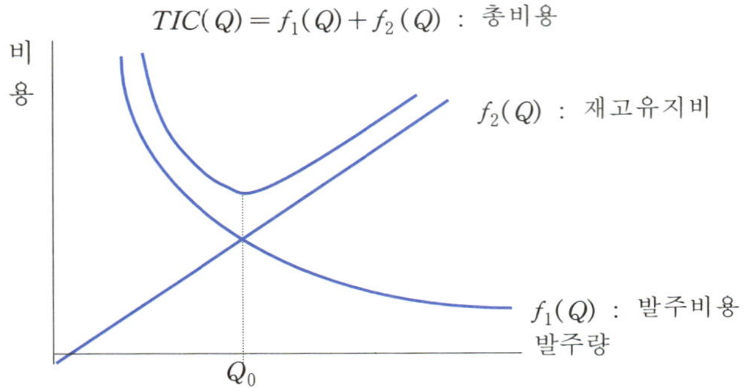

식 (10.5)에서 C_H 대신에 구매단가(P) × 연간 재고유지비율(i)을 대입하여 사용할 수도 있다.

그러므로 관계총비용을 최소로 하는 발주량, 즉 경제적 발주량은 식 (10.6)과 같다.

$$Q_0=\sqrt{\frac{2DC_P}{C_H}} \text{ 또는 } \sqrt{\frac{2DC_P}{P\times i}} \tag{10.6}$$

그리고 적정 발주횟수(생산회수: No), 발주간격(To) 및 적정 연간 관계총비용(TIC_O)은 다음과 같이 구한다.

$$\text{적정 발주횟수(No)} = \frac{\text{연간 수요량}}{\text{경제적 발주량}} = \frac{D}{Q_0} \tag{10.7}$$

$$\text{적정 발주간격}(\mathrm{T_O}) = \frac{\text{경제적 발주량}}{\text{연간 수요량}} = \frac{Q_0}{D} \tag{10.8}$$

적정 연간 관계총비용(TIC_O)을 구하기 위하여 식 (10.3)에 경제적 발주량공식(Q_O)을 대입하면 간단한 식을 구할 수 있다.

$$\text{적정 연간 관계총비용 } (TIC_0)=\sqrt{2DC_PC_H} \tag{10.9}$$

고전적 경제적 발주량에 의하여 재고관리를 실시하는데 이해를 돕기 위하여 다음 예를 들어 설명한다.

[예제 10-1] 경제적 발주량

K회사의 연간 수요량이 4,000개 되는 어느 부품의 발주비용은 매 주문마다 80,000원이고, 단위당 재고유지비는 연간 640원이다. 이 회사의 부품에 대한 경제적 발주량, 적정 발주횟수, 적정 발주간격, 적정 연간 관계총비용은 얼마인가?

〈설 명〉

D (연간 수요량) = 4,000개

C_P (단위당 발주비용) = 80,000

C_H (단위당 재고유지비) = 640

i) 경제적 발주량

$$Q_0=\sqrt{\frac{2DC_P}{C_H}}=\sqrt{\frac{2\times4,000\times80,000}{640}}=1,000$$

ii) 적정 발주횟수

$$N_0=\frac{D}{Q_0}=\frac{4,000}{1,000}=4$$

iii) 적정 발주간격

$$T_0=\frac{Q_0}{D}=\frac{1,000}{4,000}=0.25$$

iv) 적정 연간 관계총비용

$$TIC_0=\sqrt{2DC_PC_H}=\sqrt{2\times4,000\times80,000\times640}=640,000$$

제 3 절 고전적 경제적 발주량모형의 확장

1. 경제적 생산량의 결정

경제적 생산량(economic production run size)의 결정문제는 기업에서 필요한 자재로 자가제조(自家製造)하거나 제품을 생산, 조달할 때 생산량의 크기를 경제적 수준으로 결정하는 문제를 말한다. 이 경제적 생산량의 모형을 개발할 때 다음과 같은 가정이 필요하다.

ⅰ) 준비비(setup cost)는 생산량의 크기에 관계없이 일정하다.

ⅱ) 생산단가는 생산량의 크기에 관계없이 일정하다.

ⅲ) 재고유지비(carrying cost)는 생산량의 크기에 비례하여 나타난다.

ⅳ) 수요율과 생산율이 일정한 확정적 모형이며 생산율은 수요율보다 크다.

이러한 가정 하에서 보충이 즉시 이루어지지 않고 하루에 생산율이 p단위고, 수요량은 하루에 d단위라고 가정한다면, Q량을 생산하기 위하여 $\frac{Q}{p}$일이 필요할 것이다. 그러나 $\frac{Q}{p}$일 동안의 수요량은 $(\frac{Q}{p})d$ 단위가 될 것이다. 그러므로 최대재고 수준은 $Q-(\frac{Q}{p})d$ 또는 $Q(1-\frac{d}{p})$일 것이다. $(1-\frac{d}{p})$가 단순한 상수가 아니고, 연간 재고유지비에 영향을 미치지 않는다면 다음과 같은 비용함수로 나타날 수 있다. 즉, 연간 관계총비용(TIC)은 재고유지비용과 준비비용을 합하여 구한다.

$$TIC(Q) = \frac{Q}{2}\left(1-\frac{d}{p}\right)C_H + \frac{D}{Q}C_p \tag{10.10}$$

이 방정식은 이 모형에서 평균재고가 최대재고의 반이라는 개념을 반영한다. 그러나 최대재고는 기본적인 EOQ모형에서와 같이 Q보다는 크지 않다.

[그림 10-3]은 이 모형에 대한 재고습성을 보여준다.

그림 10-3 생산에서 이용되는 재고습성

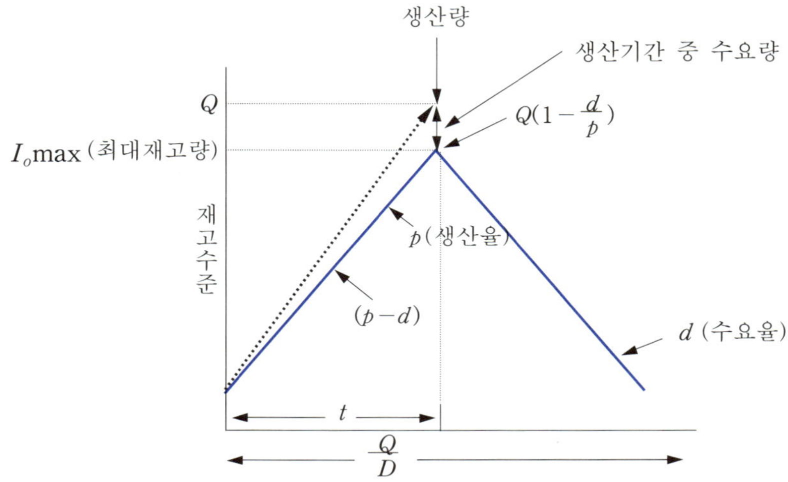

물론 우리는 EOQ공식을 이용함으로써 동일한 형태에서 경제적 생산량(economic production quantity: EPQ)을 유도할 수 있다. 식 (10.10)을 Q에 대하여 편미분하여 경제적 생산량을 구한다.

$$Q_o = \sqrt{\frac{2DC_P}{C_H(1-\frac{d}{p})}} \quad \text{또는} \quad \sqrt{\frac{2DC_P}{Pi(1-\frac{d}{p})}} \tag{10.11}$$

이때 적정 연간 관계총비용($TICo$)은

$$TIC_o(Q) = \sqrt{2DC_pC_H(1-\frac{d}{p})} \quad \text{또는} \quad \sqrt{2DC_PPi(1-\frac{d}{p})} \tag{10.12}$$

[그림 10-3]에서 $p>d$이면 생산기간 동안에는 매일 p-d단위만큼씩 일정하게 재고가 증가하여 생산이 중단될 때의 최대재고는 $(p-d)t$가 된다. 생산기간 동안 매일 p단위씩 생산량 Q단위를 생산하므로 $Q=p\times t$이다. 그래서 $t=\frac{Q}{p}$가 된다.

$$I_{\max} = (p-d)\times t = (p-d)\frac{Q}{p} = \left(1-\frac{d}{p}\right)Q$$

여기서 Q대신에 경제적 생산량(Qo)을 위 식에 대입하면 다음과 같은 최대재고량($I_{\max}$)을 구할 수 있다.

$$I_{\max} = \sqrt{2DC_P\frac{(1-\frac{d}{p})}{C_H}} \tag{10.13}$$

경제적 생산량의 생산주기(To)는 경제적 생산량(Qo)과 수요율(d)의 함수로 나타내면 다음과 같다.

$$T_o = \frac{Q_o}{d} \tag{10.14}$$

생산기간(t)을 경제적 생산량과 생산율(p)의 함수로 나타내면 다음과 같다.

$$t = \frac{Q_O}{p} \tag{10.15}$$

수요율(d)이 생산율(p)에 가까워짐에 따라 경제적 생산량(Qo)은 점점 커지고 수요율과 생산율이 같게 되면 경제적 생산량은 무한 해가 된다.

[예제 10-2] 경제적 생산량

연간 수요량이 3,000단위이고, 준비비가 300달러, 연간 단위당 재고유지비가 단위당 재고가치 15달러의 20%이다. 생산율은 1일 100단위이고, 연간 250일 작업한다. 경제적 생산량을 결정하라. 또 이때의 관계총비용은 얼마인가?

〈설 명〉

연간 수요량(D): 3,000단위
준비비(Cp): 300달러
연간 단위당 재고유지비(C_H): 15×0.2 = 3달러
생산율(p): 100단위
작업일수: 250일
수요율(d): 12단위

$$Q_o = \sqrt{\frac{2DC_P}{C_H(1-\frac{d}{p})}} = \sqrt{\frac{2\times3,000\times300}{3\times(1-\frac{12}{100})}} = 825.7$$

$$TIC_o(Q) = \sqrt{2DC_pC_H(1-\frac{d}{p})} = \sqrt{2\times3,000\times300\times3\times(1-\frac{12}{100})} = 2,179.91$$

2. 재고부족을 고려한 경제적 발주량모형

지금까지 고전적 경제적 발주량 모형의 일반적인 경우에 대하여 설명했으나 여기서는 재고부족을 허용하는 모형에 대하여 설명한다. 앞에서와 같이 모든 수요는 궁극적으로 많아야 한다. 그러므로 재고를 보충할 때 모든 미처리 주문은 새로운 수요가 이루어지기 전에 충족되어져야 한다. 미처리주문은 재고부족비용을 초래한다. 판매자는 왜 미처리주문을 허용해야만 하는가? 미처리주문이 허용되어질 때 독립수요의 가정은 모든 수요가 충족될 것을 요구한다. 결론적으로 더욱 적은 주문은 더 낮은 발주비를 낳을 것이고, 이때 평균재고수준은 재고유지비를 줄이는 결과를 낳을 것이다. 재고부족을 고려한 경제적 발주량 모형은 가정용품산업에 가끔 이용된다.

재고부족을 고려한 경제적 발주량의 모형을 개발하기 위해서 이때에 소요되는 총비용을 구해야 한다. 총비용은 재고유지비, 발주비, 재고부족비를 합한

비용이다.

[그림 10-4]는 이 모형에 대한 재고습성을 나타낸 그림이다. 우리는 앞에서 정의한 용어를 추가하여 다음과 같은 용어들을 정의한다.

S : 최대 재고부족수준(Maximum number of units short)
Cs : 단위당 재고부족비(shortage cost per unit per time period)
L : 재고보충수준, 이 경우 기초 최대재고수준(Maximum inventory level)
t_1 : 재고보유기간(Time within a cycle during which inventory is held)
t_2 : 재고부족기간(Time within a cycle during which a shortage exists)

이상의 자료를 이용하여 총비용에 속하는 각 요소들의 비용을 수식화하여 보자

2.1 발주비

발주비는 발주횟수와 단위당 발주비의 곱으로 나타낸다. 이때 발주비용요소는 다음과 같다.

$$f_1(Q, S) = \frac{D}{Q} C_p$$

2.2 재고유지비

재고유지비용은 고전적 모형에서와 같이 평균재고량에 단위당 재고유지비를 곱하여 나타낸다. 주기당(1회 발주 당) 재고유지비용은 [그림 10-4]에서 t_1과 같이 삼각형에 기초한다.

$$\left(\frac{L}{2}\right) t_1 C_H \tag{10.16}$$

닮은 삼각형의 관계를 이용하면 다음과 같다.

$$\frac{t_1}{t_1 + t_2} = \frac{L}{Q} \quad \text{또는} \quad t_1 = \frac{(t_1 + t_2)(L)}{Q}$$

그러나 한 주기의 시간($t_1 + t_2$)은 $\frac{Q}{D}$와 동등하게 나타낼 수 있다.

$$t_1 = \frac{(\frac{Q}{D})(L)}{Q} = \frac{L}{D} \tag{10.17}$$

그림 10-4 재고습성 : 재고부족을 고려한 고전적 발주모형

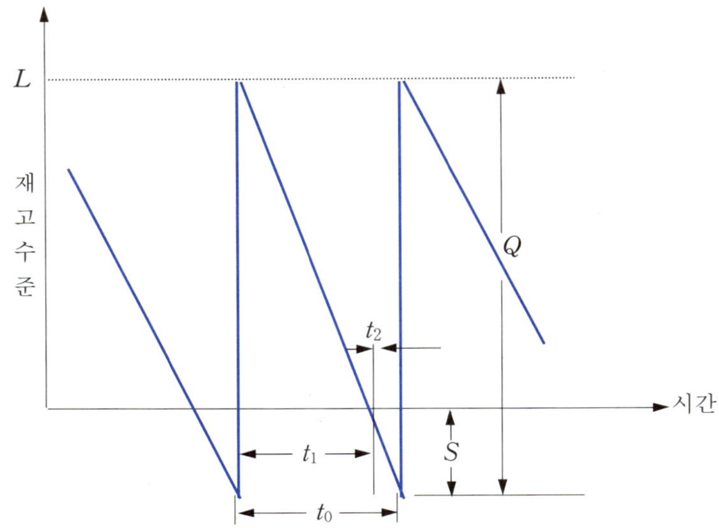

최고 재고수준 L이 $Q-S$로 나타낼 수 있으므로 우리는 주기당 재고유지비를 계산하기 위하여 방정식 (10.16)에 L대신에 $Q-S$를, t_1 대신에 L/D를 대입하여 아래의 공식을 구할 수 있다.

$$\frac{(Q-S)^2}{2D}C_H \tag{10.18}$$

방정식 (10.18)에 연간 발주횟수($\frac{D}{Q}$)를 곱함으로서 우리는 연간 총재고유지비를 다음과 같이 구할 수 있는 공식을 유도해낼 수 있다.

$$f_2(Q, S) = \frac{(Q-S)^2}{2Q}C_H \tag{10.19}$$

2.3 재고부족비

최종 비용요소는 재고부족비이다. 이것은 재고유지비로 사용된 것과 유사한 방법으로 결정된다. 주기당 재고부족비는 평균재고부족량×주기당 재고부족기간×단위당 재고부족비에 의하여 구할 수 있다. 이것을 식으로 나타내면 다음과 같다.

$$\left(\frac{S}{2}\right)t_2C_s \tag{10.20}$$

다시 닮은 삼각형을 이용하면 다음과 같이 된다.

$$\frac{t_2}{(t_1+t_2)}=\frac{S}{Q} \quad \text{또는} \quad t_2=\frac{S}{Q}(t_1+t_2)$$

앞에서와 같이 $t_1+t_2=\frac{Q}{D}$ 이므로

$$t_2=\frac{S}{Q}\times\frac{Q}{D}=\frac{S}{D}$$

식 (10.20)에 $t_2=\frac{S}{D}$ 를 대입하면 식 (10.21)과 같이 된다.

$$\frac{S^2C_s}{2D} \tag{10.21}$$

식 (9.21)에 연간 발주횟수($\frac{D}{Q}$)를 곱하여 재고부족비공식으로 나타내면 다음과 같다.

$$f_3(Q,S)=\frac{S^2C_s}{2Q} \tag{10.22}$$

위의 3가지 비용요소 $f_1(Q, S)$, $f_2(Q, S)$, $f_3(Q, S)$를 합하면 이 모형에 대한 총변수비용함수를 구할 수 있다.

$$TIC(Q,S)=f_1(Q,S)+f_2(Q,S)+f_3(Q,S)$$
$$=\frac{DC_p}{Q}+\frac{(Q-S)^2C_H}{2Q}+\frac{S^2C_s}{2Q} \tag{10.23}$$

식 (9.23)을 Q와 S에 대하여 각각 편미분하면 적정 주문량을 구할 수 있다.

$$Q_0=\sqrt{\left(\frac{2DC_P}{C_H}\right)\left(\frac{C_H+C_s}{C_s}\right)} \tag{10.24}$$

최대부족량은 다음 식과 같다.

$$S_0=\sqrt{\frac{2C_PDC_H}{C_HC_s+C_s^2}} \tag{10.25}$$

최적 재고보충수준은 다음 식과 같다.

$$L_0=Q_0-S_0=\sqrt{\left(\frac{2DC_P}{C_H}\right)\left(\frac{C_s}{C_H+C_s}\right)} \tag{10.26}$$

식 (10.24)에서 Q대신에 $D \times T$를 대입하면 발주간격(발주주기)을 구하는 모형을 도출할 수 있다.

$$T_0 = \sqrt{\frac{2C_P}{DC_H}}\sqrt{\frac{C_H + C_s}{C_s}} \tag{10.27}$$

[예제 10-3] 재고부족을 고려한 경제적 발주량모형

자전거 도매상은 기어 달린 자전거를 판매하여 많은 재미를 보고 있다. 이 도매상의 연간 수요량은 200,000대이다. 1회 발주당 발주비용은 1,000달러고, 연간 자전거 1대의 재고유지비는 15달러이고, 연간 자전거 1대의 품절비용은 20달러이다. 적정 발주량(Q_0)을 결정하고, 최대부족량(S_0)을 결정하시오.

〈설 명〉

D(연간 수요량): 200,000대
C_p(1회 발주비용): 1,000달러
C_H(단위당 재고유지비): 15달러
Cs(연간 단위당 품절비용): 20달러

적정 주문량과 최대부족량은 다음과 같다.

$$Q_0 = \sqrt{\left(\frac{2DC_P}{C_H}\right)\left(\frac{C_H + C_s}{C_s}\right)} = \sqrt{\left(\frac{2 \times 200,000 \times 1,000}{15}\right)\left(\frac{35}{20}\right)} = 6,831.3$$

$$S_0 = \sqrt{\frac{2C_P DC_H}{C_H C_s + C_s^2}} = \sqrt{\frac{2 \times 200,000 \times 1,000 \times 15}{15 \times 20 + (20)^2}} = 2,927.7$$

3. 대량구입에 따른 가격할인

대량구입은 기업에게 어떤 면에서는 유리하고 어떤 면에서는 불리하게 작용하는 경우도 있다. 대량구입에 따르는 장점은 발주비용의 절감, 품절에 의한 손실의 감소, 수송비용의 절감 등이고, 대량구입의 단점은 재고유지비용 증가, 필요자금의 증가, 재고 중에 상품품질저하와 진부화 등이 있다. 그러므로 공급업자가 대량구입에 따른 가격할인을 제안하면 총비용을 고려하여 그 조건으로 구입할 것인지를 결정해야 한다. 여기에는 단일가격할인방법(single quantity discount)과 복수가격할인방법(multiple quantity discounts)이 있다.

3.1 단일가격할인방법

지금까지 설명한 모형들은 단위당 구입원가가 일정하다라고 가정했다. 이것은 목적함수를 구성하는데 구매원가의 요소가 반영되지 않는다는 의미이다. 그래서 문제를 푸는 방법은 단순하였다. 그러나 만약 구매업자가 많은 양을 구입한다면 공급업자들은 때로 할인을 해준다. 할인을 해주는 동기는 간단하다. 만약 판매모형에서 구매업자가 많은 양을 구입한다면 공급업자는 재고유지비가 줄고, 분배경로를 통하여 더욱 많은 재고가 이동된다. 적은 단위의 상품운송은 구매업자나 판매업자 누구에게도 운송비용에 대한 부담을 준다. 따라서 대량구입에 따른 높은 재고유지비는 저렴한 구입비와 주문비로 상쇄되고도 남기 때문에 할인을 통한 대량구매를 유도하게 된다.

만일 어떤 기업이 단일수량할인을 제안한다면 할인을 받아들일 것인가 거절할 것인가를 결정하기 위해서 총비용에 대하여 할인이 된 경우와 할인이 없는 경우의 총비용을 비교해야 할 것이다. 기간당 총비용은 기간당 주문비, 기간당 재고유지비, 기간당 품절비용, 그리고 기간당 구입원가의 합으로 정의한다. 재고부족을 허용한 경우의 총비용은 다음과 같다.

$$TIC(Q, S, P) = TIC(Q, S) + D \times P \tag{10.28}$$

재고부족을 허용하지 않을 경우의 총비용은 다음과 같다.

$$TIC(Q, P) = TIC(Q) + D \times P \tag{10.29}$$

여기서 $TIC(Q)$는 식 (10.3)으로 정의되고, $TIC(Q, S)$는 식 (10.23)으로 정의된다. D는 기간당 수요이고, P는 품목단위당 구입비용, 그리고 $D \times P$는 기간 당 구입비용을 나타낸다.

[예제 10-4] 단일가격할인 방법

K회사는 타이어를 구입하여 승용차를 조립하는 자동차 제조회사이다. 이 회사는 타이어 1,000개 이상을 구입할 경우 2%를 할인하여 구입할 수 있으며, 타이어의 가격은 100달러이다. 연간 수요량은 5,000개이며, 경제적 발주량은 250개이다. 또한 1회 발주비용은 125달러이고, 단위당 재고유지비는 20달러이다. 수량할인을 인정하지 않는 경우와 수량할인을 인정할 때의 연간 관계비용을 비교하여라.

〈설 명〉

식 (10.3)에 대입하면 다음과 같이 된다.

$$TIC(Q_{0,} P) = \frac{D}{Q_0} C_P + \frac{Q_0}{2} C_H + D \times P$$

$$TIC(250,100) = (5{,}000/250)(125) + (250/2)(20) + (5{,}000)(100)$$
$$= 505{,}000$$

위의 비용은 수량할인을 인정하지 않은 경우 총비용이다. 할인정책 하에서 P = 98이고, Q는 1,000이다. 이것은 주문비를 줄이고, 재고유지비를 증가시키며, 구입비용을 줄인다.

$$TIC(1{,}000,98) = (5{,}000/1{,}000)(125) + (1{,}000/2)(20) + (5{,}000)(98)$$
$$= 500{,}625$$

수량할인을 인정할 때가 비용 면에서 유리하다.

3.2 복수가격할인방법

공급업자들은 가끔 구입업자들에게 구입수량에 따른 차등가격할인을 제안한다. 여기에서 차등가격할인은 경제적 발주량(Q_2)을 결정하는 데에는 관련이 없는 요소이고, $TIC(Q)$에 아무런 영향을 미치지 못한다.

그러므로 [그림 10-5]에서 상품구입가격의 감소는 총비용함수의 수직적 방

그림 10-5 기간당 총재고비용(복수수량할인)

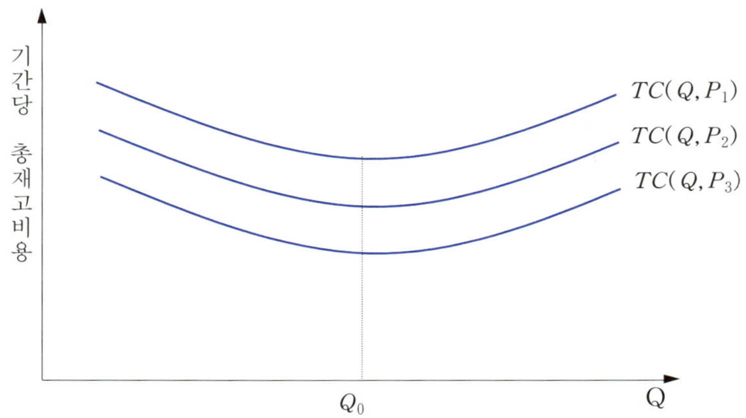

향을 낮추는 역할만 하고, 총재고비용은 주문량 Q에 대한 단위당 구입비용이 낮을 때 적다는 것을 보여준다. 이것은 식 (10.28), 식 (10.29)가 기초가 되고, $P_1 > P_2 > P_3$일 때, 어떤 Q에 대하여 $TIC(Q,\ P_1) > TIC(Q,\ P_2) > TIC(Q, P_3)$가 성립된다.

[그림 10-6]에서 수요자가 Q_1 이하의 양을 구입한다면, 공급업자는 P_1가격으로 판다고 가정한다. 만약 재고관리의 목적이 기간당 총재고비용을 최소화하는 것이라면 발주크기가 Q_2이고, 가격이 P_3일 때 이 목적은 달성된다. $Q_0 < Q_2$일 때 Q_0는 가격 P_2을 적용할 수 있다.

그림 10-6 수량할인의 경우 총 재고비용곡선

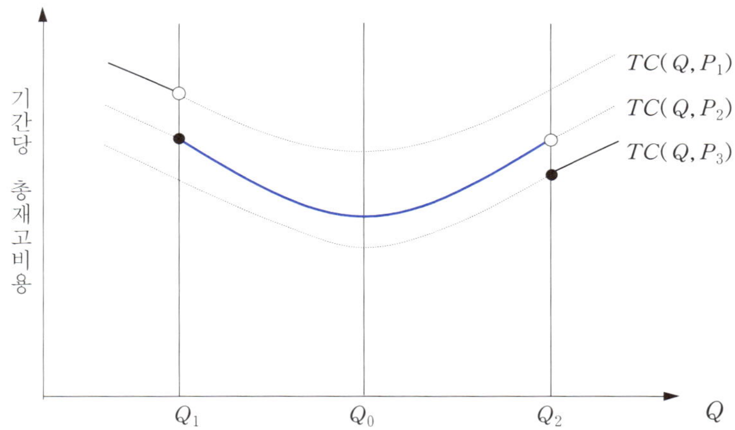

이러한 결과를 일반화할 수 없다. 그 이유는 최저가격으로 제품을 구입했다고 해서 반드시 총재고비용이 최저인 것은 아니기 때문이다.

이러한 관점에서 발주량과 단위당 구입가격을 알아보자. [그림 10-6]에서 발주 크기가 Q_2일 때 단위당 구입단가는 최소이지만 발주량이 크기 때문에 총재고비용은 최저라고 할 수 없고, Q_1은 역의 관계가 성립한다. 이러한 이유로 주문의 크기에 대한 적정단위당 구입가격을 계산하여 총재고비용을 고려해야 한다. [그림 10-6]에서 실제총비용곡선은 실선으로 표시하고 있다.

[예제 10-5] 복수가격할인방법

대학서점은 학생들에게 판매할 목적으로 출판사로부터 대학교재를 구입한다. 연간수요는 25,000권이고, 재고유지비는 연간 교재 1권당 2.50달러이고 발주비용은 1회 발주당 100달러이다. 재고부족은 발생하지 않는다. 구매가격은 교재 1권당 정상적으로 30달러이다. 그러나 만약 구매자가 적어도 5,000권 이상의 교재를 구입한다면 공급자는 1% 할인하여 팔 것이며, 구매자가 10,000권 이상을 산다면 1.5% 할인하여 팔 것이다.

〈설 명〉

경제적 발주량(Q_0)

$$Q_0=\sqrt{\frac{2DC_P}{C_H}}=\sqrt{\frac{2\times 25,000\times 100}{2.50}}=\sqrt{2,000,000}=1,414\text{권}$$

각 조건에 따라 식 (9.29)을 이용하여 관계총비용을 계산하면 다음과 같다.

i) $P_1=30$이고, $Q_0=1,414$일 때

$$\begin{aligned}TIC(1,414,30)&=\frac{25,000\times 100}{1,414}+\frac{1,414\times 2.50}{2}\\&+(25,000\times 30)=1,768+1,768+750,000\\&=753,536\end{aligned}$$

ii) P_2 = 29.70이고, Q = 5,000일 때

$$\begin{aligned}TIC(5,000,29.70)&=\frac{25,000\times 100}{5,000}+\frac{5,000\times 2.50}{2}\\&+(25,000\times 29.70)=500+6,250+742,500\\&=749,250\end{aligned}$$

iii) P_3 = 29.55이고, Q = 10,000일 때

$$\begin{aligned}TIC(10,000,29.55)&=\frac{25,000\times 100}{10,000}+\frac{10,000\times 2.50}{2}\\&+(25,000\times 29.55)=250+12,500+738,750\\&=751,500\end{aligned}$$

연간 총비용의 견지에서 교재 한권당 29.70달러의 가격으로 5,000권을 구입해야만 한다.

제 4 절 확률적 재고모형

지금까지 다른 모든 재고모형들은 수요와 리드타임이 확정적이라고 가정했다. 그러나 대부분의 경우 수요는 확정적이 아니며 확률적으로 발생하기 때문에 실제로는 재고부족을 방지하기 위해 필요한 수준의 안전재고를 유지해야 한다.

본 절에서는 안전재고에 대하여 알아보고 확률적 수요에 의한 경제적 발주량모형에 대하여 상세하게 설명한다.

1. 안전재고

기업은 수요와 리드타임의 불확실성에 대비하기 위해 안전재고를 보유하게 된다. 안전재고(safety stock)란 평균수요를 충족시키기 위한 정상재고와 미래의 수요에 대한 불확실성 때문에 보유하는 재고를 합한 재고를 말한다.

일반적으로 안전재고의 결정방법은 서비스수준(service level)을 기준으로 한다. 서비스수준이란 고객으로부터 주문을 받았을 때 이미 보유하고 있는 재고에 의하여 물품을 공급할 수 있는 정도라고 할 수 있다. 만약 어떤 회사가 95%의 서비스수준을 가지고 있다면 전체주문의 95%는 즉시 공급하겠다는 대고객 납품방침 내지는 재고방침이다. 다른 측면에서 생각한다면 95%의 서비스수준은 5%의 품절위험수준(stockout risk level)을 가지고 있다는 것을 의미한다.

안전재고의 크기는 서비스수준과 수요 및 리드타임의 변동성에 달려 있다. 안전재고의 결정원리는 다음과 같다.

서비스수준이 지정되면 그것을 달성하는데 소요되는 안전재고를 결정할 수 있다. 이때 소요되는 안전재고의 크기는 재고시스템의 종류에 따라 차이가 있다. 여기서는 먼저 정량발주시스템의 경우를 다루기로 한다.

[그림 10-7]은 불확실성의 정량발주시스템의 구조를 나타낸 것이다. 이 그림에서 안전재고를 보유하는 경우에 발주점은 안전재고만큼 높아진다. 그러므로 재발주점(reorder point: ROP)은 리드타임 중의 평균수요($\bar{d}$)와 안전재고(SS)의 합이다.

$$ROP = \bar{d} + SS$$

그림 10-7 정량발주시스템의 안전재고

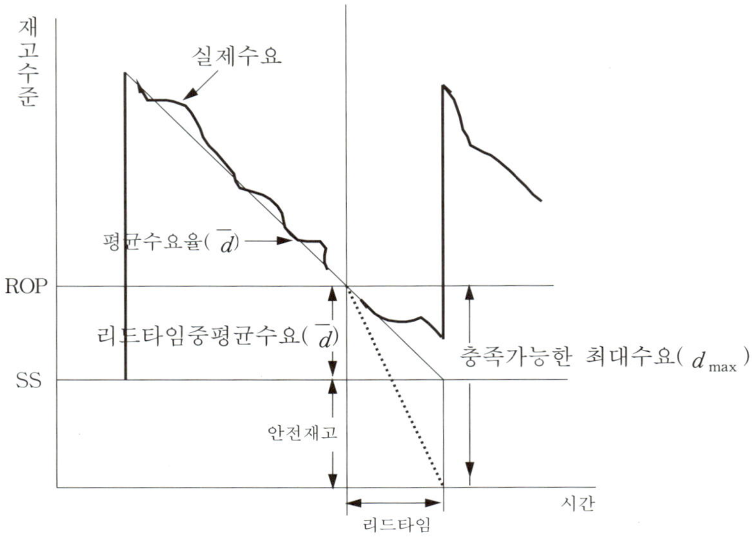

위 식에서 $\bar{d}+SS$는 SS의 안전재고로서 충족 가능한 리드타임 중의 최대수요라 할 수 있다. 즉, 최대재고(d_{max})는 다음과 같이 나타낼 수 있다.

$$d_{max} = \bar{d} + SS \text{ (단, } d_{max} = ROP)$$

다음은 여러 가지 수요분포 하에서 안전재고의 결정기법을 살펴보기로 한다.

1.1 경험적 수요분포가 주어질 때의 안전재고

경험적 분포(empirical distribution)란 이론적 분포가 아니고 실제로 관측된 분포를 말한다. 경험적 분포를 이루는 자료에서 평균수요($\bar{d}$)는 리드타임 중의 수요와 이에 해당하는 확률($p(d)$)의 곱으로 구할 수 있다. 공식은 다음과 같다.

$$\bar{d} = \sum_{i=1}^{n} d_i p(d_i)$$

[예제 10-6] 경험적 수요분포가 주어질 때의 안전재고

H백화점은 서비스수준을 85%로 유지하고자 한다. 다음 표를 이용하여 최대수요, 안전재고, 재주문점을 계산하여라.

〈표〉 리드타임 중의 수요

리드타임 중 수요	0	1	2	3	4	5	6	7	8	9	10
확 률	0.00	0.03	0.04	0.06	0.10	0.12	0.20	0.16	0.13	0.09	0.06
누적확률	1	0.97	0.93	0.87	0.77	0.64	0.44	0.28	0.15	0.06	0.00

〈설 명〉

먼저 평균수요를 구하면 다음과 같다.

$$\bar{d} = \sum_{i=1}^{n} d_i p(d_i) = 1(0.03) + 2(0.04) + \ldots + 10(0.06) = 6.11 \simeq 6$$

1) 최대수요(d_{max})는 서비스수준이 85%이므로 품절수준은 15%가 된다. 그래서 누적확률이 15%인 리드타임 중의 수요가 된다.

$$d_{max} = 8$$

2) 안전재고는 다음과 같다.

$$SS = d_{max} - \bar{d} = 8 - 6 = 2$$

3) 발주점은 다음과 같다.

$$ROP = \bar{d} + SS = 6 + 2 = 8$$

1.2 수요가 정규분포일 때의 안전재고

어떤 품목의 수요가 정규분포, 포아송분포, 지수분포 등을 이룰 때 이들 분포의 특성을 이용하여 안전재고를 산출할 수 있다. [그림 10-8]은 리드타임 중의 수요가 정규분포를 이룰 때의 안전재고와 발주점을 결정하는 원리를 보여준 것이다. 서비스수준이란 리드타임 중의 수요가 재발주점(ROP)의 재고수준을 초과하지 않을 확률과 같다. 이때에 사용되는 공식은 다음과 같다.

$$ROP = d_{max} = \bar{d} + z\sigma_d$$

그림 10-8 수요가 정규분포일 때의 안전재고결정

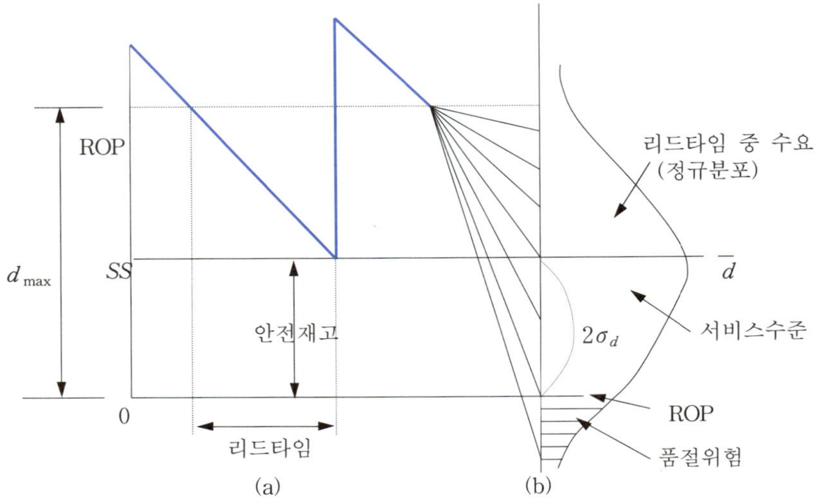

여기서 $z=\dfrac{d_{max}-\bar{d}}{\sigma_d}$ 또는 $z=\dfrac{ROP-\bar{d}}{\sigma_d}$ 이고, σ_d는 수요의 표준편차이다.

안전재고는 다음의 식으로 구한다.

$$SS=ROP-\bar{d}=(\bar{d}+z\sigma_d)-\bar{d}=z\sigma_d$$

[예제 10-7] 수요가 정규분포일 때의 안전재고

K제품의 리드타임 중의 평균수요가 4,500개, 표준편차가 40의 정규분포를 이루고 있다. 사장의 경영방침은 95%의 서비스수준을 유지하는 것이다. 이때의 안전재고와 재발주점을 구하여라.

〈설 명〉

$$SS=z\sigma_d=1.65(40)=66$$

$$ROP=\bar{d}+SS=4,500+66=4,566$$

1.3 일일수요분포가 주어질 때의 안전재고

이 경우는 리드타임 중의 수요분포가 직접 주어지지 않고 그 대신 일일수요분포가 주어지는 경우이다. 이때 일일수요분포는 정규분포를 형성하며 그 평균($\bar{d}$)과 표준편차(σ_d)를 알 수 있다고 가정한다. 일일수요분포의 평균과 표준편차가 주어지면 그것으로부터 리드타임 중의 수요분포를 도출할 수 있다.

여기서 리드타임수요의 평균은 리드타임을 구성하는 일일수요의 평균의 합과 같다.

리드타임수요의 평균 = $\bar{d}LT$

리드타임수요의 표준편차 = $\sqrt{LT\,\sigma_d^2} = \sqrt{LT}\sigma_d$

단, $\bar{d}$ = 일일수요의 평균

LT = 리드타임(일수)

σ_d = 일일수요의 표준편차

또한 안전재고와 발주점은 다음과 같다.

$$SS = z\sigma_d\sqrt{LT}$$

$$ROP = \bar{d}LT + z\sigma_d\sqrt{LT}$$

[예제 10-8] 일일수요분포가 주어질 때의 안전재고

K슈퍼에서는 하루에 평균 100병의 포도쥬스가 팔린다. 포도쥬스의 1일 판매수량의 표준편차는 10병이다. 포도쥬스는 M음료수업체로부터 직접 구입하는데 발주하면 8일만에 도착한다. K슈퍼의 주인은 재고품절의 위험이 2%를 초과하지 않기를 원하고 있다.

안전재고와 발주점은 얼마이며, 발주점을 815병으로 정하면 이때의 서비스 수준은 얼마인가?

〈설 명〉

$\bar{d}$=100병, σ_d=10병, LT = 8일, z = 2.06(서비스수준 98%)

i) 안전재고: $SS = z\sigma_d\sqrt{LT} = 2.06(10)\sqrt{8} = 58$병

ii) 발주점: $ROP = \bar{d}LT + z\sigma_d\sqrt{LT} = 100(8) + 58 = 858$병

iii) $z = \dfrac{ROP - \bar{d}LT}{\sigma_d\sqrt{LT}} = \dfrac{815-800}{(10)\sqrt{8}} = 0.53$

z = 0.53은 70.19%의 서비스수준에 해당한다.

1.4 리드타임이 변동할 때의 안전재고

지금까지는 수요가 변동하고 리드타임은 고정된 경우의 안전재고문제를 다루었다. 여기서는 수요가 고정되고 리드타임이 변동하는 경우를 살펴보자. 리드타임이 변동한다면 그에 따른 리드타임분포를 생각할 수 있다. 그와 같은 리드타임분포가 정규분포의 형태를 가진다고 가정한다. 리드타임이 정규분포일 때는 리드타임 중의 수요도 역시 정규분포를 형성한다. 리드타임의 평균을 $\overline{LT}$, 표준편차를 σ_{LT}라 하면 리드타임 중 수요의 평균과 표준편차는 다음과 같다.

리드타임수요의 평균 = $d\,\overline{LT}$
리드타임수요의 표준편차 = $d\sigma_{LT}$

안전재고와 재발주점을 구하는 식은 다음과 같다.

$$SS = zd\sigma_{LT}$$

$$ROP = d\,\overline{LT} + zd\sigma_{LT}$$

단, d는 수요율(일정)이고, $\overline{LT}$는 평균리드타임이며, σ_{LT}는 리드타임의 표준편차이다.

[예제 10-9] 리드타임이 변동할 때의 안전재고

K회사의 제조부에서는 하루에 3리터의 페인트를 사용한다. 리드타임은 일정하지 않고 변동적인데 정규분포를 이루고 있다. 리드타임의 평균치는 12일이며 표준편차는 4일이다. 95%의 서비스수준을 위한 안전재고와 발주점을 구하여라.

〈설 명〉

d=3리터, $\overline{LT}$=12일, σ_{LT}=4일, z=1.65(서비스수준 95%)이다.

$$SS = zd\sigma_{LT} = 1.65(3)(4) = 19.8\text{(리터)}$$

$$ROP = d\,\overline{LT} + zd\sigma_{LT} = 3(12) + 19.8 = 55.8\text{(리터)}$$

2. 단일기간재고모형

단일기간재고모델(single-period inventory model)은 유용기간이 짧은 품목의 발주결정문제를 다루는 모델이다. 유용기간이 짧은 품목이란 부패하기 쉬운 품목(과일, 빵, 꽃 등)이나 유용기간이 한정된 품목(신문, 잡지, 크리스마스 트리 등)을 의미한다. 단일기간재고모델의 목적은 재고부족비와 재고과잉비의 합이 최소가 되는 발주량 내지 재고수준을 결정하는 것이다.

이러한 문제를 해결하기 위한 접근법에는 한계분석(marginal analysis) 접근법과 기대치(expected payoff)기준 접근법을 이용할 수 있다.

2.1 한계분석 접근법

한계분석은 한계기대이익(expected marginal benefit)과 한계기대비용(expected marginal cost)이 일치하는 점에서 총이익이 최대가 된다는 개념에 기초를 두고 있다. 즉, 기대이익이 기대손실 이상인 한계단위(추가된 한 단위)까지는 구입해서 팔아야 된다는 것이다. 한계이익(marginal profit : MP)이란 추가된 한 단위를 판매하여 얻는 이익을 말하며, 한계손실(marginal loss : ML)이란 추가된 한 단위를 팔지 못함으로써 발생하는 손실을 의미한다.

한계이익=판매가격-원가

한계손실=원가-잔존가치

$p(MP) \geq (1-p)ML$ = (한계기대이익) ≥ (한계기대손실)

$$p \geq \frac{ML}{MP+ML}$$

여기서 p값은 임계치(한계단위 판매확률)라 한다.

[예제 10-10] 단일기간 재고모형 : 한계분석 접근법

신문팔이 소년이 신문보급소에서 조간신문을 구입하여 판매한다. 신문의 판매기간은 그 날의 석간신문이 나오기 전까지이기 때문에 주문할 수 있는 횟수는 한 번뿐이다. 신문의 구입가격은 100원이고 판매가격은 300원이다. 그 날에 팔지 못한 신문은 폐지로 50원으로 처분할 수 있다. 신문팔이 소년이 추정한 수요분포는 다음과 같다. 신문팔이 소년은 신문 몇 부를 보급소로부터 구입해야 할까?

수요(D)	100	150	200	250	300	350
확률$p(D)$	0.10	0.15	0.20	0.30	0.15	0.10

〈설 명〉

한계이익(MP) = 300-100 = 200원

한계손실(ML) = 100-50 = 50원

$$p \geq \frac{ML}{MP+ML} = \frac{50}{200+50} = 0.2$$

이제 추가될 제품이 팔릴 확률이 0.2 이상이 되는 재고량 중에서 최대를 찾아야 한다. 이를 위하여 누적확률(수요가 D 이상이 될 확률)을 산출한다.

수요(D)	확률($p(D)$)	누적확률
100	0.10	1.00
150	0.15	0.90
200	0.20	0.75
250	0.30	0.55
300	0.15	0.25
350	0.10	0.10

300번째 재고가 팔릴 확률은 0.25로서 임계치 0.20보다 크다. 그러나 그 위의 추가단위인 350번째 재고가 팔릴 확률은 0.10으로서 임계치 미달하므로 이때의 최적발주량은 300부이다.

2.2 기대치 기준 접근법

이 접근법은 수요의 경험적 확률을 알고 있을 경우 각각의 주문량에 따른 기대이익을 계산하여 기대이익이 최대가 되는 주문량을 찾는 방법이다. 이를 위해서는 먼저 성과행렬(payoff matrix)을 작성한다. 성과행렬의 계산은 다음과 같이 한다.

$$R_{ij} = P \cdot Q_i \quad (Q_i \leq D_j \text{로 다 팔린 경우})$$

$$= P \cdot D_j - L(Q_i - D_j) \quad (Q_i \geq D_j \text{로 다 못 판 경우})$$

여기서, R_{ij}= 주문량이 Q_i이고, 수요량이 D_j일 경우의 수익

P = 기간 중 판매단위당 이익

L = 기간 중 팔지 못한 제품단위당 손실

각 주문량에 따른 기대이익은 다음과 같이 계산된다. 기대이익이 최대인 주문량이 최적주문량이다. 각 주문량(Q_i)에 따른 기대이익은 다음 식에 의하여 산출할 수 있다.

$$E[P(Q_i)] = \sum P(D_j)R_{ij}$$

위 식에서 $P(D_j)$는 수요(D_{ij})의 발생확률이며, R_{ij}는 주문량 i와 수요량 j에 따른 수익을 의미한다.

[예제 10-11] 단일기간 재고모형: 기대치 접근법

한양백화점에서는 매년 크리스마스 트리를 팔고 있다. 이 트리는 10,000원에 사서 20,000원에 팔며, 크리스마스가 지나면 6,000원씩에 판다. 여러 가지 수요에 대한 확률이 다음과 같이 주어져 있을 경우, 얼마나 주문해야 할 것인가?

수 요	수요확률
600	0.1
700	0.2
800	0.4
900	0.2
1,000	0.1

〈설 명〉

ⅰ) 성과표의 작성

단위당 판매이익은 10,000원, 못 팔 경우의 손실은 4,000원이다. 600개를 구입할 경우 수요가 600이면 이익은 6,000,000원(600 ×10,000)이다. 700개를 구입하였을 경우, 수요가 600이면, 600개를 판 이익은 6,000,000원인데, 100개를 못 판 손실은 400,000원(100 ×4,000)이므로 이익은 5,600,000원(6,000,000-400,000)이다. 이와 같이 계산한 결과가 다음의 성과표이다. 성과표의 단위는 1,000원이다.

〈성과표〉

주문량 \ 수요 / 확률	600	700	800	900	1,000
	0.1	0.2	0.4	0.2	0.1
600	6,000	6,000	6,000	6,000	6,000
700	5,600	7,000	7,000	7,000	7,000
800	5,200	6,400	8,000	8,000	8,000
900	4,800	6,000	7,600	9,000	9,000
1,000	4,400	5,600	7,200	8,600	10,000

ii) 기대이익

기대이익은 각 수요에 따른 이익에 수요확률을 곱하여 모두 더하면 된다. 예를 들어, 700개를 주문할 경우의 기대이익은 5,600(0.1)+7,000(0.2)+7,000(0.4)+7,000(0.2)+7,000(0.1)=6,860이 된다. 각 주문량에 따른 기대이익은 다음과 같다.

주문량	기대이익
600	6,000
700	6,860
800	7,400
900	7,420
1,000	7,160

따라서 기대이익이 최대인 900개를 주문한다.

3. 재고관리시스템

3.1 정량발주시스템

정량발주시스템(Fixed-order quantity system: FOQ)이란 일정한 양(경제적 발주량)만큼을 발주하는 발주시스템이다. 재발주점(reoder point: R)은 재고수준에 의하여 정해지며, 리드타임 기간 중의 평균수요와 안전재고의 합으로 구할 수 있다. 발주간격은 수요의 불확실성으로 일정하지는 않다. 재발주점은 다음의 공식으로 구한다. 단, 수요의 확률분포는 정규분포로 가정한다.

$$Q_0=\sqrt{\frac{2\overline{D}C_p}{C_H}}$$

$$ROP=\overline{d}\cdot LT+z\sigma_d\sqrt{LT}=\overline{d}\cdot LT+SS$$

[예제 10-12] 정량발주시스템의 재발주점과 연간총비용

A제조업체는 K부품을 1년에 평균 1,000개 구입하여 사용한다. 한 번의 발주비는 48원이며 리드타임은 5일이다. 단위 재고유지비는 연 15원이고 1년의 가동일수는 250일이다. 하루의 수요는 평균 1,000/250=4, 표준편차는 1.2인 정규분포를 이루고 있다. 생산부장은 K부품에 대하여 95%의 서비스수준을 설

정하고 FOQ시스템으로 관리하기로 정했다. 이 경우의 재발주점, 발주량, 안전재고를 결정하라.

〈설 명〉

$$SS = z\sqrt{LT}\sigma_d = 1.65\sqrt{5}(1.2) = 4.4 \simeq 5$$

$$Q_0 = \sqrt{\frac{2\bar{D}C_p}{C_H}} = \sqrt{\frac{2(1,000)48}{15}} = \sqrt{6,400} = 80$$

$$ROP = \bar{d}\cdot LT + z\sigma_d\sqrt{LT} = \bar{d}\cdot LT + SS = 4(5) + 5 = 25$$

이것에 근거하여 연간총비용을 구하여 보자.

$$\text{연간총비용} = (\frac{Q_o}{2} + SS)C_H + \frac{D}{Q_o}C_p$$

$$= (\frac{80}{2} + 5)15 + \frac{1,000}{80}(48) = 675 + 600 = 1,275\text{원}$$

3.2 정기발주시스템

정기발주시스템(Fixed-order interval system : FOI)은 재고수준을 정기적으로 조사하고 그 때마다 재고수준을 일정한 목표수준까지 끌어올릴 수 있는 만큼의 수량을 주문하는 시스템이다. 이 시스템의 기본적인 문제는 발주간격(order interval : T)과 요구되는 재고목표수준(target inventory level : I_t)을 결정하는 것이다. 경제적 발주간격은 연간총재고비용을 최소화하는 시간간격이며, 경제적 발주간격은 경제적 발주량을 이용하여 쉽게 구할 수 있다. 경제적 발주간격과 재고목표수준의 공식은 다음과 같다.

$$\text{경제적 발주간격}(T_o) = \frac{Q_o}{D}(\text{년}) = \frac{Q_o}{d}(\text{일})$$

$$\text{재고목표수준}(I_t) = \bar{d}(RT + LT) + z\sigma_d\sqrt{RT + LT}$$

단, 여기서 RT는 검토기간(review time)이다.

[예제 10-13] 정기발주시스템의 재발주점과 재고목표량

국제사우나의 1회용 면도기의 일일 평균수요량은 200개이고, 표준편차는 5개이다. 리드타임은 1일이고 경제적 발주량은 600개이다. 바람직한 서비스수준은 98%로 본다. 만일 이 사우나가 정기발주시스템을 적용하고자 한다면 며

칠마다 주문을 해야 하며, 재고목표수준은 얼마이어야 할까?

〈설명〉

검토기간의 간격(T) = $\dfrac{Q_o}{d} = \dfrac{600}{200} = 3$일

재고목표수준$(I_t) = \bar{d}(RT + LT) + z\sigma_d\sqrt{RT + LT}$

$= 200(3+1) + 2.05(5)\sqrt{(3+1)} = 484.95 = 820.5$개

3.3 선택적 보충시스템

이 시스템은 (s,S)시스템이라고도 하며 정기주문시스템의 검토기간 및 재고목표수준(S)과 정량발주 시스템의 재발주점(s)의 개념을 결합한 것이다. 검토일의 재고수준이 s 이하이면 S만큼 채워지게 주문이 이루어지고, 그렇지 않으면 주문하지 않는다.

일반적으로 s의 결정은 정량발주시스템의 재발주점의 결정방식을 이용하고, S는 정기발주시스템의 재고목표수준과 같게 결정하면 된다. 그러나 이 시스템에서는 만일, 검토일의 재고수준(s) 이상이 되면 주문을 해야 되므로 그 만큼 안전재고수준이 높아야 한다. 즉, (2RT + LT)기간의 수요의 불확실성에 대비해야 한다.

재발주점(s) = $\bar{d} \cdot LT + z\sigma_d\sqrt{LT}$

재고목표수준(S) = $\bar{d}(RT + LT) + z\sigma_d\sqrt{2RT + LT}$

[예제 10-14] 선택적 보충시스템의 재발주점과 재고목표량

앞의 예제에서, 국제사우나가 1회용 면도기의 재고관리에 선택적 보충시스템을 적용한다면, (s,S)는 어떻게 될까? 일회용 면도기의 1일 평균수요는 200개이고, 표준편차는 5개이다. 리드타임은 1일이고, 경제적 발주량은 600개이다.

〈설 명〉

검토기간의 간격(T) = $\dfrac{EOQ}{d} = \dfrac{600}{200} = 3$일

재발주점(s) = $\bar{d} \cdot LT + z\sigma_d\sqrt{LT} = 200\times1 + 2.05\times5\times\sqrt{1} = 210.25$

재고목표수준(S) = $\bar{d}(RT + LT) + z\sigma_d\sqrt{2RT + LT}$

$$= 200(3+1)+2.05(5)\sqrt{2\times3+1}=825\text{개}$$

제 5 절 엑셀을 이용한 재고관리

예제를 통하여 엑셀 프로그램으로 재고관리에 관련된 문제를 알아보자.

1. 기본적인 경제적 발주량 모형

K회사의 연간 수요량이 4,000개 되는 어느 부품의 발주비용은 매 주문마다 80,000원이고, 단위당 재고유지비는 연간 640원이다. 이 회사의 부품에 대한 경제적 발주량, 적정 발주횟수, 적정발주간격, 적정 연간 관계총비용은 얼마인가?

〈설 명〉

(1) 다음과 같은 표를 작성한다.

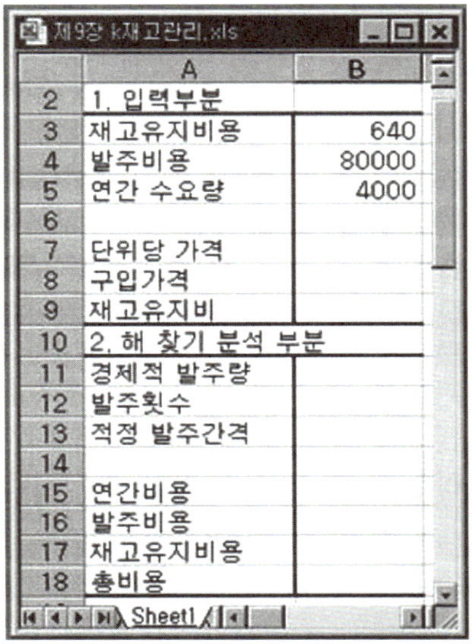

제9장 k재고관리.xls

	A	B
2	1. 입력부분	
3	재고유지비용	640
4	발주비용	80000
5	연간 수요량	4000
6		
7	단위당 가격	
8	구입가격	
9	재고유지비	
10	2. 해 찾기 분석 부분	
11	경제적 발주량	
12	발주횟수	
13	적정 발주간격	
14		
15	연간비용	
16	발주비용	
17	재고유지비용	
18	총비용	

Sheet1

아래의 표는 입력과 해찾기 분석 부분으로 되어 있다.

① 입력부분: 재고유지비용, 발주비, 연간 수요량, 단위당 가격, 구입가격, 재고유지비

② 해 찾기 분석 부분: 경제적 발주량, 발주횟수, 적정 발주간격, 발주비용, 재고유지비용, 총비용

(2) 각 셀에 수식을 입력한다.

셀번지	내 용	수 식	비 고
B9	재고유지비	B3*B11/2	
B11	경제적 발주량	임의의 수(0은 제외)	1. B11에 대하여 이 셀은 변경할 셀로서 기초해가 된다. 따라서 이 셀에 아무런 수가 없으면 목표 셀 B18과 연결이 안되므로 최적해가 산출 안됨
B12	발주횟수	B5/B11	
B13	적정 발주간격	365*B11/B5	
B16	발주비용	B4*B12	
B17	재고유지비용	B3*B 11/2	
B18	총비용	SUM(B16:B17)	

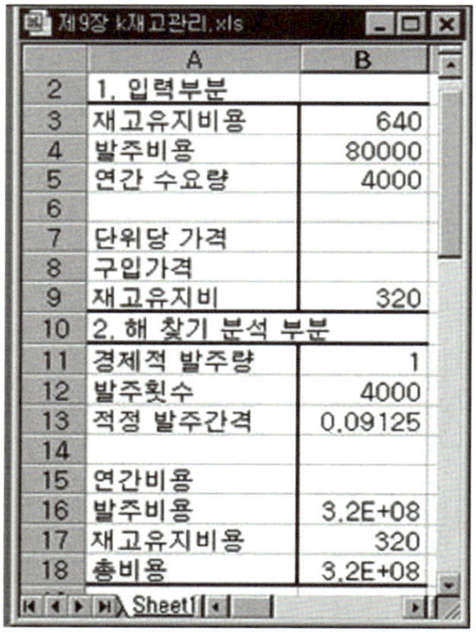
제9장 k재고관리.xls

	A	B
2	1. 입력부분	
3	재고유지비용	640
4	발주비용	80000
5	연간 수요량	4000
6		
7	단위당 가격	
8	구입가격	
9	재고유지비	320
10	2. 해 찾기 분석 부분	
11	경제적 발주량	1
12	발주횟수	4000
13	적정 발주간격	0.09125
14		
15	연간비용	
16	발주비용	3.2E+08
17	재고유지비용	320
18	총비용	3.2E+08

Sheet1

(3) 엑셀 해 찾기

[도구(T)]->[해 찾기(V)]를 선택한다. [해 찾기 모델설정]이 나타나면 다음과 같이 입력한다.

① 목표 셀(E): $B$18(최소화할 셀)

② 해의 조건: 최소화에 클릭한다.

③ 변경할 셀(B): $B$11(최적해를 나타내는 범위)

④ 제한조건(U)의 입력: \$B\$11>=0(총괄생산계획의 절차와 동일함)
만약 EOQ를 정수로 원한다면 정수를 제약조건으로 추가해도 됨.

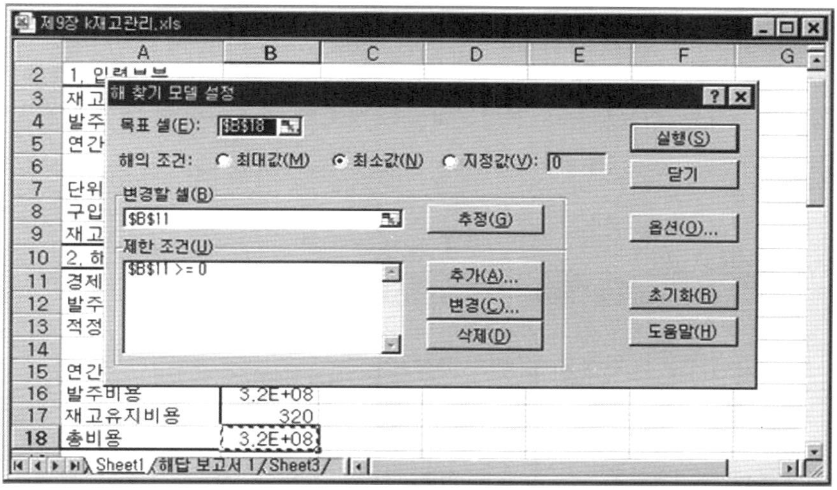

⑤ <실행>을 클릭하면 다음과 같은 결과를 얻을 수 있다.

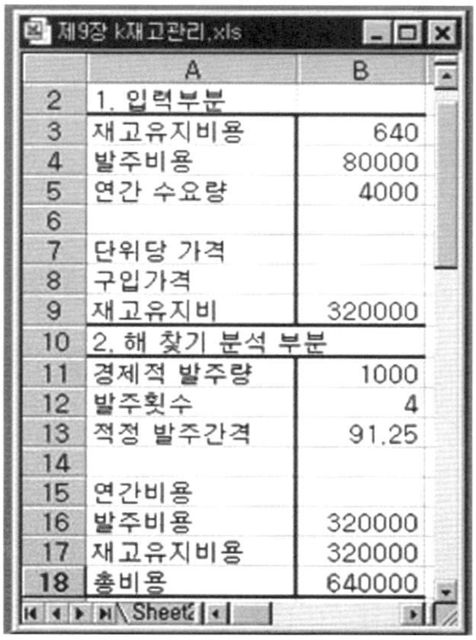

	A	B
2	1. 입력부분	
3	재고유지비용	640
4	발주비용	80000
5	연간 수요량	4000
6		
7	단위당 가격	
8	구입가격	
9	재고유지비	320000
10	2. 해 찾기 분석 부분	
11	경제적 발주량	1000
12	발주횟수	4
13	적정 발주간격	91.25
14		
15	연간비용	
16	발주비용	320000
17	재고유지비용	320000
18	총비용	640000

2. 경제적 생산량

연간 수요량이 3,000단위이고, 준비비가 300달러, 연간 단위당 재고유지비가 단위당 재고가치 15달러의 20%이다. 생산율은 1일 100단위이고, 연간 250일 작업한다. 경제적 생산량을 결정하라. 또 이때의 관계총비용은 얼마인가?

〈설 명〉

(1) 다음과 같은 표를 작성한다.

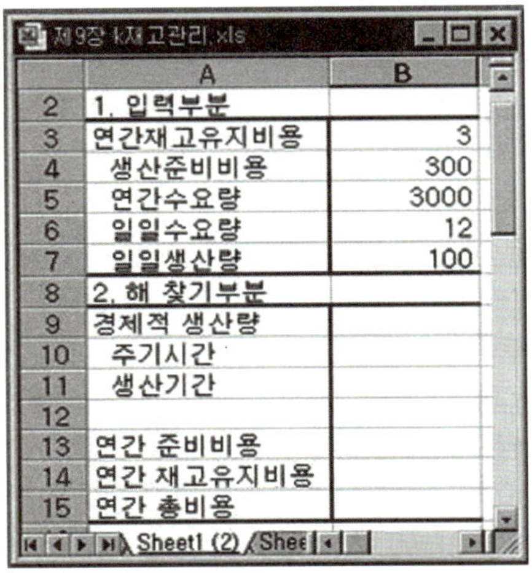

제9장 재고관리.xls

	A	B
2	1. 입력부분	
3	연간재고유지비용	3
4	생산준비비용	300
5	연간수요량	3000
6	일일수요량	12
7	일일생산량	100
8	2. 해 찾기부분	
9	경제적 생산량	
10	주기시간	
11	생산기간	
12		
13	연간 준비비용	
14	연간 재고유지비용	
15	연간 총비용	

Sheet1 (2) / Shee

위의 표는 입력과 해 찾기 분석 부분으로 되어있다.

① 입력부분: 재고유지비용, 생산준비비용, 연간 수요량, 일일 수요량, 일일 생산량

② 해 찾기 분석 부분: 경제적 생산량, 주기시간, 생산기간, 연간 준비비용, 연간 재고유지비용, 연간 총비용

(2) 각 셀에 수식을 입력한다.

셀번지	내용	수식	비 고
B9	경제적 생산량	임의의 수(0은 제외)	1. B9에 대하여 이 셀은 변경할 셀로서 기초해가 된다. 따라서 이 셀에 아무런 수가 없으면 목표 셀 B15와 연결이 안되므로 최적해가 산출 안됨
B10	주기시간	B9/B6	
B11	생산기간	B9/B7	
B13	연간 준비비용	B4*B5/B9	
B14	연간 재고유지비	(1-B6/B7)*B9/2*B3	
B15	연간 총비용	SUM(B13:B14)	

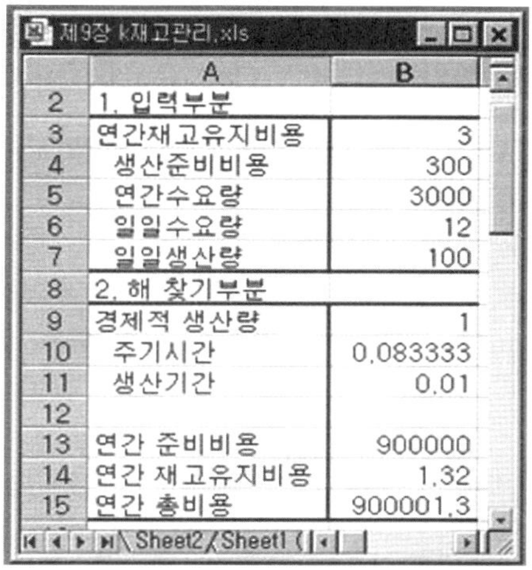

	A	B
2	1. 입력부분	
3	연간재고유지비용	3
4	생산준비비용	300
5	연간수요량	3000
6	일일수요량	12
7	일일생산량	100
8	2. 해 찾기부분	
9	경제적 생산량	1
10	주기시간	0.083333
11	생산기간	0.01
12		
13	연간 준비비용	900000
14	연간 재고유지비용	1.32
15	연간 총비용	900001.3

(3) 엑셀 해 찾기

[도구(T)]->[해 찾기(V)]를 선택한다. [해 찾기 모델설정]이 나타나면 다음과 같이 입력한다.

① 목표 셀(E): $B$15(최소화할 셀)

② 해의 조건: 최소화에 클릭한다.

③ 변경할 셀(B): $B$9(최적해를 나타내는 범위)

④ 제한조건(U)의 입력: $B$9>=0(총괄생산계획의 절차와 동일함)

만약 EOQ를 정수로 원한다면 정수를 제약조건으로 추가해도 됨.

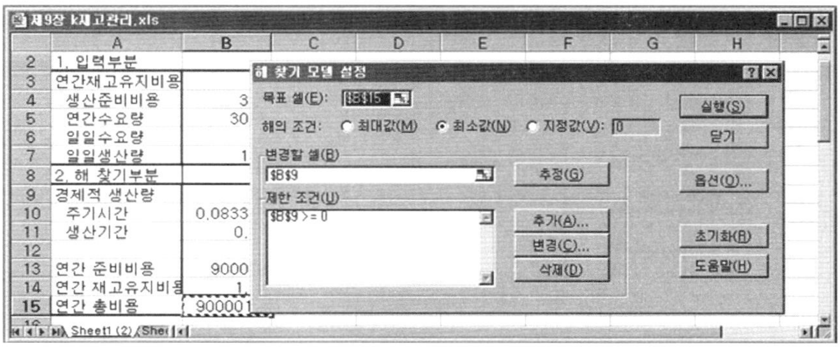

⑤ [실행]을 클릭하면 다음과 같은 결과를 얻을 수 있다.

제9장 k재고관리.xls

	A	B
2	1. 입력부분	
3	연간재고유지비용	3
4	생산준비비용	300
5	연간수요량	3000
6	일일수요량	12
7	일일생산량	100
8	2. 해 찾기부분	
9	경제적 생산량	825.7228
10	주기시간	68.81024
11	생산기간	8.257228
12		
13	연간 준비비용	1089.954
14	연간 재고유지비용	1089.954
15	연간 총비용	2179.908

Sheet2 / Sheet1

3. 재고부족이 허용되는 경제적 발주량

자전거 도매상은 기어 달린 자전거를 판매하여 많은 재미를 보고 있다. 이 도매상의 연간 수요량은 200,000대이다. 1회 발주당 발주비용은 1,000달러이고, 연간 자전거 1대의 재고유지비는 15달러이고, 연간 자전거 1대의 품절비용은 20달러이다. 적정 발주량을 결정하고, 최대부족량을 결정하시오.

〈설 명〉

(1) 다음과 같은 표를 작성한다.

제9장 k재고관리.xls

	A	B
2	1. 입력부분	
3	발주비용	1000
4	재고유지비용	15
5	재고부족비용	20
6	연간 수요량	200000
7	2. 해찾기 분석 부분	
8	경제적 발주량	
9	최대재고부족량	
10	재고보유기간	
11	발주주기	
12	최대재고수준	
13	재발주점	
14	연간 발주비용	
15	연간재고유지비용	
16	연간재고부족비용	
17	총비용	

Sheet1 (3)

위의 표는 입력과 해찾기 분석 부분으로 되어있다.

① 입력부분: 발주비, 재고유지비용, 재고부족비용, 연간 수요량

② 해 찾기 분석 부분: 경제적 발주량, 최대재고부족량, 재고보유기간, 발주주기, 최대재고수준, 연간 발주비용, 연간 재고유지비용, 연간 재고부족비용, 총비용

(2) 각 셀에 수식을 입력한다.

셀번지	내용	수식	비 고
B8	경제적 발주량	임의의 수(0은 제외)	1. B8과 B9에 대하여 이 셀은 변경할 셀로서 기초해가 된다. 따라서 이 셀에 아무런 수가 없으면 목표 셀 B17과 연결이 안되므로 최적해가 산출 안됨 2. "재발주점"은 MOD(리드타임*연간 수요량, 경제적 발주량)의 함수로서 구할 수 있다.
B9	최대재고부족량	임의의 수(0은 제외)	
B10	재고보유기간	(B8-B9)/B6	
B11	발주주기	365*B8/B6	
B12	최대재고수준	B8-B9	
B14	연간 발주비용	B3*B6/B8	
B15	연간 재고유지비용	(B8-B9)^2*B4/(2*B8)	
B16	연간 재고부족비용	B9^2*B5/(2*B8)	
B17	총비용	SUM(B14:B16)	

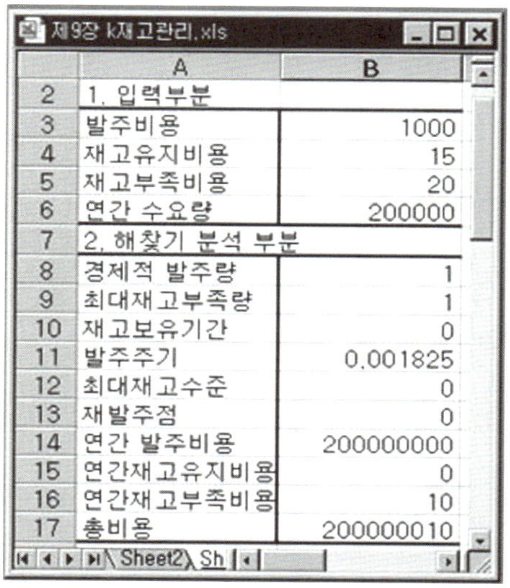

제9장 k재고관리.xls

	A	B
2	1. 입력부분	
3	발주비용	1000
4	재고유지비용	15
5	재고부족비용	20
6	연간 수요량	200000
7	2. 해찾기 분석 부분	
8	경제적 발주량	1
9	최대재고부족량	1
10	재고보유기간	0
11	발주주기	0.001825
12	최대재고수준	0
13	재발주점	0
14	연간 발주비용	200000000
15	연간재고유지비용	0
16	연간재고부족비용	10
17	총비용	200000010

(3) 엑셀 해 찾기

[도구(T)]->[해 찾기(V)]를 선택한다. [해 찾기 모델설정]이 나타나면 다음과 같이 입력한다.

① 목표 셀(E): $B$17(최소화할 셀)

② 해의 조건: 최소화에 클릭한다.

③ 변경할 셀(B): $B$8,$B$9(최적해를 나타내는 범위)

④ 제한조건(U)의 입력: $B$8:$B$9>=0(총괄생산계획의 절차와 동일함)
만약 EOQ를 정수로 원한다면 정수를 제약조건으로 추가해도 됨.

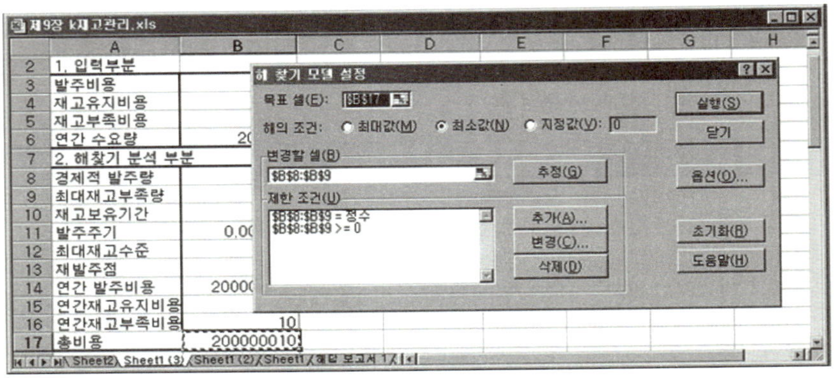

⑤ [실행]을 클릭하면 다음과 같은 결과표를 얻을 수 있다.

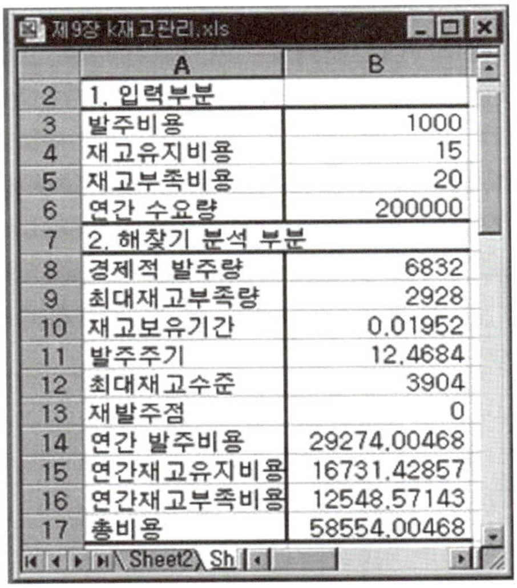

	A	B
2	1. 입력부분	
3	발주비용	1000
4	재고유지비용	15
5	재고부족비용	20
6	연간 수요량	200000
7	2. 해찾기 분석 부분	
8	경제적 발주량	6832
9	최대재고부족량	2928
10	재고보유기간	0.01952
11	발주주기	12.4684
12	최대재고수준	3904
13	재발주점	0
14	연간 발주비용	29274.00468
15	연간재고유지비용	16731.42857
16	연간재고부족비용	12548.57143
17	총비용	58554.00468

4. 수량할인 EOQ모형

대학서점은 학생들에게 판매할 목적으로 출판사로부터 대학교재를 구입한다. 연간 수요는 25,000권이고, 재고유지비는 연간 교재 1권당 2.50달러이고 발주비용은 1회 발주당 100달러이다. 재고부족은 발생하지 않는다. 구매가격은 교재 1권당 정상적으로 30달러이다. 그러나 만약 구매자가 적어도 5,000권 이상의 교재를 구입한다면 공급자는 1% 할인하여 팔 것이며, 구매자가 10,000권 이상을 산다면 1.5% 할인으로 팔 것이다.

〈설 명〉

(1) 다음과 같은 표를 작성한다.

	A	B
1	<표2>수량할인문제	
2		
3		
4	자료입력	
5		
6	1횟발주비용	100
7	단위당 재고유지비	2.5
8	연간수요량	25000
9	범위 1의 구입단가	30
10	범위1과 2의 구입수량 경계	1414
11	범위 2의 구입단가	29.7
12	범위 2와 3의 구입수량 경계	5000
13	범위 3의 구입단가	29.55
14	범위 3의 구입수량 경계	10000
15		
16	범위 1의 주문량일 때	
17	발주량	
18	발주횟수	
19	연간발주비용	
20	연간구입비용	
21	연간 단위당 재고유지비용	
22	총 비용	
23		
24	범위 2의 주문량일 때	
25	주문량Q	
26	주문횟수	
27	연간발주비용	
28	연간구입비용	
29	연간단위당 재고유지비	
30	총비용	
31		
32	범위 3의 주문량일 때	
33	주문량Q	
34	주문횟수	
35	연간발주비용	
36	연간구입비용	
37	연간단위당 재고유지비	
38	총비용	
39		
40	최적주문량	
41	최소 총 비용	

위의 표는 입력자료와 범위 1, 2, 3의 주문량일 때, 최적주문량, 최소 총비용으로 구성되었다.

① 입력자료: 1횟 발주비용, 단위당 재고유지비, 연간 수요량, 범위 1의 구입단가, 범위 1과 2의 구입수량 경계, 범위 2의 구입단가, 범위 2와 3의 구입수량 경계, 범위 3의 구입단가, 범위 3의 구입수량 경계

② 범위 1의 주문량일 때: 발주량, 발주횟수, 연간 발주비용, 연간 구입비용, 연간 단위당 재고유지비, 총비용(※범위 2과 3의 주문량일 때 설명은 생략했음)

③ 최적 주문량:

④ 최소 총비용:

(2) 각 셀에 수식을 입력한다.

단, 범위 2와 3의 주문량일 때의 공식은 아래 공식을 참조할 것

셀번지	내용	수식
B17	발주량	임의의 수(0은 제외)
B18	발주횟수	B8/B17
B19	연간 발주비용	B6*B18
B20	연간 구입비용	B8*B9
B21	연간 단위당 재고유지비	B7*B17/2
B22	총비용	SUM(B19:B21)
B40	최적 발주량	IF(B41=B22,B17,IF(B41=B30,B25,B33))
B41	최소 총비용	MIN(B22,B30,B38)

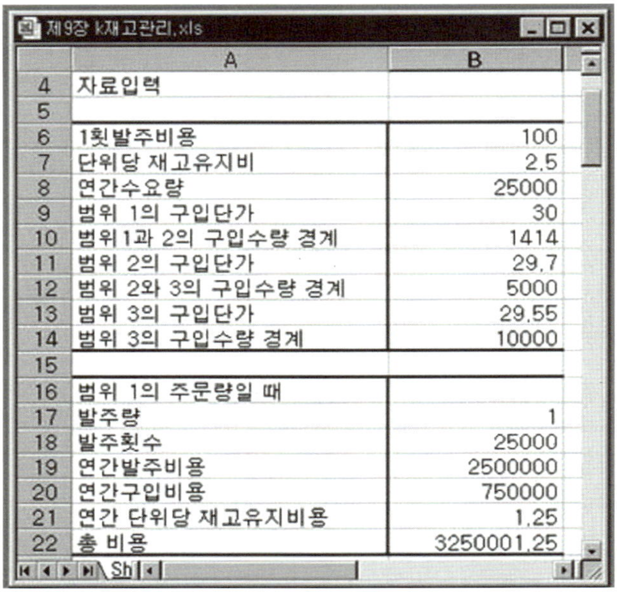
제9장 k재고관리.xls

	A	B
4	자료입력	
5		
6	1횟발주비용	100
7	단위당 재고유지비	2.5
8	연간수요량	25000
9	범위 1의 구입단가	30
10	범위1과 2의 구입수량 경계	1414
11	범위 2의 구입단가	29.7
12	범위 2와 3의 구입수량 경계	5000
13	범위 3의 구입단가	29.55
14	범위 3의 구입수량 경계	10000
15		
16	범위 1의 주문량일 때	
17	발주량	1
18	발주횟수	25000
19	연간발주비용	2500000
20	연간구입비용	750000
21	연간 단위당 재고유지비용	1.25
22	총 비용	3250001.25

제9장 k재고관리.xls

	A	B
24	범위 2의 주문량일 때	
25	주문량Q	1
26	주문횟수	25000
27	연간발주비용	2500000
28	연간구입비용	742500
29	연간단위당 재고유지비	1,25
30	총비용	3242501,25
31		
32	범위 3의 주문량일 때	
33	주문량Q	1
34	주문횟수	25000
35	연간발주비용	2500000
36	연간구입비용	738750
37	연간단위당 재고유지비	1,25
38	총비용	3238751,25

(3) 엑셀 해 찾기

[도구(T)]->[해 찾기(V)]를 선택한다. [해 찾기 모델설정]이 나타나면 다음과 같이 입력한다.

① 목표 셀(E): $B$22(최소화할 셀)

② 해의 조건: 최소화에 클릭한다.

③ 변경할 셀(B): $B$17(최적해를 나타내는 범위)

④ 제한조건(U)의 입력:

i) $B$17>=1

ii) $B$17=정수

※ 단, 이때 주의할 점은 "B20=연간 구입비"의 수식을 입력하면 경제적 발주량이 282가 나온다. 이것은 연간 구입비를 고려한 경제적 발주량이므로 더 정확할 수 있다. 그러나 수작업으로 해를 구할 경우는 불가능하므로 이 교재 앞부분은 경제적 발주량을 1414로 간주했다. 이 교재와 맞추기 위하여 여기서 B20(연간 구입비)을 고려하지 않고 경제적발주량을 구하여 이 값을 B10(범위 1과 2의 구입수량 경계)에 넣고, 연간 구입비용의 수식을 입력하여 해를 구했다.

① 범위 1의 주문량일 때

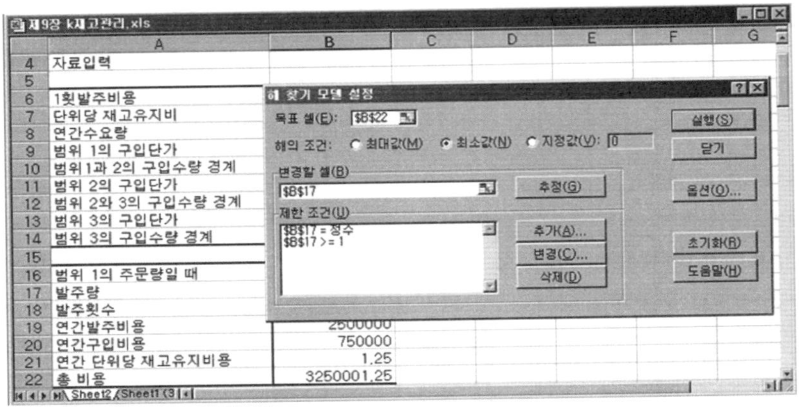

⑤ [실행]을 클릭하면 "범위 1의 발주량일 때"의 모든 값을 얻을 수 있다.

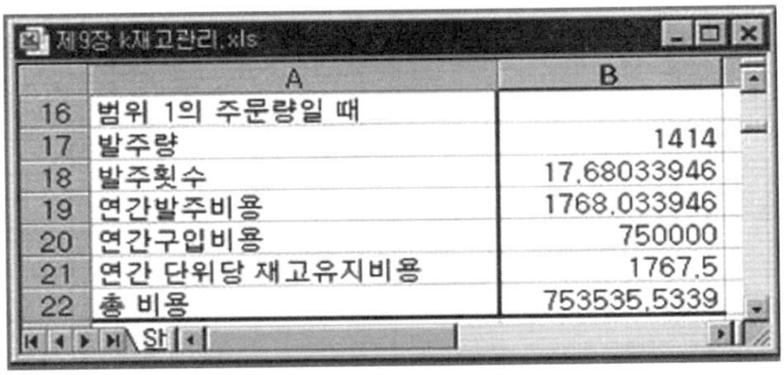

	A	B
16	범위 1의 주문량일 때	
17	발주량	1414
18	발주횟수	17.68033946
19	연간발주비용	1768.033946
20	연간구입비용	750000
21	연간 단위당 재고유지비용	1767.5
22	총 비용	753535.5339

※ (3)의 절차(①에서 ⑤까지)를 범위 2와 3의 주문량일 때도 실행하여 각각의 "발주량에 관련된 모든 값"을 구해야한다. 각 범위의 값을 구한 다음 ⑥과 ⑦의 수식을 입력한다.

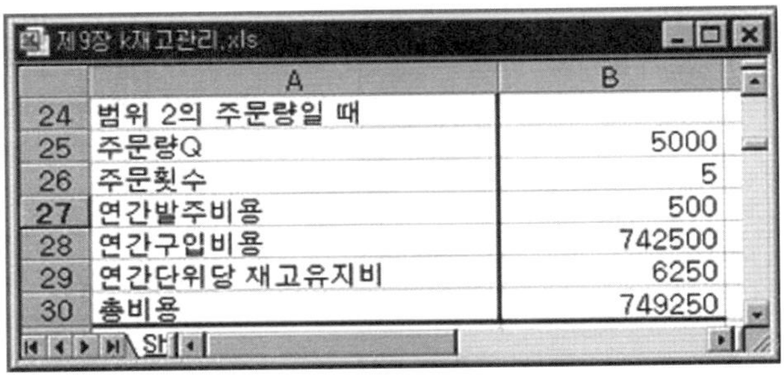

	A	B
24	범위 2의 주문량일 때	
25	주문량Q	5000
26	주문횟수	5
27	연간발주비용	500
28	연간구입비용	742500
29	연간단위당 재고유지비	6250
30	총비용	749250

제9장 k재고관리.xls

	A	B
32	범위 3의 주문량일 때	
33	주문량Q	10000
34	주문횟수	2.5
35	연간발주비용	250
36	연간구입비용	738750
37	연간단위당 재고유지비	12500
38	총비용	751500

⑥ 최적 발주량: B40 = IF(B41=B22,B17,IF(B41=B30,B25,B33))

⑦ 최소 총비용: B41 = MIN(B22,B30,B38)

⑧ [실행]을 클릭하면 세 가지 방법 중 최적 발주량과 최소 총비용을 찾을 수 있다.

4	자료입력	
5		
6	1횟발주비용	100
7	단위당 재고유지비	2.5
8	연간수요량	25000
9	범위 1의 구입단가	30
10	범위1과 2의 구입수량 경계	1414
11	범위 2의 구입단가	29.7
12	범위 2와 3의 구입수량 경계	5000
13	범위 3의 구입단가	29.55
14	범위 3의 구입수량 경계	10000
15		
16	범위 1의 주문량일 때	
17	발주량	1414
18	발주횟수	17.68033946
19	연간발주비용	1768.033946
20	연간구입비용	750000
21	연간 단위당 재고유지비용	1767.5
22	총 비용	753535.5339
23		
24	범위 2의 주문량일 때	
25	주문량Q	5000
26	주문횟수	5
27	연간발주비용	500
28	연간구입비용	742500
29	연간단위당 재고유지비	6250
30	총비용	749250
31		
32	범위 3의 주문량일 때	
33	주문량Q	10000
34	주문횟수	2.5
35	연간발주비용	250
36	연간구입비용	738750
37	연간단위당 재고유지비	12500
38	총비용	751500
39		
40	최적주문량	5000
41	최소 총 비용	749250

연습문제

1. K철물점은 1년에 364,000파운드의 못을 판다. 최근에 파운드당 0.50달러로 2주마다 14,000파운드를 주문한다. 이 철물점은 다음과 같은 가정을 조건으로 하고 있다.
   (a) 수요는 일정한 비율로 발생한다.
   (b) 주문비용은 주문의 크기에 관계없이 50달러이다.
   (c) 연간 재고유지비는 평균재고수준값의 12%이다.
   (d) 이들 요소는 시간의 경과에 따라서는 변하지 않는다.
   다음 물음에 답하여라.
   (1) 평균 재고수준은 얼마인가?
   (2) 연간 재고유지비는 얼마인가?
   (3) 연간 주문비는 얼마인가?
   (4) 연간 총비용은 얼마인가?

2. K청과상회는 일일 25상자의 사과를 일정한 비율로 팔고 있다. 사과 1상자는 30,000원이다. 만약 주문비용이 10,000원이고, 재고유지비용이 평균재고비용의 20%라면, 매년 주문해야만 하는 최적주문회수와 최적주문량은 얼마인가?

3. K양계장은 부화장으로부터 병아리를 주문한다. 일년 360일 동안 매일 40마리의 수요가 있다. 병아리의 주문량에 관계없이 1회 주문마다 40달러가 소요되고, 일년 동안 재고로 병아리 12마리를 사육하는데는 80달러가 필요하다. K양계장은 평균재고수준에 기초로 둔 재고유지비용을 계산한다고 가정한다. 계란의 부화기간은 20일이고, 주문을 하는 시간과 병아리가 운반되는 시간 사이는 20일이 소요된다.
   (1) 최적주문량은 얼마인가?
   (2) 매년 몇 회를 주문해야 하는가?
   (3) 일년에 적정주문간격은 얼마인가?

4. EC회사는 연간 10,000개의 램프가 필요하다. 1회 주문비는 45달러이고, 램프 한 개당 연간 재고유지비는 10센트이다.
   (1) 경제적 주문량은 얼마인가?
   (2) 연간 총재고비용은 얼마인가?

(3) 연간 주문은 몇 회 하는가?

5. 어린이 대공원은 매달 사료 1,000포대를 사용한다. 1회 주문하는데 30,000원이 든다. 그리고 재고유지비는 연간 한 포대에 10,000원이다. 경제적 주문량을 찾아라.

6. 어느 TV업자는 한 달에 24,000개의 2cm 전선을 필요로 하고 있다. 주문비는 42,000원이며, 재고유지비는 80원인 단위당 가격의 25%이다. 리드타임을 고려하지 않는다면 경제적 주문량과 적정 연간 관계총비용이 얼마인지 계산하라.

7. GE대리점은 창문에 부착하는 소형 에어컨을 한 대에 250달러로 판매한다. 이 제품 한 대의 원가는 200달러이다. 전량이 10월까지 팔리지 않으면 계절 말에 소매가격의 반으로 판다. 이 계절 동안 에어컨에 대한 수요는 평균이 600이고, 표준편차가 100인 정규분포를 이루고 있다고 가정한다.

(1) GE대리점은 계절 초에 에어컨을 얼마나 주문해야 하는가?

(2) GE대리점이 이 계절동안 모든 수요를 만족시키지 못할 확률은 얼마인가? GE대리점의 경영은 재고품절의 확률이 0.10이 되도록 주문량을 선택할 것을 결정한다.

(3) 계절 초에 얼마나 많은 에어컨이 주문되는가?

8. 재고 시스템이 다음과 같이 주어져 있다. 즉, 연간 수요량이 120단위, 주문비용이 45달러, 단가가 200달러, 연간재고 유지비가 24%이다.

(1) 경제적 발주량은 얼마인가?

(2) 이 제품이 한번에 100만큼 구매된다면, 공급자는 단가에서 1%의 할인을 허용한다. 관리자는 이 제안을 수용하겠는가?

9. 조립식 주택을 생산하는 회사는 수요가 월 40채로 일정하며, 공장에 주문을 할 때는 250원의 비용이 소요됨을 알고 있다. 재고유지비용은 월 25원이며, 재고부족이 발생하면 주택 한 채에 100원의 재고부족비용이 발생한다고 한다. 다음 물음에 답하라.

(1) 경제적 발주량은 얼마인가?

(2) 최대재고부족량은 얼마인가?

(3) 주문과 다음 주문 사이의 주기를 계산하라.

(4) 재고가 보유되는 기간을 계산하라.

(5) 최대재고수준을 계산하라.

제 11 장 자재소요계획

Material requirement planning uses the master schedule to plan the supply of materials. It expands the master schedule so that materials can be scheduled to arrive when they are needed.

The MRP procedure

(1) Use the master schedule to find the gross requirements of level 0 items.

(2) Subtract any stock on hand to give the net requirements of level 0 items, and schedule production to start so these net requirements can be made in time.

(3) If there are any more levels of materials, use the bill of materials to translate the net requirements from the last level into gross requirements for the next level. If there are no more levels go to step 5.

(4) Take each of the materials in turn and:

* subtract the stock on hand and scheduled deliveries to find the quantities of materials to order

* use the lead time and any other relevant information to find the time of orders go to step 3.

(5) When there are no more levels of materials, finalize the timetable.

KEY TERMS

capacity requirements planning(생산능력소요계획)
bill of material file(자재명세서: BOM)
intermediate item(중간품목)
inventory status file(재고상태철)
reorder-point system(재주문점)
manufacturing resource planning(제조자원계획)
material requirement planning(자재소요계획)
master production schedule(주일정계획)
scheduled receipts(예정입고)

제 1 절 자재소요계획의 기본개념

1. 자재소요계획의 의의

자재소요계획(material requirement planning: MRP)은 1960년대에 IBM의 어릭키(J. A. Orlicky)에 의하여 개발된 기법이다. 이 기법은 자재구성이 복잡한 제품을 생산하는 기업의 생산능력, 부하량, 생산일정, 생산자원(자재・노동・자금 등) 간의 상호관계를 고려하여 보다 효율적인 자재소요계획을 수립함은 물론, 시장이나 기업 내부의 상황변화에 따라서 적절히 조정・관리할 수 있도록 마련된 일정 및 재고관리시스템이다.

MRP시스템은 완제품(parent product)의 생산수량 및 일정을 토대로 그 제품생산에 필요한 원자재, 부분품, 공정품, 조립품 등의 소요량 및 소요시기를 역산하여 자제조달계획을 수립하며 일정관리를 겸하여 효율적인 재고관리를 모색할 수 있는 시스템 또는 방법이다.

이 시스템은 완제품과 같은 독립수요품보다는 제품의 구성자재와 같은 종속수요품에 적용하는 것이 효과적이다. 다음에서 독립수요와 종속수요에 대하여 알아보자.

2. 독립수요와 종속수요

종속수요를 설명하기 위하여 스마트 자전거를 예로 들어보자. 자전거와 같은 최종제품(완제품)의 수요는 시장상황에만 영향을 받고 공장에 재고로 쌓인 다른 품목의 수요로부터 영향을 받지 않기 때문에 독립수요라고 부른다. 스마트는 완제품 자전거 외에도 핸들, 페달, 프레임, 바퀴, 기어 등의 품목을 재고로 보유하고 있다. 이러한 품목의 수요는 완제품의 자전거의 수요에 따라서 결정되기 때문에 종속수요라고 부른다.

자전거와 같이 한 가지 이상의 부품을 조립하여 만든 제품을 상위품목(parent)이라고 하고, 핸들과 같이 몇 가지 공정을 거쳐 상위품목으로 변환되거나 상위품목의 일부가 되는 품목을 부품(component)이라 한다.

품목에 따라서는 종속수요와 독립수요가 동시에 발생하기 때문에 종속수요의 관리가 복잡해지는 경우도 있다. 예를 들면, 핸들은 자전거 생산에도 필요하지만 자전거 수리점에 공급도 해야 한다. 전자는 종속수요이지만 후자는 독립수요가 된다.

3. MRP시스템의 기능과 장점

3.1 MRP시스템의 기능

MRP시스템의 목적은 필요한 제품을 필요한 시기에 필요한 양만큼을 필요한 장소에 공급하는 것이라고 할 수 있다. 일정계획(우선순위계획)과 능력계획(공수계획)을 수립하는데 필요한 정보를 제공하는 것 또한 주요 목적이라 할 수 있다. MRP의 주요기능은 다음과 같다.

3.1.1 재고관리기능

① 발주시기와 발주할 양을 사전에 파악할 수 있다.

② 경영자가 사전에 계획을 검토할 수 있다(주문 및 제조 개시 전).

3.1.2 우선순위계획기능

① 진도관리의 일정을 알려 준다.

② 상황변화(수요 · 공급 · 조달능력의 변화 등)에 따라서 주문의 변경을 가능케 한다.

③ 상황의 완급도에 따라 우선순위를 조절하여 자재조달 및 생산작업을 적절히 진행시킨다.

3.1.3 능력계획기능

능력계획기능은 생산능력계획에 도움을 줄 수 있다.

3.2 MRP시스템의 장점

종속수요품의 재고관리에 MRP시스템을 적용함으로써 기대되는 이점은 다음과 같다.

① 종속수요품 각각에 대해서 수요예측을 실시할 필요가 없다.

② 종속수요품의 평균재고가 감소된다.

③ 자재부족의 최소화를 기할 수 있다.

④ 작업의 원활화 및 생산소요시간의 단축이 가능하다.

⑤ 상황변화(수요 · 공급 · 생산능력의 변화)에 따른 생산일정 및 자재계획의 변경이 용이하다.

⑥ 적절한 납기이행을 이룰 수 있다.

제 2 절 MRP시스템의 구성요소

[그림 11-1]은 MRP시스템의 기본적인 구성요소를 나타내고 있다. MRP시스템에서 정보의 세 가지 주요원천은 주일정계획(master production schedule), 재고기록철(inventory status file), 자재명세서(bill of materials file: BOM)이다.

그림 11-1 MRP시스템의 구조

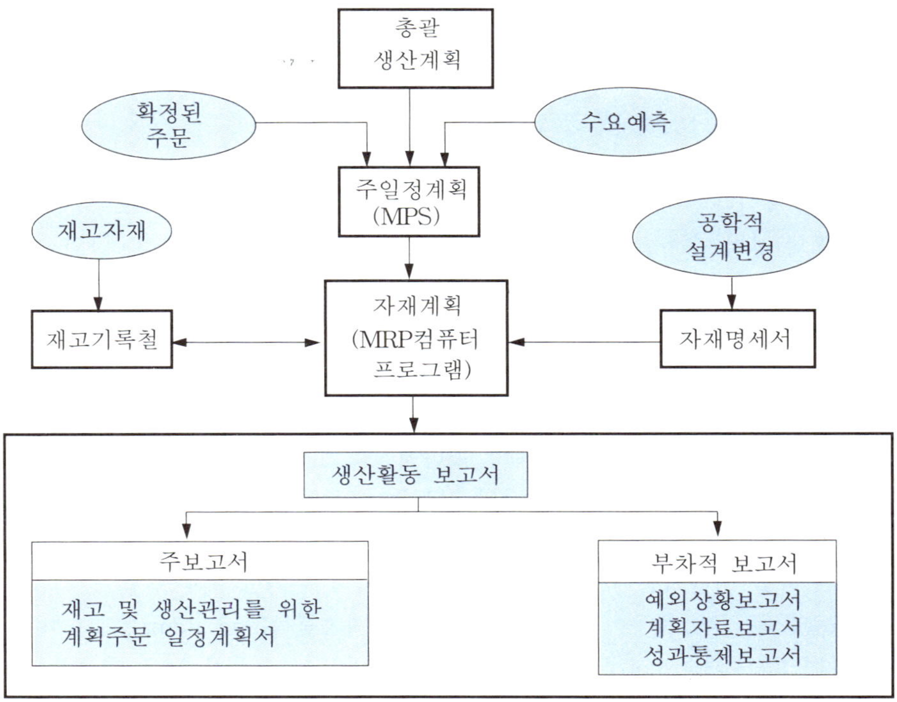

이 세 가지 정보자원을 이용함으로써 MRP컴퓨터 프로그램은 각 제품구성에 대한 여러 가지 정보를 얻을 수 있다. 즉, 신규발주(releasing new orders), 납기조정(adjusting due dates), 급송목록(dispatch lists), 납품업자 일정(supplier schedules), 생산능력소요계획(CRP), 입출력 통제(input-output control)이다. [그림 11-1]은 MRP시스템으로 이들 관계를 설명하고 있다. 이에 대하여 더욱 상세하게 설명하여 보자.

1. 자재명세서

자재명세서(bill of materials: BOM)는 제품이 어떻게 만들어지는가를 보여주는 제품구조철(product structure file)이다. 즉, 자재명세서는 최종제품 한 단위를 생산하는데 필요한 하위품목의 자재명과 소요량을 나타낸다.

[그림 11-2]는 등받이 의자의 BOM을 나타내고 있다. 등받이 의자를 예로 들어 BOM을 설명해 보자. 등받이 의자의 BOM은 등받이 중간조립부품, 시트 중간조립부품, 앞다리와 다리지지봉으로부터 만들어지는 것을 보여준다. 차례로 등받이 중간조립부품은 뒷다리와 등받이목으로 만들어졌고, 시트 중간조립부품은 시트틀과 방석으로 만들어졌으며, 마지막으로 시트틀은 시트구조목으로 만들어졌다.

이 부품들은 완제품을 만들기 위하여 필요하기 때문에 M을 제외한 모든 품목은 부품이다. 부품 A, B, G는 상위품목이다. 왜냐하면 이들 모두는 적어도 하나 이상의 구성품목을 가지고 있고, 이 BOM은 상위품목 한 단위를 만들기 위한 구성품의 단위 수, 혹은 사용량(usage quantity)을 나타낸다.

[그림 11-2]에서 괄호 안은 각 상위품목-구성부품관계에 대한 사용량을 보여준다. 등받이 의자(품목 M)는 하나의 등받이 중간조립품(품목 A), 하나의 시트 중간조립품(품목 B), 두개의 앞다리(품목 C), 4개의 다리지지봉(품목 D)으로 만들어진다. 또, 품목 A는 두 개의 뒷다리(품목 E)와 네 개의 등받이목(품목 F)으로 구성되었다. 품목 B는 하나의 시트틀(품목 G)과 하나의 방석(품목 H)을 필요로 한다. 마지막으로 품목 G는 4개의 시트구조목(품목 I)을 필요로 한다.

재고품목을 기술하는데 자주 사용되는 네 가지 용어는 최종품목, 중간품목, 중간조립품목, 구매품목이 있다. 전형적으로 최종품목(end item)은 고객에게 판매하는 최종제품(final product)이다. [그림 11-2]에서 품목 M은 최종품목이 된다.

회계보고서에서는 최종품목 재고를 재공품(WIP)과 완제품재고로 분류하는데, 재공품은 처리할 작업이 남아 있는 상태를 말한다. A, B, G와 같은 중간품목(intermediate item)은 적어도 하나의 상위품목과 하나 이상의 부품을 가지고 있다. 어떤 제품들은 여러 가지 중간품목을 가지고 있는 경우도 있다. 중간조립품(subassembly)은 한 가지 구성부품 이상으로 조립된 중간품목이다. 품목 A와 B는 중간조립품이다. 구매품목(purchased item)은 납품업체에서 공급하기 때문에 하위부품은 없고 상위품목만 있다. [그림 11-2]의 C, D, E, F, H, I가 구매품목의 예이다. 회계보고서에서는 구매품목을 재료로 분류한다.

그림 11-2 등받이의 BOM

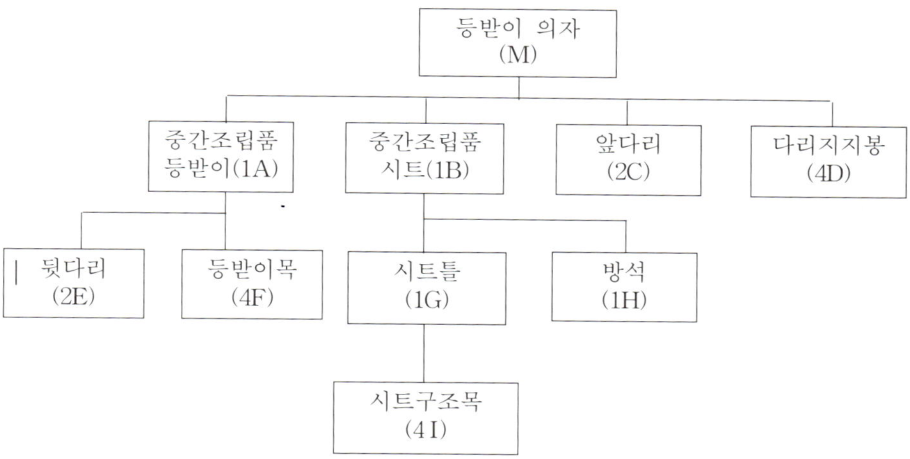

부품은 한 가지 이상의 상위품목을 갖는다. 부품표준화 또는 모듈화라고도 부르는 공유부품(part commonality)은 두 가지 이상의 상위품목을 갖는 부품의 비율이다. 부품공유화의 결과로 동일한 품목이 한 제품 자재명세서의 여러 곳에 나타나게 되거나, 여러 품목의 자재명세서에 나타나기도 한다.

예를 들어 [그림 11-2]의 시트는 등받이 의자의 부품이기도 하지만 같은 제품군의 식탁용 의자의 부품이 될 수 있다. 공유부품은 품목의 수량과 반복성을 증가시키고 재고비용을 최소화한다.

2. 주일정계획

총괄생산계획은 제품그룹별로 수립되며, 이 계획은 다음 단계에서 다시 세부 제품별, 기간별로 나뉘어져서 각 제품이 언제 얼마만큼 생산되어야 하는가를 나타내는 주일정계획으로 나누어진다. 따라서 주일정계획(master production schedule: MPS)은 최종제품이 정확하게 언제 얼마만큼 생산되어야 하는가를 나타낸다.

주일정계획은 MRP시스템이 이용되기 전 고객의 주문과 수요예측으로부터 시작된다. MPS는 MRP시스템에 하나의 투입요소이다. 시장수요를 충족시키기 위하여 설계된 MPS는 최종 제품의 생산량을 타나낸다. 고객에 대한 대치요소(서비스)의 주문은 MPS에서 최종품목에 포함된다.

프로슬(George Plossl)은 주일정계획을 "기업을 움직이는 최고경영자의 핸들"이라 표현하였다. 최고경영층은 주일정계획을 조정함으로써 고객서비스, 재고수준, 제조원가를 통제할 수 있다. 그러므로 MPS는 MRP시스템에 중요한 정보(focal information)를 제공한다. 주일정계획은 <표 11-1>과 같이 나타낼 수 있다.

〈표 11-1〉 의자의 주일정계획

	3월				4월			
	1	2	3	4	5	6	7	8
등받이 의자		300				300		
식탁용 의자					240			240
사무용 의자	400		400		400		400	
총괄계획	1100				1580			

2.1 주일정계획의 특징

① 주일정계획의 생산량을 합하면 총괄생산계획과 일치한다.

② 총괄생산계획의 생산량은 시간대별로 효율적으로 배분하여야 한다.

③ 기계설비나 노동력 등의 생산능력 제한, 저장공간, 운전자본 등을 고려하여 주일정계획량의 시기와 크기를 결정하여야 한다.

2.2 주일정계획의 과정과 전략

2.2.1 주일정계획의 과정

주일정계획의 과정은 [그림 11-3]과 같다. 생산관리자는 잠정적인 주일정계획을 작성하여 총괄생산계획의 자원(예를 들면, 기계능력, 노동력, 잔업, 하청)과 일치여부를 확인하고, 모든 자원의 제약을 만족시키거나 실행가능 한 요인이 제거될 때까지 주일정계획을 수정한다. 그 결과 실행 가능한 주일정계획이 확정되면, 이것을 MRP의 입력자료로 활용한다. 그 후에 부품이나 조립품의 구체적인 생산일정을 결정하게 된다.

그림 11-3 주일정계획 과정

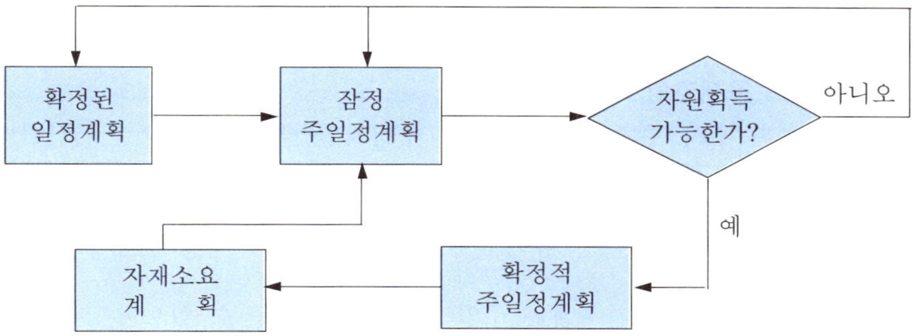

출처 : Lee J. Krajewski, Larry P. Ritzman, *Operations Management*, 4th, ed., Addison-Wesley, 1996, p. 669.

2.2.2 주일정계획의 전략

주일정계획은 총괄생산계획으로부터 비롯되며 기업의 각종 전략에 따라 목표를 달성할 수 있도록 좀 더 세부적인 전술계획으로 연결시킨다. 주일정계획의 세 가지 기본적인 전략은 기업이 경쟁적 우선순위에 따라 재고관리를 효율적으로 수행할 수 있게 한다. 주일정계획의 접근방법은 다음과 같다.

i) **재고생산전략**(make to stock strategy)

제품중심적인 기업은 재고생산전략을 사용하려는 경향이 있는데, 이는 고객에게 인도되는 시간을 최소화하기 위하여 최종제품을 재고로 보유하는 것이다. 재고생산전략에 따라 생산된 제품은 정원기구, 전자부품, 화학제품 등이 있다.

ii) **주문조립전략**(assemble to order strategy)

주문조립전략은 표준부품과 반제품만 재고로 보유하고 있다가 주문에 따라 다양한 최종제품을 생산하는 방법이다. 예를 들어 자동차 제조업체가 고객주문에 따라 선택사양을 조합하면 수백 가지의 차종을 생산할 수 있는 형태다.

iii) **주문생산전략**(make to order strategy)

주문생산전략은 생산부분이 고객의 요구에 따라 최종제품을 생산하는 전략으로, 공정중심적인 기업은 대부분 주문생산전략을 사용한다. 예로는 특수 의료기기, 금형, 플라스틱병 등이 있다.

2.3 주일정계획의 수립

주일정계획을 수립한다는 것은 예상보유재고량, 제품별 생산량, 생산시점 등을 결정하는 것이다.

2.3.1 예상보유재고의 계산

수요가 충족된 후의 주별 가용재고량의 추정치인 예상보유재고를 계산한다. 계산하는 공식은 다음과 같다.

예상보유재고 = 기초 보유재고 + 주일정계획량 − 예상 소요량

단, 기초재고가 충분한 경우에는 주일정계획량이 없을 수 있으며, 예상소요량은 예측치와 주문량 중 큰 값을 사용한다.

2.3.2 주일정계획의 시기와 크기의 결정

주일정계획의 시기와 크기를 결정할 때는 예상보유재고를 양수의 값으로 유지하는 것이 중요하다. 어떤 기간의 재고가 부족할 것으로 예상되면 주일정계획의 양이 그것을 보충하도록 일정계획을 수립해야 한다.

[예제 11-1] 주일정계획수립

K가구사는 등받이 의자를 생산하고 있다. 이 회사의 생산부장은 주일정계획(MPS)을 수립하고자 한다. 이 회사의 주일정 보고서는 다음 표와 같다. 판매부서가 4월 첫 주의 판매량을 60개로 예측했으나 실제 예약은 76개이다. 현재 재고량은 110개이며, MPS량은 없다. 이 주일정계획을 완성하여라.

〈표〉 주일정 보고서

품목:등받이 의자 보유량: 110	주문정책: 300개 리드타임: 1주							
	4월				5월			
	1	2	3	4	5	6	7	8
예측치	60	60	60	60	70	70	70	70
주문량	76	54	48	16	0	0	0	0
예상보유재고량								
MPS량								
MPS량의 생산								

〈설 명〉

i) 각 주(週)의 기말예상재고를 계산한다.

1주의 재고 = (현재 보유한 의자: 110개) + (MPS량: 1주는 0개) - (1주의 주문량: 76개) = 34개

2주의 재고 = (1주의 기말재고: 34개) + (MPS량: 2주는 0개) - (2주의 예측치: 60) = -26개

ii) MPS량의 시기와 크기의 결정은 a) MPS량의 시기는 예상보유재고가 음수가 되는 시점(주), b) 주문정책은 롯트 크기가 300개이며, 리드타임은 1주이다. 그래서 MPS량을 배정한 후에 2주의 예상재고는 다음과 같다.

2주의 재고 = (1주의 재고: 34개) + (MPS량: 300개) - (예측치: 60)
= 274개

이러한 방법으로 2주부터 7주까지 배정하면 7주째는 14+0-70=-56이 된다. 따라서 MPS량은 300개를 7주에 배정하면 예상재고는 14+300-70=244가 된다. MPS보고서의 우측상단에 등받이 의자의 리드타임이 1주라고 표시되어 있다. 이것은 B, C, D, E가 준비된 상태에서 등받이 의자 300개를 조립하는데 1주가 필요하다는 뜻이다. 따라서 1주와 6주에 300개씩 생산을 시작해야 한다.

〈표〉 1주에서 8주까지의 주일정계획표

품목: 등받이 의자 보유량: 110	주문정책: 300개 리드타임: 1주							
	4월				5월			
	1	2	3	4	5	6	7	8
예측치	60	60	60	60	70	70	70	70
주문량	76	54	48	16	0	0	0	0
예상보유재고량	34	274	214	154	84	14	244	174
MPS량	0	300	0	0	0	0	300	0
MPS량의 생산	300	0	0	0	0	300	0	0

2.4 개략적 생산능력계획

잠정적인 주일정계획을 수립한 후에는 주일정계획이 기업의 가용자원으로 실행가능한지를 결정한다([그림 10-3] 참조). 주일정계획은 개략적 생산능력계획(rough-cut capacity planning)으로 점검하는데, 개략적 생산능력계획이란 실제 자원요구량의 개략적인 근사치만 산출해 보는 것으로 생산능력명세서(capacity bill), 자원프로필(resource profile), 총요소법(method of overall factors) 등이 있다.

생산능력명세서는 최종품목의 자재명세서와 유사하며, 차이점은 상위품목당 자재요구량(개수) 대신에 최종품목 1개당 주요자원의 능력요구량(예, 시간, 평방피트, 금액)을 명시하는 것이다.

자원프로필은 생산능력명세서와 추가정보를 사용하여 해당 품목의 생산 리드타임 동안의 개별 기간별로 핵심적인 자원에 대한 생산능력 요구량을 산출한다. 단, 추가정보는 각 부품별 생산 리드타임이다.

총요소법은 한 기간에 대하여 병목작업장(critical workstation)의 직접노동시간을 모두 합한 후, 그 합계를 각 병목작업장들의 부하요소(병목작업장들의 총직접노동시간 중 그 작업장이 통상 차지하는 비율)와 곱하여 그 작업장의 총작업시간 추정치를 구한다. 이 추정치를 부하 프로필(load profile)이라고 한다. 부하 프로필은 잠정 MPS의 대상기간 전체에 걸쳐 각 단위기간별로 계산한다. 경영진은 병목작업장별로 부하 프로필과 생산능력을 비교할 수도 있고, 그 결과에 따라 제안된 일정계획의 수정여부를 결정할 수 있다.

부하 프로필을 산출하는 절차는 다음과 같다. i) 병목작업장을 선별하고, ii) 각 품목별로 직접 노동요소를 추정하고, iii) 각 병목작업장별 부하요소를 산출한다.

MPS를 실행할 때에 병목작업장에 필요한 직접노동시간의 비율은 과거기록을 토대로 추정한다. 첫째, 각 병목작업장이 과거 일정기간 동안 사용한 직접노동시간의 합계를 구한다. 이때 대상기간을 충분히 길게 잡는다. 둘째, 일정계획자는 각 작업장이 총병목시간에서 차지하는 비율을 계산한다.

MPS, 직접노동요소, 부하요소를 이용하여 종합부하 프로필(composite load profile)을 산출하는데, 종합부하 프로필은 각 병목작업장에 대한 직접노동시간의 추정치, 모든 병목장업장들에 대한 합계, 공장 전체에 대한 총계를 말한다. 그 산출과정은 다음과 같다.

단계 1: 총병목시간과 총비병목시간을 산출한다.

단계 2: 각 작업장별로 기간마다 병목시간을 산출한다.

[예제 11-2] MPS에 대한 부하프로필 작성

총요소법을 이용하여 다음의 주일정계획에 대한 부하프로필을 작성하여라. 단, 일정계획담당자는 두 작업장(WS1과 WS2)이 병목작업장이라고 판단하고 있다.

〈표 1〉 주일정계획

품목	주								합계
	1	2	3	4	5	6	7	8	
A	50	50	50	50	70	70	70	70	480
B		100		100		100		100	400
C	144		150		112		136		542

〈표 2〉 각 품목의 직접노동요소

품목 \ 직접노동요소	병목작업장(시간)	비병목작업장(시간)	합계(시간)
A	1.60	0.00	1.60
B	6.07	8.00	14.07
C	5.04	4.00	9.04

먼저 병목작업장(WS1)과 (WS2)의 부하요소를 계산한다. 아래 표는 지난해 WS1작업장과 WS2작업장의 직접노동시간이 각각 4,900시간과 9,450시간임을 나타내고 있다. WS1작업장의 직접노동시간은 34%임을 나타낸다. 따라서 WS1의 부하요소는 34%이다. 앞으로도 WS1작업장이 모든 병목작업장에서 발생할 부하의 34%를 계속 차지할 것이라고 가정하자. 같은 이유에서 WS2작업장의 부하요소는 66%이다.

작업장 \ 분기별 직접 노동시간	1	2	3	4	합계	부하요소 (%)
WS1	1,140	1,285	1.175	1,300	4,900	34
WS2	2,430	2,540	2.100	2,380	9,450	66
총병목시간	3,570	3,825	3,275	3,680	14,350	100
총비병목시간	5,200	5,150	5,000	5,300	20,650	

〈설 명〉

위에서 계산한 부하요소와 A, B, C의 직접노동요소를 사용하여 MPS에 대한 종합 부하 프로필을 작성한다. MPS에 의하면 첫 주에 A제품 50단위와 C제품 144단위를 생산하여야 한다. A제품과 C제품의 병목작업장 노동요소를 사용하여 A제품과 C제품의 병목 직접노동소요량의 합계가 50(1.60) + 144(5.04) = 805.76시간임을 계산할 수 있다. 총직접노동소요량은 50(1.60) + 144(5.04+4.00) = 1381.76시간이다. 같은 방법으로 다른 주의 노동소요량을 계산할 수 있다. 결과는 아래의 표의 마지막 세 줄에 있다(정수로 반올림). 첫째 주 WS1작업장의 병목시간은 0.34(806) = 274.04시간, WS2는 0.66(806) = 531.96시간이 됨을 추정할 수 있다.

작업장 \ 주	1	2	3	4	5	6	7	8	합 계
WS1	274	234	284	234	230	244	272	244	2016
WS2	532	454	552	454	446	476	526	536	3916
총병목시간	806	688	836	688	676	720	798	780	5932
총비병목시간	576	800	600	800	448	800	544	800	5368
총작업시간	1382	1488	1436	1488	1124	1520	1342	1520	11300

3. 재고기록철

재고기록철(inventory status file)은 각 품목의 재고에 관한 모든 정보를 제공하고 기록한다. <표 11-2>는 재고기록철의 전형적인 양식을 보여준다. 재고기록철을 정확하게 작성하기 위한 기초자료는 재고거래내역이다. 재고거래란 신규발주, 예정입고량의 인수, 예정입고의 납기조절, 재고인출, 주문취소, 재고오차의 교정, 출하취소, 파손확인 등을 말한다. 재고거래를 정확하게 기록하면 MRP시스템의 필수자료인 예정입고량과 보유재고량을 정확히 파악할 수 있다.

재고기록철은 재고품목별로 작성되며 각 품목에 관한 여러 가지 정보가 수록되어 있다. 여기에는 기본자료란, 재고현황란, 보조자료란의 세 부분으로 구성되어 있으며, 이 세 부분은 다음과 같은 내용을 포함한다.

품목의 기본자료란에는 품목번호, 특징, 롯트사이즈, 리드타임, 안전재고, 공손허용률 등 계획업무에 필요한 정보를 기록한다.

재고현황란에는 총소요량(gross requirement), 예정입고(scheduled receipts), 예상보유재고(projected in-hand inventory), 계획입고(planned receipts), 계획발주(planned order release) 등이 기록된다.

보조자료란에는 발주 세부사항, 미완결사항(진행중인 구매주문, 주문변경), 품목의 사용량, 수요 등의 통계가 기록된다.

재고철의 내용은 항상 실제와 일치해야 하기 때문에 입고, 출고, 주문취소, 폐기 등 재고변동상황이 발생하면, 신속·정확하게 기록을 수정해야 한다.

재고기록에 대한 설명을 위하여 [그림 11-2]의 시트(B품목)를 예로 들어보자. 이 시트는 등받이 의자와 식탁용 의자에 쓰인다.

3.1 총소요량

총소요량(gross requirement)은 상위품목들의 생산계획에서 나타나는 수요의 합계다. <표 11-2>는 등받이 의자와 식탁용 의자의 MPS발주시기와 B품목의 미완성된 재고기록을 보여주고 있다. B품목은 460단위의 롯트로 생산되고 있으며, 리드타임은 2주이고, 안전재고는 100개이다. 재고기록에는 B품목의 8주간 총소요량도 나타나 있다. B품목의 소요량은 돌발적인 수요를 보인다. 즉, 8주 중에서 4주만 재고를 인출하게 된다.

〈표 11-2〉 MRP 기록의 일부(MRP와 총소요량의 관계)

"MPS발주량"

품목 \ 주	1	2	3	4	5	6	7	8
등받이 의자	300					300		
식탁용 의자				240			240	

품목: 시트(B) 설명: 시트 중간조립품 보유량 : 94	롯트사이즈: 460개 리드타임: 2주 안전재고: 100개							
	주							
	1	2	3	4	5	6	7	8
총 소요량	300	0	0	240	0	300	240	0
예정입고량	460	0	0	0	0	0	0	0
예상보유재고량	254	254	254	14				

<표 11-2>에서 총소요량은 두 가지 의자에 필요한 수요량의 합이며, 1주의 예상보유재고는 94+460+0-300=254개가 된다.

3.2 예정입고량

예정입고량은 이미 발주되었으나 아직 입고되지 않은 주문량이다. 외부에서 구매하는 부품일 경우, 예정입고량은 구매부서가 발주절차를 밟고 있거나, 납품업체가 생산 중에 있거나, 구매부서로 운송 중이거나, 검수부서에서 검수 중인 부품을 의미하며, 자체생산하는 품목이라면, 작업장에서 처리 중이거나, 소요부품들을 기다리고 있거나, 대기행렬에서 기다리거나, 또는 다음 작업장으로 이동하기 위하여 대기 중인 것을 말한다. <표 11-2>에서 B품목 460단위가 1주에 입고될 예정이다. 리드타임이 2주이므로, 자재발주자는 2주 전에 발주했을 것이다. 다만 예정입고량은 리드타임 이후에는 보통 0으로 나타난다.

3.3 예상보유재고량

<표 11-2>에서 기초재고(94개)는 기록표를 작성한 시점에서 이용 가능한 재고이다. 예상보유재고 행에서 기초재고 이외의 항목은 주별 예상재고량을 나타낸다. 예상보유재고량은 다음과 같이 산출한다.

(t주말의 예상보유재고량)=(t-1주말의 재고수준)+(t주의 예정입고량)
+(t주의 계획입고) - (t주의 총소요량)

<표 11-2>에서 4주까지의 예상보유재고량을 계산하면 다음과 같다.

1주 : 94+460+0-300=254
2, 3주 : 254+0+0-0=254
4주 : 254+0+0-240=14

3.4 계획입고량

계획입고량(planned receipt)은 작업장 또는 납품업자에게 아직 발주되지 않은 신규주문량이다. 이러한 신규주문의 계획입고를 수립함으로써 예상보유재고량이 안전재고수준 이하로 떨어지는 것을 막을 수 있다. 계획입고량을 수립하는 절차는 예상보유재고량을 계산하는 절차와 유사하다.

첫째, 재고고갈이 처음 일어나는 주간까지 주별 예상보유재고량을 산출한다. 재고가 안전재고보다 적어지는 주간에 계획입고를 잡는다.

둘째, 다음 번 재고고갈이 발생하는 주간까지 주별 예상보유재고량을 계산하고, 그 주에 두 번째 계획입고를 잡는다.

<표 11-3>은 시트의 계획입고를 나타낸다. 4주에 예상보유재고가 안전재고인 100보다 작아지므로 계획입고를 460개 잡는다. 예상보유재고를 수정하면 254(3주말 재고)+460(계획입고량)-240(총 소요량)=474개가 된다. 5주에는 계획입고량, 예정입고량, 총소요량이 없기 때문에 예상재고량이 변하지 않고 474개이다. 6주의 예상보유재고량은 474(5주말 재고)-300(총 소요량)=174개이며, 이는 안전재고 수준인 100개보다 커서 계획입고가 필요 없다. 7주에 계획입고를 잡지 않으면 재고고갈이 발생한다. 7주에 계획입고를 추가하고 재고수준을 수정하면 174(6주말 재고)+460(계획입고량)-240(총 소요량)=394개가 된다.

3.5 계획발주량

계획발주량(planned order release)은 계획입고량에 명시된 양만큼의 주문량이 일어나는 시점을 나타낸다. 발주시점은 입고시점에서 리드타임을 뺀 것이다.

MRP시스템은 제품구조에서 각 품목에 대한 가장 최근의 재고기록철을 요구한다. 이 철은 실질적이고, 계획된 모든 재고거래의 실질적인 회계를 유지할 수 있는 MRP시스템에 의하여 관리되는 모든 품목의 이용가능성에 대한 실질적인 정보를 제공한다.[1]

〈표 11-3〉 시트 중간조립품의 완성된 재고기록

품목: 시트(B) 설명: 시트 중간조립품	롯트사이즈: 460개 리드타임: 2주 안전재고: 100개							
	주							
	1	2	3	4	5	6	7	8
총 소요량	300	0	0	240	0	300	240	0
예정입고량	460	0	0	0	0	0	0	0
예상보유재고량(94)	254	254	254	474	474	174	394	394
계획입고량				460			460	
계획발주량		460			460			

1) Lee J. Krajewski, Larry P. Ritzman, *Operations Management*, 4th, ed., Addison-Wesley, 1996, pp. 665~683.

제 3 절 MRP계획의 요소

MRP의 기록표에서 MRP계획의 요소들은 MRP시스템의 모든 성과에 중요한 역할을 한다. 경영자는 이러한 요소들을 조정함으로써 재고관리를 효과적으로 수행할 수 있다. 이 절에서는 리드타임, 롯트사이즈의 결정규칙, 안전재고에 대하여 설명하고자 한다.

1. 리드타임

어떤 품목의 리드타임은 그 품목을 발주하여 입고될 때까지의 시간으로 결정된다. 만약 리드타임이 필요 이상으로 길게 되면 그 품목은 빨리 재고창고에 도착할 것이고, 그 결과 재고유지비는 증가될 것이다. 만약 리드타임이 너무 짧으면 재고부족, 과도한 급행비용 등이 발생할 것이다.

구매품목의 리드타임은 주문에서 도착까지 허용되는 시간이며, 여기에는 발주업무에 필요한 시간도 포함된다. 납기는 일반적으로 구매계약서에 명시되어 있다. 자가생산품의 경우 리드타임은 준비시간(setup time), 가공시간(process time), 작업장간의 이동시간(materials handling time between operation), 작업을 기다리는 시간(waiting time) 등의 추정치의 합으로 구성된다.

위의 요소들 중 준비시간, 가공시간, 이동시간을 추정하는 것은 비교적 쉽지만 작업대기시간을 추정하는 것은 다소 어려울 것이다. 특히 공정중심적 설비에서는 특정 작업장의 부하가 시간대에 따라 크게 달라져서 실제 대기시간은 큰 폭으로 변동한다. 그러나 제품중심적 설비(조립공장)에서는 제품의 작업경로가 비교적 표준화되어 있어 대기시간을 추정하는 것이 어렵지 않다.

2. 롯트사이즈의 결정규칙

롯트사이즈의 결정규칙에 따라 주문의 크기, 주문의 시점, 가동준비 회수, 재고유지비 등이 달라지기 때문에 계획입고와 계획발주를 계산하기 전에 롯트사이즈의 결정규칙을 정해야 한다.

2.1 고정주문량

고정주문량(fixed order quantity: FOQ) 규칙은 주문할 때마다 항상 같은 양을 주문하는 방법이다. 예로는 설비용량의 한계에 따라 설정된 크기나 구매품목의 FOQ는 트럭용량, 최소구매량, 수량할인 한계점, 경제적 발주량 등에 따라 결정된다. 이 방법은 FOQ가 설비용량에 의해 설정되고 가동준비비가 클 때 사용하는 것이 바람직하다.

2.2 기간발주량

기간발주량(periodic order quantity: POQ) 규칙에서 롯트사이즈는 발주간의 시간간격 동안 필요한 양으로 하되, 재고량이 안전재고보다 작아지지 않게 하는 수준으로 결정한다. t주에 도착할 POQ는 다음과 같이 결정한다.

$$\begin{aligned} \text{POQ} &= (\text{t주를 포함한 p주 동안의 총소요량}) + (\text{안전재고}) \\ &\quad - (\text{t-1주말의 예상재고}) \end{aligned}$$

단, 예상보유재고는 p번째 주의 안전재고와 동일하여야 한다. <표 11-4>는 p=3주인 POQ를 시트 중간조립품의 재고에 적용한 사례이다. 4주에 재고수준이 처음으로 안전재고인 100개 이하로 떨어지므로 첫 번째 주문이 필요하다. p=3주이므로 첫 번째 주문량은 다음과 같다.

$$\begin{aligned} \text{POQ} &= (\text{4, 5, 6주의 총소요량}) + (\text{안전재고}) - (\text{3주말의 재고량}) \\ &= (240+0+300)+100-254=386\text{개} \end{aligned}$$

〈표 11-4〉 POQ(p=3)일 때 시트 중간조립품의 재고기록

품목: 시트(B) 설명: 시트 중간조립품	롯트사이즈: p=3 리드타임: 2주 안전재고: 100개							
	주							
	1	2	3	4	5	6	7	8
총소요량	300			240		300	240	
입고예정량	460							
예상보유재고량(94)	254	254	254	400	400	100	100	100
계획입고량				386			240	
계획발주량		386			240			

두 번째 주문은 7주에 도착해야 하며, 롯트사이즈는 (240+0)+100-100=240개이다. 계획대상기간이 두 주밖에 남지 않아서 두 번째 주문에는 2주간의 총소요량만 반영하였다.

POQ규칙은 매 p주마다 주문함을 의미하지 않고, 주문할 때마다 롯트사이즈가 p주 분량이 되어야 함을 의미한다. p값을 선정하는 방법 중에는 바람직한 평균 롯트사이즈를 평균 주간 수요로 나누는 것이다.

2.3 대응발주

대응발주(lot for lot: LFL) 규칙은 POQ의 특수한 형태로서 롯트사이즈를 일주일분의 총소요량에 맞추는 것이다. 그러므로 p=1인 경우이다. 이 규칙은 재고확보의 기준을 1주일을 기준으로 하기 때문에 재고수준을 최소화할 수 있다. t주에 도착할 LFL의 롯트사이즈는 다음과 같이 계산할 수 있다.

LFL =(t주의 총 소요량)+(안전재고)-(t-1주말의 예상보유재고량)

첫 번째의 신규주문량은 그 주의 예상보유재고와 합하여 안전재고량과 같아지게 정한다. 그 후의 계획입고는 해당 주의 총소요량과 같게 한다.

<표 11-5>는 LFL규칙을 시트 중간조립품의 재고에 적용한 사례이다. POQ에서와 같이 첫 번째 주문은 4주에 필요하며 주문량은 다음과 같다.

LFL = 240+100-254 = 86

그 이후의 소요량을 만족시키려면 6주와 7주에도 추가 주문량이 입고되어야 한다. 6주의 롯트사이즈는 300이 되고, 7주의 롯트사이즈는 240이 된다.

〈표 11-5〉 LFL규칙 하에서 시트 중간조립품의 재고기록

품목: 시트(B) 설명: 시트 중간조립품				롯트사이즈: LFL 리드타임: 2주 안전재고: 100개				
보유량 : 94	주							
	1	2	3	4	5	6	7	8
총소요량	300			240		300	240	
입고예정량	460							
예상보유재고량	254	254	254	100	100	100	100	100
계획입고량				86		300	240	
계획발주량		86		300	240			

롯트사이즈 결정규칙의 선택은 재고관리에서 재고비용과 준비비, 발주비용 등에 중대한 영향을 미친다. 앞에서 제시한 세 가지 규칙들을 적용했을 때 비용이 각각 다르다. 앞의 세 가지 자료를 이용하여 FOQ, POQ, LFL의 8주간 평균재고를 구하면 334개, 232개, 158개이다. 여기서 LFL규칙은 평균재고는 적지만 주문횟수가 많아서 발주비와 준비비가 많이 들어간다. 이 비교에서 세 가지 결론을 얻을 수 있다.

첫째, FOQ규칙은 잔여재고를 발생시키기 때문에 평균재고수준이 높아진다.

둘째, POQ규칙은 소요량과 주문량을 잘 부합시키기 때문에 보유재고를 감소시킨다.

셋째, LFL규칙은 재고투자를 최소화하나, 발주횟수는 극대화 한다.[2)]

3. 안전재고

MRP시스템이 이론대로 완벽하게 운용될 수 있다면 종속품목에 대해서는 안전재고가 필요 없을 것이다. 이것은 주일정계획이 확정되면 자재의 소요를 미리 정확하게 알 수 있기 때문이다.

그러나 발주한 자재의 도착 지연, 내부의 부품생산 지연, 부품생산과정의 공손품발생 등으로 인해 MRP의 실제운영에 있어서 안전재고를 완전히 없앨 수 없다.

MRP시스템의 운영에서 안전재고를 줄이는 방법은 다음과 같다.

첫째, 리드타임관리(lead-time management)를 철저히 한다. 이는 자재구입이나 부품생산에서 리드타임의 변동을 최소화하려는 노력이다.

둘째, 안전리드타임(safety lead time)의 개념을 적용한다. 이는 리드타임의 변동이 심한 품목은 리드타임을 여유 있게 정하는 것이다.

셋째, 안전생산능력(safety capacity)을 보유하는 것이다. 안전생산능력이란 여분의 생산능력을 의미한다.

---

2) Lee J. Krajewski, Larry P. Ritzman, *op. cit.*, 1996, pp. 683~687.

제 4 절 MRP의 능력

[그림 11-1]에서 보는 바와 같이 MRP시스템은 생산활동보고서를 제공하여 경영자가 종속수요재고를 관리하는데 도움을 준다. 본 절에서는 BOM에서 각 품목의 총소요량산정, 주요 품목을 알리는 조치통지, MRP계획에 따른 생산능력 소요량을 예측해 주는 생산능력보고서 등에 대하여 알아본다.

1. 총소요량의 산정

MRP는 주일정계획과 기타 수요자료를 이용하여 생산에 필요한 부품, 반제품, 자재의 소요량을 계산한다.

우리는 특정 품목의 총소요량을 다음의 두 가지 원천에서 구할 수 있다.

첫째, 직상위품목이 최종품목일 때, 그 상위품목의 주일정계획

둘째, 직상위품목이 최종품목이 아닐 때, 그 상위품목의 계획발주

특정 부품의 총소요량의 계산은 주일정계획에서 시작하여 BOM을 따라 아래쪽으로 모든 품목의 계획발주를 계산해 나간다. 이러한 과정을 단계별 처리라고 부르며, 이러한 계산은 주로 컴퓨터에 의해 이루어진다.

그림 11-4 C, D사용량을 표시한 A, B의 BOM

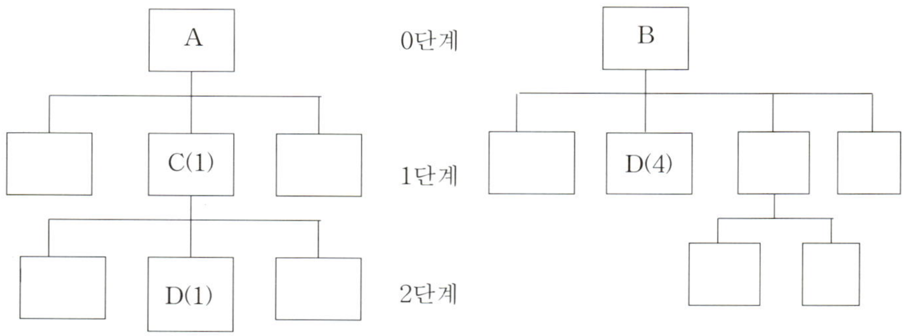

[그림 11-4]는 두 가지 최종품목(A와 B)의 BOM이다. 두 품목의 단계는 모두 0이다. C품목의 상위품목은 하나밖에 없고, 주일정계획 품목이므로 1단계로 지정한다. 그러나 D품목은 두 개(B, C)이므로, BOM상에서 가장 낮은 단계인 2단계로 지정한다.

<표 11-6>은 [그림 11-4]의 BOM에 대한 단계별 처리의 예이다. 0단계에 해당하는 A와 B의 주일정계획에 주일정계획 발주자료가 주어진 상태에서, 컴퓨터는 A와 B의 부품을 조사하여 1단계에 해당하는 품목을 찾는다. C품목이 여기에 해당된다. C품목의 총소요량을 산출하기 위하여 C품목의 MRP기록을 다시 고려한다. A품목의 BOM에서 C품목이 하나씩 필요함을 알 수 있다. 따라서 13주의 MPS발주가 200개라는 사실을 보면 13주의 C품목의 총소요량이 200임을 알 수 있다. 총소요량과 예정입고량을 알면 예상보유재고, 계획입고, 계획발주 등을 계산할 수 있다.

2단계 품목을 처리할 때에 D의 MRP기록을 갱신한다. C품목의 계획발주와 B의 MPS를 합하여 D품목의 총소요량을 산출한다. B품목을 한 개 생산하는데 D가 네 개 필요하므로, D품목의 총소요량을 산출하기 위해서 B품목의 MPS량에 4를 곱하여야 한다. D품목의 총소요량은 다음과 같이 계산한다.

14주 : 총소요량=(C의 14주 계획발주×사용량)+(B의 14주 MPS발주량 ×사용량) = 300(1)+10(4) = 340개

16주: 총소요량=0(1)+20(4) = 80개

18주: 총소요량=0(1)+30(4) = 120개

19주: 총소요량=서비스부품 주문량 40개

부품의 총소요량은 상위품목의 계획발주량이나 MPS량에 사용량을 곱한 것에 교체부품량을 더한 것임을 기억하라.

〈표 11-6〉 D품목의 총소요량 산출

A의 MPS

품목: A 리드타임: 2주	주						
	13	14	15	16	17	18	19
MPS량			200		150		180
MPS발주량	200		150		180		

품목: C 보유량 : 30	롯트사이즈: 300개 리드타임: 1주 안전재고: 100개					
	주						
	13	14	15	16	17	18	19
총소요량	200		150		180		
예정입고량	300						
예상재고량	130	130	280	280	100	100	100
계획입고량			300				
계획발주량		300					

B의 MPS

품목: B 리드타임: 1주							
	주						
	13	14	15	16	17	18	19
MPS량			10		20		30
MPS발주량		10		20		30	

*서비스 부품 주문:
19주에 40개

	품목: D						
	주						
	13	14	15	16	17	18	19
총소요량		340		80		120	40

2. 행위통지

BOM에 나타난 각 품목에 대한 재고기록은 프린트하거나 컴퓨터 화면을 통하여 얻을 수 있다. 재고계획 담당자는 신규발주나 예정입고조정에 관한 의사결정을 하기 위하여 컴퓨터가 알려주는 행위통지(action notice)라는 메모를 사용한다. 행위통지는 담당자에게 주의가 필요한 품목을 알려 주어서, 담당자가 그 품목의 기록을 검토하고 필요한 조치를 할 수 있게 한다.

2.1 신규발주

첫 번째 계획발주(행위 칸) 주(週)가 양수면 컴퓨터는 행위통지를 발행한다. 계획발주 칸에 있는 주문은 계획상의 주문을 실제로 발주하라는 뜻이다. 발주를 1주일 지연하면 생산여유시간이 계획상의 리드타임보다 작아지며, 반대로 주문량이 행위 칸에 나타나기 전에 발주하면 여유시간이 계획 리드타임보다 길어진다.

2.2 예정입고의 납기조정

예정입고(scheduled receipts)는 필요에 따라 납기를 조정할 수 있다. 만약 예정입고가 이루어진 후의 재고에서 예정입고량을 뺀 값이 안전재고보다 크면, 예정입고가 너무 빠르다는 뜻이다. 이때 담당자는 예정입고시기를 연기해야 한다. 예정입고가 도착하기 전 주의 예상재고가 안전재고보다 적으면(안전재고가 0이면 음수) 예정입고가 너무 늦게 이루어진다는 것이다. 이러한 경우 예정입고를 앞당겨야 한다. 원인은 총요구량이 변하기 때문에 발생한다.

2.3 의사결정

재고계획 담당자는 행위통지에 대한 의사결정을 한다. 담당자는 주문량이 변경된 품목과 그 부품들의 MRP기록을 완전히 재검토한다. 담당자는 추가된 예정입고의 수량과 납기 등의 재고거래를 입력하여 전산기록 파일을 변경한다. 이러한 변경은 계획입고량과 예정입고량에 영향을 미치게 된다.

3. 생산능력 보고서

MRP시스템은 계획주문량을 계산할 때 생산능력을 제한하지 않는다. 따라서 경영자는 MRP계획에 필요한 생산능력을 추적해야 하며, 부족할 경우 조정해야 한다. 단기의사결정에 필요한 중요 정보원천(생산능력 소요계획보고서와 투입-산출 보고서)에 대하여 알아보자.

3.1 생산능력 소요계획

생산능력 소요계획(capacity requirement planning: CRP)은 자재소요계획과 공장생산능력을 조화시키기 위하여 작업장의 시간대별 능력소요량을 예측하는 기법이다. 이 기법은 예정입고와 계획발주에 필요한 작업부하를 계산하는데 이용된다. 이때 필요한 자료에는 재고기록(계획발주와 예정입고가 포함됨), 작업장의 경로, 작업장간의 리드타임, 처리시간과 가동준비시간 등이 있다. CRP는 각 품목별로 예정입고의 예상완료시점에서 작업경로를 역추적하여 언제 어떤 작업장에서 처리할 것인지를 예측하고, 처리시간과 가동준비시간을 감안하여 각 작업장의 부하를 추정한다. 이런 계산과정을 모든 품목의 계획입고와 예정입고에 적용한 후에 각 작업장별로 합산하면 작업장별 부하가 계산된다. 예상부하가 생산능력을 초과하는 작업장을 병목작업장이라고 한다.

<표 11-7>은 사무용 의자를 가공하는 선반작업장의 생산능력 소요계획서이다. 이 작업장은 선반 4대를 2교대로 운영하고 있으며, 최대 생산능력은 일주일에 320시간이다. 생산능력 소요계획서에서 계획시간(planned hours)은 모든 품목의 계획상 주문량을 처리하기 위한 노동소요량을 나타내며, 실제시간(actual hours)은 이 작업장에 쌓여 있는 주문적체량을 처리하는데 필요한 작업시작이다. 두 소요량을 합하면 총시간(total hours)이 된다.

〈표 11-7〉 생산능력 소요계획서

날짜: K공장 DV03부서: 선반작업장 생산능력: 320시간/주						주: 22
	주					
	22	23	24	25	26	27
계획시간	90	156	349	210	360	280
실제시간	210	104	41	0	0	0
총시간	300	260	390	210	360	280

설명: 예상 생산능력 소요량이 주간 생산능력을 초과한다.

<표 11-7>의 CRP계획서는 24주와 26주에 이 작업장의 생산시간(320)이 부족할 것이다. 그래서 24주와 26주분 주문의 일부를 조금 앞당겨 22, 23, 25주에 처리하는 것이 최선의 선택일 것이다. 이러한 조정은 병목현상을 경감시키는 역할을 할 것이다.

3.2 투입-산출 통제

투입-산출 통제 보고서(input-output control report)는 투입과 산출에 대한 실제와 계획을 비교한 보고서이다. 투입과 산출은 동일한 측정단위(보통 노동시간이나 기계시간)로 표현된다. 보고서의 정보는 작업장의 기대성과를 나타내며, 경영자가 생산능력 문제를 찾아내는데 도움을 준다. 실제 산출이 계획상의 산출보다 적은 이유는 부족한 투입(insufficient inputs)과 부족한 생산능력(insufficient capacity) 때문이다.

<표 11-8>은 사무용 의자의 부품을 가공하는 밀링작업장의 투입-산출 보고서이다.

〈표 11-8〉 투입-산출 보고서

작업장: 밀링 허용편차: ±25시간			주: 22		
	주				
	18	19	20	21	22
투입					
계획시간	160	155	170	160	
실제시간	145	160	168	168	165
누적편차	-15	-10	-12	-12	
산출					
계획시간	170	170	160	160	
실제시간	165	176	150	148	160
누적편차	-5	-10	-20	-32	

보고서에 의하면 21주의 실제 산출은 계획된 산출보다 32시간이 적다. 이 누적편차는 허용수준인 25시간을 초과하므로 문제가 있다고 판단된다.[3]

제 5 절 MRP Ⅱ : 포괄적 정보시스템

MRP는 자재계획에 한정된 컴퓨터 시스템으로 개발되었다. 컴퓨터 기술과 MRP시스템이 발전함에 따라 MRP시스템은 기업의 다른 기능을 위해 사용될

3) Lee J. Krajewski, Larry P. Ritzman, *op. cit.*, pp. 687~694.

수 있는 광범위한 정보를 보유할 수 있게 되었다. 이와 같은 MRP기능의 확장은 제조자원계획으로 발전했다.

제조자원계획(manufacturing resource planning: MRP II)은 기본적인 MRP 시스템을 재무시스템으로 연결시킨다. MRP시스템은 모의실험을 통한 시나리오(what if scenario)분석을 가능하게 한다. 경영진은 매출액, 제조원가, 간접비 배분, 재고, 주문적체, 이익 등을 예측할 수 있다. MPS, 예정입고량, 계획주문량에 대한 정보를 활용하여 현금흐름을 예측할 수 있으며, 이를 제품별로 예측할 수 있다. 예를 들어 MRP재고기록의 계획보유재고량으로 미래의 재고가액을 예측할 수 있다. 이 재고가액은 품목별로 재고량에 단위원가를 곱한 값을 제품군별로 더하여 구한다.

MRP II의 정보는 생산, 구매, 마케팅, 재무, 엔지니어링 부서의 경영자들이 이용한다. MRP II 보고서는 경영자들이 사업계획을 개발하고 점검하는데 도움을 주며, 판매목표·생산능력·현금흐름의 제약을 인식하는데도 도움을 줄 것이다.

연습문제

1. 독립수요와 종속수요를 제품생산의 예를 들어 설명하라.

2. MPS는 생산계획과 어떻게 다른가?

3. 예정입고, 계획입고, 계획발주를 구분하여 설명하라.

4. 다음의 BOM을 보고 물음에 답하라.

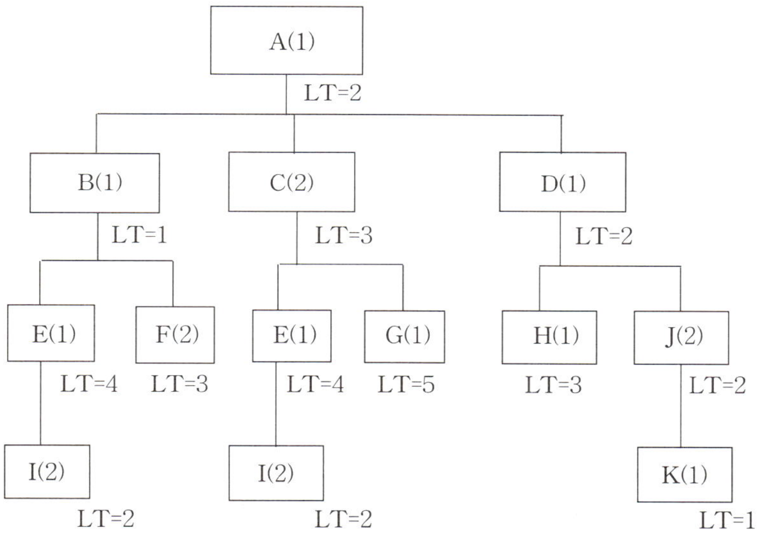

(1) I품목의 직상위품목은 몇 가지인가?
(2) A품목의 고유부품은 총 몇 가지인가?
(3) 이 중 구매품목은?
(4) A 품목의 중간품목은 총 몇 가지인가?
(5) BOM에 나타난 리드타임을 감안하면, 최종제품의 출하보다 얼마나 앞서 최초 구매발주가 있어야 하겠는가?

5. A는 B, C, D로 만든다. B는 C로 만들고, D는 B로 만든다. B를 만드는데는 C가 1개 필요하고, 나머지 사용량은 모두 2개이다. A의 BOM를 그려라.

6. 제품 M을 50단위 생산하려고 한다. 총소요와 순소요를 산출하라.

단, 제품 M에 대한 BOM과 제품 M을 제조하는데 소요되는 부품의 재고는 다음과 같다.

i) 현재 재고량

품 목	A	B	C	D	E	F
재고량	10	15	20	30	50	40

ii) 제품 M의 BOM

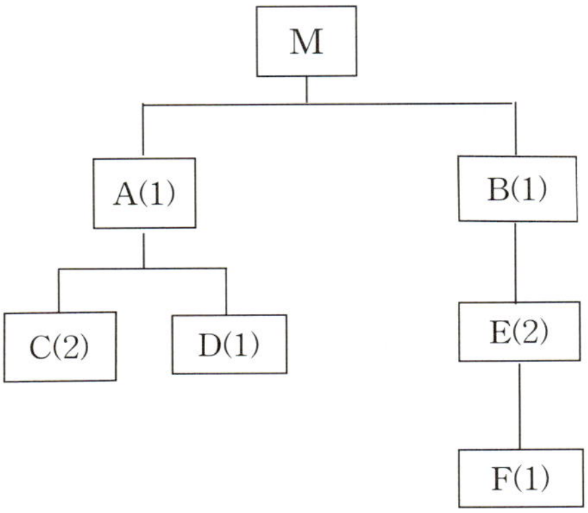

제 12 장 전사적 자원관리

A complete understanding of an ERP system requires that the concept of an "ERP system" be examined from five different perspectives.

The first is that of **a data management system**.

The second is that ERP is **a group of modules** all connected onto a central database.

The third is that of viewing an ERP system as **a manufacturing philosophy** and not simply a software program.

The fourth is that of **a business philosophy communication tool**.

Finally, ERP can be viewed as **a knowledge management system**. However, in the final analysis, it is the people who make or break the ERP system.

KEY TERMS

account payable(매입채무)
account receivable(매입채권)
billing(대금청구)
controlling(원가분석)
delivery scheduling(운송계획)
general ledger(총계정원장)
good issue(출고)
inventory sourcing(재고파악)
object-oriented system(객체지향시스템)
order entry(발주서수령)
pick release(출하지시)
purchase order(구매요청)
quote entry(견적서 작성)
receipt(입고)
sales order(발주)
shipping(납품)
stock allocation(재고파악)
work order(작업지시)

제 1 절 전사적 자원관리의 기본개념

1. 전사적 자원관리의 의의

전사적 자원관리(enterprise resource planning: ERP)는 경영정보시스템(management information system: MIS)이나 전략적 정보시스템(strategic information system: SIS)과 마찬가지로 기업경영을 위한 새로운 개념 또는 시스템이다. ERP를 현재 사용하고 있는 정보시스템을 대체하는 단순한 도구(ERP 패키지)로 이해하는 것보다는 경영과제를 해결하기 위한 경영관리 개념으로 인식하는 것이 중요하다.

이러한 ERP를 가트너 그룹이나 APICS 등에서는 어떻게 정의하고 있는지를 알아보자. 가트너 그룹(Gartner Group)은 ERP의 개념을 기존의 MRP II(생산자원계획) 시스템을 능가하는 정보기술면에서 우수한 차세대 생산관리 시스템을 지칭하는 것으로 사용했다. 이때 ERP 시스템이 채용해야 하는 최신의 정보기술로 GUI(graphical user interface), SQL(structured query language), RDBMS(relational database management system), 4GL(fourth generation language), C/S(client/server architecture), Multiple database support, OOS(object-oriented system) 등을 제시했다.

미국생산재고관리협회(APICS: American Production and Inventory Control Society)는 ERP 및 ERP 시스템은 "종래의 MRP II시스템과는 다르며 GUI, RDB, 4GL, CASE 툴, C/S, 개방형시스템 등의 최신 정보기술을 채용하고 수주부터 제조, 출하 그리고 회계처리에 필요한 전사적인 자원을 명확하게 하고 계획하기 위한 회계지향의 정보시스템"[1]이라고 정의하고 있다.

마쓰바야시는 ERP 시스템이란 최신의 IT(information technology)산업을 활용해 수주에서 출하까지에 이르는 일련의 공급사슬과 관리회계, 재무회계, 인사관리 등을 포함한 기업의 기간업무를 지원하는 통합정보시스템이다[2]라고 정의하고 있다.

---

1) APICS 제8판 용어사전, 1995.
2) 마쓰바야시, ERP입문-통합업무 패키지 ERP를 아는 책, 공업조사회 도키ERP연구소(편), 1997.

이상의 정의들을 정리하면 ERP란 IT를 이용하여 기업경영의 전분야, 즉 생산, 판매, 물류, 재고, 영업, 회계, 인사 등의 기업기간업무를 조직의 횡단적으로 파악하고 전사적으로 경영자원활용을 최적화하는 계획과 관리를 위한 경영개념이라고 할 수 있다.

2. ERP시스템의 생성배경

기업의 내·외적 환경변화는 [그림 12-1]과 같이 매우 빠른 속도로 진행되어 왔다. 이러한 기업환경 변화는 새로운 경영 패러다임을 생성했다. 즉, 자금능력의 악화, 수익력의 감소, 기업부도의 급증으로 국가경제를 위협하는 상황을 맞이한 적도 있었다. 이러한 환경변화에 적절히 대응할 수 있는 능력이 기업의 생존력이 되는 시대다.

그림 12-1 기업환경과 정보시스템

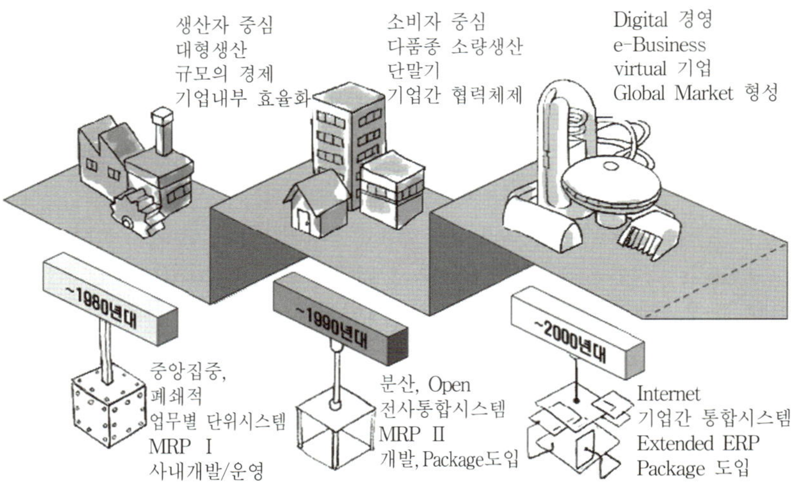

출처: 삼성 SDS의 uniERP II의 데모

2.1 기업의 환경변화

기업의 환경변화 요인을 ERP 시스템의 전략측면에서 살펴보면 다음과 같이 여섯 가지로 요약해서 설명할 수 있다.[3)]

2.1.1 기업의 세계화 · 국제화

다국적기업들은 본사와 지사(해외지사)간의 원활한 정보교환을 위하여 이들 기업들에서 사용이 가능한 정보시스템을 필요로 하고 있다. 또한 국내기업들도 인건비, 자재비 등을 이유로 해외로 많은 공장들을 이전시키고 있다. 이들 기업을 관리하는 수단으로 정보시스템이 필요하게 되었다.

2.1.2 정보의 다양화 · 분산화

기업이 발전하기 위해서는 정보를 효율적으로 수집하고 이를 가공하여 자기기업의 유효정보로 활용해야 한다. 컴퓨터 기술의 발달은 이기종 시스템간의 정보교환을 도와주며, 또한 지역적으로 분산된 기업이나 조직에서 수집된 정보를 통합하여 관리할 수 있도록 하고 있다.

2.1.3 짧은 제품수명과 수익률의 감소

제품에 대한 고객의 요구가 다양해짐에 따라 제품의 수명은 짧아지고 제품의 라이프사이클이 급격하게 단축되고 있다. 이러한 결과는 제품개발의 투자비용이 크지고, 판매수량의 감소를 초래하게 된다. 따라서 기업은 이러한 기업환경에 능동적으로 대처할 수 있는 기업시스템을 구축해야 한다.

2.1.4 지적 작업자의 등장

정보화 시대의 기업은 지적 작업자(knowledge worker)가 능력을 충분히 발휘할 수 있도록 기업환경을 조성해야 한다. 워크플로 개념의 도입은 지적 작업자의 사무효율 향상에 기여할 것이며, 새로운 정보기술을 수용한 신정보시스템을 요구하는 시대로 변화시키고 있다.

2.1.5 외부경쟁자의 강력한 도전

기업이 정보시스템을 갖추면 경쟁력 우위를 확보할 수 있으며, 외부의 경쟁

---

3) 이동길, ERP 전략과 실천, 대청, 2001, pp. 13~15.

에 대한 방어능력이 확보되는 것이다. ERP 시스템의 도입과 구축은 기업의 차별화된 경쟁력을 확보하게 되는 것이다.

2.1.6 고객지원체계의 요구

정보화 시대의 자산은 시간과 정보이다. 시간과 서비스에서 뒤진 고객지원체계는 기업의 성장에 마이너스 요인이 된다. 신정보시스템의 구축은 고객정보의 효율적 관리, 고객요구에 대한 신속한 대응, 정기적 고객만족도 조사 등을 가능하게 한다.[4)]

2.2 기술의 변화

기업이 필요로 하는 ERP 시스템은 사용자 인터페이스(GUI), 개방형 시스템, 클라이언트/서버 시스템, 관계형 데이터베이스와 객체지향기법, 제4세대 언어와 CASE, 워크플로, 전자문서 교환(EDI), 데이터 웨어하우스, 웹 등의 기술로 가능하다.[5)]

2.2.1 사용자 인터페이스(GUI)

과거의 기업정보 시스템은 문자를 중심으로 한 시스템의 구성과 영어를 위주로 한 전산용어가 사용되었기 때문에 사용자가 쉽게 정보시스템에 접근할 수 없었다. 그러나 그래픽을 사용자 인터페이스로 이용하는 GUI(Graphic User Interface)기술의 등장은 [그림 12-2]와 같이 컴퓨터를 접해보지 못한 경영자들도 쉽게 정보시스템에 접근할 수 있는 계기가 되었다.

2.2.2 개방형 시스템

분산 운영된 기업시스템은 종합관리(자금, 정보, 물류에 대한)의 필요성에 따라 상호연계(Interface)와 통합(Integration)이 필요하게 되었다. 개방형 시스템(Open system)은 이기종간의 시스템 연계를 원활하게 지원해주는 통합 시스템 구축의 기본으로 전사적 자원의 통합관리를 기본목표로 하는 ERP 시스템의 기본개념이다.

---

4) 이동길, 전게서, pp. 13~15.
5) 이동길, 전개서, pp. 16~18

그림 12-2 기업정보시스템의 구성도

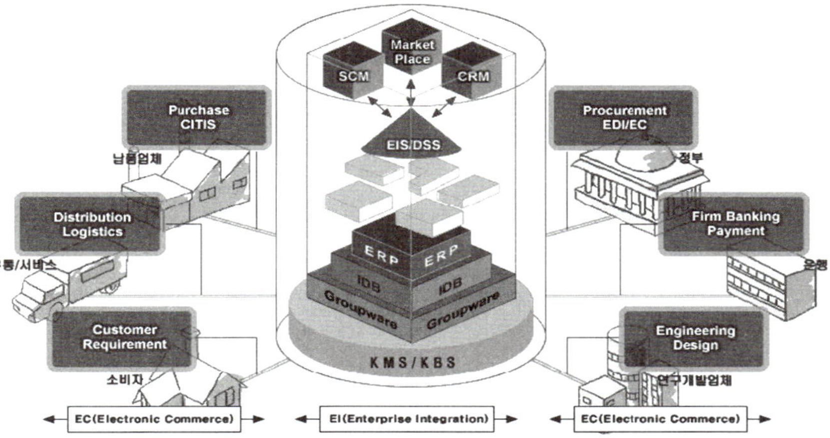

출처: 삼성SDS의 uniERP II의 데모

2.2.3 클라이언터/서버 시스템

기업의 규모가 커짐에 따라 주 정보시스템도 대형화되어 왔다. 클라이언트/서버 시스템의 개념은 공용성이 높은 정보는 서버 시스템에 보관하여 관리하고, 개별적인 시스템은 사용자측의 클라이언트 시스템에서 관련 정보를 보관하는 개념으로 시스템의 소형화에 많은 기여를 했다.

2.2.4 관계형 데이터베이스와 객체지향기법

관계형 데이터베이스가 분산환경의 정보시스템에 기초정보로 사용되면서 ERP 시스템의 기본 데이터베이스로 널리 활용되고 있다. 그리고 객체지향(Object-Oriented)기법에 의한 시스템의 설계와 개발은 ERP 시스템에 새로운 방향을 제시했으며, 객체지향언어의 등장은 ERP 시스템의 구조를 변화시키는 핵심 역할을 했다.

2.2.5 4GL과 CASE

제4세대 언어(4GL: Fourth Generation Languages)의 등장은 사용자 중심의 프로그래밍을 지향할 뿐만 아니라 개발의 신속성을 보장해 주는 초고급 언어 환경을 만들어 준다. 또한 CASE(Computer Aided Software Engineering)도구는 기업시스템의 개발 효율화에 많은 공헌을 하게 되었고, 정보시스템 개발뿐만 아니라 시스템구축의 전체 라이프사이클에도 각 단계와 용도에 따라 유용한 도구로 활용하게 되었다.

2.2.6 워크플로

워크플로 개념은 기업의 주 업무에 대한 자동화·표준화를 지향하고, 관련 업무간의 연계성, 정보의 효율적 관리와 운영에 많은 도움을 주게 되며, 또한 정보시스템과의 연관성을 강조하면서 ERP 시스템의 기본기능으로 정착되어 가고 있다.

2.2.7 전자문서교환(EDI)

전자문서교환은 사람의 간섭이나 데이터의 재입력 없이 데이터가 수신자의 컴퓨터에 자동으로 입력되어 처리되는 것을 목적으로 하고 있으며, ERP 시스템이 지향하는 기업간 정보교환의 첨병역할을 수행한다.

2.2.8 데이터 웨어하우스

데이터 웨어하우스 개념은 기업의 각 기능이나 부문에서 가지고 있는 데이터를 사용자의 요구와 필요에 부합되도록 정보를 효율적으로 가공하여 테이블이나 각종 그래픽으로 분석하는 기술로 ERP 시스템에 적용되게 되었다.

2.2.9 웹 기술

웹(web) 기술은 기업 외부근무나 출장이 잦은 사람도 쉽게 자기 기업의 정보시스템에 접근하여 회사업무를 처리할 수 있도록 해주고, 웹이 가능한 ERP 시스템을 탄생시켰다.

3. ERP시스템의 발전

ERP의 기원은 미국 제조업의 통합생산정보관리시스템에서 출발했다고 할 수 있다. 그 후 판매관리시스템이나 물류관리시스템 등의 기능이 추가되고 또한 인사관리시스템과 회계관리시스템도 추가되어 오늘날의 ERP시스템으로 발전되었다고 볼 수 있다. ERP의 발전과정은 [그림 12-3]과 같이 시대의 흐름에 따라 많은 발전을 가져왔다. 이러한 ERP의 발전과정을 알아보자.

그림 12-3 ERP의 발전과정

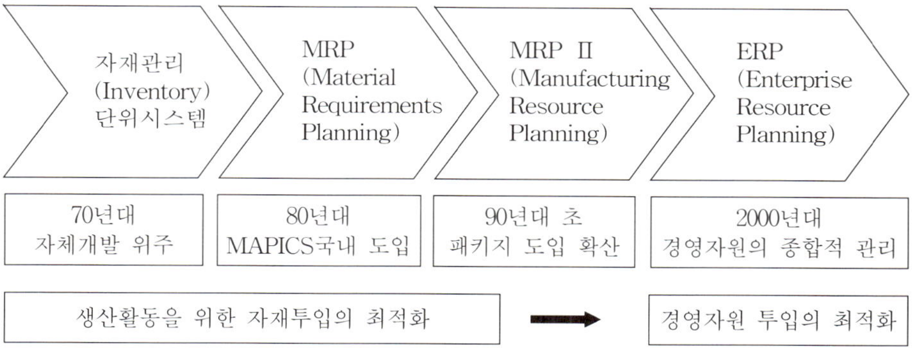

3.1 소요량 계산 로직으로서의 MRP

MRP는 1960년대 미국의 IBM회사에서 고안되었으며, 초기의 MRP는 주일정계획(Master Production Schedule: MPS)으로 지정된 최종제품에 대한 생산량과 완성기일을 충족시키기 위해 필요한 구성품목의 종류와 수량을 결정하고, 사전준비를 하기 위한 기법이었다. 구체적으로는 최종제품에 관한 기준생산계획을 만족시키 위해서는 무엇이, 언제, 얼마나 필요한가, 그리고 언제 준비해야 하는가를 결정하는 것이다.

3.2 생산정보시스템으로서의 클로즈드 루프 MRP

미국의 제조업들은 1970년대에 컴퓨터의 성능향상과 MRP의 기능확장으로 MRP를 도입하게 되었다. 제1단계 MRP기법은 생산활동과 자재조달을 계획, 통제하는 생산시스템이 주 기능이다. 제1단계의 MRP에 생산현장으로부터 생산진척정보를 수집하는 피드백기구와 생산능력을 계획하는 능력소요계획(CRP: Capacity Requirements Planning)이 추가된 MRP를 일반적으로 클로즈드 루프 MRP(Closed-Loop MRP)라고 부른다.

3.3 통합생산관리시스템으로서의 MRP Ⅱ

제1단계 MRP의 목적은 제조기업의 생산과 재고에 대한 계획, 통제에 있었다. 그러나 클로즈드 루프 MRP는 자재와 생산능력 뿐만 아니라 제조자원을 계획하고 조정하려는 제2단계 였다. 이것은 1980년대에 제조자원계획이라는 MRP II(Manufacturing Resource Planning II)로 발전했다. 이런 MRP는 자재조달에 관련한 구매비용계획, 자재관리에 있어서의 재고비용계획이나 생산능력에 관련된 요원계획 등 생산활동에서 발생하는 비용에 중점을 둔 생산관리 시스템이다. 즉, MRP II의 핵심은 재무관리가 필요로 하는 모든 정보를 MRP에 의해 제공이 가능하다는 점이다. 이 단계에서의 MRP II는 클로즈드 루프 MRP에 재무기능과 시뮬레이션 기능을 추가해 계획과 관리 대상영역을 확대했다. 따라서 MRP II는 다양한 생산계획을 사전평가하기 위한 시뮬레이션 도구로도 이용되고 있다. 제조기업의 경영계획을 달성하기 위해 판매, 회계, 인사, 생산, 재고 등의 제기능을 종합적으로 계획하고 조정하는 MRP II는 전사적인 경영계획(BRP: Business Resource Planning)이라고도 한다. CIM(Computer Integrated Manufacturing)의 관점에서 보자면 MRP II는 컴퓨터 통합생산관리 시스템의 중핵이기도 하다.

3.4 MRP II에서 ERP로

ERP는 미국에서 1990년대에 들어와 제조기업의 주요업무 전반을 대상으로 한 컴퓨터 통합 경영정보관리시스템으로 이해할 수 있다. 이러한 ERP시스템은 모든 업무 자료와 정보를 데이터베이스화해 일원적으로 관리함으로써 실시간으로 고도의 의사결정지원을 가능하게 하는 진정한 경영정보시스템 구축의 기초가 된다.

그런데 제조기업의 주요업무를 컴퓨터로 통합하려는 ERP개념은 1972년 미국의 IBM이 발표한 메인프레인용 온라인 생산정보 시스템(COPICS: Communication Oriented Production Information and Control System)[6]의 개발사상과 그 시스템 구성에서 엿볼 수 있다. 이것은 컴퓨터에 의한 생산정보의 온라인 실시간처리와 데이터베이스 관리를 중개해 수요예측에서 생산계획작성을 거쳐 생산의 실시와 통제, 그리고 출하에 이르기까지 일련의 업무를 처리한다. 1978년 IBM은 시스템34에서 가동되는 생산정보관리시스템 MAPICS (Manufacturing Accounting and Production Information Control System)를 최초로 발표했다. 이것은 제조기업 대상의 MRP II를 중심으로 한 생산관

6) COPICS는 기술, 생산데이터 관리, 고객주문서비스, 예측, 기준일정계획, 재고운용계획, 생산활동계획, 오더발행, 공정감시와 관리, 공장보전, 구매, 수입, 창고관리, 원가계획과 관리의 12가지 모듈로 구성되어 있다.

리 업무용 애플리케이션 소프트웨어 패키지이다.

1984년 프로세스 산업에도 응용할 수 있도록 기능이 확장된 초기 버젼의 구매, 기준생산계획 모듈을 충실하게 하고 생산현장관리, 재고관리모듈을 개량해서 MAPICS II가 되었다. 이것은 IBM 시스템 36 및 38에서 가동되었다. 1990년에는 IBM의 AS/400에도 대응하도록 개정되어 MAPICS/DB로 변경되었다. 연속형 생산대응과 제조실적 감시기능의 추가를 비롯해 기존 모듈도 대폭적으로 개선되었다. 그 후 1993년 IBM에서 Marcam사로 MAPICS에 관한 전세계 판매권이 이양되었다. 판매권을 취득한 Marcam사는 MAPICS의 업무 모듈수를 19에서 30으로 확대했다. 이것이 MAPICS Advantage 또는 MAPICS XA라고 불리는 ERP 패키지이며 MAPICS 패밀리의 최신판이다.

제 2 절 ERP 패키지

1. ERP 패키지의 의의

ERP패키지란 ERP개념을 실현시킬 수 있도록 최신의 정보기술을 활용해 개발된 대규모 통합형 소프트웨어 패키지이다. 즉, 오픈 플렛폼에서 클라이언트 서버 시스템을 비롯한 최신 정보기술을 활용해 생산, 판매, 물류, 회계, 인사 등 기업의 주요업무 전체를 횡단적으로 커버하는 기업정보시스템을 통합 데이터베이스에서 실현하는 기성품 통합업무 애플리케이션 소프트웨어 제품이 ERP 패키지이다. 이것은 생산관리 소프트웨어나 회계 소프트웨어 등 개별 업무 대응형 애플리케이션 패키지와는 다르다. ERP패키지의 최대 특징은 통합성에 있다.[7]

2. ERP 패키지의 구성

ERP 패키지는 [그림 12-4]와 같이 업무 애플리케이션군, 통합데이터베이스, 운용관리지원환경, 개발·커스터마이즈 지원환경의 4개 분야로 구성되었다.

---

7) 윤재봉외 역, ERP. 경영혁신의 새로운 패러다임, 대청, 2001, pp. 49~59.

그림 12-4 ERP 패키지의 구성

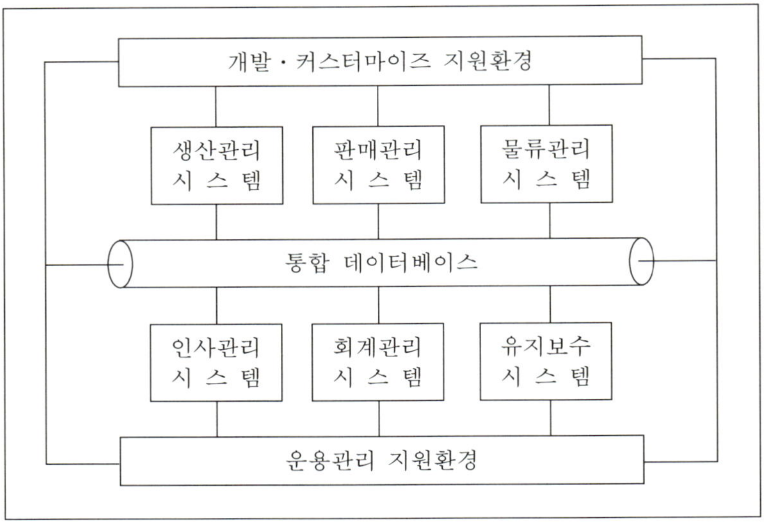

2.1 업무 애플리케이션군

업무 애플리케이션은 기업에서 ERP 패키지를 운영할 때 실제로 업무처리가 이루어지는 모듈을 의미한다. 여기에는 생산관리시스템, 판매관리시스템, 회계시스템 등의 주요업무에 대응해 각각의 업무를 실행하기 위해 필요한 기능을 제공하는 독립성이 높은 모듈군이다.

2.2 통합 데이터베이스

범용 또는 표준 RDBMS나 ERP 패키지 고유의 RDBMS가 있다. 트랜잭션은 실시간으로 데이터베이스에 반영되고 배치처리를 개재시키지 않고 각 서버시스템(각 업무 애플리케이션)에서 공유한다. 데이터는 일원적으로 관리시킨다.

2.3 운용관리 지원환경

운용관리 지원환경은 네트워크 관리기능 뿐만 아니라 ERP 패키지를 설치 운영하는데 필요한 윈도환경이나 서버기종도 포함한다.

2.4 개발 · 커스터마이즈 지원환경

ERP 패키지가 제공하는 업무 애플리케이션의 표준기능을 사용자요구에 맞추기 위한 프로그래밍 기능이며 독자적인 4GL을 갖추고 있는 ERP 패키지도 있다.

ERP 패키지가 어떠한 업무 애플리케이션 모듈로 구성되어 있는가는 그 패키지 개발 컨셉이나 ERP 패키지 공급업체의 스타일에 달려 있다. 모든 ERP 패키지에 공통된 모듈은 생산, 판매, 회계 등인데 서버모듈 레벨에서는 그 구성이 제조회사에 따라 다르다고 할 수 있다.

3. ERP 모듈구성

ERP 모듈은 ERP 패키지에 따라서 달리 구성되어 있다. 여기에서는 국내 · 외에서 유통되고 있는 많은 ERP 패키지가 표준적으로 갖추고 있는 일반적인 업무기능 모듈을 예로 들어 서브모듈을 설명하고자 한다. [그림 12-5]는 uniERP의 구성이다.

그림 12-5 uniERP의 구성

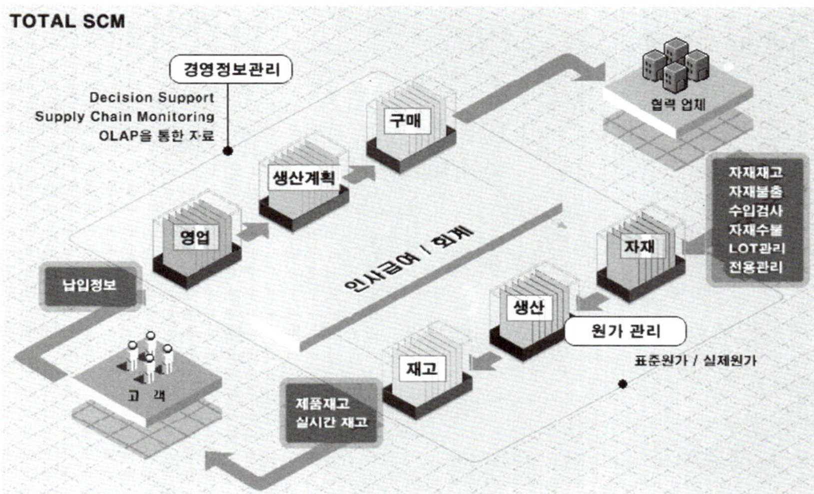

출처: 삼성SDS의 uniERP II의 데모

3.1 생산시스템

생산시스템의 서브모듈은 생산관리, 재고관리, 설계관리, 구매관리, 프로젝트관리분야로 나누어 설명한다.

3.1.1 생산관리

생산관리의 서브모듈은 부품표관리, 생산계획, MRP 스케줄링, 생산현장관리, 제조원가관리, 제조실시관리, 품질관리, 설비관리, 제조번호관리, JIT/간판관리, 복수거점지원 등이 있다.

3.1.2 재고관리

재고관리의 서브모듈은 입출하관리, 지급품관리, 자재관리, 재고조사관리 등이 있다.

3.1.3 설계관리

설계관리의 서브모듈은 기술정보관리, 제품구성관리, 도면관리, 설계변경지원 등이 있다.

3.1.4 구매관리

구매관리의 서브모듈은 외주·매입관리, 발주관리, 인수관리, 반품관리, 구매견적관리, 구매계약관리 등이 있다.

3.1.5 프로젝트관리

프로젝트관리의 서브모듈은 예산, 계획, 관리 등이 있다.

3.2 회계시스템

회계시스템의 서브모듈은 재무회계와 관리회계분야로 나누어 설명해야 할 것이다.

3.2.1 재무회계

재무회계모듈의 서브모듈은 총회계원장, 외상매출·외상매입관리, 채권·채무관리, 고정자산관리, 재무제표, 연결결산, 여신관리, 외환관리 등이 있다.

3.2.2 관리회계

관리회계모듈의 서브모듈은 예산관리, 원가관리, 이익관리, 수익성 분석, ABC, 경영분석, 사업계획 등이 있다.

3.3 판매시스템

판매시스템의 서브모듈은 판매관리에 관련된 수요·판매예측, 수주관리, 판매계획·분석, 고객관리, 거래문의관리, 견적관리, 출하관리, 마케팅, 판매계약관리, 영업지원, 청구·매출관리 등이 있다.

3.4 물류시스템

물류시스템의 서브모듈은 물류소요량계획, 출하·수송관리, 수출입관리, 창고관리, 로지스틱 지원 등이 있다.

3.5 인사시스템

인사시스템의 서브모듈은 인사관리, 급여관리 분야로 나누어 설명한다.

3.5.1 인사관리

인사관리의 서브모듈은 인원배치계획, 노무관리, 근태관리, 인사고과, 고용계획, 교육능력개발지원 등이 있다.

3.5.2 급여관리

급여관리의 서브모듈은 급여관리, 상여관리, 연말정산관리, 퇴직정산관리 등이 있다.

3.6 유지보수시스템

유지보수시스템의 서브모듈은 보수·보전관리와 유지보수계획이 있다.

4. ERP 패키지 표준 프로세스

ERP시스템의 표준 프로세스는 [그림 12-6]과 같이 기본적으로 생산, 영업, 회계로 나누어 설명할 수 있다. 이들 업무처리는 상호관련이 있어 실시간으로 영향을 미치고 있다.

[그림 12-7]을 통하여 각 모듈간의 실시간의 관련성을 알아보자. [그림 12-7]은 자재관리를 중심으로 한 실시간 업무처리를 보여주고 있다. 구매요청은 영업에서의 발주서수령이나 설비의 유지보수관련 발생된 구매수요 또는

그림 12-6 모듈간의 연계성

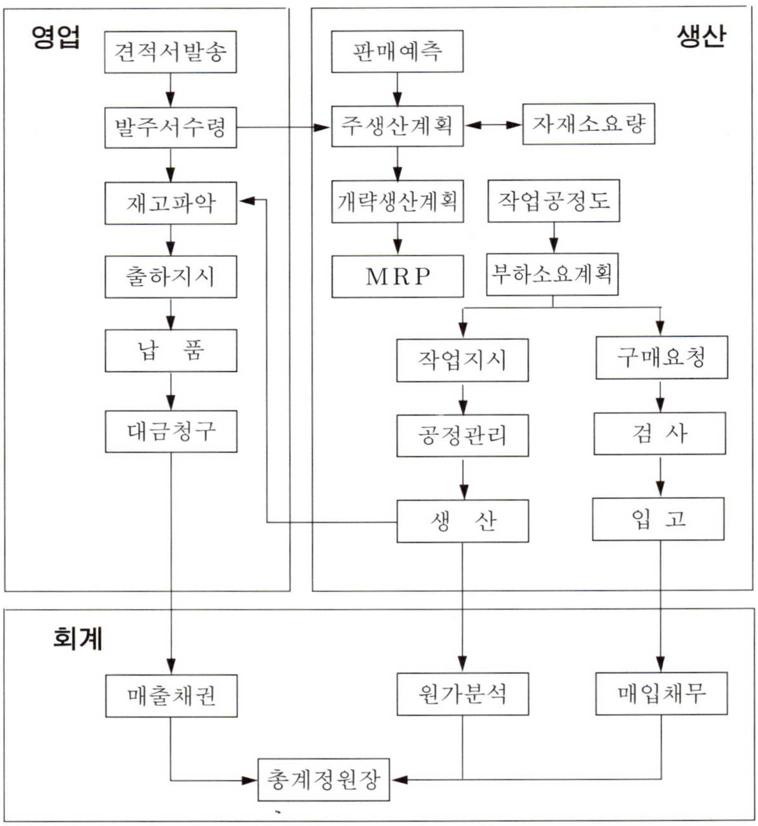

생산과정에서 발생된 자재소요 등 다양한 경로에 의하여 발생되어 진다. 자동발주처리에 의해 부품이 들어오게 되면 창고에서 입고처리함과 동시에 자동적으로 총계정원장에 처리가 되며 대금 청구 및 결재 역시 현업에서 일을 처리하게 되면 회계부문에서 별도의 과정이 필요 없이 자동으로 회계처리 된다.

그림 12-7 자재관리 중심의 업무처리과정

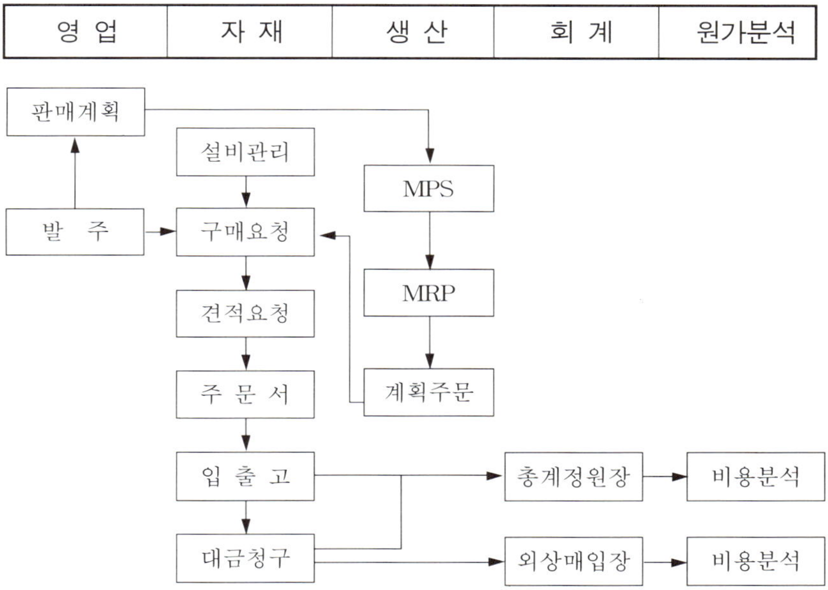

5. ERP 패키지의 현황

현재 국내에서 사용되고 있는 ERP 패키지의 현황은 대기업과 중소기업으로 분리하여 설명할 수 있다. 대기업들은 대부분이 미국이나 독일에서 개발된 ERP 패키지를 구축하고 있으며, 중소기업들은 삼성SDS, 한국하이넷, 한국전산원 등에서 개발한 ERP 패키지를 구축하고 있다.

5.1 ERP 패키지의 분류

ERP의 분류는 기준에 따라서 분류가 달라진다. 규모를 중심으로 한 분류는 대기업용 패키지와 중소기업용 패키지가 있고, 업무를 중심으로 한 분류는 전 업종 대응형과 특정업종 대응형으로 분류할 수 있다.

5.1.1 대기업용과 중소기업용

기업규모가 다르다고 해서 주요업무나 그 내용에 차이가 있는 것은 아니고, 업무량의 과다와 경영조직의 복잡함이 다를 뿐이다. 이러한 이유 때문에 대기업용에는 특수한 몇 가지 기능이 더 필요하다. 예를 들어 복수의 사업부가 존재하는 기업일 경우 사업부간의 연결처리기능이 필요할 것이다.

5.1.2 전 업종 대응형과 특정업종 대응형

대부분의 ERP 패키지는 모든 업종에 대응할 수 있도록 개발되었지만 생산, 판매・물류와 같은 주요업무는 사업형태에 따라 상당한 차이가 있다. 예를 들어 건설업, 유통업, 제조업은 그 업무의 특수성 때문에 ERP 패키지는 달리 개발될 수 있다. 따라서 전 업종에 적용하기 위하여 만들어진 ERP 패키지라도 업종 내지는 고객의 요구에 따라서 커스터마이제이션하여 구축한다.

5.2 기업경영정보시스템의 구축

효율적인 ERP 패키지를 운용하기 위해서는 ERP 패키지만으로는 충분하지 못하다. 기업경영정보시스템의 구축은 이러한 문제를 해결해줄 수 있다. ERP 패키지를 중심으로 한 주변 시스템은 다음과 같다.

5.2.1 SCM

공급망관리(Supply Chain Management: SCM)는 고객의 요구에 부응해 자재조달에서부터 생산, 판매, 유통에 이르기까지 공급망 전체에 걸친 기능통합과 최적화를 지향하고 있다. ERP 패키지가 기업 내에서 주요업무의 통합을 지향하고 있는데 SCM과 연동하여 기업간 연계할 수 있다.

5.2.2 CRM

고객관계관리(Customer Relationship Management: CRM)란 전사적 관점에

서 통합된 고객관련 정보를 집중관리하고 이를 세분화함으로써 대상목표고객의 통합적 이해와 장기적인 이익관계를 형성하기 위한 제반 전략과 지원하는 시스템이다.

5.2.3 EIS

ERP시스템을 통하여 경영자들은 수시로 경영상황을 점검하고 분석할 수 있다. ERP시스템에서 제공되는 경영자정보인 경영자정보시스템(Executive Information System: EIS)을 통하여 경영자는 실시간으로 원하는 정보를 검색할 수 있게 되어있다.

5.2.4 DSS

의사결정지원시스템(Decision Support System: DSS)이란 기업경영에서 당면하는 여러 가지 의사결정문제를 해결하기 위해 복수의 대안을 개발하고, 비교・평가하며, 최적안을 선택하는 의사결정과정을 지원하는 정보시스템이다.

DSS는 DB(Database), DBMS(Database Management System), 모형베이스(Model Base), MBMS(Model Base Management System)로 구성되어 있다.

5.2.5 MES

제조(계획)를 위한 지원 및 관리정보시스템(Manufacturing Execution System: MES)이란 제조현장에서 발생하는 데이터 수집, 생산자원의 파악, 생산 프로세스의 감시・제어, 생산이력의 정보관리, 품질관리나 생산 스케줄링 등 생산의 계획과 관리・통제를 통합하고 제조실시의 차이를 줄이려는 생산정보시스템이다.

5.2.6 PDM

제품데이터관리(Product Data Management: PDM)란 제품의 기획・개발에서부터 설계, 제조, 판매, 보수 그리고 폐기에 이르기까지 제품의 라이프사이클 각 단계에서 생성, 축적, 참조, 변경되는 방대한 데이터를 통일적이고 일괄적으로 관리하는 시스템이다.

5.2.7 SFA

세일즈 포스 오토메이션(Sales Force Automation: SFA)이란 영업지원 시스템으로 영업활동 전체를 하나의 프로세스로 간주하고 최신의 정보기술을 활용해 영업생산성의 향상을 목표로 한 정보시스템이다.

제 3 절 ERP 시스템 구축방법

1. 시스템 구축방법론

구축방법론이란 정보공학의 방법론[8]에 준하여 기업의 요구에 따라 체계적으로 시스템을 구축해 나가는 것이다. 구축방법론이 갖추어야 할 사항은 수행할 작업, 작업수행순서, 작업이유와 상호 연결방법, 사용할 기술과 도구, 프로젝트 관리방식, 구축방침이나 지침, 핵심성공요소 또는 실패요인, 역할분담 등이 있다.

현재 정보시스템을 구축하는 방법론은 소프트웨어 개발사, 컨설팅회사 등 시스템을 구축하는 회사들이 각자가 고유의 방법론을 개발하여 사용하고 있다. 이들 방법론들이 가지고 있는 구성요소에는 개발 프로젝트의 종류나 단위부터 시작하여 개발단계, 작업항목, 기법, 도구, 산출물, 지침, 개념, 역할 등이 있다.

ERP를 구축하는데 사용되는 방법론은 ERP공급회사나 컨설팅 회사가 자체적으로 개발하여 보유하고 있는 것을 활용한다. ERP 공급회사는 자사의 ERP 제품을 구축하기에 적합한 방법론을 보유하고 있으나 컨설팅회사와 같은 경우는 범용적으로 사용이 가능한 방법론을 개발하여 사용하게 된다.

ERP 제품 공급회사의 방법론으로는 SAP의 ASAP(Accelerated SAP), 오라클의 AIM(Application Implementation Methodology), BOCS의 BASIS, BAAN의 Orgware, uniERP의 Innovator 등이 있다. 한편 컨설팅 회사에서는 Price Waterhouse의 SMM(System Management Methodology)에 포함된 PSI(Package Software Implementation), Ernst & Young의 Navigator, Anderson Consulting의 METHOD/1, 그리고 한국능률협회의 KEIN(KMA ERP Implementation Methodology) 등이 있다.[9]

---

8) 정보공학의 방법론이란 기업의 경영과 정보시스템의 일관된 연결을 가능케 하고, 적시에 정확한 정보를 올바른 사람에게 제공하는 정보시스템을 구축하기 위해 시스템 전체를 잘 정의할 수 있는 단위로 분할하여 명확한 원리에 따라 논리적으로 문제를 풀어나가는 체계적인 접근방법을 말한다.

9) 이동길, ERP 전략과 실천, 대청, 2001, pp. 137~138.

2. ERP 조직구성

기업에서 ERP의 구축은 자금과 노력이 상당히 소요되기 때문에 최고경영자뿐만 아니라 실무자에 이르기까지 총괄적인 참여를 요구하는 광범위한 프로젝트이다.

ERP구축과 관련하여 필요한 전체조직은 일반적으로 [그림 12-8]과 같이 구성하며, 이 조직은 프로젝트의 규모에 따라 업무를 통합하거나 분리하여 규모에 맞는 조직을 운영하게 된다. ERP조직의 참여인력에 대한 역할과 책임은 다음과 같다.

그림 12-8 ERP 구축을 위한 추진조직 구성도

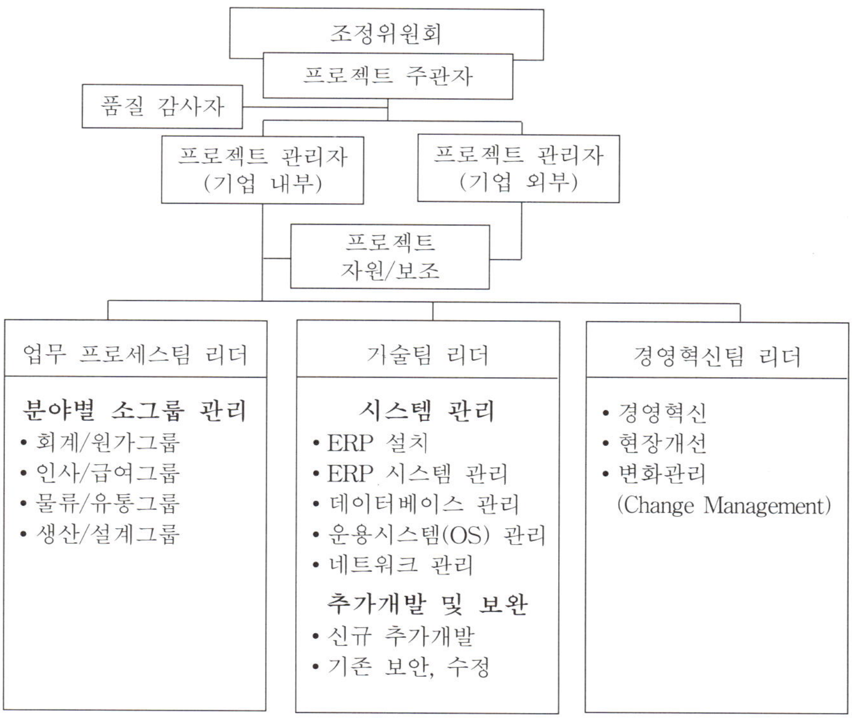

* ERP추진규모에 따라 세분화 또는 합병되어 조직 재구성 가능

2.1 조정위원회 위원

조정위원회의 위원장은 최고경영자로 선임되어야 하며, 위원은 프로젝트주관자, 외부 컨설팅 관리자, 자체 프로젝트 관리자, 경영자, 관리자로 구성한다. 이 위원회의 역할은 프로젝트에 요구되는 자원의 승인, 보고되는 주요 사안의 신속한 의사결정, 프로젝트의 진도 및 효과파악에 있다.

2.2 프로젝트 주관자

프로젝트 주관자는 프로젝트와 관련된 주요 의사결정을 수행하며 프로젝트 예산관리의 최종적 권한을 행사한다. 이 주관자의 역할은 전체통합회의를 주관하여 상황파악 및 주요 과제의 의사결정, 프로젝트와 관련된 변경관리(scope management)에 대한 승인권한 행사, 외부 컨설팅 제공사의 프로젝트 주관자와 효과적인 업무협조 등을 한다.

2.3 프로젝트 관리자

프로젝트 관리자(Project Management: PM)는 ERP 프로젝트 진행과정에서 나오는 각종 산출물의 책임자로서 일별로 전개되는 프로젝트를 관리한다. 이 관리자의 역할은 ERP 프로젝트 전략계획의 수립, 프로젝트 일정계획 수립과 관리, 예산 및 인력계획관리 등이 있다.

2.4 품질 감사자

품질 감사자(Quality Auditor: QA)는 ERP 프로젝트의 진행단계나 목표일정별로 계획되었던 모든 사항이 제대로 진행되고 있는지를 감시, 평가하는 역할을 담당한다. 감사자의 주요 역할은 전체 프로젝트 일정계획의 진척관리, 산출물의 품질관리, 범위에 대한 변경관리, 프로젝트 인력의 자질평가, 예산관리, 목표관리 등이 있다.

2.5 애플리케이션 엔지니어

애플리케이션 엔지니어(Application Engineer: AE)는 ERP 애플리케이션 프로그램에 대한 전문적 지식을 보유한 사람으로 프로젝트 팀원에게 ERP 시스템의 설계와 셋업(set-up), 변수조정 등에 대한 전문지식을 전수할 수 있는 사람이다.

2.6 업무 프로세스 팀과 리더

업무 프로세스 팀(Business Process Team: BPT)은 기업의 업무를 ERP 시스템으로 구현하는 데 필요한 업무 프로세스를 분석하고 설계하는 역할을 담당한다. 이 팀은 기본적으로 회계·원가, 인사·급여, 물류·유통, 생산·설계 등의 소그룹으로 분류하여 운영하거나 기업의 규모에 따라 더욱 세분화하거나 통합하여 업무를 분담한다.

업무 프로세스 팀 리더는 미래 프로세스(To-be process)에 대한 전체적 방향을 제시하고, 일별로 발생되는 업무상의 제반사항을 해결하며 팀을 관리하는 책임을 진다.

2.7 업무 프로세스 소유자

업무 프로세스 소유자(Business Process Owner: BPO)는 담당 업무분야의 소유권자이자 성공적으로 ERP 시스템을 사용하게 될 책임자이다. 이 소유자는 자기분야에 구현된 ERP 시스템을 사용하는 데 대한 최종적 승인권한을 갖게 된다.

2.8 기술팀과 리더

ERP 시스템 구현시 필요한 기술적 지원업무를 담당하는 역할을 수행하며, 이 기술팀에는 ERP 애플리케이션 설치자, ERP 시스템 관리자, 데이터베이스 관리자, 운용시스템 관리자, 네트워크 관리자, 기능 보완·수정 개발자, 신규·추가 개발자 등이 있다.

2.9 경영혁신 팀과 리더

경영혁신 팀에는 경영혁신, 현장개선, 변화관리의 세 분야로 분류할 수 있다. 경영혁신 팀과 리더의 역할은 구축된 ERP 시스템에 기존의 수행업무가 새로운 ERP 환경에서도 원활히 운영될 수 있도록 과거의 업무 흐름을 재설계하는 경영혁신활동을 한다.

3. ERP 패키지의 구축과정

ERP 패키지 구축은 전문인력이 효율적으로 지원할 수 있는 구축방법 지원 도구를 활용하여야 한다. 구축방법론을 활용한다는 것은 ERP 시스템을 적은 비용으로 빠르게 구축할 수 있음을 의미한다. 그러므로 ERP방법론의 핵심은 구축과정이다.

ERP 구축과정은 기업의 통합정보시스템을 구축하는 안내자이며 이정표의 역할을 한다. 따라서 ERP 방법론에서 구축과정은 표준이 되는 지침이나 가이드를 제공하면서, 과정별로 필요한 시점에 적절한 산출물을 생성할 수 있도록 지원해야 하며, 사전에 필요한 조건을 분명하게 정의해 주어야 한다.

ERP 시스템을 구축하는 과정은 자체개발, 상용화 구입, 혼합적용의 방법에 따라 다른 경로를 가지고 진행된다. 여기서는 ASAP의 구축과정을 분석해 보기로 한다.

SAP R/3 제품을 구축하기 위해 사용되는 ASAP는 크게 5단계로 나누어 진행된다. 1단계는 프로젝트 준비, 2단계는 비즈니스 상세계획, 3단계는 시스템 구현, 4단계는 최종준비, 그리고 5단계는 시스템 개통 및 지원의 과정을 거치게 된다.

3.1 프로젝트 준비 단계

이 단계에서는 프로젝트 진행을 위해 필요한 프로젝트 차트를 만들고, 프로젝트 팀을 구성하고, 팀의 작업환경을 구축한다. 또한 세분화된 프로젝트 계획을 수립한다. 이 계획에는 일정계획, 예산계획, 인력계획이 포함된다.

3.2 비즈니스 상세계획 단계

이 단계에서는 ERP 프로젝트 진행을 위한 구체적 계획을 작성하는 단계이다. 여기서는 프로젝트팀의 훈련실시, 개발 시스템의 환경구축, 비즈니스 과정을 파악하기 위한 워크샵 개최 등을 실시한다.

3.3 시스템 구현 단계

이 단계에서는 ERP 시스템을 구현하는 데 필요한 활동을 수행하게 된다. 따라서 여기서는 프로젝트 팀의 교육완성, 시스템을 셋업하고 프로그램들을 개발하게 된다.

3.4 최종 준비 단계

이 단계에서는 시스템 사용자의 교육을 실시하고 최종적으로 ERP 시스템을 개통하는 단계이다.

3.5 시스템 개통 및 지원 단계

이 단계에서는 운영 중인 ERP 시스템의 각종 지원활동이 포함되는 사후관리활동이 해당된다.

연습문제

1. ERP의 발전과정을 설명하여라.

2. 제4세대 언어란 무엇인가?

3. Data Warehouse의 기능은 무엇인가?

4. 우리나라에서 사용하고 있는 ERP의 종류와 업체는 어떠한가?

5. 외국으로부터 도입된 ERP의 모듈은 어떻게 구성되어 있는가?

6. ERP 시스템 구축의 기본적인 조건을 들어라.

제 13 장 공급사슬경영

Supply chain encompasses all the facilities, functions, and activities, involved in producing and delivering a product or service, from suppliers(and their suppliers) to customers(and their customers)

Supply chain management coordinates all these activies so that customers can be provided with prompt and reliable service of high-quality products at the least cost. Successful supply chain management in rurn can provide the company with a competitive advantage.

A variation of the **center-of-gravity method** for determining the coordinates of a facility location is the **load-distance technique**.

KEY TERMS

bullwhip effect(채찍효과)
average aggregate inventory value(평균 총재고가액)
competitive orientation(경쟁지향)
continuous replenishment program(연속보충프로그램)
cooperative orientation(협력지향)
early supplier involvement(납품업체조기참여)
forward placement(전방배치)
inventory pooling(재고묶음)
inventory turnover(재고회전율)
presourcing(사전소싱)
supply chain(공급사슬)
supply chain management(공급사슬경영)
vendor-managed inventory(공급자관리재고)
quick response(즉시반응)
weeks of supply(공급주수)

제 1 절 공급사슬경영의 기본개념

1. 공급사슬경영의 의의

물류의 흐름은 인터넷의 발달로 시간과 공간을 초월하여 빠른 속도로 제조자와 소비자를 동시에 만족시킬 수 있는 방법으로 자리 잡게 되었다. 최근에 e-비즈니스가 활성화되면서 기업간 프로세스를 통합하는 공급사슬경영(supply chain management: SCM)이 이 문제를 해결할 수 있는 대안으로 부각되었다.

SCM은 1980년대 미국 의류업계의 유통관리시스템(quick response: QR)에서 출발했으며, 이는 원자재 조달에서부터 제품이 최종적으로 고객에게 전달되는 전 과정을 통합하는 로지스틱스 또는 SCM으로 발전하게 된 것이다.

공급사설(supply chain)은 공급자에서 고객에 이르기까지 제품이나 서비스를 구매하고 운반하는 데 필요한 모든 시설과 기능과 활동을 포함하는 연쇄구조를 의미한다. SCM은 이와 같은 공급사슬의 각 부문을 하나의 통합된 체계로 보고, 물류, 정보, 그리고 자금의 흐름을 총체적으로 관리하여 공급사슬 전체의 최적화를 추구하는 경영개념이다. 지금까지 부문마다의 최적화, 기업마다의 최적화에 머물렀던 물류, 정보, 그리고 자금에 관련된 업무의 흐름을 공급사슬 전체의 관점에서 재검토하여 정보의 공유화와 공급사슬 흐름의 개선을 통해 공급사슬 전체의 효율을 향상 시키고자 하는 것이다.[1]

공급사슬에 관련된 시설은 공장, 창고, 물류센터, 서비스센터, 그리고 소매업 등이 있다. 제품과 서비스는 기차, 트럭, 수로, 항공, 파이프라인, 컴퓨터, 우편, 전화, 혹은 사람에 의하여 이동되어 질 수 있다. 공급사슬의 기능은 제품이나 서비스의 수요를 예측하고, 공급을 선택하고, 원료를 주문하고, 재고를 관리하고, 생산, 선적, 그리고 운반 일정을 수립하고, 정보를 관리하고, 고객에게 서비스를 하는 것이다. 공급사슬경영은 회사의 모든 운영을 공급자와 고객의 운영을 조정하는 것과 같다.[2]

SCM을 물류의 확장된 개념으로 보면, 제품의 생산단계에서부터 최종소비

1) 김길선외, 디지털 시대의 생산시스템과 SCM, 법문사, 2004, pp. 367~368.
2) Roberta S. Russell, Bernard W. Taylor III, Operations Management, p. 371.

자에게 판매될 때까지의 모든 과정을 연결시켜 고객수요에 맞추어 관리하는 것이다. 즉, 원료의 구매에서 완제품이나 서비스 유통에 이르는 자재 흐름과 관련된 도든 업무를 포괄하여 관리하는 것을 말한다. 따라서 SCM은 공급자에서 고객까지의 공급사슬상의 정보, 물자, 현금의 흐름에 대해 총체적 관점에서 사슬간의 인터페이스를 통합하고 관리함으로써 효율성을 극대화하는 전략적 기법이다.[3)]

2. 공급사슬경영의 기능

고객에게 양질의 제품을 필요한 시기에 필요한 양 만큼 공급하려면 공급사슬에 관련된 모든 회사와 프로세스가 잘 관리되어야 한다. 그러나 개별회사의 입장에서는 자기회사의 몫에 해당하는 부분만이 직접적인 관심대상이 된다. 그러므로 SCM의 범위는 회사의 직접적인 공급자로부터 직접적인 고객에 이르는 자재의 흐름에 한정된다. 이 부분은 내부적 공급사슬이라 할 수 있으며 여기에는 구매, 보관, 검사, 생산, 자재취급, 수송, 유통 등의 활동이 포함된다. [그림 13-1]은 제조회사의 내부적 공급사슬활동을 나타낸 것이다.

그림 13-1 제조회사의 내부적 공급사슬활동

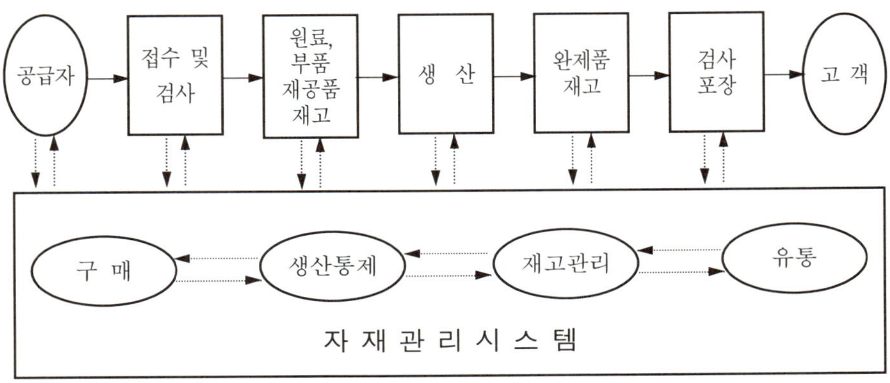

(기호설명): ──► 은 자재의 흐름, ········► 은 정보의 흐름을 나타냄.

3) 김정렬외, e-비즈니스 시대의 ERP&SCM, 대경, 2005, pp. 97~98.

회사의 자재흐름에 대한 관리는 자재관리, 로지스틱관리 또는 물적 유통으로 나누어진다. APICS(American Production and Inventory Control Society)에 의하면 자재관리는 자재의 조달부터 자재의 내부통제(생산통제), 재공품관리 및 완제품의 보관과 유통에 이르는 자재흐름(material flow)의 전과정을 지원하는 관리기능이며, 로지스틱스는 자재와 제품의 조달과 유통을 위한 관리기능이라 정의된다. 물적 유통은 생산자로부터 고객에게 이르는 완제품의 흐름을 관리하는 기능으로 정의하고 있다.

최근 많은 회사가 효율적인 자재관리를 위하여 구매, 생산통제, 창고 및 재고관리, 운송, 물류 등을 통합적으로 관리하는 부서를 신설하고 있다. 이는 자재 또는 공급사슬관리부로 불리는데 SCM에 대한 인식이 높아짐에 따른 경향이라고 볼 수 있다.

제 2 절 공급사슬경영의 주요문제

공급사슬은 여러 조직과 프로세스의 네트워크로 구성되어 있다. 따라서 복잡한 네트워크를 관리하는 과정에서 많은 문제가 발생할 수도 있다. 이러한 문제에 효과적으로 대처하기 위하여 SCM의 전략적 성격인 공급사슬의 동태성, 공급자관계, 재고의 배치, SCM의 성과지표, e-biz와 SCM에 대해서 알아본다.

1. 공급사슬의 동태성

공급사슬의 구조에 포함된 소매상, 도매상, 제조회사, 공급업체의 주문량은 변동이 매우 다르다. 소매점의 매출량의 변동은 시간이 흐름에 따라 변동이 미미하다. 그러나 도매상, 제조회사, 공급업체는 순서대로 주문량의 변동폭이 커지고 있다. 이러한 연쇄적인 변동의 확대현상을 채찍효과(bullwhip effect)라 한다. 채찍효과가 발생하는 원인은 공급사슬의 공급리드타임(replenishment lead time)이 길고 관련 조직 간의 정확한 수요정보가 공유되지 않기 때문이다. 채찍효과를 줄이기 위해서는 공급사슬의 각 단계별 공급리드타임을 줄이고, 수요정보를 공유하는 것이다. 또한 외부적인 변동요인으로는 고객의 주문취소, 주문내용의 변경, 공급자의 납품지연, 납품수량부족 등이 있고, 내부적 변돈요인으로는 기계고장 등으로 인한 생산수량부족, 제품디자인 변경, 신제품의 출시, 판촉활동, 정보오류 등이 있다.

2. 공급자관계

오늘날 기업들은 공급관계에 큰 변화를 보여 왔다. 오랫동안 기업은 공급자를 거개상의 적(adversaries)으로 생각했는데 지금은 사업상의 협력자(partner)로 생각하는 경향을 볼 수 있다. 이렇게 된 것은 일본에서 개발된 JIT시스템의 영향이 크다. 일본 기업들은 공급처와 우호적인 관계를 구축하는 것이 여러 면에서 유익한 것을 보여주었다.

구매자와 공급자의 경쟁적 관계(competitive orientation)는 제로섬게임(zero-sun game)으로 본다. 즉, 상대방의 손실은 나의 이익이 되는 것이다. 둘 사이에서는 신용보다는 단기 이익이 더 중요하다. 따라서 JIT시스템에서 중요시하는 협동적 관계(cooperative orientation)로 구매자와 공급자는 서로 돕는 파트너가 된다. 이러한 관계는 오늘날 SCM운영에 효과적으로 작용할 것이다.

3. 공급사슬의 성과지표

공급사슬경영 성과의 측정은 재고관련 지표와 프로세스관련 지표를 이용할 수 있다.

3.1 재고관련 지표

재고지표로는 평균총재고가치, 공급주수, 재고자산회전률의 세 가지가 있다.

3.1.1 평균총재고가치

일정한 기간에 조직이 보유하는 평균총재고의 가치를 원가로 평가하는 방법이다. 평균총재고가치(average aggregate inventory value)는 회사의 총자산 중에서 재고자산으로 묶여있는 부분의 크기를 보여준다. 제조업의 총재고가치는 총자산의 25%수준이고 도소매업은 75% 수준이 된다.

$$\text{평균총재고가치}= \sum_{i=1}^{n} \{(\text{품목 i의 평균수량})\text{x}(\text{품목i의 단위가치})\}$$

3.1.2 공급주수

공급주수(weeks of supply)는 재고량을 공급할 수 있는 주수(週數)로 나타낸 척도다. 이것은 재고량을 몇 주분과 같은 형태로 나타내며, 공급주수는 수요의 크기를 고려한 상대적 지표이다.

공급주수=평균총재고액/주당매출원가

3.1.3 재고회전률

연간매출원가를 평균총재고액으로 나타내는 것을 재고회전율(inventory turnover)이라고 한다. 재고회전율은 연간 재고의 회전수, 즉 재고자산이 몇 번이나 당좌자산으로 전환되었는가를 보여준다. 재고회전율이 낮은 것은 수요에 비하여 재고가 상대적으로 많이 보유하고 있다는 의미한다.

재고회전률=연간매출원가/평균총재고액

3.2 프로세스지표

공급사슬은 주문접수, 주문처리 및 구매의 프로세스로 구성되어 있다. 이들 프로세스의 성과는 다음과 같은 여러 가지 지표를 사용하여 평가할 수 있다.

첫째, 주문접수 프로세스의 평가는 주문의 비율, 주문접수의 소요시간, 주문접수에 대한 고객만족도 등으로 할 수 있다. 둘째, 주문처리 프로세스의 평가는 납기준수율, 주문처리에 소요된 시간(리드타임), 반납품(불량품)의 비율, 제품/서비스의 생산원가, 주문처리에 대한 고객만족도 등으로 할 수 있다. 셋째, 구매 프로세스의 평가는 공급자의 납기준수율, 공급자의 리드타임(납품소요시간), 구매된 자재와 서비스의 불량률, 자재/서비스의 구매원가 등으로 할 수 있다.

4. e-biz와 SCM

인터넷과 e-biz의 발전은 SCM에 많은 변화를 가져왔다. 인터넷은 기업과 소비자가 시간과 공간의 제약을 받지 아니하고 정보를 신속하게 교환할 수 있게 했다. 또한 인터넷은 정보의 신속성과 접근성의 향상으로 SCM의 활용에 기여했다. 인터넷의 사용으로 관련조직들은 공급정보를 실시간으로 주고받고 신속하게 공급업무를 수행할 수 있게 되었다.

인터넷을 사용함으로써 기업은 공급자, 공장, 유통업자, 고객을 실시간으로 네트워크화하여 시간절약과 업무단축을 실현시켰으며, 발주절차를 간소화하고 생산의 진도나 제품의 유통현황을 실시간으로 파악하고, 고객과 공급자의 반응을 실시간으로 알 수 있게 되었다. 또한 인터넷은 기업간거래와 기업과 소비자간 거래에도 많은 영향을 미쳤다. 기업간거래(B2B)에서 업무조정이 간편화되고 공급사슬 전체로서 재고비용이 절감되고 고객서비스가 향상되었으며, 기업과 소비자간의 거래(B2C)도 SCM에 큰 변화를 가져온다. 기업은 웹사이트를 통하여 소비자와 직접 접촉할 수 있어 고객요구를 더욱 신속하게 파악할 수 있다. 회사는 지역마다의 물류센터를 만들어 화물을 물류센터에 대량으로 집화하여 고객에게 제품을 개별적으로 배송한다. 인터넷의 발달로 주문접수, 고객관리, 자재취급 등의 시스템도 많이 달라지고 있다.

제 3 절 공급사슬경영의 프로세스

공급사슬경영의 프로세스는 고객관계 프로세스, 주문충족 프로세스, 공급자관계 프로세스로 구성되어 있다. 이들 관계프로세스를 통합 공급사슬 개발이 필요하다.

1. 고객관계 주문생성 프로세스

고객관계 주문생성 프로세스는 기업과 공급사슬의 하위단계로서 고객과의 접촉(interface)을 다루는 프로세스이다. 이 프로세스의 목적은 고객을 인식하고 유인하고 주문을 추적하고 양도를 용이하게 하는 것이다. 고객관계 프로세스에는 다음과 같은 것으로 구성되어 있다.

①마케팅 프로세스: 대상고객, 제공할 서비스나 제품, 가격결정방식, 판매촉

진 캠페인 관리방법을 결정하는 것이다.

②주문생성 프로세스: 판매를 실행하고, 주문에서 요구항목을 등록하고, 주문승인을 확인하고, 주문이 완료될 때까지 진행사항을 추적하는 데 필요한 활동으로 구성된다.

인터넷은 기업이 고객관계 프로세스를 설계하는 방법을 크게 변화시켰다. 고객이 인터넷을 통하여 사업체를 만날 수 있는 사업자-고객(B2C)시스템이 일반화되었다. 그러나 가장 크게 성장한 것은 사업체(B2B)간 시스템인데, 이는 기업의 공급자관계와 프로세스와 공급자의 고객관계 프로세스 사이를 연결하는 것이다. 인터넷은 기업이 주문생성 프로세스를 사용함으로써 원가절감, 수익증가, 국제간 접촉, 유연한 가격 설정과 같은 많은 이득을 줄 것이다.

2. 주문충족 프로세스

주문충족 프로세스(order fulfillment process)는 고객에게 서비스 및 제품을 전달하는 데 필요한 활동들로 구성된다. 이 프로세스는 원가, 품질, 시간, 유연성이라는 경쟁우선순위를 다루는 데 사용할 수 있다. 주문생성 프로세스와 주문충족 프로세스는 밀접하게 연결되어 있다. 예를 들면, 교보문고(서점)의 고객은 주문을 할 때 서고매장에서 재고를 검색하고, 고객이 계산대에서 지불할 때 사실상 배달이 이루어지는 샘이다. 그러나 교보문고의 웹페이지에서는 주문생성과 주문충족이 분리되어 있다. 웹페이지에서 책을 사는 고객은 배달지연을 감수해야 하고, 서점은 이 지연을 줄이기 위해 노력한다. 주문충족 프로세스를 설계하는 것은 경쟁력을 가질 수 있다. 여기에서는 가상공급사슬과 재고배치를 다룬다.

2.1 가상공급사슬

인터넷의 확산은 공급사슬에 새로운 기회를 제공했다. 웹기반 정보기술 지원패키지의 개발은 많은 기업들이 주문충족 프로세스의 일부를 아웃소싱 하도록 공급사슬을 재설계했다. 예를 들면, 나이키는 스포츠 용품의 제조와 유통을 조정하여 자체시설을 전혀 보유하지 않고 고객관계와 신제품 개발이라는 핵심프로세스(core processes)만 집중했다. 모든 인터넷 소매점의 30% 정도가 직송(drop shipping)이라는 기술을 이용함으로써 가상공급사슬이라는 아이디어를 받아들였다. 소매점이 고객주문을 도매상이나 제조업체로 바로 넘기면, 그 곳에서 소매점 상표를 붙어서 고객에게 직접 배달된다. 이 소매점은 재고유지비를 피하기 위하여 창고를 아웃소싱 한다. 가상공급사슬을 이용함으로써 얻는 이점은 재고와 주문충족 인프라에 대한 투자 감소, 서비스 및 제품의 다양성 증가, 규모의 경제로 인한 비용 절감, 운송비절감 등이 있다.

가상공급사슬(virtual supply chains)이 만병통치약은 아니다. 공급사슬을 설계할 때에는 주문충족을 자체 해결하는 전통방식과 가상공급사슬 중에서 선택해야 한다. 이 때 판단기준은 다음과 같다. 첫째, 전통방식이 유리한 경우는 판매량이 많을 때, 주문 통합이 중요할 때, 소량주문 공급 능력이 있는 공급자가 중요할 때 등이다. 둘째, 가상공급사슬이 유리할 경우는 수요변화가 심할 때, 서비스 및 제품의 다양성이 중요할 때 등이다.

2.2 재고배치

공급사슬에 대한 기본적인 의사결정은 완제품 재고의 위치를 어디로 할 것인가이다. 재고배치는 전략적으로 중요한 문제이다. 국제 기업들이 해외에 유통센터를 건립하여 고객들에게 납기를 단축시킴으로써 지역 경쟁력을 선점하려고 하는 것이 좋은 예이다. 그러나 표준화된 제품을 생산하는 기업의 관심은 재고를 공급사슬의 어느 지점에 쌓아 두느냐이다. 이에 대한 재고정책은 다음과 같다.

2.2.1 재고묶음(inventory pooling)

완제품 재고를 모두 공장에 쌓아 두었다가 고객에게 직접 배달하는 재고정책이다. 이런 정책은 고객의 수요변동이 합해지면서 안전재고가 줄어든다.

2.2.2 전방배치(forward placement)

재고를 고객과 가까운 창고, 유통센터, 도매점, 소매장에 쌓아 두는 정책이다. 이 정책을 사용하면 짧은 인도시간과 수송비용을 절감하는 효과를 얻을 수 있다. 극단적인 전방배치는 재고를 고객에게 배치하는 것으로 공급자관리재고(vendor-managed inventory: VMI)라고 한다.

2.2.3 연속보충프로그램(continuous replenishment program)

공급자가 고객의 재고수준을 관찰하여 재고고갈이 일어나지 않게 재고를 보충한다. 이 정책은 재고를 줄이고 보관과 배송의 효율을 높여 준다. 연속보충프로그램(CRP)의 성공에 자극 받아 공급자와 고객이 보충량을 같이 결정하는 '공동계획, 예측, 보충'(collaborative planning, forecasting, replenishment: CPFR)이라는 프로세스를 개발했다.

3. 공급자 관계 프로세스

공급자 관계 프로세스는 상위계층 공급자와 회사간의 상호관계를 핵심으로 한다. 여기에는 협동설계 프로세스, 공급 프로세스, 협상 프로세스, 구매 프로세스, 정보교환 프로세스 등의 중요한 프로세스가 내장되어 있다.[1)]

여기에서는 공급자 관계 프로세스에 영향을 미치는 주요 의사결정 분야에 중점을 둔다.

3.1 공급자의 선정과 검정

공급자의 선정과 검정은 공급 프로세스의 중요한 활동이다. 구매부서는 새로운 자재와 더 좋은 구매조건을 지속적으로 탐색하는 조직이라고 할 수 있다. 결과적으로 구매부서는 공급사슬을 구성하는 공급자를 선정하고 검정 프로그램을 실행하기 좋은 위치에 있다. 공급자를 선정할 때 일반적으로 가격, 품질, 인도시간 그리고 환경영향을 고려해야 한다.

공급자 검정 프로그램은 공급자가 구매회사가 요구하는 부품이나 서비스를 제공할 능력이 있는지를 입증하는 것이다. 구매회사의 다기능팀이 현장을 방문하여 공급자의 프로세스 및 정보 시스템 관점에서 유연성, 원가, 품질, 납기, 목표를 달성할 능력이 있는지를 자세하게 평가한다. 평가팀은 실제 프로세스를 관찰하고 문서를 검토하여 서비스나 자재 생산의 모든 측면을 조사한다. 검정절차를 통과한 공급자는 납품을 하게 되고, 납품에 대한 성과지표가 구매회사에 의하여 작성되며, 일정 기간이 흐르면 검정을 다시 받아야한다.

1) Lee J. Krajewski, Larry P. Ritzman, Operations Management 7th, Prentice Hall, 2005, pp. 441~416.

3.2 공급자 관계

공급자관계는 협동설계 프로세스와 협상 프로세스 설계에 중요한 활동이다. 공급자들과의 유대관계는 서비스 및 제품의 품질, 적시공급, 가격 등에 영향을 미친다. 공급자 관계는 경쟁지향과 협력지향으로 나누어 생각할 수 있다.

공급자에 대한 경쟁지향(competitive orientation)은 구매자와 공급자와의 협상을 영화게임(zero-sum game)으로 간주한다. 장기계약보다는 단기이익을 선호한다. 구매담당자는 공급자의 가격을 최소로 낮추고, 성수기에는 많이 주문하고 불황기에는 주문도 하지 않으려 한다. 반면에 공급자는 지정된 품질, 서비스, 양적인 유연성을 유지해야 하기 때문에 높은 가격을 요구한다.

협력지향(cooperative orientation)적 공급자 접근법에서는 구매담당자와 공급자는 가능한 한 서로 도와주는 동반자로 여긴다. 협력적 관계는 장기계약, 공동작업, 관리지원과 기술지원, 생산능력 향상에 대한 구매업체의 지원 등을 의미한다. 공급자의 수가 적은 것을 선호하며 공급자가 하나나 둘 있는 것이 이상적이다. 공급사슬에서 공급자의 수를 줄여서 얻을 수 있는 이점은 관리의 복잡성 감소이다. 그러나 품목당 공급자의 수를 줄임으로 인한 위험으로는 공급 중단 가능성이 많아진다는 점을 들 수 있다.

3.3 일괄구매와 분산구매

일괄구매와 분산구매는 협상과 구매 프로세스에 중요한 영향을 미친다. 한 조직이 여러 시설(유통점, 병원, 공장 등의 체인)을 갖고 있을 때 경영자는 분산구매를 할 것인지 일괄구매를 할 것인지 결정해야 한다. 이 의사결정이 공급사슬의 흐름 통제와 밀접한 관계가 있다. 일괄구매는 구매영향력을 증대시킬 수 있고, 주문 시 10% 이상의 경비절감효과를 낼 수 있다. 구매 영향력의 증가는 서비스개선, 장기수급 안정, 공급자의 능력개발을 유도할 수 있다. 그러나 일괄구매의 최대 단점은 하부조직이 통제기능을 상실한다는 것이다.

한 공장이나 한 사업부에서만 사용하는 구매품목, 생산계획을 정확히 맞추어야 하는 구매품목, 그리고 외국 현지 공장에서 사용되는 구매품 등은 항상 수매할 수 있는 분산구매가 이점이 있다. 일괄구매는 결재과정이 복잡하므로 인도기간이 길어진다. 따라서 최적안은 하위 부서의 분산구매와 일괄구매가 모두 가능한 혼합전략일 것이다.

3.4 가치분석

가치분석(value analysis)이란 비용을 절감하거나 구매 또는 생산하는 서비스 및 제품의 활용가치를 높이기 위한 체계적인 노력을 의미한다. 가치분석은 특정 서비스 및 품목의 생산과 관련된 자재흐름, 정보시스템, 프로세스, 자재, 서비스에 대한 집중적인 점검을 의미한다. 가치분석의 이점은 생산, 자재, 유통 비용 절감과 이윤 증대와 고객 만족도 향상이다.

가치분석을 내부 공급사슬에만 적용해도 상당한 성공을 거둘 수 있으나, 이를 자체 가치사슬에 까지 적용할 때 진정한 잠재력을 발휘한다. 공급자를 서비스 및 제품설계단계부터 참여시키는 공급자 조기참여(early supplier involvement)라는 기법을 활용하고 있는 기업이 많다. 공급자가 설계변경이나 자재 선정 등을 제안하여 프로세스 효율화와 품질 향상에 기여하기도 한다. 자동차업계에서는 사전소싱(presourcing)이라는 더 강력한 공급자조기참여 제도가 있다. 이는 자동차 개념설계 단계에 공급자를 선정하여 특정부품이나 시스템 설계를 거의 전담시키는 제도이다.

제 4 절 공급사슬의 운영

공급사슬을 효과적으로 운영하기 위해서는 공급사슬이 운영전략에 적합하도록 설계되어야 하며, 또한 그 기업에 맞는 공급사슬 소프트웨어를 선정되어야 한다. 이 절에서는 이러한 문제를 검토하고자 한다.

1. 공급사슬과 운영전략의 연계

운영전략(operations strategy)은 기업의 하부구조와 프로세스의 디자인과 활용을 서비스 및 제품의 경쟁우위(competitive priorities)와 연결시켜서 기업의 시장 잠재력을 최대화하려는 것이고, 공급사슬은 기업의 네트워크이다. 따라서 공급사슬에 속한 기업들은 서비스 및 제품의 경쟁우위를 유지하기 위하여 각자의 공급사슬을 구축하려 할 것이다.

공급사슬을 개발할 때 EDI, 인터넷, CAD, FMS, 자동창고 등 방대한 기술이 공급사슬의 모든 단계에 적용되었지만, 성과가 기대에 미치지 못하는 공급사슬도 많이 있다. 그 이유는 경영자들이 서비스 및 제품에 대한 수요의 특성을 정확하게 이해하지 못하여 수요를 만족시킬 공급사슬을 설계할 수 없었기 때문이다. Fisher는 공급사슬의 경쟁우위를 확보할 수 있는 두 가지 특징적인 설계유형을 효율적인 공급사슬(efficient supply chain)과 반응적인 공급사슬(responsive supply chain)이라고 주장했다.[1] 효율적인 공급사슬은 서비스와 자재의 흐름을 조정하여 재고를 최소화하고 공급사슬 내에 있는 서비스업체와 제조업체의 효율을 최대화하는 것이다. 반면에 반응적인 공급사슬은 수요의 불확실성에 대비하여 재고와 생산용량의 위치를 설정함으로써 시장수요에 민첩하게 반응하도록 설계한 것이다. 따라서 공급사슬을 선택할 때 수요의 특성을 고려해야 한다. 효율적인 공급사슬은 수요예측이 싶고, 서비스 및 자재의 효율적인 흐름과 재고 최소화를 목적으로 하는 환경에 적합하며, 반응적 공급사슬은 서비스와 제품이 다양하고 수요예측이 어려운 환경에 적합하다.

설계 특성에 따라 효율적인 공급사슬과 반응적 공급사슬을 비교해보자. 도입된 공급사슬 패키지는 다음과 같은 설계적 특성을 고려하여 운영해야 한다.

〈표 13-1〉공급사슬의 적정한 환경과 설계특성

	요인	효율적 공급사슬	반응적 공급사슬
적정 환경	수요	예측용이, 예측요차가 작음	예측불가, 예측오차가 큼
	경쟁우위	저원가, 균일품질, 납기준수	개발속도, 신속한 납기, 고객화, 수량유연성, 다양성, 최고품질
	신제품/서비스	빈번하게 출시하지 않음	빈번한 출시
	공헌 이익	낮음	높음
	제품 다양성	낮음	높음
설계 특성	운영전략	재고생산, 표준화된 서비스/제품생산, 대량생산	주문조립생산, 주문생산, 고객화된 제품/서비스생산, 다양성강조
	여유생산용량	낮음	높음
	재고투자	낮음, 재고회전율 증대가능	신속한 납기달성에 필요한 정도
	리드타임	단축(비용증가는 회피)	적극적으로 단축
	공급자 선정	저가격, 품질 균일서, 납기준수 강조	신속한 배달, 고객화, 다양성, 수량 유연성, 최고 품질

1) Fisher, Marshall L., "What is the Right Supply Chain for your product?" Harvard Business Review(March-April 1997), pp. 105~116.

효율적인 공급사슬은 표준화된 서비스 및 제품의 대량생산을 지원하도록 설계되었다. 따라서 효율적인 공급사슬에 있는 공급자들은 규모의 경제를 위하여 여유생산용량을 작게 유지해야 한다. 원가절감을 위해 재고회전율을 높여야 한다. 발주업체는 공급자와 협력하여 리드타임을 줄여야 하나 원가를 너무 상승시키는 방식을 사용하지 않도록 주의해야 한다. 공급자를 선정할 때는 저원가, 균일한 품질, 납기준수를 고려해야 한다.

반응적 공급사슬에 속한 기업들은 서비스 및 제품 다양성과 신속한 반응이 필요하기 때문에 충분한 여유 생산용량도 유지하고 시스템도 유연해야 한다. 재고는 납품 속도를 지원하기 위하여 비축해야 하며, 비싼 완제품 재고 비축은 피해야 한다. 기업은 리드타임을 줄이기 위해 공급자와 적극적으로 협력해야 한다. 기업은 고객의 주문을 받기 전에 더 오래 기다려야 하기 때문이다. 또한 기업은 서비스 및 제품의 경쟁우위를 지원할 수 있는 공급자를 선정해야 한다. 이러한 공급자는 신속하게 배달하고, 서비스나 부품을 고객화하고, 수량 변화에 빨리 적용하고, 시장 수요주기에 잘 맞추고, 다양성과 최고 품질을 제공할 능력을 갖춘 공급자를 의미할 것이다. 두 가지 특성의 공급사슬을 환경과 설계특성에 따라 분류하여 정리하면 <표 13-1>과 같다.

2. 공급사슬 소프트웨어

공급사슬은 고객 및 공급자와 정보를 공유할 수 있는 능력을 제공하고, 통합공급사슬의 성과에 영향을 주는 의사결정을 할 수 있게 해준다. 공급사슬의 소프트웨어는 매우 복잡하고 다양한 선택 모듈로 구성되어 있어 이 소프트웨어의 모듈을 어떻게 구성하고 사용하느냐에 따라 기업의 이득이 달라질 수 있다.

2.1 소프트웨어 도입시 고려해야 할 사항

2.1.1 소프트웨어로 개선할 프로세스의 결정

도입하려는 소프트웨어 패키지에 맞추어 공급사슬 프로세스를 대폭적으로 재설계하는 것 보다는 즉각적으로 경제적 효과가 나타나는 프로세스를 고치는 것이 더 좋은 방법이다. 이에 속하는 프로세스는 수요예측, 재고수준결정, 납품일정 확인 등이 있다.

2.1.2 최고경영자의 지원

최고경영자의 지원 없이는 SCM의 도입은 불가능하다. 소프트웨어를 도입하기 위해서 최고경영자에게 과장하여 보고하지 말아야 한다. 우선 지원받기 위해서 모두에게 모든 것을 약속하지 말고 현실적인 기대치를 설정해야 한다.

2.1.3 교육훈련

새 소프트웨어 패키지의 가장 큰 가치는 의사결정 개선능력이다. 이 패키지가 제공하는 정보와 의사결정지원으로 의사결정을 어떻게 개선하느냐 하는 것이 교육훈련의 최종 목적이다.

2.1.4 소프트웨어의 성공조건

SCM의 도입에 관련된 자(판매자, IT부서, 사용자)는 소프트웨어 구축에 책임을 저야 한다. 판매자는 소프트웨어의 정상작동에 책임지고, IT부서는 소프트웨어의 예산범위 내 정시공급을 책임지고, 공급사슬 관리자인 사용자는 공급사슬 프로세스의 성과 개선에 책임진다.

2.2 소프트웨어 패키지의 내용

공급사슬 응용프로그램은 전사적 자원관리(ERP)의 일부로 구입할 수도 있고, 단독으로 개발된 소프트웨어를 개발회사로부터 구매할 수도 잇다. 예를 들어, 페프리지(Pepperidge) 농장은 고객서비스를 개선하고, 완제품재고를 줄이고, 자재구매를 효율화하기 위해서 공급사슬 관리시스템을 구입했다. 이 농장은 신선한 빵은 주문생산하고, 기타 여러 제품들은 재고생산 한다.

소프트웨어 페키지는 다음과 같은 모듈들로 구성되어 있다.

① 주문수략(order commitment)

주문을 받아 드리고, 배달할 수 있도록 자원을 배정하고, 납기를 정해준다.

② 수송관리(transportation management)

화물이동 일정계획을 짜고, 경로능력을 제공하고, 자원을 배정하고, 전 세계에 걸친 수송을 추적한다.

③ 구매관리(purchasing management)

공급자와 연결하여 정보를 공유하고, 조달계약을 관리한다.

④ 수요관리(demand management)

예측용으로 여러 가지 알고리즘과 인과형 모형을 제공하여 수요추정을 지원하고, 경영자가 실시간 고객정보를 받아들이게 한다.

⑤ 판매자관리 재고(vendor-managed inventory)

고객의 장소에 쌓아 둔 재고보충을 조절한다.

⑥ 보충계획(replenishment planning)

유통망의 재고비축점들 간의 재고흐름이 조화를 이루게 하여 주문충족 프로세스를 용이하게 하고, 재고고갈이 발생할 때 고객 간에 재고를 배정한다.

⑦ 구성(configuration)

주문생산전략을 가능하게 하려고 주문을 받기 전에 부품의 획득 가능성을 검사하고, 획득 가능성에 따라 부품과 특성을 대체한다.

⑧ 자재계획(material planning)

완제품의 기준계획(master schedule)을 지원하기 위하여 부품이나 반제품 보충을 결정한다.

⑨ 일정계획(scheduling)

필요에 따라 일정계획 변경 능력으로 여러 장소의 일정계획을 제공한다.

⑩ 기준계획(master planning)

사용자의 전략에 근거하여 유통망 전체에 걸쳐 제한된 자원을 배정하고 조정하기 위한 최적화 도구를 제공한다.

⑪ 전략계획(strategic planning)

전세계에 걸친 공급사슬을 설계하는 도구를 제공한다. 이를 통해서 재고수준, 유통망 전체의 적절한 제품 구성비, 고객과 자원제약 하의 최적생산 및 저장 입지를 결정한다.

연습문제

1. 랜드로바 신당동 지점은 연간 매출(원가 기준)이 48억원으로 금년을 마감하였다. 금년 신발 재고의 회전율은 6회를 넘었다. 랜드로바는 내년에 매출(원가 기준)을 25% 신장시키려고 한다.

(1) 내년의 재고회전을 올해와 같이 유지한다면 평균 총재고액은 얼마나 증가하겠는가?

(2) 공급사슬관리를 개선하여 내년도 평균 총재고액을 올해 수준으로 동결한다면 재고회전율이 얼마나 변하겠는가?

2. K사의 자재관리자인 정부장은 재고감축방안을 찾고 있다. 최근 회계보고에 의하면 재고수준이 다음과 같다.
원재료 = 312.950,000원, 재공품 = 623,700원, 완제품 = 2,686,500,000원, 금년매출원가 = 32,500,000,000원이다. 1년을 52주라고 하고 총재고를 다음 기준으로 표시하라.

(1) 공급가능주수

(2) 재고회전

3. 연간매출원가는 775,000,000원이고 재고회전율은 8회인 프로세스의 평균재고는 얼마인가?

4. K마트 경기 남부점에서 다음과 같은 자료를 얻었다. 1년을 52주라고 하고 아래의 자료로부터 총재고를 다음 기준으로 표현하라.
매출원가 = 35억원 매출이익 = 7억원, 영업비용 = 5억원, 영업이익=2억원,
총재고 = 1,2억원, 고정자산 = 7.5억원, 장기부채 = 억원

(1) 공급주수

(2) 재고회전

5. (주)한양의 작년도 매출원가는 34억원이었고, 연간 52주 가동한다. 이 회사는 일곱 가지 재고를 비축하고 있다. 원재료 세 가지, 재공품 두 가지, 완제품 두 가지, 다음 표는 작년도 제품별 평균재고수준과 단가를 표시한 것이다.

분류	부품번호	평균재고수준	단가
원재료	1	15,000	3,000원
	2	2,500	5,000원
	3	3,000	1,000원
대공품	4	5,000	14,000원
	5	4,000	18,000원
완제품	6	2,000	48,000원
	7	1,000	62,000원

(1) 평균 총재고액은 얼마인가?
(2) 이 회사는 공급주수를 얼마로 유지하고 있는가?
(3) 작년도 재고회전율은 얼마인가?

제 4 부 경쟁력관리 시스템

제 14 장 기술경영

Computer-aided design(CAD) is a contemporary approach to product and process design that utilizes the power of the computer.

A flexible manufacturing system(FMS) refers to a number of systems that differ in the degree of mechanization, automated transfer, and computer control.

Computer-integrated manufacturing(CIM) is an automation version of the generic manufacturing process, wherein the three major manufacturing function-product and process design, planning and control, and the manufacturing process itself are replaced by the automated technologies described so far.

Electronic data interchange(EDI) is the process by which the output of one firm's information system(for example, in purchasing) is transmitted electronically for direct input to another firm's information system(in sales) without the delay associated with regular mail or the need data entry in either firm,

KEY TERMS

AGV(무인운반차량)
AS/RS(자동창고)
CIM(통합컴퓨터제조)
CNC(컴퓨터수치제어)
DNC(직접수치제어)
EDI(전자자료교환)
FMS(유연성조제시스템)
integrated service digital network(ISDN:종합정보통신망)
machine center(기계센터)
industrial robots(산업용 로봇)
NC(수치제어)

제 1 절 기술경영의 기본개념

정보화 시대에 기업환경의 급속한 변화는 기업경영에서 기술경영의 중요성이 대두되고 있다. 특히 시장과 자동화 기술의 변화속도가 빠른 산업에서는 자동화 기술의 활용이 기업의 생존에 중요한 요인이 되고 있다. 이 절에서는 기술의 개념과 자동화 기술의 출현배경, 자동화 기술의 중요성과 타당성에 대하여 설명한다.

1. 생산기술의 의의

기술(technology)이란 투입요소를 재화나 서비스로 전환하기 위해 사용되는 모든 과정으로 정의할 수 있으며, 기술을 산업의 상황에 적용이 가능한 지식과 과학적인 절차, 기법 및 장비라고 정의할 수도 있다.

기업에서 제품이나 서비스의 생산, 계획, 공장설비, 물류, 정보시스템의 설계 등을 결정할 때는 항상 기술과 관련하여 의사결정을 하게 된다. 이러한 의사결정은 많은 자본투자가 이루어지고, 한 번 투자로 오랜 기간 동안 유지되어야 하기 때문에 매우 중요한 의사결정이다.

일반적으로 기술의 종류는 사용대상과 기술내용을 기준으로 분류할 수 있다. 사용대상을 기준으로 한 기술은 제품기술과 공정기술로 분류할 수 있고, 기술내용을 기준으로 한 기술은 설계기술, 소재기술, 생산기술로 분류할 수 있다. 그러나 이러한 제품기술과 공정기술은 상호 독립적이 아니라 상호 영향을 미치고 있다.

2. 자동화 기술

자동화(automation)란 생산을 운영하고 통제하기 위하여 기계, 전자, 컴퓨터 시스템의 응용과 관련된 일체의 기술을 말한다. 이러한 자동화 기술은 자동공구, 자동조립기계, 산업로봇, 자동자재관리(자동운반차량과 자동창고시스템), 자동검사시스템, 피드백통제와 공정관리, 그리고 의사결정을 위한 컴퓨터시스템이다.

자동화의 유형은 세 가지로 나눌 수 있다.

첫째, 고정자동화(fixed automation)이다. 이는 자동차조립에 사용되는 자동조립공정 시스템 또는 장치산업에서 사용되는 연속공정시스템과 같이 공정순서가 기계구조에 의해서 고정되어 있기 때문에 공정변화의 유연성이 없고, 대량생산에 적합한 자동화다.

둘째, 프로그래머블자동화(programmable automation)이다. 이는 다양한 종류의 제품을 생산할 수 있도록 설비와 기계에 생산순서를 변경할 수 있는 프로그램을 장착한 자동화이다. 여기서 프로그래머블이란 프로그램의 지시에 의해 다양한 과업을 수행하는 능력을 말한다. 그래서 프로그램을 변경하여 공정을 변경할 수 있다. 산업로봇이나 NC공작기계는 프로그래머블자동화의 한 예이다.

셋째, 유연자동화(flexible automation)이다. 이는 제품을 배치(batch)로 생산하지 않고 여러 조합으로 생산하는 자동화로써, 다양한 제품을 생산할 수 있기 때문에 다품종소량생산체제에 적합하다. FMS(flexible manufacturing system)와 CIM(computer integrated manufacturing)은 유연자동화의 좋은 예이다.

이러한 자동화가 출현하게 된 배경은 경제적·사회적·기술적 배경으로 나누어 생각해 볼 수 있다.

첫째, 경제적 사정이다. 1970년대 석유파동은 세계경제환경을 악화시켰다. 그 결과 기업은 경쟁력 강화를 위하여 자동화를 고려하게 되었다. 자동화는 기업에게 원가절감, 품질향상, 생산의 유연성, 소비패턴의 대응성을 가져다 주었다.

둘째, 사회적 요인이다. 생활수준의 향상과 교육기회의 확대는 숙련노동자의 부족을 초래했다. 또한 직업관도 생산직보다는 사무직을 선호하게 되었다. 그래서 현장 근로자의 부족을 해결하고 작업환경을 개선하기 위하여 자동화가 필요했다.

셋째, 기술적 환경이다. 컴퓨터의 발전과 컴퓨터의 응용기술 및 생산관리기술은 오늘과 같은 자동화를 가능하게 했다. 자동화의 발전에 기여한 기술은 하드웨어 기술과 소프트웨어 기술로 나눌 수 있다. 하드웨어 기술에는 NC공작기계, 로봇, 각종 센서 및 패턴인식기술이 있고, 소프트웨어 기술에는 그룹테크놀로지와 모듈구조 등이 있다.

제 2 절 생산시스템의 자동화 기술

자동화 기술의 발전단계는 일부자동화(로봇), 부문자동화(GT, FMS), 연계자동화(CAD/CAM, AS/RS), 완전자동화(CIM)로 나눌 수 있다. 이들 생산기술은 앞에서 언급한 사회적 · 경제적 · 기술적인 환경의 변화에 따라 상당히 빠른 속도로 발전해 왔다. 본 절에서는 자동화 기술들에 대하여 설명하고자 한다.

1. 산업용 로봇

산업용 로봇(industrial robot)은 1961년 제너럴모터스(GM)사에서 처음 도입하였다. 초기의 산업용 로봇은 무거운 물건을 들어 올리거나 위험한 작업을 수행하였으나 마이크로컴퓨터의 발달로 크기가 작아지고, 이동성이 좋아지고, 내장된 프로그램의 지시를 수행할 수 있게 되었다.

산업용 로봇이란 다양한 과업을 수행할 수 있도록 가변프로그램의 지시에 의해 자재, 부품, 공작도구를 이동하거나, 다른 다양한 기능을 수행하는 기계라고 할 수 있다. 따라서 로봇은 프로그래머블(programmable)자동화에 속한다.

1.1 산업용 로봇의 구조와 PLC

산업용 로봇은 조인트와 링커로 구성되어 있다. 조인트는 인간의 관절과 유사하며 일의 자유도를 가능하게 하며, 링크는 투입링크와 산출링크로 구성되어 있고, 로봇의 고정부분이다. 로봇의 구조는 몸체와 팔부분(body-and-arm assembly)과 손목부분(wrist assembly)이다. 그래서 로봇의 팔이 수행할 수 있는 표준적 동작은 암 스위프(arm sweep), 어깨회전(shoulder swivel), 팔꿈치 펴기(elbow extension), 좌우이동(yaw), 피치(pitch), 회전(roll)의 여섯 가지 동작을 수행한다. 그렇지만 모든 로봇이 이러한 기능을 수행하는 것은 아니다.

PLC(programmable logic controllers)는 공정을 통제하고 추적하기 위하여 특별히 설계된 마이크로프로세서를 사용하는 기기이다. PLC는 CIM에 있어서 중요한 요소이며, 공장에서 사용되기 때문에 제조업체용으로 개발되었으며, 시끄럽고, 먼지가 많고, 더러운 환경에 적응할 수 있도록 설계되었다.

1.2 산업용 로봇의 종류

산업용 로봇을 기능에 따라서 분류하면 다음과 같다.

1.2.1 방향전환(pick-and-place)로봇

가장 단순한 산업용 로봇으로서 물건을 집어서 이동하는 기능을 가지고 있다. 방향의 이동은 좌우, 상하, 전후의 두 방향밖에 할 수 없다.

1.2.2 서보(servo)로봇

방향전환로봇보다 발전된 로봇으로서 팔의 이동방향이 조인트의 수에 따라 5~7개의 방향으로 전환할 수 있는 로봇이다. 이 로봇은 팔과 손의 이동이 서보메커니즘(servomechanism)으로 통제된다.

1.2.3 프로그래머블(programmable)로봇

프로그래머블 통제기에 의해서 지시를 받는 서보로봇이다. 프로그래머블 통제기는 팔과 손의 움직임을 기억하고, 로봇에 지시를 내린다.

1.2.4 전산(computerized)로봇

컴퓨터에 의해 움직이는 서보로봇이다. 프로그래머블 통제기와는 달리 컴퓨터는 전자적으로 지시를 변경할 수 있다.

1.2.5 감지(sensory)로봇

촉감이나 시각적인 능력을 지닌 전산로봇이다.

1.2.6 조립(assembly)로봇

조립을 하기 위해 특별히 제작된 전산로봇이다.

2. 수치제어공작기계

수치제어(numerically control)란 기계가 어떤 작업을 수행할 때 그 작업이 자동적으로 수행되도록 사전에 설계된 프로그램의 지시에 의해서 통제 받는 것을 말한다. 이러한 지시는 숫자, 문자, 기호에 의해서 이루어진다. NC는 입력된 프로그램에 의하여 기계공구와 다른 설비의 위치와 진행경로를 조정한다.

2.1 NC공작기계의 역사

1947년 파슨스(Parsons)사와 미국 공군은 1947년부터 NC공작기계에 대하여 연구를 시작했다. 1954년 미국 공군과 MIT연구진은 NC밀링기계를 생산했으며, NC공작기계를 통제할 수 있는 NC언어인 APT(automatically programmed tool)를 개발했다. 이러한 NC공작기계는 처음에는 제트비행기의 생산에서 밀링과 여러 가지 다른 작업(드릴링, 천공, 마무리작업, 그라인딩, 재봉)에 이용되었다.

1969년에 NC공작기계시스템은 프로그램을 내장한 미니컴퓨터를 부착한 CNC로 발전했고, 1974년에는 보다 싼 마이크로컴퓨터가 통제기능을 담당하게 되었다. 또한 1969년에는 중앙컴퓨터와 일련의 NC공작기계 또는 CNC를 연결한 DNC가 개발되었다. DNC시스템은 5~20개의 공구를 통제하며 각각의 기계로부터 수집한 자료를 총괄적으로 통제할 수 있는 기능이 있다.

2.2 NC공작기계의 구성요소

NC공작기계는 지시프로그램, MCU(machine control unit), 공작공구의 세 가지로 구성되어 있다.

2.2.1 지시프로그램

이는 공작기계의 활동을 지시하는 명령문이다. 입력기기로는 천공테이프, 천공카드, 매그네틱, 35mm영화필름 등이 있다.

2.2.2 MCU

이는 지시프로그램을 읽고, 해석하고, 이 결과를 기계공구의 동작으로 전환시키는 하드웨어이다. 초기의 MCU는 테이프 판독기(tape reader)를 이용했으나 최근의 NC공작기계시스템은 MCU로서 마이크로컴퓨터를 이용하는데 이것이 CNC이다.

2.2.3 공작공구

이는 작업대, 주축, 모터, 절단기, 고정장치물 등으로 되어 있다.

가장 정교하고 복잡한 NC공작기계는 머시닝센터(machining center)이다. 이는 여러 가지 기능을 한 대의 자동화된 기계에 통합시킨 기계이다. 이 기계는 드릴링, 밀링과 같은 여러 가지 작업을 할 수 있으며, 테이프의 지시에 의해 공구를 자동적으로 바꿀 수 있다. 또한 작업물을 원하는 장소에 놓을 수 있다.

2.3 CNC와 DNC

CNC(computer numerical control)란 MCU로써 독자적인 프로그램을 내장한 마이크로컴퓨터를 사용하는 NC이다. NC에서는 파트프로그램이 천공테이프 판독기를 통하여 작업 때마다 반복하여 입력되지만, CNC에서는 한 번의 입력으로 컴퓨터의 기억장치에 저장이 된다.

DNC는 여러 대의 NC공작기계를 한 대의 호스트컴퓨터에 연결하여 모든 NC공작기계를 실시간으로 통제한다. 한 대의 컴퓨터에 보통 100대 이상의 기계를 통제할 수 있다. DNC의 특징은 중앙컴퓨터가 일시에 모든 기계를 통제하는 것이다. 그리고 DNC는 중앙컴퓨터, 대기억장치(NC파트프로그램이 장착된), 텔레커뮤니케이션(telecommunication)라인, 기계공구로 구성되어 있다.

DNC는 DNC(direct numerical control)와 DNC(distributed numerical control)의 두 가지 종류가 있다. 전자는 호스트 컴퓨터를 이용해 NC기계나 공정을 직접통제하는 것이고, 호스트 컴퓨터는 기계공구와 떨어져 있으며 NC공작기계들에게 명령을 한다. 후자는 마이크로프로세서의 발달로 전자의 DNC보다 늦게 개발되었으며 네트워크화된 DNC이다.

3. 자동자재관리

자재관리(materials handling)는 제품을 이동시키고, 포장하고, 저장하는 모든 과정을 말한다. 이 모든 과정은 돈과 시간이 소요되지만 제품의 가치에는 아무런 도움을 주지 못한다. 그러므로 자재의 흐름을 자동화함으로써 원가를 절감하는 방법을 찾아야 한다. 자동자재관리는 자동운반차량과 자동창고시스템을 통하여 가능하다.

3.1 자동운반차량

운반시스템은 공장 내의 원자재, 재공품, 완제품 등을 필요로 하는 장소로 이동시키는 시스템이다. 제조비에서 운반비용이 차지하는 비중이 매우 높기 때문에 경영자는 운반비의 절감에 많은 관심을 나타내고 있다. 그래서 경영자들은 운반시스템을 자동화하는데 많은 노력을 하고 있다.

자동운반시스템의 대표적인 것은 AGV이다. AGV(automated guided vehicles)는 작업장에서 컴퓨터의 통제로 정해진 경로를 따라 축전기로 움직이는 무인소형 트럭이다. 또한 AGV는 작업장 사이에 있는 경로를 선택할 수 있는 능력이 있는데, 이러한 능력은 호스트컴퓨터로부터 정보를 받는 컨트롤러(controller)가 있기 때문이다.

FMS에서 AGV를 선택할 때 셀과 조립라인 사이에서 이동하는 원자재와 부품의 크기와 무게, 고정장치를 고려해야 한다. 그리고 사용하는 AGV는 CNC와 같은 다른 기기와 대화가 통해야 한다. NCR주식회사는 전자가공공정에 10만달러의 AGV를 설치하였다. 이 기계는 시간당 1.5마일의 속도로 3,000피트 길이의 인도선을 따라 창고, 조립작업장, 자동창고 시스템을 오가며 부품을 운송한다.

3.2 자동창고시스템

오늘날 제조물에 부착된 바코드는 제조창고에도 컴퓨터를 필요로 하게 되었다. 이러한 결과로 창고 안에 있는 품목에 대한 모든 정보가 실시간으로 파악되어 기업의 정보시스템에 즉각 연계되어진다.

자동창고시스템(automated storage and retrieval system: AS/ RS)은 자동화를 전제로 자재는 신속하고, 정확하고, 안전하게 취급되고, 저장되며 인출하는 모든 행위를 통제하는 시스템이라고 할 수 있다. 즉, 자동창고는 AGV의 도움을 받아 인간의 보조없이 자재를 인수하고 전달할 수 있다.

예를 들어 IBM의 유통센터는 매일 10만5천개의 컴퓨터 부품 및 관련 서적을 AS/RS와 13대의 AGV를 이용하여 선적한다. 그 결과 생산이 20% 증가했으며, 정확도는 99.8%를 기록했다.[1)]

---

1) Lee J. Krajewski, Larry P. Ritzman, *Operations Management*, 4th, ed., Addison Wesley, 1996, pp. 133~134.

4. FMS

4.1 FMS의 개념

FMS(flexible manufacturing system)란 여러 가지 개별적 생산시스템의 이론과 기술을 통합한 시스템으로서 중앙컴퓨터의 지시에 의해 일련의 공정이 NC공작기계에 의해 자동으로 수행되고, 자재를 자동으로 운반하는 전산화된 생산시스템이다. FMS는 유연자동화의 일종으로, GT의 가장 진보된 제조셀이며, 또한 각 작업장의 NC프로그램의 통제 하에 다양한 종류의 제품을 일시에 생산할 수 있는 능력을 가지고 있다. 일반적인 FMS는 [그림 14-1]과 같다.

그림 14-1 FMS

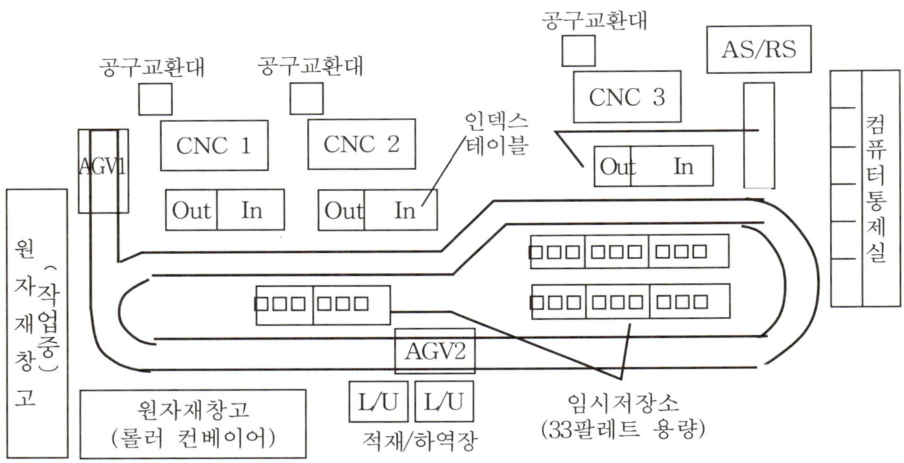

출처 : Lee J. Krajewski, Larry P. Ritzman, *Operations Management*, 4th, ed., Addison Wesley, 1996, p. 135.

4.2 FMS의 구성요소

FMS는 여러 가지 형태로 기업의 특성에 맞게 도입될 수 있다. FMS를 CIM의 요소로 보았을 때 머신센터, 자재취급과 저장, 컴퓨터통제시스템으로 구성되어 있다.

4.2.1 머신센터

머신센터(machine center)는 밀링, 천공작업 등의 다양한 기능을 수행할 수 있는 기계공구를 가진 작업장으로써, NC 공작기계와 공구, 그리고 산업용로봇으로 구성되어 있다. 머신센터가 자재취급과 결합해 더욱 더 자동화되면 머신센터는 FMC(flexible machining cell)가 된다. FMC는 공정과정이 비슷한 부품가족을 전문적으로 생산하기 위해 서로 다른 기계들과 공정을 그룹화한 셀이다.

4.2.2 자재취급과 저장

자동컨베이어시스템이나 AGV와 같은 자재취급기기가 여러 개의 FMC와 결합되면 FMC가 FMS로 변한다. 자재취급과 저장의 도구로는 팔레트, 컨베이어, 산업로봇, AGV, AS/RS 시스템을 들 수 있다. 이것은 컴퓨터통제시스템과 연결이 되어야 한다.

4.2.3 컴퓨터통제시스템

이것은 각 작업장을 통제하고, 각 작업장을 서로 연결하는 중앙통제기능을 수행한다. 이 통제시스템은 각 작업장의 현황을 피드백 받으며, 이때 피드백된 자료는 생산뿐만 아니라 검사, 수리, 보전에 관련된 자료들이며, 이들 자료에 대한 조치를 취한다.

4.3 도입의 효과 및 문제점

FMS를 도입함으로써 다음과 같은 기대효과를 얻을 수 있다.

i) 여러 가지 제품의 생산이 가능하다.
ii) 수요의 변화에 신속하게 대응할 수 있다.
iii) 고품질의 제품생산이 가능하다.
iv) 다른 종류의 제품을 생산하는데 필요한 준비시간이 단축되고, 고객수요를 충족시킬 리드타임이 줄어든다.

또한 FMS를 도입할 때 발생할 수 있는 문제점은 다음과 같다.

i) FMS도입에 따르는 시간·비용·노력이 많이 소요된다.
ii) 사용기계류의 생산능력한계와 동일한 부품군 내에서도 발생할 수 있는 각종 도구의 중복 필요성 등으로 제품 및 제품믹스변경에 한계점이 있다.

그림 14-2 CIM의 구성요소

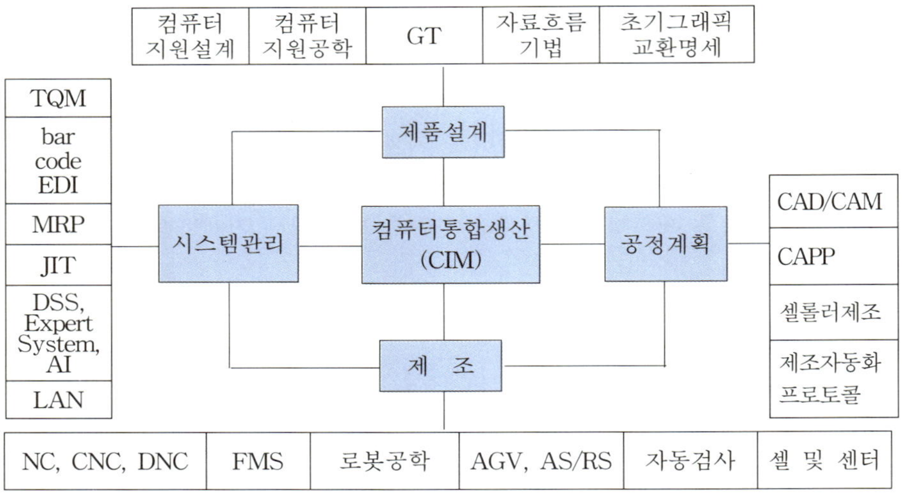

출처 : 김희탁 외 7인, 생산관리, 법문사, 1997, p. 106.

5. CIM

5.1 CIM의 개념

CIM(computer integrated manufacturing)이란 복잡한 컴퓨터시스템에 의한 제품설계와 엔지니어링, 공정설계, 생산의 완전한 통합을 말한다. 즉, 최초 고객의 주문에서부터 최종 출고까지 생산의 모든 단계를 컴퓨터에 의해 통합하는 것이 CIM의 최종 목표이다.

CAD/CAM, CAE는 주로 설계와 제조엔지니어링, 그리고 제품개발과 생산공정의 어떤 특수한 기능을 자동화하고 인공지능화하는 데 목적이 있다. 그러나 CIM은 이들 모두를 포함한 기업의 관리기능을 총괄적으로 관장하는 통합컴퓨터시스템이다. 그래서 CIM에서는 컴퓨터 하드웨어와 소프트웨어 그리고 데이터베이스가 산업로봇, 자재취급기기, 보관기기, 제품설계 등과 서로 연계되어 고도로 자동화되고 통합된 탄력적인 생산시스템을 구축하는 것이다.

앞으로 CIM은 CAD, CAM, FMS를 중심으로 한 제조활동계획뿐만 아니라 마케팅, 판매, 재무, 회계기능 등을 포함하는 컴퓨터통합경영시스템으로 발전하게 될 것이다.

5.2 컴퓨터 커뮤니케이션

CIM에서 커뮤니케이션은 사람과 컴퓨터, 그리고 기계 사이에 이루어진다. 특히 컴퓨터와 컴퓨터간의 커뮤니케이션은 CIM에서 이루어지는 모든 커뮤니케이션의 기본이다. CIM에서 정보는 구두, 문서, 아날로그, 디지털과 같은 형태로 취할 수 있는데, CIM에서 가장 적합한 형태는 종이테이프나 플로피 디스크에 자료를 저장할 수 있는 디지털방법이다.

미국의 GM사는 컴퓨터와 기계, 또는 기기간의 대화가 가능하도록 하는 MAP(manufacturing automation protocol)를 개발했다. 이것은 GM사의 전 공장과 부품공급자, 그리고 관련된 기업들을 서로 연결시키는 표준화된 컴퓨터 커뮤니케이션을 의미한다. 이것은 PLC(Programmable logic controllers)나 산업로봇간에 대화를 가능하게 한 일종의 LAN이다.

5.3 CIM 도입과 효과

CIM의 도입에는 많은 자본이 소요된다. 그러나 경쟁력을 감안할 때 투자에 비하여 수익이 높으면 도입하는 것이 바람직하다. 요즘에는 많은 중소기업들도 CIM을 도입하여 운용하고 있다. 이것은 컴퓨터 및 주변기기들이 기술의 발달로 도입비용이 저렴해졌기 때문이다.

CIM의 도입 효과는 다음과 같다.

i) 인건비를 감소시킨다.
ii) 신제품개발을 단축시킨다.
iii) 생산성이 향상된다.
iv) 재고가 감소된다.
v) 통합된 단일정보를 사용한다.
vi) 수요의 변화에 탄력성 있게 대처할 수 있다.
vii) 품질이 향상된다.

제 3 절 서비스산업의 정보기술

1. 데이터 통신

정보통신망을 통하여 멀고, 가까운 지역간의 고속 데이터전송은 업무의 생산성을 향상시킬 것이다. 고속으로 데이터를 전송할 수 있는 방법은 여러 전자 및 컴퓨터설비를 네트워크로 연결하여 구축하는 것으로 근거리 통신망, 부가가치 통신망, 그리고 종합정보 통신망 등이 있다.

첫째, 근거리 통신망(local area network : LAN)은 좁은 지역간의 정보를 교환하기 위해서 만들어진 통신망이다. 이것을 구축함으로써 일정 영역 내에 있는 여러 컴퓨터 CPU간의 자원공유와 데이터 교환이 가능하게 되었다.

둘째, 부가가치통신망(value added network : VAN)이다. 이 통신망은 근거리 통신망과는 달리 정보의 축적, 가공, 변환, 처리 등을 통해 음성 또는 데이터에 높은 부가가치를 제공한다.

셋째, 종합정보통신망(integrated service digital network : ISDN)은 디지털 통신을 근간으로 하여 음성 및 비음성의 다양한 서비스들을 사용자에게 제공함으로써 사용자의 정보활용의 효율성을 증진시키고 있다.

2. 금융서비스

서비스업 중 금융분야는 컴퓨터의 활용도가 가장 높다. 컴퓨터를 통한 자동화는 자동거래시스템, 자동자금이체, 현금자동지급기 등이 있다.

자동거래는 증권시장에서 다양한 컴퓨터와 통신기술을 사용하여 매도 혹은 매입 주문을 받고 주식을 거래하며 거래가격을 보고하고 거래 당사자에게 결과를 알려주며 정산소에 보고하는 것을 말한다. 인터넷이 보급되면서 이러한 업무가 인터넷으로 이루어지기 때문에 매우 편리하게 되었다. 금융기관에서 일상적으로 이루어지는 금융서비스는 자동자금이체와 현금자동지급 등이 있다.

자동자금이체(electronic funds transfer: EFT)는 자동적으로 은행구좌간에 돈을 이체하는 것이고, 현금자동지급기(automatic teller machine: ATM)는 고객이 현금자동지급기에서 현금의 인출과 예금 그리고 계정잔액의 확인을 할 수 있다.

3. 전자자료교환 시스템

전자자료교환(electronic data interchange : EDI) 시스템은 회사간에 업무용 문서를 표준적인 형식을 이용하여 VAN(전화선 혹은 전용회선: 종전)을 통해 컴퓨터간에 교환하는 것이다. 즉, 표준전자문서를 컴퓨터와 컴퓨터간에, 자신의 해당 프로그램에서 상대방의 해당 프로그램간에 교환하여 재입력 과정없이 직접 업무에 활용할 수 있도록 하는 새로운 정보전달 방식이다. EDI는 특수한 통신 소프트웨어를 내장하고 있어 하드웨어나 소프트웨어가 다르더라도 문서화하는 과정이 가능하다.

EDI의 도입이 기업에게 어떠한 장점이 있는지를 살펴보면 다음과 같다.

i) EDI는 송장, 구매주문, 지급 등을 처리할 수 있어 전화업무나 우편업무를 줄일 수 있다.

ii) EDI는 정확성이 높고 반응시간을 줄여주며 재고를 줄일 수 있다.

iii) 문서처리비용을 줄일 수 있다.

iv) 회계처리에 관련된 업무(송장의 전달, 정보관리, 지불, 전자식 자금전환)에 도움이 된다.

v) 생산, 유통, 병참술 등에 EDI를 이용하면 재고감소, 공정관련 정보교환, 창고와 수송계획, 인도통지 확인 등의 업무를 향상시킬 수 있다.

vi) 판매와 마케팅 부문에 이용될 때 제품인지도, 마켓피드백과 리서치, 판매촉진 및 유통비용의 감소, 유통네트워크 구축 등에 매우 큰 효과가 있다.

4. 바코드

바코드(bar code)는 1949년 우드랜드(Woodland)와 실버(Silver)에 의하여 개발되었는데, 1960년대 접어들면서 레이저와 마이크로 프로세서에 의해 급속도로 발전되었다. 바코드는 넓고 좁은 띠와 흰 공간의 모양으로 광학 스캐너나 휴대용 판독기를 이용하여 자동식별이 가능하도록 되어 있다. 바코드시스템은 제품포장지 혹은 제품상표에 인쇄된 UPC(universal product code)를 판독하는 레이저 장치를 사용하고 있다.

바코드는 40여 가지가 개발되었으나 지금 사용되고 있는 것은 몇 가지 안 된다. 즉, 식료품에 사용되는 바코딩시스템으로 UPC가 있고, 우유와 보험회사에서 사용하는 테레펜(Telepen)이 있으며, 혈액은행, 도서관, 사진현상소에서 사용하는 CODABAR 등이 널리 이용되고 있다.

5. 전자상거래

전자상거래(electronic commerce: EC)란 기업, 개인, 정부간의 상품 및 서비스 거래에 필요한 모든 정보를 컴퓨터 및 통신망을 이용하여 교환하고 거래하는 방식을 말한다. 이것은 비용을 줄이면서 서비스의 질을 높이고, 서비스를 더욱 신속하게 제공하고자 하는 판매자, 소비자의 욕구를 충족시킬 현대 비즈니스의 방법론이다. 그러나 협의로는 인터넷에 홈페이지, 쇼핑몰 등을 개설하여 소비자를 대상으로 마케팅과 판매활동을 하는 것을 전자상거래 또는 인터넷 전자상거래라고 한다.

인터넷이 보편화됨에 따라 전자상거래는 급속도로 확장되어 가고 있다. 인터넷 쇼핑몰을 통한 일반 소비재의 전세계 전자상거래규모는 기하급수적으로 늘어날 것이다. 미국의 포레스터리서치사는 2000년에 기업간 전자상거래는 2,510억달러에 이르고, 소비자대상 전자상거래는 330억달러에 이를 것이라고 보고 있다. 이는 전자상거래가 가지고 있는 비즈니스 측면의 장점 때문이라고 한다.

전자상거래가 지닌 비즈니스 측면의 장점은 다음과 같다.

i) 풍부한 잠재고객을 확보할 수 있다.

전세계에서 인터넷을 사용하는 모든 네티즌들이 잠재고객이다. 예를 들어 미국 보잉사는 1996년부터 판매할 부품을 웹사이트에 게재한 결과 1997년에 부품판매량이 20% 늘어났다.

ii) 비용절감효과가 있다.

기업은 비싼 돈을 들여 매장을 갖출 필요가 없다. 즉, '사이버 매장'이 더 효과적이다. 주문관리시스템을 여러 제조업체와 연결, 고객의 주문에 곧바로 대응하면서 재고를 완전히 없앨 수도 있다. 예를 들어 IBM은 1996년에 생산과 마케팅부서 사이에 전자정보교환 체제를 갖추어 40%(5억 달러)의 재고절감

효과를 얻었다.

iii) 고객이 원하는 제품과 서비스를 일반 상거래보다 빨리 제공할 수 있다.

시장상황이나 고객의 요구에 따라 다루는 품목이나 가격을 신속하게 업데이트할 수 있기 때문이다. 예를 들어 이탈리아의 베네통은 패션시장의 변화에 빠르게 대응하기 위하여 각 매장의 컴퓨터를 중앙컴퓨터와 신경망으로 연결하여 소비자들의 모든 정보를 입수하여 디자인 및 생산에 반영한다.

iv) 다양한 방법으로 정보를 제공해 고객이 만족할 만한 쇼핑경험을 할 수 있다.

인터넷을 통해 일반적인 카달로그를 보여줄 뿐만 아니라 이미지, 음향, 비디오는 물론 동영상을 통한 쇼핑을 즐길 수 있도록 한다.

v) 유통구조혁신에 효과적이다.

제품 판매업체와 실수요자 사이의 중간 유통과정을 없앰에 따라 유통기간과 비용을 절약할 수 있다.

연습문제

1. 자동화의 세 가지 유형을 열거하고, 각 유형의 특성에 대하여 설명하라.
2. CNC와 DNC를 비교 설명하라.
3. AGV시스템이란 무엇인가?
4. AS/RS시스템이란 무엇인가?
5. FMS를 구성하는 요소들을 설명하라.
6. 머신센터와 FMC(flexible manufacturing cell)의 차이를 설명하라.

제 15 장 제약이론

A **bottleneck** is defined as any resource whose capacity is less than the demand placed upon it. A bottleneck is a constraint within the system that limits **throughput**.
Capacity is defined as the available time for production, This excludes maintenance and other downtime. A **nonbottltneck** is any resource whose capacity is greater than the demand placed on it.
A **capacity-constrained resource** is one whose utilization is close to capacity and could be bottleneck if it is not scheduled carefully.

KEY TERMS

capacity constrained resource(능력제약자원)
constraint buffer(제약버퍼)
constraint resource buffer(제약자원버퍼)
critical chain(병목체인)
current reality tree(현황분석도)
drum-buffer-rope(DBR)
inertia(타성)
global optimum(전체의 최적)
local optimum(부분적 최적)
necessity logic(필요성의 논리)
optimized production technology(최적생산기술)
shipping buffer(출하버퍼)
sufficiency logic(충분성의 논리)
synchronous manufacturing(동시생산)
theory of constraint(제약이론)
thinking process(사고과정)
throughput(산출)
throughput accounting(산출회계)
undesirable effect(부정적 결과)

제 1 절 제약이론의 기본개념

1. 제약이론의 의의

제약이론(theory of constraint: TOC)이란 시스템의 목적(goal)달성을 저해하는 제약요인을 찾아내어 개선함으로써 단기간에 경영개선의 성과를 나타내고, 장기적으로는 지속적인 경영개선을 추구하여 시스템의 전체적 최적화를 달성하는 프로세스 중심의 경영혁신 기법이라고 정의 할 수 있다.

기업이란 시스템은 한정된 자원(제약)과 복잡한 업무 프로세스 사슬로 구성되어 있으며, 기업은 여러 가지 제약조건 하에서 산출(throughput)[1]을 최대한으로 증가시키는데 모든 역량을 집중하는 것이다. 모든 시스템은 적어도 하나 이상의 제약조건을 갖는다. 만일 그렇지 않다면, 영리를 목적으로 하는 조직과 같은 현실 기업은 무한한 이익을 얻을 것이다. 따라서 제약조건이란 시스템이 그의 목표 이상의 성과달성을 제한하는 것이다.[2]

제약조건은 우리가 개선할 수 있는 기회를 제공한다. 제약이론은 인습적인 사고와는 달리 제약조건을 부정적이 아닌 긍정적인 것으로 본다. 제약조건은 시스템의 성과에 많은 영향을 미치기 때문에 시스템 제약조건의 개선은 경영성과 향상에 기여할 것이다.

제약이론은 다음과 같은 내용으로 구성되어 있다. 첫째, 제약이론의 운용원칙이다. 이는 제약이론을 적용하는 5단계의 체계적인 절차로 제약이론의 기본원리라고 할 수 있다. 둘째, DBR(drum-buffer-rope) 일정계획 방법론이다. 이는 제약이론을 생산시스템에 적용하기 위한 생산계획 및 통제기법이다. 세 번째, 병목체인(critical chain)이다. 이는 제약이론을 프로젝트관리에 적용하기 위한 기법이다. 넷 번째, 사고 프로세스(thinking process: TP)이다. 이는 각종 문제를 해결하기 위한 체계적인 절차를 제공한다. 다섯 번째, 산출회계(throughput accounting)[3]라는 새로운 성과측정을 제시했다. 이는 기존의 원

1) 'throughput'은 원래 통신네트워크에서 한 네트워크 노드로부터 네트워크 내의 어느 단말기로 전달되는 단위시간 당 데이터의 처리량을 의미하며, 일반적으로 bps(bits per second)로 측정한다.

2) 김병태, 서도원, 우량기업 로드맵, 도서출판 대경, pp. 268.

3) 제약이론에서는 한 조직이 일정 기간 중의 영업활동 결과로 실제로 벌어드린 "산출

가회계가 가진 문제점을 극복하고 시스템의 이윤창출 구조를 새로운 시각으로 바라보는 시스템 평가방법을 제공한다.

제약이론의 적용 분야는 생산 및 운영, 재무 및 측정, 프로젝트관리, 공급체인, 영업, 판매, 인력관리, 전략 및 전술로 분류할 수 있다.

1.1 제약이론의 운용원칙

기업은 이윤의 극대화를 위하여 노력한다. 이러한 기업의 목표를 달성하는데 장애요인이 있다. 이 요인이 제약요인인 것이다. 만약 기업에 이러한 요인이 존재하지 않는다면 기업은 무한한 이익을 창출할 수 있을 것이다. 따라서 기업의 성과를 개선하기 위해서는 먼저 시스템의 제약조건을 파악하고 이 제약요소를 보다 효과적으로 이용할 방법을 찾아야 한다. 그런 다음 다른 비 제약요소들에 관한 결정은 제약요소들의 영향을 줄일 수 있는 방안을 찾아내어 실행에 옮긴다. 이러한 지속적 개선과정을 제약이론의 운영원칙이라 한다. 이를 계속적으로 반복함으로써 시스템의 성과를 높일 수 있다. [그림 15-1]은 제약이론의 운용원칙의 순환도를 나낸다.

그림 15-1 제약이론의 운용원칙

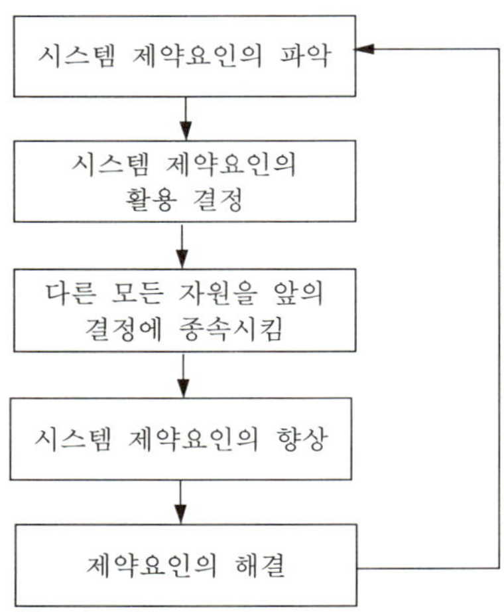

(throughput)=(매출액)-(재료비)'로 측정한다. 여기에서는 재료비만을 변동비로 보고, 인건비는 고정비로 보아 운영비에 포함한다. 그리고 생산은 했으나 판매되지 않은 물품은 수익창출에 기여하지 못하고, 오히려 재고비만 발생한다고 보아, 가능한 줄여야할 대상이다.

1.1.1 시스템 제약요인의 파악

제약이론 시행의 첫 단계는 시스템의 제약요인을 파악하는 것이다. 시스템의 성과는 핵심적으로 중요한 제약요소에 의하여 좌우된다. 따라서 시스템의 목적달성을 저해하는 가장 중요한 요인을 찾는 것이 우선적인 과제이다.

이 제약요인들은 물리적인 것이거나 관리적인 것일 수 있다. 일반적으로 조직은 수많은 물리적 제약조건과 정책, 절차 및 규칙과 방법 등과 같은 관리적 제약조건을 갖고 있다. 정책 제약조건을 파악하기 위해서 현황분석도(current reality tree)를 사용한다. 이 단계에서는 제약조건을 파악하고, 이 제약조건이 조직목표에 미치는 영향에 따라 우선순위를 결정하는 해야 한다.

1.1.2 시스템 제약요인의 활용법 결정

전 단계에서 파악된 시스템의 제약요인을 최대한으로 활용하는 방안을 모색하는 것이다. 만일 제약요인이 물리적인 것이라면, 그 제약요인을 최대한 효과적으로 활용하는 방법을 모색해야하며, 관리적 제약요인이라면, 활용할 것이 아니라 이를 제거하고 생산증대를 지원하는 정책을 써야 할 것이다. 예를 들어 병목공정이 파악되면 그 공정에 대하여 자동화나 설비확충을 할 것이 아니라 현재 병목공정의 손실을 최소화하는 방안을 강구함으로써 시스템의 성과를 개선할 수 있도록 하라는 의미이다.

1.1.3 다른 모든 자원을 앞의 결정에 종속시킴

시스템의 모든 비제약자원은 제약조건의 최대효과를 위해 지원하도록 조정하여야 한다. 기업의 산출은 제약조건에 의해 결정하기 때문에 제약조건과의 현황분석도는 가장 효과적인 자원 활용방법이 된다. 예를 들면, 병목공정에서 필요로 하는 것이 효과적으로 공급되어 그 능력을 최대로 발휘할 수 있도록 다른 비 병목공정은 병목공정의 상태에 맞추어 관리, 통제해야 한다는 것이다.

비 제약자원들은 생산능력과 유휴능력을 갖고 있다. 만일 비제약자원이 제약요소를 지원하기 위해 그의 생산능력을 넘어서서 이용된다면 산출증대는 이루어지지 못하고 불필요한 재고만 늘어난다.

1.1.4 시스템 제약요인의 향상

필요하면 제약자원을 확충하라고 제시하고 있다. 만일 기존의 제약요소가 여전히 가장 치명적인 것이라면, 이 제약요소에 대한 개선노력의 강화로 성과가 개선될 수 있다. 제약요소의 성과가 개선됨에 따라 비 제약자원들의 잠재력도 보다 잘 실현될 수 있고, 전체적 시스템의 성과도 개선된다. 궁극적으로 그 시스템은 새로운 제약요소에 직면하게 될 것이다. 만약 전 단계 활동을 통해서도 여전히 병목이 되어 제약요인을 해결할 수 없으면, 추가적인 설비투자를 통해서 시스템 능력을 확충할 필요가 있다는 것이다.

1.1.5 제약요인이 해결되면 시스템 제약요소의 파악으로 돌아감

타성(inertia)이 다음 제약요소가 되지 않도록 하라. 앞의 모든 단계를 통하여 당초 문제가 되었던 사항이 해결되고 나면, 이제 다 해결되었으니 염려할 필요가 없는 것이 아니라, 새로이 대두되는 제약요인을 찾아서 지속적으로 개선이 이루어지도록 해야 한다는 것이다. 다시 말하면 단계는 제약이론의 지속성과 어떠한 정책(또는 해결방안)도 언제든지 또는 어떤 상황에서나 적합한 것은 없음을 상기시켜준다. 조직은 기업환경의 변화에 따라 기업정책도 수정되어야 한다. 만일 타성을 극복하지 못하면 조직은 침체되어 고사할 것이라는 것을 일게 워 준다.

1.2 DBR 일정계획

DBR(Drum-Buffer-Rope)은 제약이론을 생산시스템에 적용하는 기법이다. 제약이론의 운용원칙을 생산시스템에 적용하여 나타난 것이 최적생산기술로 그 기본이 DBR일정계획이다. 이는 “부분적 최적(local optimum)의 합이 전체의 최적(global optimum)은 아니다”는 명제를 근간으로 하고 있다. 예를 들어, 비 제약공정을 100% 가동한다고 해서 그것이 곧 생산시스템 전체의 산출량을 최대화하지 않기 때문이다. 최대 산출량은 제약공정에 의하여 결정되기 때문이다.

DBR 일정계획은 고객의 납기에 효과적으로 대응하기 위하여 능력제약자원(capacity constrained resource: CCR)만을 최대한 활용하도록 일정계획을 수립하는 것이다. 이를 간략하게 살펴보면 [그림 15-2]과 같다.[4]

슈라젠바임과 로넌(Schragenbeim and Ronen)[5]은 제약이론의 운용원칙을 활용하여 DBR를 적용하기 위한 3단계를 제시했다. 그는 생산계획을 수립할 때 마다 3단계의 과정이 반복되어야 함을 강조하였다.

---

4) 김병태 · 서도원, 우량기업 로드맵, 도서출판 대경, 2007, p. 271.

5) Schragenbeim, E and Ronen, B., Drum-Buffer-Rope Shop Floor Control, Production and Inventory Management Journal, 31(3), 1990, pp. 18~22.

그림 15-2 DBR의 기본구조

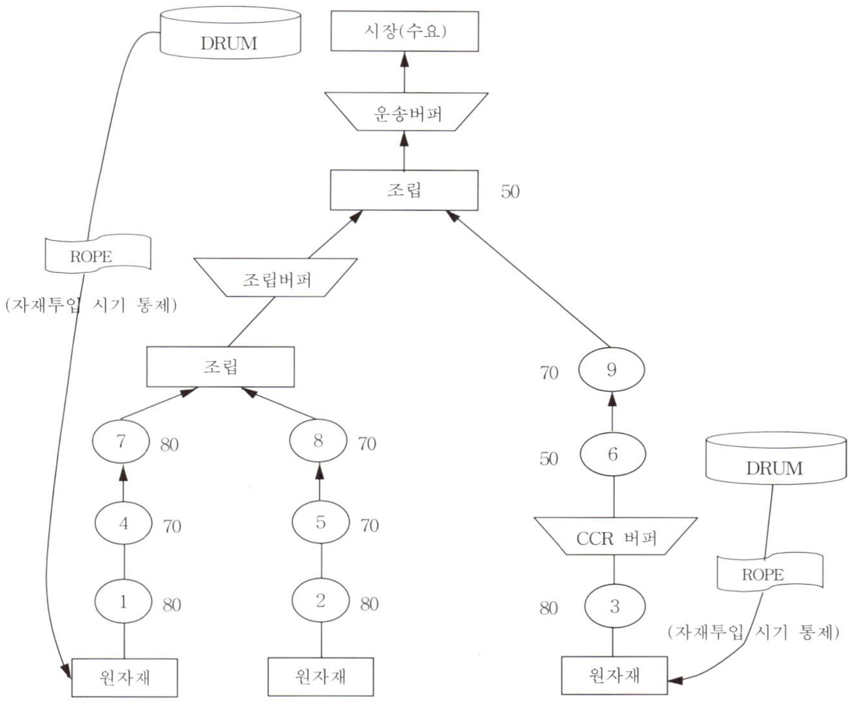

출처: 김병태 · 서도원, 우량기업 로드맵, 도서출판 대경, 2007, p. 271.

첫 번째 제약자원을 찾는 단계이다. 이 제약자원의 일정계획을 드럼(drum)이라고 한다. 두 번째는 버퍼(buffer)의 위치와 크기를 결정하는 단계이다. 세 번째는 앞의 두 단계에 따른 원자재 투입계획을 작성하는 단계이다(rope).

이러한 DBR일정계획 개념을 이해하기 위하여 간단한 예제 문제를 알아보자. 이 문제의 생산시스템은 5개의 공정으로 이루어진 단일 제품을 생산한다. 시장수요는 8개이며 이 생산라인의 생산능력은 시간당 10개라면 제약은 시장수요라고 할 수 있다. 따라서 생산라인은 시장수요의 속도에 맞추어 생산을 해야 함을 의미하고 있다.

[그림 15-3]은 이러한 경우에 DBR를 적용한 예를 보여주고 있다. 먼저 제약인 시장수요를 확인하고, 이 시장수요의 속도는 드럼(drum)이 된다. 제약 앞에는 버퍼가 위치하게 되는데 이 경우는 시장이 제약이기 때문에 출하버퍼

그림 15-3 시장이 제약인 경우 DBR적용 예

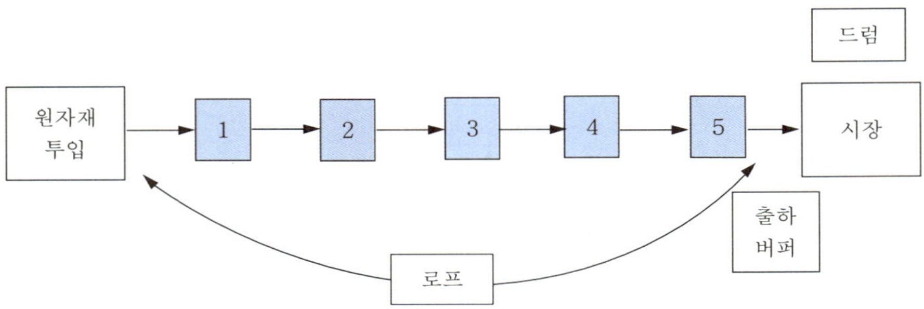

(shipping buffer)가 제약버퍼(constraint buffer)를 겸하게 된다. 생산라인의 변동성을 고려하여 버퍼의 시간길이를 정하여 활용한다. 원자재 투입시기를 결정하는 단계에 로프의 길이를 결정하여 그 길이만큼 제약일정으로부터 상쇄하여 투입시기를 결정한다.

다음으로 제약이 내부 공정에 존재하는 경우의 DBR 적용 예를 알아보자. [그림 15-4]에서 3번 공정이 병목으로써 생산능력을 결정하는 제약자원이 된다. 이 생산라인의 시간당 생산능력은 제약자원의 능력인 시간당 10개이며, 시장수요는 시간당 12개로서 제약이 내부 생산라인에 있음을 볼 수 있다. 시장수요에 비해 생산능력이 작기 때문에 제약자원의 능력을 최대한 보호함으로써 생산능력을 보호해야 한다. 이제 제약자원이 확인되었기 때문에 셋업 최소화 등 제약자원을 최대한 활용하기 위한 방법을 찾아서 제약자원의 생산일정계획 즉 드럼을 결정해야 한다. 이 때 시장수요의 속도 즉 MPS 일정부터 출하버퍼를 고려한 출하와 제약자원간의 포프의 길이를 역산함으로써 제약자원의 일정계획을 산정한다. 생산일정계획이 작성되면 제약자원 앞에 제약자원 버퍼(constraint resource buffer: CCR)를 설치하며, 제약자원에서부터 투입시점까지 로프길이를 산정하여 원자재 투입시기를 결정한다.

버퍼란 불확실성에 대비하여 보유하는 것으로 시간버퍼와 재고버퍼가 있다. 시간버퍼는 제약자원의 일정과 고객납기를 보호하기 위한 것으로 제약자원의 일정을 보호하기 위한 버퍼, 고객납기를 보호하기 위한 출하 버퍼, 제약자원을 통하지 않은 부품이 제약자원을 통과한 부품과 만나 조립되는 지점에 설치하여 제약자원을 통과한 후의 공정흐름을 보호하기 위한 조립버퍼 등이 존

그림 15-4 내부 공정이 제약인 경우 DBR의 예

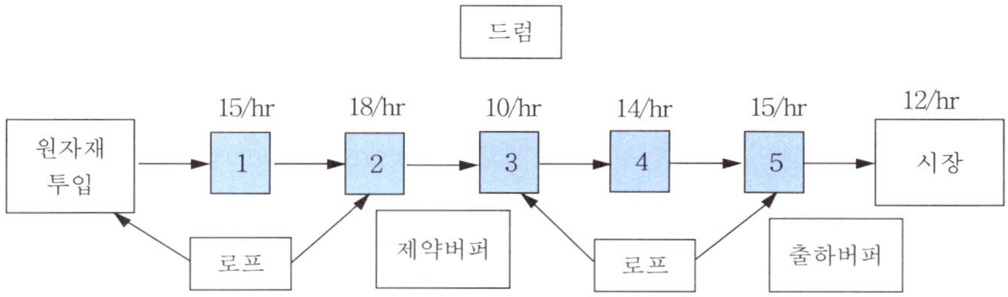

재한다. 재고버퍼는 제품·원자재의 수요의 불확실에 대비한 것으로 유사시에 이용할 수 있도록 확보하고 있는 재고이다. 각 버퍼는 일반적으로 버퍼의 길이를 3등분하여 제약자원의 작업에 가장 근접한 시간대를 신속처리구역(expedite zone), 중간 시간대를 추구구역(track zone), 가장 여유 있는 시간대를 정상구역(normal zone)으로 구분하여 관리한다.

앞의 두 단계에 따른 원자재 투입계획을 작성하는 단계이다. 드럼과 버퍼에 따라 로프(rope)일정을 산정해야 한다. DBR 일정계획에서 "부분적 최적의 합이 전체의 최적은 아니다."라는 명제를 현실화시키기 위하여 <표 15-1>과 같은 9 가지 규칙이 있다.

〈표 15-1〉 골드렛의 생산일정계획 규칙

부분적 최적의 합이 전체의 최적은 아니다
[규칙1]: 공정의 생산능력의 균형보다는 흐름의 균형을 맞춘다.
[규칙2]: 비 애로공정의 이용률은 해당 공정 내부보다는 시스템 내의 다른 제약자원에 의하여 결정된다.
[규칙3]: 자원의 이용성과 활용성은 같은 의미가 아니다.
[규칙4]: 애로공정의 한 시간 손실은 전체 시스템의 한 시간 손실이 된다.
[규칙5]: 비 애로공정의 시간단축은 무의미하다.
[규칙6]: 애로공정이 시스템의 산출량과 재고를 결정한다.
[규칙7]: 단위 이동량과 단위 생산량의 크기가 동일해야 하는 것은 아니다.
[규칙8]: 단위 생산량과 크기는 고정되지 않고 가변적이어야 한다.
[규칙9]: 시스템 상의 모든 제약을 고려해서 일정계획을 수립해야 한다. (우선순위를 결정한다)

2. 제약이론의 발전과정

골드렛(Eliyahu M. Goldratt)은 1980년대 제조업자들이 일정관리와 원재료 및 재고의 통제를 효과적으로 수행하고 있지 않다고 주장했다. 이 문제를 풀기 위하여 골드렛은 크레이티브 아웃푸트(Creative Output)라는 회사의 생산공정에 대하여 생산일정을 수립하였다. 이를 기초로 제한된 설비, 기계, 사람, 도구, 재료, 그리고 생산일정이 계획대로 추진될 수 있도록 다른 제약들을 고려한 소프트웨어를 개발하였다. 이것을 최적생산기술(optimized production technology: OPT)이라고 부렀다. 그 스케줄은 실행 가능하고, 정확하며, MRP 시스템에 의해서 실제 작업에 이용할 수 있었다. 이것은 병목과 비 병목작업 구분에 기초한 일정계획 논리이다.

최적생산기술 일정계획에 대한 논리를 설명하기 위해 골드렛은 다음과 같은 생산일정계획 규칙을 주장했다.

① 공정 생산능력의 균형보다는 흐름의 균형을 맞춘다.

② 비주공정의 이용률은 해당 공정 내부보다는 시스템 내의 다른 제약자원에 의하여 결정된다.

③ 자원의 이용률과 사용하고 있다는 것은 같은 의미가 아니다.

④ 애로공정의 한 시간 손실은 전체 시스템의 한 시간 손실이 된다.

⑤ 비주공정의 시간단축은 무의미 하다.

⑥ 애로공정이 시스템의 산출량과 재고를 결정한다.

⑦ 단위 이동량과 단위 생산량의 크기가 동일해야 하는 것은 아니다.

⑧ 단위 생산량의 크기는 고정되지 않고 가변적이어야 한다.

⑨ 시스템상의 모든 제약을 고려해서 생산일정을 수립 한다(우선순위를 결정한다)

골드렛은 100여개의 대기업에 이 소프트웨어를 설치한 뒤에 그 소프트웨어보다는 접근방법의 로직을 더 열심히 개발했다. 최적생산기술에 대한 확신을 가진 골드렛은 최적생산기술 소프트웨어의 일정계획기법을 알리기 위하여 1986년에 "The Goal"를 출판하게 되었다. 이 책에서 나온 기법을 적용한 기업은 생산성 향상 및 재고감소의 효과를 보았다. 골드렛은 최적생산기술의 기본개념과 측정체계 및 프로세스가 변하면 공급사슬의 최적화를 이룰 수 있다고 생각했다. 그는 연구의 영역을 넓혀서 제약이론으로 발전시켰다. 이것은 많은 경영영역에 적용할 수 있는 문제해결 접근법으로서 인기를 얻었다. 골드렛은 제약이론의 운영원칙을 다섯 단계로 제시하여 경영문제를 지속적으로 개선하려고 시도했다.

제약이론을 도입한 기업들은 도입초기에는 큰 성과를 얻었다. 그러나 시간이 흐를수록 한계에 부딪치게 되었다. 골드렛은 그간의 이론이 생산현장에서의 제약에 따른 문제를 해결해 주었지만, 기업경영 전만에 걸친 비효율적인 업무과정과 정책 등은 해결하지 못했다는 것을 알게 되었다. 따라서 생산현장에서의 제약이 개선될 때마다 급격한 성과를 거두다가 제약이 생산현장 이외로 넘어가면 상황이 악화되는 결과를 낳게 되었다.

제약이론을 적용한 기업은 생산성이 개선되어 같은 일을 더 적은 인원으로 수행할 수 있게 되었다. 그러나 시장 상황이 나빠질 경우 제약이론은 결과적으로 직원을 해고한데 기여했을 뿐이다. 따라서 직원이 해고된 기업은 사기가 떨어지고, 생산성이 저하되고, 납기를 못 맞추어 고객의 불만이 커졌으며, 재무 상황이 나빠지는 등 연쇄적인 반응이 나타났다. 골드렛은 이러한 문제를 해결하기 위해 유형의 제약이 아닌 무형의 제약이 발생할 경우 해결할 수 있는 사고 프로세스를 창안하여 "It's not luck"라는 저서에서 발표했다.

그가 연구한 이론을 바탕으로 골드렛 연구소(www.goldratt.com)는 생산증대, 프로젝트 관리 과정을 가르친다. 이 과정들의 공통적인 특징은 골드렛의 제약이론 개념이다. 동시생산(synchronous manufacturing)의 개념은 골드렛 연구에 기초를 이루는 것은 이다. 제조공정이 동시화 되었을 때, 그것은 생산인력 또는 기계 활용과 같은 지엽적인 것이 아니라 전체 시스템의 성과에 초점을 맞추고 있다는 것을 뜻한다.

제 2 절 제약이론의 역할

제약이론은 시스템의 개선활동이며, 이는 전체적으로 시스템 사고를 따른다. 시스템 사고는 목표중심, 상호작용 인정, 환경적응의 3가지 특성을 지니고 있다. 제약이론의 운용원칙은 시스템제약에 집중하여 타성을 버리고 전체 최적화를 도모한다. [그림 15-5]는 제약이론이 제약이론의 운용원칙을 통하여 사고 프로세스와 생산정보 시스템 그리고 성과측정방법을 유기적으로 작용하여 생산일정계획을 효과적으로 수립할 수 있는 방향을 제시할 것이다.

그림 15-5 제약이론의 구성요소

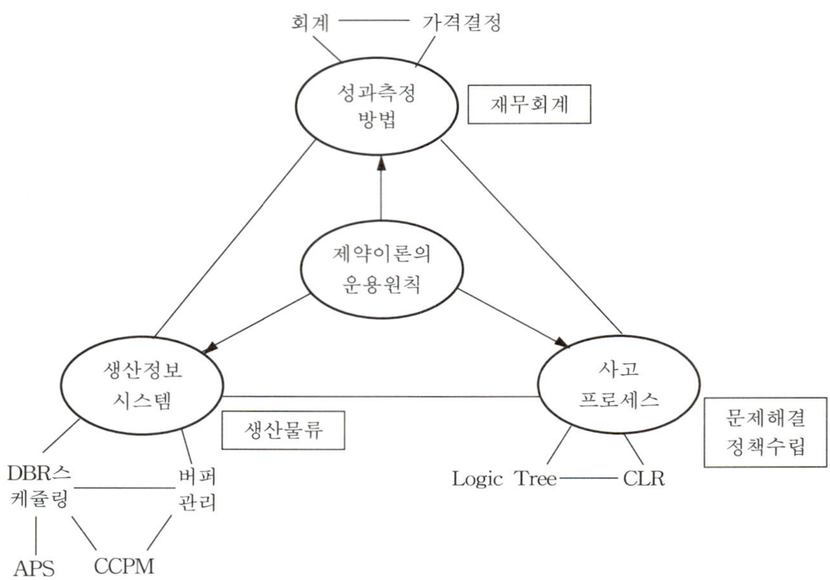

1. 사고 프로세스

1.1 사고 프로세스의 기본원리

제약이론의 운용원칙을 생산 시스템에 적용하면 운영과 이익에서 상당한 개선의 성과가 있을 것이다. 그러나 이러한 지속적 개선의 과정은 생산 시스템으로부터 시장에까지 연결해야 한다. 이럴 경우, 제약요소는 실체적 제약이라기보다 관리적·정책적 제약일 수도 있다. 일반적으로 정책적 제약은 파악하도 어렵고, 평가하기는 더욱 어렵다. 그러기 때문에 여러 관련영역들의 참여와 협력을 필요로 한다. 따라서 사고 프로세스란 정책적 제약에 접근하여 상식, 직관적 지식, 그리고 논리를 이용하여 획기적인 해결방안을 창출하는 보편적 접근법이라고 할 수 있다.

제약이론의 사고 프로세스는 문제해결에 이용되는 논리적 분석을 위한 도구 및 기법들을 가진 지식체계이다. 이 도구들은 논리적 사고도구(thinking tools)로 독자적인 상황에서 사용될 수 있고, 변화의 대상, 변화의 방향, 그리고 변화의 방법 등에 관한 질문에 답을 하기 위한 종합적 문제해결 방법론으로서 함께 이용된다.[1)]

제약이론의 목적은 합리적으로 토론될 수 있는, 서로의 감정을 상하지 않게 문제가 제기될 수 있는, 그리고 상황의 이해를 잘 반영하여 수정될 수 있는 형태로 직관(intuition)을 바꾸는 것이다.

사고 프로세스는 인과관계와 필요조건이라는 두 가지 기본 요소로 이루어져 있다. 예를 들어 "직무성과가 높으면 직무만족도 높아진다."라는 것은 "만일 A이면, B이다"라는 인과관계를 설명한 것이다. 그러나 A이면 B인가를 다져본다면, 예를 들어 직무성과는 높아도 직무 정체성(job identity)이 없다면 직무만족도가 높다고 할 수 없을 것이므로, 반드시 A이면 B야 한다는 충분조건은 성립하지 않는다. 이러한 식으로 "만일 A이면 B이다. 왜냐하면 ....(If A, then B, because.....)"이라고 문제점을 분석하고 이 중에서 논리적으로 맞지 않는 부분과 개선할 부분을 찾아가는 것이 사고 프로세스의 기본원리이다.

사고 프로세스 도구의 핵심에 있는 충분성의 논리와 필요성의 논리에 대해서 설명한다.

충분성의 논리(sufficiency logic)는 "조건-결과-원인(If .., then .., because...)"으로 구성된다. 충분성 논리의 연계는 결과에 대한 전제조건이 세 가지라면 "조건-조건-조건-결과(If ..., and if ...., and if ...., then ....)"로 구성된다. 그리고 필요성의 논리(necessity logic)는 흔히 요구되는 결과와 연관된 요구조건이나 전제조건을 기술하기 위해서, "...하기 위해서는, ...해야 한다(in order to ..., we must ....)"의 형태를 취한다. 필요성의 논리에 기초를 둔 연계는 흔히 "이유(because)"로 확장될 수 있다. 이는 B를 갖기 위해서는 A를 가져야만 한다고 느끼는 이유의 근거가 되는 믿음이나 조건을 노출시키기 위한 매우 강력한 매카니즘이다.

이러한 두 가지 논리적 개념을 바탕으로 하는 사고 프로세스는 "조건-결과(If-thens)"나 "목적-당위(in-order-to, we-musts)"가 의미의 존재유무에 대한 본질적 이해를 낳고, 실제적으로 모든 이유나 조건이 "굳게 결속되어 있을" 것이라는 사실을 인식함으로써 의사소통이 용이하며, 심사 및 수정을 거침으로써 강력한 힘을 얻고 있다.

또한 사고 프로세스는 결과-원인-결과(effect-cause-effect)의 방법을 통해

1) http://focusedperformance.com/toctp1.html

서 도움을 얻을 수 있다. 이 방법은 나타난 결과를 보고 가상 원인을 설정한 다음, 또 다른 두 번째 결과가 확인되면 그 조건이 옳은 것이라고 판단한다. 이 방법은 조건 확인 과정의 반복을 통하여 어떤 법칙을 발견하고, 핵심 원인이나 문제점을 발견하게 된다. 이 방법은 핵심 문제를 찾는 기법에 그치는 것이 아니다. 핵심문제를 찾는 과정에서 우리는 확신을 갖게 되고 이러한 과정들은 논리 나무로 표현해 놓으면 다른 사람을 설득할 수 있는 큰 힘이 된다. 우리는 이 방법으로 제약을 찾을 수 있으며, 특히 잘 나타나지도 않고 이곳저곳 옮겨 다니기 쉬운 정책제약을 찾는데 큰 효과를 볼 수 있다.[2)]

1.2 사고 프로세스의 단계 및 도구

제약이론은 시스템에 내재되어 있어 잘 드러나지 않는 정책요인을 파악하는 방법과 논리적 사고과정의 틀을 제시하고 있다. 앞에서 제시한 제약이론의 운용원칙은 물리적인 제약요인을 찾아 시스템을 개선하는데 유용한 내용이라면, 문제해결방법론으로서의 논리적 사고의 틀은 정책적 제약요인의 파악과 해결을 위한 도구라고 할 수 있다. 이러한 논리적 사고 프로세스는 3단계로 나눌 수 있다. 이 프로세스는 시스템 개선을 위해서 변화의 대상(무엇을 바꿀 것인가?), 대상의 방향(어떤 모습으로 바뀌어야 할까?), 변화의 방법(이를 어떻게 실현할까?) 라고 하는 과제에 대해서 구체적인 방법을 제공하는 것으로 서로 연계적인 관련성을 지니면서 전체가 하나의 통합된 사고의 틀로 제시하고 있다.[3)]

이러한 3단계 사고 프로세스를 수행하기 위한 도구는 현장분석도, 모순해소도, 미래상도, 전제조건체계도 및 변화전개분석도 등 다섯 가지가 있다.

1.2.1 변화의 대상

제약조건이 어디에 있는가를 발견하는 단계이다. 즉 무엇이 핵심문제인가를 찾는 단계이다. 이것은 현재의 상태를 결과-원인-결과로 분석함으로써 제약조건을 찾아내는 것이다. 제약이론에서는 이를 체계적으로 분석하기 위하여 현상분석도(current reality tree: CRT)를 이용한다. 현상분석도는 현재 시스템의 문제를 묘사하는 나무모양의 그림을 통해 핵심문제를 찾아내는 것이다. 즉, 현실에서 관찰된 부정적 결과(undesirable effect: UDE)로부터 시작하여

2) 김병태, 서도원, 우량기업 로드맵, 도서출판 대경, pp. 274~297.

3) Detmer, H. W., Breaking the Constrains to World-Class Performance, ASQC Quality Press, 1998

"조건-결과(If-Then)" 형태의 핵심문제를 찾는 일련의 과정이다. 이 과정에서 문제의 관련자들 간의 의사소통과 핵심문제에의 집중이 중요하다.

[그림 15-6]은 현상분석도를 통하여 현재 문제시되고 있는 바람직하지 못한 현상들의 상호 인과관계를 검토함으로써 소수의 요인인 핵심문제(제약요인)를 찾아내어 이 문제에 대한 집중적인 개선책을 마련할 수 있게 해주는 것이다. 이는 전통적으로 사용되고 있는 현상분석(As-Is)의 개념과 유사하다고 볼 수 있다. 다만 전통적인 현상분석에서는 현재의 바람직하지 못한 문제점들을 나열하는 것이 일반적인데 제약이론의 현상분석도에서는 이들 바람직스럽지 못한 현상들 상호 인과관계를 논리적으로 검토함으로써 근본적인 요인을 파악하도록 한다는 점에서 차이를 보이고 있는 것이다. 단, 이 분석도에서 직사각형(▭)은 인과관계의 성립을 위해 추가된 인과결과를 나타내며, 타원형은 복수의 원인이 동시에 작용함을 의미한다.

현상분석도는 다음과 같은 단계를 거쳐 작성된다.

- ✦ 부정적 결과의 목록을 작성한다.
- ✦ 인과관계가 분명한 부정적 결과들을 연결한다.
- ✦ 제2단계를 모든 부정적 결과들이 인과관계로 완전히 이어질 때까지 계속한다.

그림 15-6 현상분석도

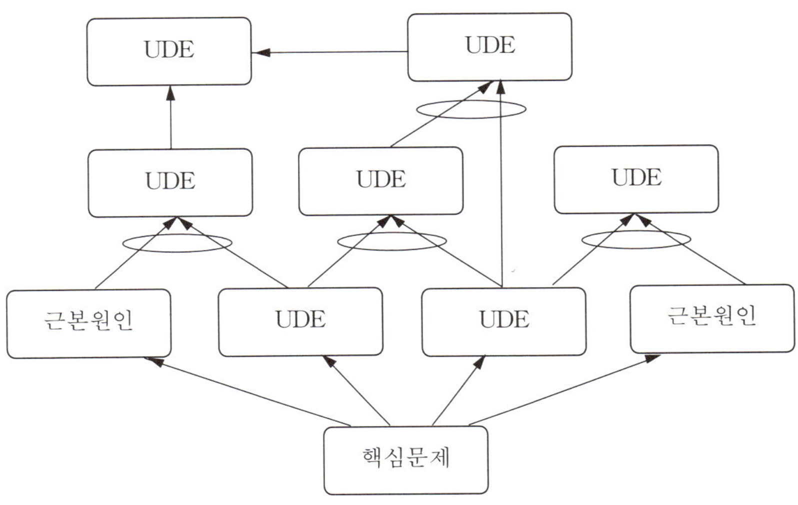

- ✦ 현상분석도가 완성되면 그림의 밑에서부터 위의 방향으로 읽어서 모든 부정적 결과사이의 인과관계가 분명한지를 다시 한 번 확인한다.
- ✦ 핵심문제(core problem) 즉, 근본원인(root cause)을 찾는다.

1.2.2 변화의 방향

변화의 대상에서 발견한 현재의 핵심문제를 극복할 수 있는 방법과 개선 후의 이상적인 모습을 찾아내는 것이다. 이를 찾는 도구로는 갈등해결탐색도와 미래상분석도가 있다.

1) 갈등해소도

현상분석도를 통해 핵심문제를 찾았다면 해결방법은 거의 찾은 것이나 다름없다 그러나 근본적인 문제를 찾아내었다 하더라도 핵심문제를 이루고 있는 문제들이 서로 갈등을 이루고 있다면 해결책을 찾는 것은 쉽지 않다. 이러한 갈등에는 요구조건과 전제조건을 연결하는 연결고리가 있는데 이러한 연결고리에는 보이지 않는 조건이 존재한다. 여기서 이러한 조건을 통하여 서로의 연결고리를 끊는다면 문제는 해결된다. 이러한 구조로 갈등의 문제를 해결하는 것을 [그림 15-7]과 같은 갈등해소도(conflict resolution diagram: CRD)

그림 15-7 갈등해소도

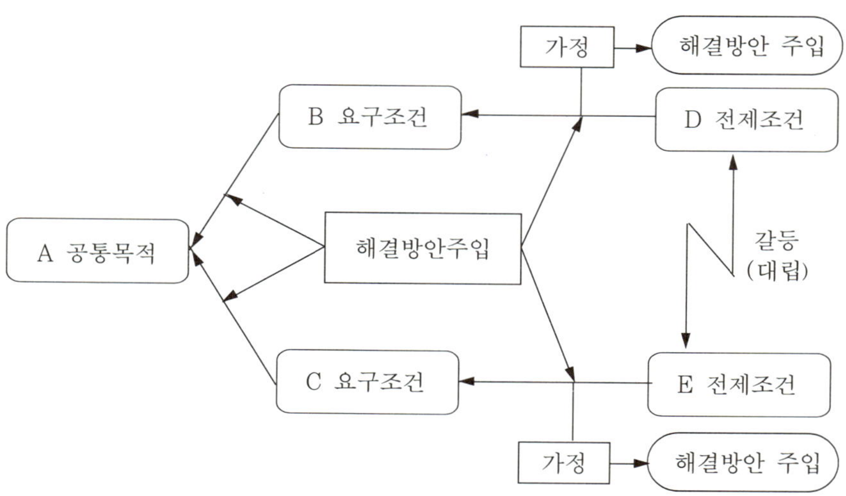

이다. 또한 이것을 구름발산도(evaporating cloud: EC)라고도 한다. 여기에서는 의혹, 불만, 장애, 난관, 비애와 같은 요소들을 찾아서 해결하는 것이다.

[그림 15-7]에서 공통목적A를 성취하기 위해서는 요구조건B와 C가 있어야 하고, 요구조건B와 C를 해결하려면, 전제조건D와 E가 충족되어야 한다. 그러나 전제조건 D와 E는 갈등관계에 있다. 갈등해소도는 다음과 같은 절차에 따라 작성한다.

- ✦ 문제의 근본원인인 잠재적 대립을 발견한다.
- ✦ 그 갈등을 초래하는 유효하지 않은 조건을 찾아낸다.
- ✦ 양측이 모두 승리할 수 있는, 즉 갈등을 해소하는 타개책을 제안한다.
- ✦ 변화의 방향을 결정한다.

2) 미래상분석도

미래상분석도(future reality tree)는 갈등해소도를 통해서 파악된 핵심문제가 해결되면 그에 따라 나타나게 될 현상들에 대한 체계도로서 그 모양은 [그림 15-8]에서 예시한 것과 같이 현상분석체계도와 유사하지만 구성 내용을 보면 현상분석체계도와 반대되는 것들로 이루어지게 된다. 즉 근본적인 문제

그림 15-8 미래상분석도의 예

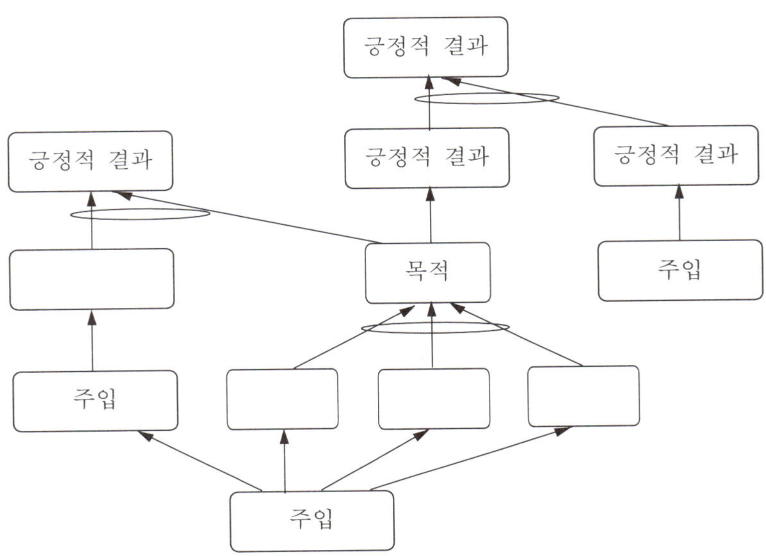

가 해결되고 나면 그에 따라 여러 현상들이 일련의 인과관계를 이루면서 유발되게 됨으로 현상분석체계도에서 나타났던 바람직하지 못한 현상(UDE's)들이 바람직한 현상(desirable effects)으로 바뀌게 되는 것이다. 이런 관점에서 보면 현장의 혁신활동과정에서 흔히 사용되고 있는 향후의 모습(To-Be) 그림과 같다고 볼 수 있다.

미래상분석도는 핵심문제해결을 위해 취하게 되는 조치에 대한 타당성을 사전에 논리적으로 검토해 볼 수 있도록 해주고, 아울러 그러한 개선조치에 따른 새로운 부작용의 발생가능성에 대해서도 짚어 볼 수 있는 유용한 도구로 활용할 수 있을 것이다.

미래상분석도의 목적은 현상분석도에서 발견된 부정적 결과들을 긍정적 결과들로 변화시키기 위한 방법에 관한 비전을 전달하는 것이다. 작성방법은 현상분석도와 마찬가지이다.

1.2.3 변화의 방법

달성하려는 목표를 명확히 하고, 전략실행에서 집단의 노력을 동시화 하는 세부계획 및 전술을 개발한다. 이 과정을 추진함에 있어서 합의와 협력이 필수적 이다. 현실을 개선하는데 가장 큰 장애는 구성원들이 변화를 싫어하는 성향이다. 이를 극복하기 위해 목표에 대한 공감대를 형성하고, 변화에 대한 공감대를 통하여 적극적이고 주체적으로 개선을 추진할 수 있도록 유도하여야 한다. 이를 위해 전제조건분석도, 변화전개분석도 등을 이용할 수 있다.

1) 전제조건분석도

앞에서 설명한 분석들을 이용하여 핵심적 문제가 파악되고 그에 대한 일련의 해결책들에 대한 타당성이 검토되고 나면 전제조건분석도(prerequisite tree: PRT)를 통하여 그러한 해결책들을 실행하는데 반드시 갖추어야 할 사항들에 대한 검토를 하게 된다. 여기서는 핵심문제를 해결해 나가는 과정에 예상되는 장애요인([그림 15-9]의 육각형 모양으로 표시된 부분)들도 살펴보고 이를 극복하기 위한 조치사항 및 이들의 우선순위 등에 대해서 검토할 수 있게 해 주므로 "어떻게 변화시켜 나갈 것인가"라는 과제에 대하여 도움을 주는 도구라고 할 수 있다.

2) 변화전개분석도

변화전개분석도(transition tree: TRT)는 목표달성을 위하여 취해야 할 구체적인 일련의 조치사항들을 체계화하는 것으로 필요한 활동의 단계적 순서

그림 15-9 전제조건분석도

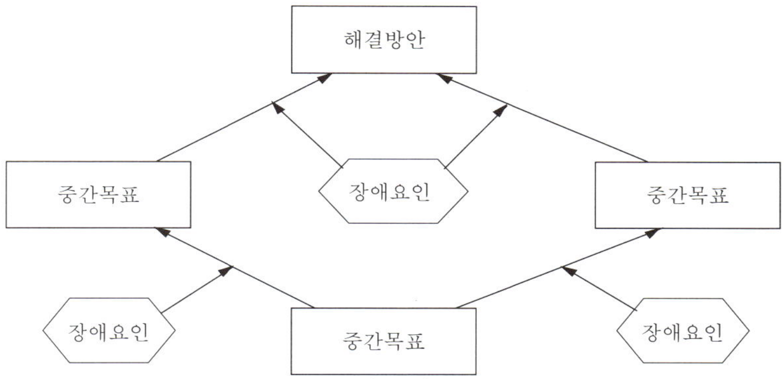

와 이들 활동이 그 단계에서 취해져야만 하는 논리적 타당성에 대해서 정리하는 도구이다. [그림 15-10]의 예시에서와 같이 오른편의 사각형에 있는 것이 단계별 조치사항들을 나열하고 왼쪽의 팔각형 모형 및 가운데 부분은 각 단계에서 일어나는 현상 및 요구사항들을 나타냄으로써 단계별 조치사항의 당위성이 논리적으로 설명되도록 하는 것이다. 이러한 조치사항들에 대한 논리적 타당

그림 15-10 변화전개분석도

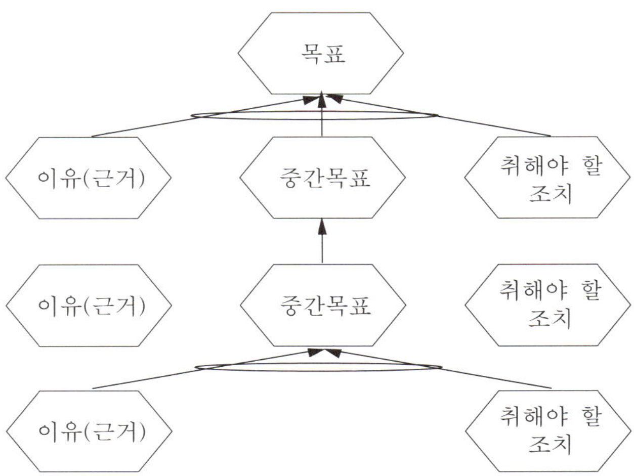

성은 조직구성원들에 대한 설득자료로 매우 유용하게 활용될 수 있는 것이다.

부정가지단서는 미래분석도에 나타나는 목표를 달성하는데 제약요인으로 작용하는 잠재적인 영향들을 발견하는 과정이다. 일반적으로 조직은 변화를 싫어하기 때문에 이런 과정 속에서 발생하는 문제점을 명확히 정의하여야 한다. 전제조건분석도는 목표를 달성하기 위한 영향을 주는 요소들의 이상적인 형태를 나타내는 도구이다. 변화전개분석도는 전제조건분석도에서 나타나는 이상적인 형태로 활동하기 위해 필요한 요인을 찾아내는 도구이다.

이상에서 기술된 현상분석도, 갈등해소도, 미래상분석도도, 전제조건분석도 및 변화전개분석도는 문제의 범위가 넓고, 여러 분야에 관련이 되는 복잡한 상황일 경우에는 모두 사용하여 전체가 상호 연계되도록([그림 15-11]참조) 체

그림 15-11 분석도간의 통합적 연계관계

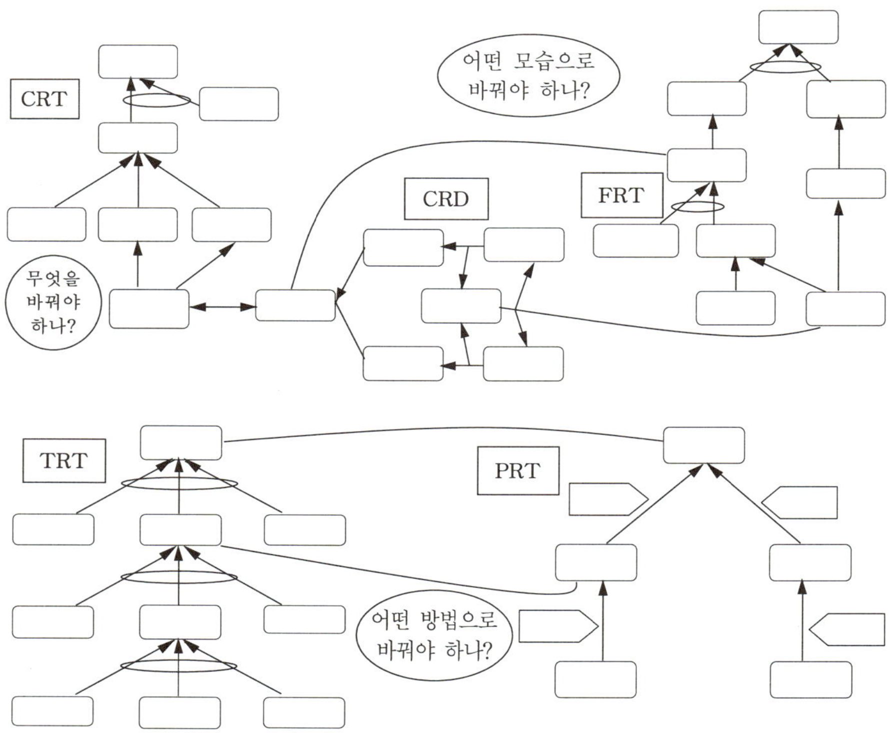

출처: Dettmer, H. W., Goldratt's Theory of Constraints, ASQC Quality Press, 1997

계적으로 접근함이 바람직하고, 그 외의 경우에는 각 분석도를 독립적으로 활용하여도 유익한 결과를 얻을 수가 있다.

2. 생산정보 시스템

생산정보화란 정보기술을 활용하여 생산현장에서 발생하는 정보를 수집·분석하고, 생산공정을 제어·감시하며 경영자 및 작업자의 의사결정을 지원하는 현장의 정보화를 의미한다. 이러한 개념은 생산정보를 위해 활용되는 정보시스템을 생산정보시스템으로 정의할 수 있다. 생산정보시스템은 제약이론에서도 중요한 역할을 한다.

제약이론에서 추구하는 생산정보 시스템은 시스템 구조의 상위에 여러 가지 상황에 대한 의사결정을 할 수 있는 기능이 있다. 이 기능을 효과적으로 활용하기 위해서는 현재와 미래의 제약을 찾는 방법이 필요하고, 시뮬레이션화된 여러 가지 상황에서 제약을 찾는 방법이 필요하다. 그래서 정보시스템은 시뮬레이션 기능이 핵심이고 기초가 되며 이것은 곧 일정계획의 역할이다.

제약이론은 일정계획을 매우 중요한 영역으로 간주한다. 제약이론 생산정보 시스템에서 일정계획과 버퍼관리가 의사결정과 데이터 시스템 중간에 위치하면서 상호작용을 한다.

DBR은 최적생산기술에서 발견된 제약공정 중심의 일정계획으로 제약이론의 운용원칙이 개발되는 단서가 되었다. 이것은 제약공정의 자원능력이 유한하다는 것을 감안하므로 기존의 MRP나 PERT/CPM과 같은 무한 자원 일정계획과 근본적인 차이가 있다. 버퍼관리는 불확실성에 대비하여 재고수준을 관리하는 것을 말한다. 이는 제약공정, 조립공정, 완제품 창고를 중심으로 버퍼위치를 지정하고 모니터링 하는 것이 주 기능이다.

3. 성과측정방법

골드렛은 기업의 목표에 관하여 단순한 생각을 가지고 있다. "기업의 목표는 돈을 버는 것이다."[4] 골드렛은 조직이 비록 여러 가지 목적을 가진다고 하더라도 이것은 기업의 오랜 생존에 확실한 보증 내지는 대안이 될 수 없다고

4) The goal of a firms is to make money

말한다. 그것은 목표 그 자체가 아니라, 목표를 얻기 위한 수단일 뿐이다. 만약 기업이 돈을 벌려고 한다면, 그리고 그것이 전부라면, 기업은 기업 목표에 그것을 반영할 것이다.

기업의 성과를 정확하게 측정하기 위해서는 두 가지 측정기준이 사용되어 야 한다. 하나는 재무적 관점의 척도이고, 다른 하나는 운영적 관점의 척도이다.

3.1 재무적 측정기준

돈을 벌 수 있는 기업의 능력을 측정하는 세 가지 도구는 다음과 같은 것들이 있다.

1)순이익-화폐가치를 통한 절대적 기준

2)투자이익률-투자규모를 고려한 상대적 기준

3)현금 흐름-생존 기능성 기준

이 세 가지 기준들은 반드시 함께 사용해야 한다. 예를 들어, 천만 원의 순이익은 하나의 기준으로는 중요하지만, 그것은 우리가 그 천만 원을 산출시키는데 얼마를 투자했는지를 알기 전까지는 아무 의미가 없다. 만약 투자비가 1억 원 이였다면, 이것은 투자 대비 10%밖에 얻지 못할 것이다. 현금 흐름은 하루하루 경영에 필요한 비용지불에 필요함으로 중요하다. 현금 없이는 기업은 아무리 기초 회계가 건전하다 해도 파산할 수 있다.

기업이 제약이론 측정치를 목표로 활동하는 것이 과연 순이익, 투자수익률, 현금유통 등 통상적인 기업의 성과 평가치를 모두 향상시키는 것인가? 다음 계산식을 보자.

순이익 = T - OE

투자수익률 = (T - OE)/I

앞의 계산식에 사용된 용어들, 즉 산출(Throughput: T), 재고(Inventory: I), 운영비용(Operating Expense: OE)은 순이익, 투자수익률, 그리고 보유현금을 늘리기 위한 의사결정과 안전히 일치한다. 이들에 대해서는 다음 운영적 측정기준에서 설명한다.

3.2 운영적 측정기준

재무적 기준이 높은 수준을 유지하여도 그것은 운영적 수준으로 사용될 수 없다. 새로운 종류의 측정기준이 필요하다. 제약이론은 기업의 경영활동에 대한 새로운 성과측정 방법을 제안한다. 기존의 원가시스템은 시스템사고를 반영하지 못하지만 제약이론 측정치는 기업의 모든 활동들이 유기적 관계를 갖고 있다는 시스템사고를 반영한다. 제약이론에서 성과측정을 나타내는데 사용되는 것은 산출, 재고, 운영비용을 사용 한다.

1) 산출(throughput: T)

조직이 판매에 의해 자금을 창출하는 비용, 여기서 주목할 것은 생산이 아니라 판매에 의한 자금 창출이라는 점이다.

산출은 특히 판매된 물품으로 정의된다. 최종제품의 재고는 산출이 아니고 재고이다. 산출은 실제로 판매가 이루어져야 한다. 특히 물품이 팔릴 것이라는 착각 아래 시스템이 계속적으로 생산하는 것을 예방하는 방법으로 정의된다. 산출이 아닌 생산은 단순히 비용을 상승시키고, 재고를 쌓이게 하고, 현금을 소비한다. 현재 보유중인 재고는 재고가 포함하고 있는 원재료의 가격만으로 평가된다. 노동비용과 기계 가동 시간은 무시된다.

2) 재고(inventory: I)

판매 목적의 구매품에 투자한 자금, 투자란 말도 같은 의미로 쓰인다. 이 정의는 일반적인 의미와 다른데 재공품에 투입된 노무비, 간접경비 등을 포함시키지 않는다.

폭스와 골드렛은 재고를 생산부서에 대출된 것으로 제안하고 있다. 대출의 가치는 재고의 일부인 구매된 품목들에 근거한다. 재고는 원자재 비용으로 취급되었고 이는 제품으로부터 어떠한 회계관련 부가가치가 없는 경우를 말한다. 만일 재고가 생산부서에 대한 대출로서 유지된다면, 얼마나 오랫동안 대출할 것인지에 대한 측정방법이 필요하게 된다. 이러한 측정방법 중의 하나가 달러 데이(dollar days)이다. 이 측정방법은 'dollar days'의 개념으로, 이것은 재고의 가치와 특정지역에 머물렀던 시간을 측정하는 방법이다. 이 방법을 사용하기 위해서는 단순히 부서에서 재고가 사용되었던 시간에 따라 재고의 가치를 곱하기만 하면 된다.

3) 운영비용(operating expense: OE)

재고를 산출로 바꾸기 위해 시스템이 사용하는 모든 자금, 여기에는 직접 노무비는 물론이고, 경영진, 컴퓨터, 비서에 지출된 비용도 포함된다.

운영비용은 생산비(직접노동, 간접노동, 재고유지비용, 장비감가상각비, 그리고 생산에 사용되는 재료와 공급물자와 같은)와 관리비용을 포함한다. 중요한 차이점은 직접노동과 간접노동의 분리가 필요 없다는 것이다.

기업의 목표는 세 가지 측정도구를 동시에 그리고 계속적으로 관리하는 것이다. 이것은 기업이 돈을 버는 목표를 달성할 수 있도록 도와주는 것이다. 운영적 관점에서 보면 기업의 목표는 "재고와 운영비용을 줄이는 동시에 산출을 증가시키는데 있다."[5)]

제 3 절 제약이론의 응용

제약이론의 종합적 구도 중에서 경영철학 내지 사상으로서의 기본개념, 문제해결방법론 차원인 논리적 사고의 틀에 대해서 기술하였는데 이 절에서는 제약이론의 응용에 대하여 설명하고자 한다.

제약이론은 생산의 스케줄링 문제를 해결하는 과정에서 최적생산기술이라는 이름으로 등장하게 되었다. 그 후 점차 경영관리의 사상 및 철학으로 그리고 과학적이고 논리적인 사고과정으로 발전하여 [그림 15-12]와 같이 그 적용

그림 15-12 제약이론의 응용분야

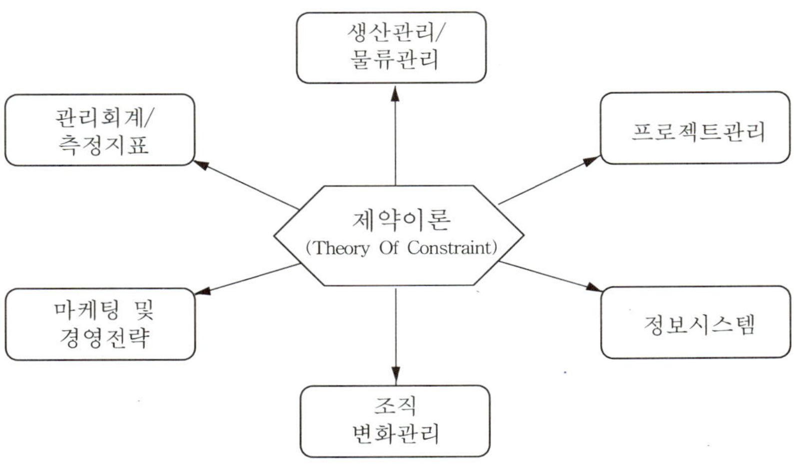

5) The goal of the firm is to increase throughput while simultaneously reducing inventory and reducing operating expense

분야가 생산관리 및 물류관리, 프로젝트관리 및 측정지표, 마케팅 및 경영전략, 정보시스템 및 조직변환관리 등의 영역으로 확대되어 가고 있다.[6]

1. 생산 · 물류관리

제약이론의 응용분야 중에서 가장 많이 응용되는 분야가 생산·물류관리 부문이다. 이는 일정계획 분야에서 제약이론의 기본 개념이 파생되어 발전했기 때문이라고 볼 수 있다.[7] 생산라인은 여러 공정으로 구성된 생산시스템이다. 이 시스템의 산출율은 시스템을 구성하는 공정들 가운데 병목공정에 의해서 결정된다. 제약이론에서의 일정계획은 병목공정을 중심으로 문제를 해결해 나가는 접근법이다.

제약이론의 기본사상인 최적생산기술의 원칙은 일정계획을 수립할 때 응용할 수 있는 개념들이다. 여기서 특히 주목할 것은 병목공정과 비 병목공정을 구분하여 원칙을 제시하고 있다는 점이다. 병목공정에서 한 시간의 손실은 곧 시스템 전체의 한 시간의 손실과 직결되고, 비 병목공정에서의 한 시간의 절약은 시스템 전체의 관점에서는 아무런 의미가 없다고 강조하고 있다. 즉 시스템 전체 의 최적화를 위해서는 비 병목공정에서의 부분최적화가 아니라 병목공정에 초점을 맞추어야 한다는 점을 지적하고 있다. 시스템 전체의 최적화를 위해서는 병목공정이 최대한 능력을 발휘할 수 있도록 병목공정에서는 적절한 버퍼(buffer)가 확보되어야 하고, 비 병목공정에서는 이 버퍼를 채워 줄 수 있도록 종속시켜서 운영되도록 하는 것이 중요하다.

이러한 개념에 입각해서 제약이론에서는 DBR을 응용개념으로 제시하고 있다. DBR의 개념은 시스템의 제약요인인 병목공정의 속도가 전체 시스템의 속도가 되도록 드럼을 치게 하고, 이에 맞추어 생산라인의 초기공정에서 원재료가 투입되도록 로프를 엮어 통제함으로써 병목공정의 속도가 비 병목공정을 종속시켜야 한다는 것이다. 그렇게 함으로써 병목공정 앞에서 적절한 버퍼가 확보될 수 있게 되어 병목공정에서 투입자재의 품절로 인해 유휴시간을 없앨 수 있게 된다는 것이다.

이상과 같이 병목공정을 중심으로 생산라인을 운영하게 되면 전체 시스템

6) 강성룡, TOC의 개념과 응용에 관한 연구, 충북대학교 산업과 경영 제 16권 제2집, 2004. pp. 35~60.

7) Schragenhein, E. and B. Romen, "Drum-buffer-rope shop floor control," Production and Inventory Management Journal, 3rd Quarter, 1990, pp. 18~22.

이 동시화생산체제(synchronized manufacturing system)가 될 수 있다. 즉 병목공정 이전의 선행공정들은 병목공정의 효율적 가동을 지원하기 위한 일종의 풀 시스템(pull system)으로 운영이 되고, 병목공정의 후속공정에서는 병목공정에서 나오는 대로 작업을 처리하게 되는 푸쉬 시스템(push system)으로 운영이 되는 것과 같이 된다. 이런 측면에서 병목공정의 일정계획은 곧 주일정계획(master production schedule: MPS)의 역할을 하게 되는 샘이 된다.[8] 이렇게 DBR은 전통적인 생산관리에서 발생되는 설비능력의 균형화(capacity balance)의 개념 보다 시스템 전체 관점에서 물류의 균형화(flow balance)의 개념을 강조함으로써 다품종 생산 시스템의 복잡한 일정계획 문제와 물류의 복잡성을 단순화시켜 효율성의 향상을 추구하는 개념이라고 할 수 있다.

2. 프로젝트관리

프로젝트관리기법은 생산현장에서 오래 동안 연구와 노력을 해 왔음에도 불구하고 프로젝트의 지연, 예산초과, 목표에 미달하는 성과 등과 같은 문제점들이 반복되는 경우가 자주 있다.

이러한 프로젝트관리 문제를 해결하는 과정에 제약이론의 이론을 적용하면 근본적인 문제점을 파악할 수 있으며, 또한 이에 대한 해결책을 강구할 수 있을 것이다. 이 문제를 해결할 수 있는 것이 “Critical Chain”이다. 즉 프로젝트를 구성하는 평가지표의 문제(measurement problem)와 프로젝트 과업활동을 수행에서 발생되는 불확실성(Murphy's Law)에 대한 비효율적인 관리가 그 근본요인들이다. 핵심적 체인 스케줄(critical chain schedule)은 이어한 문제를 풀어줄 중요한 개념이다. 이 가운데 평가지표와 관련된 내용은 다음에 기술하는 관리회계부문에의 응용개념에서 설명하기로 하고, 여기서는 핵심체인 스케줄에 대해서 설명하기로 한다.

핵심체인 스케줄의 개념도 제약이론의 운용원칙의 개념을 응용하고 있다. 프로젝트는 많은 활동과제들로 구성되어 있고, 이 활동과제들은 프로젝트 전체의 성과에 지대한 영향을 미친다. 이러한 성격을 지닌 과제들의 연쇄적인

---

8) Gardiner, S., J. H. Blackstone Jr. L., R. Gardiner, “Drum-buffer-rope and buffer management: impact on production management study and practices,” Int 1, Journal of Operations & Production Management, Vol. 13, No. 6, pp. 68~75.

관계를 핵심체인 이다.

이 핵심체인은 생산관리의 일정계획에서 병목공정 또는 제약공정과 같은 성격을 지닌 것이다. 따라서 효과적이고 효율적인 프로젝트관리를 위해서는 다음과 같은 절차를 밟는 것이 필요하다.

첫째, 주요 과업들로 이루어지는 핵심 체인이 어디인지를 파악해야 한다. 둘째, 이 핵심체인의 활동과업이 제 때 수행될 수 있도록 상세한 스케줄을 작성하여 관리해야 한다. 셋째, 핵심체인 상의 활동들이 지연되지 않게 보호하면서 다른 활동들은 종속적으로 관리되어야 함을 강조하고 있다. 이는 제약이론의 운용원칙 절차에서 제약요인이 최대한 활용될 수 있도록 다른 요인들은 종속적으로 통제하라는 것과 상응하는 개념이다. 여기서 핵심체인 상의 활동들이 제대로 이루어지도록 하기 위해서 선행 작업들과의 관계(precedence buffer) 뿐만 아니라 그 활동들에 필요한 자원(resource buffer)도 고려하면서 적절한 버퍼가 확보되도록 함을 의미한다. 선행 작업의 지연이나 필요자원의 준비미비로 핵심체인 상의 활동들이 지연되어서는 안 되기 때문이다.

이와 같이 핵심체인 스케줄 개념의 골격은 문제해결을 위한 5단계 집중화 과정을 따르고 있음을 알 수 있다. 다만 5단계 과정 중에서 네 번째의 제약요인 확충과 다섯 번째의 반복과정은 생략되고 있는데, 그 이유는 보편적으로 프로젝트가 반복되기 보다는 일회성의 성격을 지니기 때문이다. 한편 이 핵심체인 스케줄의 개념은 앞에서 설명한 DBR의 개념과도 그 맥을 같이 하고 있음을 알 수 있을 것이다.

이상에서 설명한 핵심체인과 전통적인 주공정(critical path)의 차이점을 알아보면 다음과 같다.

첫째, 핵심체인의 개념은 핵심적으로 관리되어야 할 활동들이 서로 독립적인 것들이 아니고 상호종속적인 관계로 인식되고 있다는 점이다.

둘째, 여유시간이 각 활동별로 분산되도록 하는 것보다는 주요 시장별 버퍼관리(buffer management)를 함으로써 불확실성에 관련된 문제를 해결하는 접근법을 택하는 것도 전통적인 프로젝트관리 기법과 다른 점이라고 할 수 있다.

3. 관리회계 및 측정지표

제약이론은 관리회계 및 성과평가지표에도 영향을 미치고 있다. 현실적으로 기업들은 시스템 전체적의 목적 보다는 지엽적이고 부문적인 성과의 최적화를 지향하고 있다. 이에 대한 근본적인 문제는 비합리적인 평가지표체계를 활용한다는 것이다. 따라서 전통적으로 사용되어 오고 있는 관리회계 지표를 사용한다면 제약이론을 적용하더라고 별 성과를 얻지 못할 가능성이 높다는 것이다. 이를 극복하기 위하여 골드렛은 새로운 측정지표들로 구성된 관리회계(throughput accounting) 체계를 제시하고 있다.[9]

신 개념의 관리회계에서도 기업의 목적은 돈을 더 많이 버는 것이고, 이는 순이익, 투자수익률 및 현금흐름 등의 전통적 재무지표로 측정된다고 서술하고 있다. 그런데 이러한 재무적 지표상의 기업목적 달성과 비교하면서 일상 관리업무가 이루어지기는 힘이 든다는 것이다.

따라서 그 중간에 산출, 재고 및 운영경비 등과 같은 매개지표가 필요한데 ([그림 15-13] 참조), 이들에 대한 정의를 전통적인 회계개념과는 다르게 보고 있는 것이 특징적이다.

이들 개념에 대한 정의를 알아보자.

첫째, 산출은 매출을 통하여 시스템이 벌어들이는 돈을 말하며, 매출액에서 완전 변동비를 차감하고 실질적으로 시스템에서 창출한 부가가치의 크기를 의미한다.

둘째, 재고는 시스템이 판매하기 위해 필요한 것들을 구입하는데 투자된 모든 돈을 말하며, 원재료, 재공품, 완제품, 토지, 건물, 기계설비 등의 자산도 포함하는 개념으로 보고 있다. 특히 재공품 및 완제품 재고에는 직접노무비는 포함하지 않고 총변동비만을 선정한다는 것이 특색이다.

그림 15-13 제약이론 관리회계의 지표체계

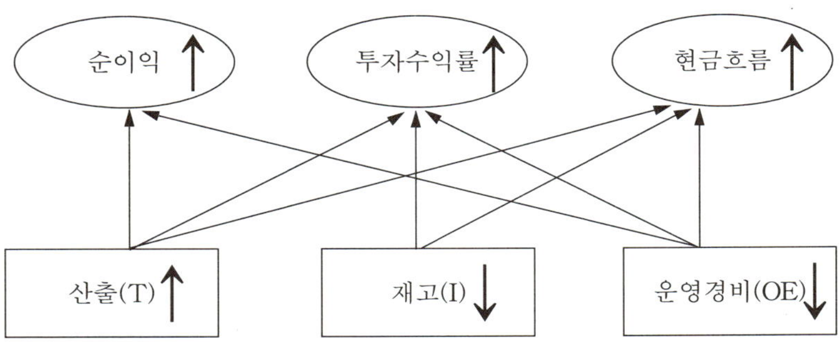

9) Goldratt, E. M. and J. Cox, The Haystack Syndrome, The North River Press, 1990

셋째, 운영경비는 시스템에서 재고를 산출로 전환하는데 투입되는 모든 비용을 말하며, 직접노무비, 급여, 임차료, 동력비 등을 포함하는 것이다. 전통적인 관리회계에서와 같이 고정비·변동비, 직접비·간접비 등으로 구분하지 않는다는 것이 특징이라고 할 수 있다. 고정비 또는 간접비의 배부로 인한 왜곡된 정보를 바탕으로 의사결정을 하게 되면, 시스템 전체의 목적달성에 반하는 결정이 내려질 수가 있기 때문인 것이다.

이러한 정의에 의하면 기업이 더 많은 돈을 벌기 위해서는 산출은 증대 시키고, 재고와 운영경비는 줄이면 된다는 것이다. 즉 순이익은 들어오는 돈에서 나가는 돈을 차감한 것이 되고(NP = T - OE), 투자수익률은 순이익을 잠겨있는 돈으로 나누면 된다(ROI=(T-OE)/I). 이와 같은 새로운 지표의 제시뿐만 아니라, 제약이론에서 강조하는 것은 기업이라는 시스템의 목적달성과 관련하여 이들 지표들이 지니는 우선순위에 대한 개념이다. 따라서 기업경영의 형태 중 비용절감 위주 경영과 산출위주의 경영에 대해서 알아보자.

3.1 비용절감 위주의 경영

비용절감 위주 경영은 운영경비의 측정이 용이하고, 비교적 내부적으로 통제가 가능하므로, 비용을 절감하는 것이 다른 지표들보다 중요하다고 보는 것이다. 그리고 산출과 재고를 비교하면 산출은 순이익, 투자수익률 및 현금흐름에 직접적인 영향을 주는 반면 재고는 투자수익률 및 현금흐름에 영향을 주므로([그림 15-13] 참조), 재고보다 산출이 상대적으로 중요하다고 보고 있다.

그래서 첫째는 운영경비의 절감이고, 둘째는 산출의 증대이고, 마지막이 재고의 감축으로 우선순위를 부여하는 것이 전통적인 관점이다. 제약이론에서 이러한 관점을 비용절감 위주의 경영(cost world)라고 부르고 있다. 이와 같은 비용절감 위주의 경영관에 바탕을 둔 성과측정지표 체계를 사용하고 있는 기업들이 많은데, 이렇게 측정지표 체계를 운영하면 전체 최적화 보다는 부문 최적화로 흐르는 경향이 있음을 지적하고 있다.

3.2 산출증대 위주의 경영

제약이론에서 권고하는 관점은 이들 지표들에 대한 우선순위를 달리 부여하는 것이다. 즉 운영경비-산출-재고의 순위가 아니라 산출-재고-운영경비의 순위가 합당하다고 주장하고 있다. 제약이론에서는 기업목적을 효과적으로 달성하기 위해서는 운영경비를 절감하는 것보다 산출을 증대시키는 것이 더 중요하다는 것이다. 기업의 존재 이유가 비용절감이 아니라는 것이다. 논리적으로 보아도 산출의 증대는 그 상한선이 없는 반면에 운영경비와 재고의 절감은 그 하한계가 있다고 강조하고 있다(즉 OE=0, I=0인 수준). 다음에 운영경비와 재고의 순위는 이들이 순이익과 투자 순이익률 및 현금흐름에 미치는 직접적인 영향만을 볼 것이 아니라, 간접적인 영향까지도 고려해서 중요도를 비교해야 한다고 보고 있다. 재고의 절감이 투자수익률 및 현금흐름의 개선에 직접적으로 영향을 줄 뿐만 아니라, 간접적으로 산출의 증대와 운영경비의 감축에도 영향을 미친다는 것이다. 예를 들면 재고가 과다하게 되면 리드타임이 길어지고, 품절문제가 숨겨져서 산출의 증대에 부정적인 영향을 끼치게 되는 것이다. 그래서 전체적으로 산출-재고-운영경비의 차례로 우선순위가 부여되어야 한다는 것이다. 같은 관점을 전통적인 비용절감 위주의 경영관과 대비하여 산출증대 위주의 경영관(throughput world)라고 부르고 있다.

이처럼 제약이론에서는 "나가는 돈"의 절감 보다 "들어오는 돈"의 증대를 중시함으로써 전통적인 관리회계 접근방법에 의한 부분 최적화가 아니라, 전체 최적화를 도모하는 길이라고 강조하고 있는 것이다.

이와 같은 관점을 앞에서 설명한 스케줄링 원칙과 연결해서 살펴보면, 그 맥락을 같이 함을 알 수 있다. 즉 비용절감 위주로 생각하다 보면 병목공정에 선행하는 비 병목공정이 시스템 전체의 산출을 증대시키는 취지에서 병목공정에 종속되도록 하지 않고, 자체 공정의 생산성 향상만을 추구하여 시스템 내의 재공품 누적만을 가져 올뿐이라는 것이다. 또한 비용절감을 위하여 모든 종업원들이 쉴 사이 없이 바쁘게 일을 하도록 하는 것이 중요하다는 관점을 시스템 전체의 산출이 증대되도록 하는 것이 중요하다고 보는 관점으로 전환해야 할 필요가 있다는 것이다.

연습문제

1. Drum-Buffer-Rope의 개념을 논하시오.
2. 기업의 성과측정기준과 운영 측면의 성과측정기준에 대하여 논하고 각각을 간략하게 설명하시오. 이 기준들을 전통적인 회계측정기준과 어떻게 구별할 수 있는가?
3. 비 제약공정(비 병목공정)이 어떻게 제약공정(병목공정)이 될 수 있는지를 설명하시오.
4. 산출증대 위주의 경영과 비용절감 위주의 경영을 비교·설명하시오.
5. 사고 프로세스 단계 및 도구에 대하여 설명하시오.
6. 제약이론의 운용원칙에 대하여 설명하시오.

제 16 장 운영컨설팅과 리엔지니어링

Not a company exists whose management doesn't say, at least for public consumption, that it wants an organization flexible enough to adjust quickly to changing market conditions, lean enough to beat any competitor's price, innovative enough to keep its products and services technologically fresh, and dedicated enough to deliver maximum quality and customer service.

So, if managements want companies that are lean, nimble, flexible, responsive, competitive, innovative, efficient, customer-focused, and profitable, why are so many businesses bloated, clumsy, rigid, sluggish, noncompetitive, uncreative, inefficient, disdainful of customer needs, and losing money? The answers lie in how these companies do their work and why they do it that way. The results companies achieve are often very different from the results that their managements desire, as these examples illustrate.

KEY TERMS

employee surveys(직원조사)
finder(탐색자)
gap analysis(차이 분석)
grinder(실행자)
life cycle profit(수명주기수익)
maintenance management(보전경영)
minder(관리자)
opportunity(기회)
rapid plant assessment method(공장 평가법)
strength(장점)
threat(위협)
weakness(단점)

제1절 운영 컨설팅의 기초

1. 운영 컨설팅의 의의

컨설팅이란 특정대상에 관하여 해당분야의 전문지식을 활용하여 제기된 문제점을 분석하고 구체적인 해결책을 제시하는 것이다. 기업측면에서 보면 WTO협정과 여러 국가와의 FTA협정에 따라 시장개방으로 외부의 초일류기업과 품질경쟁을 해야 하고 급변하는 경영환경에 적응해야하며, 미래예측을 통한 장기 전략수립을 하는 과정에 기업은 전문화된 기업경영이 필요하게 되는데, 이를 위해 경영컨설팅이 필요하게 된다. 경영컨설팅을 세분화하여 보면 운영 컨설팅은 컨설턴트가 운영에 관련된 전략을 개발하고 생산프로세스를 향상시킬 수 있도록 지원하는 것이다. 전략개발의 주안점은 기업의 경쟁전략 측면에서 운영능력을 분석하는 데 있다. 트레이시와 월세마(Treacy and Wiesema)는 제품의 주도권, 탁월한 운영, 고객에 대한 친밀성 등과 같은 전략을 통하여 시장의 주도권을 획득할 수 있다고 하였다. 이 전략들은 서로 다른 운영능력과 집중부문을 필요로 한다. 운영 컨설턴트는 이런 차이점을 경영자가 이해할 수 있도록 도와주어야 하고 이 전략을 실행할 수 있도록 기술과 시스템을 효과적으로 조합할 수 있어야 한다. 프로세스 개선의 주안점은 해당부서의 성과를 향상시키기 위하여 운영관리자를 돕는 방법과 분석적 도구를 사용하는 것이다. 데로트 엔드 터치 컨설팅(Deloitte &Touche Consulting)은 공정을 개선하기 위해한 조치는 공정개선, 활동개선, 업무흐름의 재형성, 정책과 절차 개선, 성과 변경, 구조의 재정립 등을 열거 하였다. 이중 무엇에 중점을 두더라도 효과적인 운영컨설팅은 고객의 사업성과를 향상시키기 위해서 전략과 공정을 같은 선상에 일치하도록 정립해 준다. 전략적 이슈와 실행도구들에 대해서는 뒤에서 좀 더 언급하기로 한다.

2. 경영컨설팅 산업의 특징

미국 공인회계사협회에서는 '경영컨설팅이란 특별한 분야의 전문성을 가진 전문가들이 자기들의 지식과 경험을 활용하여 경영 문제를 해결하고 객관적이고 전반적인 시각에서 기업의 기획과정을 지원하는 것'으로 정의하고 있다. "과학적 관리의 아버지"라 불리는 테일러(Frederick W. Taylor)는 "경영컨설팅의 아버지"라고도 불린다. Taylor는 20세기 초에 생산관리 철학과 시스템을 고안해 냈다. 그의 책 "과학적 관리의 원칙"에서 작업을 연구할 수 있도록 관리기술을 체계화하였다. 테일러 이후에 경영컨설팅은 생산현장의 수준에서 벗어나 대상을 확대하였다. 오늘날 경영컨설팅은 벤처창업, 전략, 마케팅, 인적자원관리, 재무, 정보기술, 생산, 물류 등에서 매우 활발하게 이루어지고 있다. 이렇게 활발한 원인은 다음과 같다. 첫째 시장은 기업들에게 핵심프로세스를 리엔지니어링하고, 비 핵심 프로세스를 제거하도록 압력을 가하고 있다. 둘째 세계화를 추구하는 기업은 해외 시장에 진출과 새로운 경쟁자로부터 국내시장을 방어하기 위하여 전문적인 조언을 찾고 있다. 셋째 시스템 통합, 소프트웨어 솔루션, 인터넷 애플리케이션 등과 같은 정보기술에 대한 관리의 필요성 때문이다.

경영컨설팅 산업의 특징은 규모, 전문화, 컨설팅조직의 세 가지 분야로 분류된다. 대부분의 컨설팅 회사는 소규모이다. 우리나라의 경우 100명 이상의 컨설턴트를 두고 있는 회사는 엔트루컨설팅을 비롯하여 3회사 정도 이고, 미국에 본사를 둔 어센츄어(Accenture)와 IBM은 각각 9만 명과 4만 명을 두고 있어 격세지감이 느껴진다. 대규모 컨설팅 업체는 다양한 서비스를 제공할 뿐만 아니라, 또한 기능별로 전문화되어 있다. 또한 이들 대부분 컨설팅 회사는 정보기술과 회계업무를 기본으로 하고 있다. 일반적으로 기업들은 회사가 자체 컨설팅 조직을 가지고 있던지 아니며 외부로부터 컨설팅 서비스를 아웃소싱 한다. 큰 회사에서는 자체 컨설팅 조직을 가지고 있으며 기획부서 산하에 두는 것이 일반적이라고 했다.

컨설팅 회사는 전문분야가 전략기획인가 또는 전술분석과 집행인가에 따라 분류된다. 맥킨저(Mckinsey & Company)와 보스톤 컨설팅 그룹(Boston Consulting Group)은 전략을 주로 다루는 반면, 게미니 컨설팅(Gemini Consulting)과 케니(A. T. Kearney)는 전술적이고 실행 프로젝트에 중점을 둔다. 큰 회계컨설팅회사인 어센츄어는 광범위한 서비스를 제공하는 것으로 알려졌다. 컨설팅업계의 주요 신규 진입자는 Computer Science Corporation (SCS), Electronic Data System(EDS), IBM과 같은 대규모 정보기술 회사들이 있다. 컨설팅 업체는 국제화 감각, 작업의 전산화, 종업원의 모집과 훈련 등에 대한 필요성을 느끼고 있다.

전형적인 컨설팅 회사는 피라미드 조직 형태를 띠고 있다. 피라미드의 최상위 계층은 경영자인데, 이들의 주요 기능은 세일즈와 고객관계 관리다. 중간계층은 컨설팅 프로젝트를 관리하는 중간관리자로 구성된다. 최하위계층은 컨설팅 팀의 구성원으로서 컨설팅 업무를 수행하는 실무자로 구성된다. 이런 세 계층을 새로운 사업의 "탐색자(finders)", 프로젝트 팀의 "관리자(minders)", 직접 업무를 수행하는 "실행자(grinders)"로 부른다. 컨설팅 회사는 고객의 요구와 프로젝트 관리자와 최상위 컨설턴트 선호를 근거로 프로젝트 팀을 구성하여 일한다. 프로젝트를 우수한 직원과 한 팀으로 맡는 것은 초급 컨설턴트의 경력을 관리하는 데 있어 매우 중요하다. 팀 구성원으로서의 역할과 양질의 컨설팅 경험은 것은 컨설팅 회사에서 장기적으로 성공을 위해서 매우 중요하다 .

3. 우리나라 컨설팅 산업의 현황

우리나라 컨설팅 산업은 1980년대의 유아기를 지나 2000년대에 성장단계에 진입하게 되었다. "2006년 중소기업 컨설팅산업 백서"를 근거로 해서 설명하고자 한다. 이 자료에 의하면 컨설팅산업의 실태, 컨설팅현황, 컨설팅 수요 및 발전방향 순으로 설명하고자 한다.

세계의 컨설팅산업의 규모는 2,500억 달러로 7.8%의 연평균 성장을 하고 있다. 반면에 우리나라 컨설팅 규모는 약 2조 7천억 원으로 년 평균 17.4%의 고속성장을 이루고 있다. 우리나라의 컨설팅회사는 매우 영세하고 소규모의 회사들이다. 5인 미만이고, 자본금이 1억 원 미만인 업체가 전체의 55%이상을 점하고 있어 그 영세성을 말해주고 있다. 이에 반해 20인 이상의 중대형 컨설팅사는 8.6%에 불과하지만 전체매출액의 73.1%를 차지하여 양극화 현상이 매우 심함을 보여주고 있다. 따라서 연세한 컨설팅업체는 컨설팅 수행을 위하여 전문 컨설팅 아웃소싱을 활용하고 있는 실정이다.

외국계 컨설팅사는 우리나라 전체 컨설팅사 중 3.3%에 불과하지만 전체 매출액의 19%를 차지하고 있다. 특히 금융시장의 컨설팅 비용 2,982억 원 중 74%를 외국계 컨설팅사가 수주하고 있으며, 수임료도 외국계 컨설팅사는 국내 컨설팅사에 10배를 나타내어 우리나라 컨설턴트들의 수입 면에서 매우 열악함을 말해주고 있다.

국내 상위 4개 컨설팅 기업(엔투루컨설팅, 네모파트너스, 오픈타이코리아, 앤플랫폼)과 국내에 진출한 상위 4개 외국 컨설팅 기업(McKensey & Co., Anderson Consulting, A. T. Kearney, Consulting Group)을 대상으로 매출규모와 생산성을 비교해보면 외국계 컨설팅 기업들이 국내 기업보다 2배 이상 높은 생산성을 보였으며 이는 외국계 컨설팅 기업들이 전문화, 다양화, 방법론 및 기술력, 그리고 세계적 정보력 및 지식축적과 이를 구현해내는 컨설턴트 개개인들의 자질에 대한 차이로 분석된다.

선진국의 컨설팅 기업의 R&D 투자는 우리나라에 비하여 상당히 높은 현실이다. 예를 들면, 케니(A. T. Kearney)의 경우 R&D를 위하여 정보탐색센터(information research center)를 설치하고 있고, 연구원도 120명이나 두고 있다. 또한 국내에도 정보탐색센터를 두고 이 센터에 10명의 연구원이 연구개발에 종사하고 있다. 국내에서 규모가 큰 컨설팅 기업에서 3-5명의 연구 인력으로 운영되는 R&D보고서가 있기는 하지만 아직 해외 컨설팅 기업이 모두 소유하고 있는 컨설팅 R&D 센터는 전무한 상태이다.

4. 운영 컨설팅의 영역

운영관리에서 컨설팅의 영역은 어떤 기준에 따라 분류하가에 다르다. 체스(Chase) 등은 플랜트, 인력, 부품, 절차, 계획과 통제 시스템의 생산의 5P로 분류하였다. 그러나 KMAC(한국능률협회컨설팅)[1]에 의하면 운영관리에 관련된 컨설팅은 생산혁신분야, 경영품질분야, 보전경영분야로 구분하고 있다. 여기서는 한국능률협회 컨설팅의 구분에 따라 설명하고자 한다.

4.1 생산혁신

생산혁신 컨설팅은 [그림 16-1]과 같이 TPS(total production system), 생산시스템, 원가혁신, 물류혁신, 그리고 제조문화에 대한 컨설팅이다. 이것은 운영관리 전반의 제조원가 분석에서부터 생산현장의 실물진단(사람, 설비, 자재, 작업방법, 환경, 정보 등)을 통하여 생산현장의 절대적·상대적 수준을 평가함으로써 제조업이 지향하고 있는 생산성, 품질, 원가, 납기, 안전, 현장의 사기 측면에서 고객기업이 만족하게 하는 업무이다.

1) http://www.kmac.co.kr/consulting/consulting_00.asp

그림 16-1 생산혁신 컨설팅

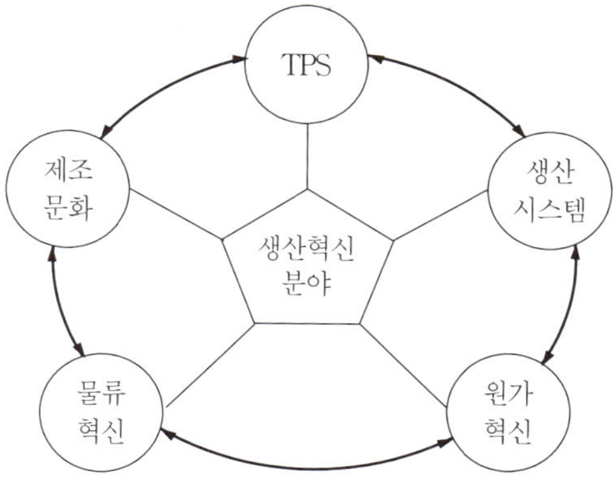

4.2 경영품질

켈다(Kelda)교수는 품질경영의 목표를 3대 이해관계자인 종업원, 고객, 주주를 동시에 만족시키는 최적의 균형을 찾고, 이 균형을 유지하면서 개선과 혁신을 성취하는 것이라고 하였다. 이 목표를 이루기 위한 경영품질 컨설팅은 [그림 16-2]와 같이 경영품질전략수립, 6시그마경영, 국제인증, 품질혁신, 그리고 소비자안전 등에 관한 컨설팅 업무이다.

그림 16-2 경영품질 컨설팅

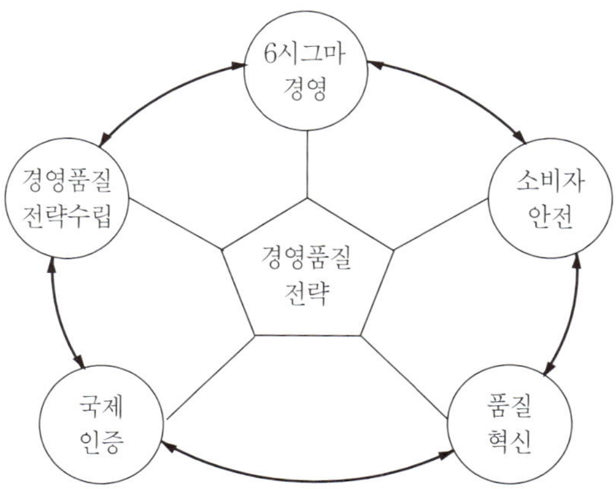

4.3 보전경영

보전경영(maintenance management)이란 기업이 고객에게 제공하는 가치를 생산하는 데 직·간접적으로 영향을 미치는 모든 유형 자산에 대하여 수명주기수익(life cycle profit)을 극대화하는 것을 의미한다. 기업환경의 변화는 보전부문과 비제조업 부문의 시설관리에 대한 관심이 높아졌다. 보전경영 컨설팅은 [그림 16-3]과 같이 보전경영, 종합적인 생산적 보전, 에너지혁신 등에 대한 컨설팅 업무이다.

그림 16-3 보전경영 컨설팅

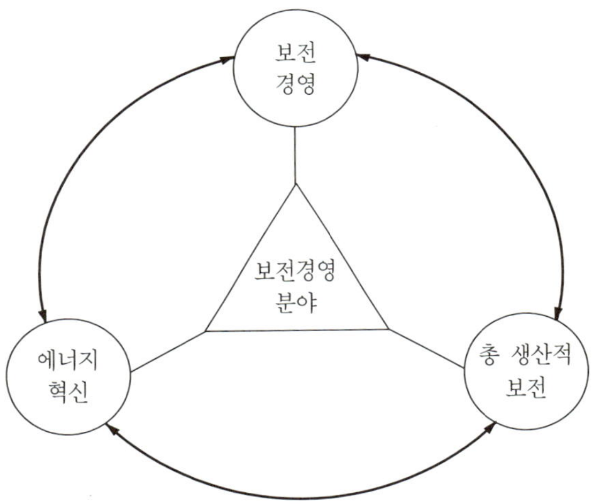

제 2 절 운영 컨설팅의 프로세스 및 도구

1. 운영 컨설팅 프로세스

운영 컨설팅 프로세스는 [그림 16-4]에서 보여주는 것과 같이 넓게 보면 경영컨설팅과 유사하다. 주요한 차이점은 분석할 문제의 특성과 적용할 분석기법의 종류이다. 경영컨설팅과 마찬가지로, 운영컨설팅은 전략적 수준이나 전술적 수준에 초점을 맞추며, 그 프로세스는 일반적으로 종업원, 관리자, 고객에 대한 광범위한 인터뷰를 필요로 한다. 큰 차이가 있다면, 운영 컨설팅은 결과를 즉시 측정 가능한 물리적 또는 정보 프로세스의 변화를 유도할 수 있다는 것이다. 우리는 경영컨설팅 실시할 때 태도와 문화의 변화를 바란다. 그러나 이러한 변화의 측정 가능한 결과를 도출해 내는 데는 장기간에 소요된다.

전형적인 운영컨설팅 프로세스의 단계는 [그림 16-4]에 요약되어 있다. 레셀(Ethan M. Rasiel)은 그의 저서 "The McKinsey Way"에서 다음과 같은 컨설팅 프로젝트 수행에 관한 실질적인 지침을 제공하고 있다 .

- ✦ 과도한 약속을 하지 않도록 주의하라.
- ✦ 팀을 적당하게 섞어라.
- ✦ 어떤 전문기술과 개인 특성이 프로젝트에 꼭 맞는지 생각하여 팀원을 구성하라.
- ✦ 80-20 법칙은 경영의 진실이다.[2)]

그림 16-4 운영컨설팅 프로세스의 단계

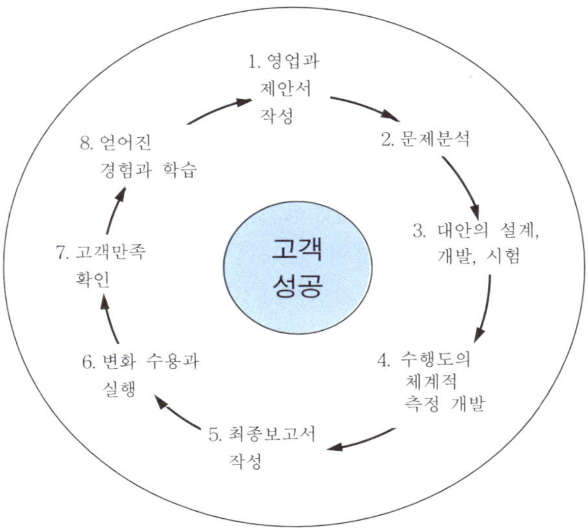

2) 매출의 80%는 20%의 판매원이 달성한다. 20%의 일에 시간의 80%를 사용한다.

- ✦ 모든 것을 다하려고 하지 말라.
- ✦ 엘리베이터 테스트를 사용하라.[3)]
- ✦ 낮은 가지에 열린 열매를 따라.
- ✦ 매일 차트를 작성하고 기록하라.
- ✦ 한 곳에 집중하라 모든 것을 다 할 수는 없다.
- ✦ "나는 모른다."라는 것을 받아들이지 말라.
- ✦ 컨설팅을 받는 직원들을 프로세스에 참여시켜라.
- ✦ 조직전체의 지원을 받아라.
- ✦ 실행에 적극적이어야 한다.

2. 운영 컨설팅 절차

운영 컨설팅의 절차는 문제의 정의, 자료 수집, 자료 분석과 솔루션 개발, 비용효과와 수익분석, 실행으로 분류될 수 있다. [그림 16-5]는 운영컨설팅 절차를 도표로 자세하게 서술했다.

2.1 문제의 정의

컨설팅을 의로 받은 문제를 정의하기 위해서는 여러 가지 도구를 사용해야 한다. 여기에는 이슈나무, 고객조사, 차이분석, 직원조사, 다섯 가지 영향력모델이 있다. 이러한 분석도구를 이용하여 문제를 파악한다.

첫째, 이슈나무는 알아내야 할 핵심 문제점을 구조화하고 이런 문제에 대한 솔루션에 대한 초기 연구가설을 제공하기 위해 맥킨지가 사용한 것이다. 이 나무는 일반적 문제점에서 시작하여 잠재적인 문제의 원천이 확인될 때까지 수준을 낮추어 간다. 나무가 펼쳐지면, 그것이 제시하는 관계성과 가능한 해결책이 논의되고 프로젝트 계획은 구체화된다.

둘째, 고객조사는 고객 충성도를 파악하는 중요한 도구이다. 고객 충성도란 기업이 고객유지, 시장점유율, 가격 민감도라는 세 가지 시장척도를 어떻게 활용하느냐에 따라서 달라진다. 이러한 정보의 획득으로 운영관리 컨설턴트는 운영요소가 고객유지와 연계되어 있다는 사실을 알게 되면, 조직을 분석하는

3) 당신이 해결책을 잘 알고 있어서 엘리베이터를 타는 30초 동안에 당신 고객에게 명확하게 설명할 수 있다면, 그 고객에게는 판매할 수 있다.

그림 16-5 운영컨설팅의 절차

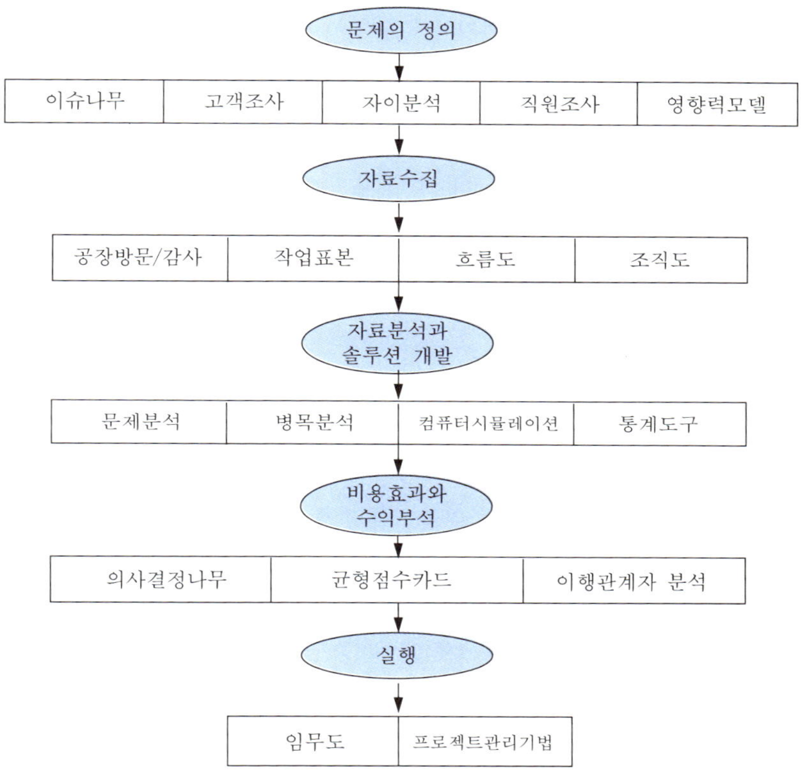

데 도움이 될 것이다. 고객 충성도는 대부분 마케팅에서 연구하지만, 운영관리 컨설턴트는 이것의 중요성을 알고 있어야 한다.

셋째, 차이 분석(gap analysis)은 고객의 기대나 경쟁자의 성과에 대비하여 기업의 성과를 평가하는데 사용된다. 차이 분석의 또 다른 용도는 특정업체의 프로세스를 기업이 벤치마킹하고 그 차이를 분석하는 것이다.

넷째, 직원조사(employee surveys)는 직원 만족도 조사에서 직원 제안 조사까지를 포함한다. 중요한 사항은 직원의 제안에 대해 조사를 했다면, 이런 정보는 경영자들이 주의 깊게 평가하고 대처해야 한다.

다섯째, 다섯 가지 영향력 모델(five force model)은 기업의 해당 산업구조적인 측면에서 경쟁적 위치를 평가하는데 많이 사용되는 모델 중의 하나다.

여기에서 다섯 가지 영향력은 구매자의 교섭력, 잠재적 진입자, 공급자, 대체품, 산업 내 경쟁자이다. 컨설턴트는 업무를 이 모델의 5 가지 영향력에 맞추어 정리한다. 이 모델과 가치사슬은 함께 사용된다. 가치사슬은 고객가치와 기업이익을 창출하는 조직 활동 간의 연계성을 알아내기 위한 구조를 제공해 준다. 운영과 다른 활동들이 최적의 조직성과를 달성하기 위해 서로 밀접히 관련되어야 한다는 생각은 매우 유용하다. 또한 다섯 가지 영향력 모델과 유사한 것은 SWOT 분석이다. 이것은 조직을 평가하는데 사용되는 더 일반적인 방법인데, 세부사항은 회사의 장점(strength)과 단점(weakness), 산업 내에서의 기회(opportunity), 경쟁자나 시장 환경으로 부터의 위협(threat)이다.

2.2 데이터 수집

문제를 정의한 다음 컨설턴트는 컨설팅에 필요한 자료를 수집해야 한다. 자료를 수집하는 방법은 공장문방, 워크샘플링법, 흐름도, 조직도 등이 있다.

2.2.1 공장 방문 · 감사

공장방문과 감사를 통하여 자료를 수집하는 방법은 생산시설 방문 및 감사와 서비스 시설 방문 및 감사로 구분할 수 있다. 생산시설의 감사를 통한 자료수집은 주요한 작업, 유지보수와 재고와 같은 지원활동, 생산시설과 공정 등이 있다. 이것은 수 주일이 소요되며, 고객기업이 속한 산업을 위해 개발된 점검표를 사용한다. 반면에 공장 방문은 대개 세부사항을 점검하는 것은 아니며 반나절정도 걸린다. 방문의 목적은 특별한 문제 영역에 초점을 맞추기 전에 생산공정에 대한 전반적인 이해를 얻고자 히는 것이다. 공장방문은 기존의 점검표를 사용하거나 신속 공장평가법(rapid plant assessment method: RPA)에 나와 있는 일반적인 질문을 사용한다.

신속 공장평가법은 굿선(Eugene Goodson)에 의하여 개발되었다. 신속공장평가 방문은 조사팀이 30분 내에 공장의 "간결성(lean1ess)"을 결정할 수 있게 설계된다. 굿선은 RPA 질문문항이라는 설문지에 20개의 문항과 RPA등급용지에 11개 범주, 서열, 항목을 사용한다. 방문기간 동안에 조사팀은 직원과 경영자를 면담하고 우수한 실적을 나타낼 수 있는 근거를 찾는다. 방문이 끝날 때쯤 조사팀은 받은 인상을 토의하고 보고서를 기록한다. 신속 공장 평가의 내용(범주)은 다음과 같이 요약할 수 있다.

- ✦ 고객만족
- ✦ 안전, 환경, 청결, 질서
- ✦ 가시적 관리시스템
- ✦ 일정계획 시스템
- ✦ 공간 사용, 자재이동, 생산라인 흐름
- ✦ 재고수준과 재공품
- ✦ 팀워크와 동기부여
- ✦ 설비와 작업도구의 상태와 유지보수
- ✦ 복잡성과 다양성의 관리
- ✦ 공급사슬 통합
- ✦ 품질에 대한 약속

RPA방법의 장점 중 하나는 순위평가자들에게 일관된 결과를 제공하기 때문에 "간결성"을 날조하기 힘들다는 것이다. 굿선은 "훈련된 사람의 눈에 운영이 좋아 보이면 대개 운영은 양호하다"라 고하였다.

서비스 시설에 대한 전반적인 감사 또한 주요 업무지만, 이것은 자원의 사용만큼이나 고객의 경험에 초점을 맞춘다는 점에서 생산에 대한 감사와 다르다. 서비스 감사에서 전형적인 질문은 서비스 도달 시간, 시설의 깨끗함, 직원 규모, 고객 만족에 대한 것이다. 서비스 시설 방문은 컨설턴트가 실질적으로 서비스에 참여하여 경험을 기록하는 구매자로 가정해서 할 수 있다.

2.2.2 워크샘플링법

워크샘플링법(work sampling)은 직원의 작업시간활용과 시설활용도에 대한 유효한 데이터를 얻기 위해 설계된 업무활동을 무작위로 축출하는 것이다. 일상적인 업무기록의 연구는 활동 데이터를 수집하는 또 다른 방법이다. 이런 것들은 컨설턴트가 작업현장에서 수행되는 특정업무에 대해 이해하기 위해서 사용된다. 직원들은 일주일 동안에 일어나는 활동 그대로를 적는다. 이것은 분석자가 직원들의 어깨너머로 데이터를 수집하는 데 따른 문제점을 줄여준다. 이런 연구가 사용된 사례는 도서관 대출, 간호, 지식 업무 등이다.

2.2.3 흐름도

흐름도(Flowchart)는 자재, 정보, 인력의 흐름을 추적하기 위해 생산과 서비스 모두에서 사용된다. Optima!와 BPR Capture와 같은 업무흐름 소프트웨어는 프로세스 분석에 광범위하게 사용된다. 대부분의 업무흐름 소프트웨어는 프로세스를 정의하는 능력 외에도, 업무할당과 루팅, 스케줄링, 작업목록 관리, 자동처리 현황과 프로세스 매트릭스 등의 기본적인 기능을 제공한다. 서비스에서 사용되는 흐름도 즉, 서비스 청사진은 기본적으로는 같지만, 고객앞에서 이루어지는 활동과 고객에게 숨겨진 활동을 구별하는 가시선(line of visibility)이 존재한다. 우리의 견해로는 서비스 청사진은 아마도 상대적으로 적은 수의 컨설턴트만 그에 대한 훈련을 받을 기회가 있기 때문에 컨설팅 회사가 서비스 청사진을 제대로 활용하지 못하고 있다는 것이다.

2.2.4 조직도

조직도(Organization Chart)는 자주 변하기 때문에 누가 누구에게 보고하는지를 파악하는 데는 주의를 요한다. 대부분의 기업들은 조직도를 외부에 알리는 것을 꺼려한다. 몇 년 전에 대규모 전자회사의 상위 관리자는 자세한 조직도가 경쟁업체에 중요한 정보가 된다고 말했다.

3. 데이터 분석과 솔루션 개발

3.1 문제점 분석

파레토 분석, 특성요인도, 실행절차도, 분산도, 관리도는 지속적 개선 프로젝트를 수행하는데 있어서 기본적인 도구이다. 파레토 분석은 재고관리의 ABC분석에서 적용된다. 이러한 ABC분석은 재고관리 문제를 조사할 때 생산통제 컨설팅의 표준 출발점이다. 특성요인도는 컨설팅 문제를 한 번에 조직하는 훌륭한 방법이다. 실행절차도, 분산도, 관리도는 운영컨설팅을 할 때 알고 있어야 하는 필수적인 도구들이다.

3.2 병목현상 분석

지원의 병목현상은 대부분의 운영관리 컨설팅에서 나 타난다. 이런 경우 컨설턴트는 병목을 확인하고 제거하기 위하여 가용한 능력을 특정 제품이나 서비스 생산에 요구되는 능력에 어떻게 할당할 것인지를 정해야 한다. 이것이 항상 쉽게 할 수 있는 것은 아니며 그 관계를 알아내기 위해서는 논리적 분석이 필요하다.

3.3 컴퓨터 모의실험

컴퓨터 모의실험(Computer Simulation) 분석은 운영관리 컨설팅에 있어서 매우 일반적인 도구이다. 모의실험 패키지 중 가장 범용 모의실험 패키지는 Extend와 Crystal Ball이고, 특정목적을 위하여 만들어진 패키지는 Sim-Factory와 Pro-Model(생산 시스템), Med Model(병원 모의), Service Model 등이 있다. 모의실험 모델이 복잡하지 않다면 컨설턴트는 Excel을 사용하는 것도 가능하다.

일부 새로운 모의실험 패키지들은 인과 순환도(causal loop diagram)를 포함하고 있다. 이것은 시스템의 성과를 향상하거나 저하시키는 요인들을 모델링할 때 특별히 유용한 시스템 다이어그램 형태다. 인과순환의 유형은 강화순환과 균형순환 두 가지다. 강화순환은 지속적으로 변화율이 증가하는 지수적 성장과 하락을 만들어 낸다. 균형순환은 강회순환에 대응하는 메커니즘으로서 시스템을 균형에 이르게 한다.

3.4 통계적 도구

상관관계 분석과 회귀분석은 운영관리 컨설팅을 위한 분석방법들이다. 이런 분석방법들은 스프레드 쉬트로 쉽게 수행될 수 있다. 가설검증은 컨설팅 과정에서 자주 논의되는데, 데이터를 분석하는 과정에서 카이 스퀘어(Chi-square)와 t검증(t-test)를 확실히 수행할 수 있어 야만 한다. 통계적 분석을 사용하는 또 다른 도구는 대기행렬이론과 예측이 있다. 컨설턴트는 고객의 요구에 대처하기 위해 얼마나 많은 서비스 채널이 필요한지를 조사하기 위해 대기행렬이론을 사용한다. 예측에 관한 문제도 운영관리 컨설팅을 할 때 지속적으로 발생한다.

새롭게 출현한 도구가 자료 포괄분석(data envelopment analysis, DEA)이다. DEA는 은행, 프랜차이즈 아웃렛, 공공기관과 같이 여러 곳에 흩어져 있는 서비스 조직의 상대적 성과를 측정 하는데 사용되는 선형계획법이다. DEA 모델은 한 조직과 다른 조직을 비교하고, 제품이나 서비스의 산출에 대한 입력자원의 비율에 기초하여 효율성 순위를 계산한다. 이 기법의 핵심적인 특성은 효율성의 정도를 측정하기 위해 자재와 노동시간과 같은 다중 투입 및 판매된 제품과 반복구매 고객과 같은 다중 산출물을 사용한다는 것이다. 이런 특성은 운영의 비율이나 수익성의 척도 보다는 포괄적이고 믿을 수 있는 효율성척도를 제공한다.

4. 비용영향과 수익 분석법

비용영향과 수익분석법은 의사결정 나무, 이해관계자 분석, 균형 점수카드, 공정계기판 등이 있다.

첫째, 의사결정나무는 위험분석의 광범위한 분야 중 기본적인 도구이다. 이것은 공장과 설비 투자 및 연구개발 프로젝트를 검토하는데 사용된다. 의사결정나무는 @ Risk와 같은 다양한 소프트웨어 패키지로 만들어지는데 추가적으로 시뮬레이션 기능이 포함되어 있다.

둘째, 이해관계자 분석법이다. 대부분의 컨설팅 프로젝트는 어떠한 형태로던 고객, 주주, 직원, 공급자, 지역사회 등 이해당사자에 영향을 미친다. **운영컨설팅을 할 때 모든 이해관계자의 이익을 고려할 것을 회사의 임무 기술서(mission statement)에 반영하는 것은 중요하다. 이것은 컨설턴트가 권고안을 만드는 데 지침이 된다.**

셋째, 성과측정 시스템에 각 이해당사자들의 특정 요구사항을 반영하기 위해, 회계사들이 균형 점수카드(balanced scorecard)를 개발했다. 여기서 균형이란 어휘는 단지 가장 기본항목 혹은 한두 개 성과척도 이상의 것들을 고려한다는 의미이다. 이 시스템의 핵심적인 특성은 상위 관리자와 중간관리자 층이 통제할 수 있는 것이 무엇인지를 조정하는 것이다.[4)]

넷째, 조직 전체 수준의 성과데이터에 초점을 맞추고 있는 균형 점수카드와는 달리 공정계기판(process dashboard)은 특정 프로세스를 위한 개략 성과치 변화를 제공하기 위해 설계된다. 계기판은 핵심지표가 문제 수준에 근접했다는 것을 알려주기 위한 그래픽 형태의 추세선과 느낌표 형태의 경고표시로 표현된 성과 매트릭스의 선택으로 구성된다.

5. 실행

운영컨설팅의 마지막 단계는 컨설팅한 결과를 실행(Implementation)하는 것이다. 여기에는 책임차트와 프로젝트관리법을 사용하여 내용을 점검하는 방법이다. 책임차트**(responsibility charts)**는 프로젝트의 업무책임을 계획하는데

---

4) A. AtKinson, R. Banker, R. Kaplan, and M. Young, Management Accounting, Prentice Hall, 1995, p. 446.

사용된다. 이것은 프로젝트 팀의 상위자로부터 하위자까지의 업무가 나열된 매트릭스 형태로 구성된다. 이것의 목적은 각각의 업무에 인원이 할당되었다는 것을 확인하기 위해 각 셀에 체크 표시를 하는 것이다.

또한 컨설팅 회사는 개별 컨설팅 프로젝트뿐만 아니라 회사전체의 컨설팅 구성을 계획하고 감독하기 위해 CPM/PERT와 간트 차트와 같은 프로젝트 관리 기법을 사용한다. Microsoft Project와 Primavera Project Planner가 그런 기법을 자동화하기 위해 일반적으로 사용되는 소프트웨어의 예이다. Evolve Software는 기회관리, 자원관리, 배송관리를 통합할 수 있는 전문적 서비스 기업에 적합한 소프트웨어를 개발했다. 그러나 컨설팅 프로젝트를 성공적으로 수행하는데 필요한 사람의 관리기술이 제일 먼저이며 이런 계획 도구는 그 다음이라는 것을 알아야 한다.[5)]

제 3 절 비즈니스 프로세스 리엔지니어링

리엔지니어링을 처음 시작한 마이클 해머(Michael Hammer)는 리엔지니어링을 "비용, 품질, 서비스, 속도와 같은 핵심적인 성과척도에서 극적인 개선을 달성하기 위해 업무 프로세스를 근본적으로 검토하고 재설계하는 것"[6)]이라고 정의했다. 이 정의에는 기본적인(fundamental), 근본적인(radical), 극적인(dramatic), 프로세스(process)와 같은 네 가지의 핵심어가 포함되어 있다. 첫 번째 핵심어는 '기본적인'이다. 리엔지니어링을 수행함에 있어서 기업인들은 그들의 기업에 대해, 그리고 그 기업이 어떻게 운영되는가에 대해 다음과 같은 가장 근본적인 질문부터 다시 생각해 보아야 한다. "왜 우리는 지금 이러한 일을 하고 있는가?" "왜 우리는 이 일을 이러한 방법으로 하고 있는가?"리엔지니어링은 아무런 가정과 사전에 주어진 명제 없이 시작한다. 두 번째 핵심어는 '근본적인'이다. 이것은 뿌리를 뜻하는 라틴어 'radix'로부터 파생한 것이다. 근본적인 재설계는 어떤 업무의 근간에 이르는 것, 즉 파생적인

5) Richard B. Chase, F. Robert Jacobs, Nicholas J. Aquilano, Operations Management, 11th. ed., McGraw Hill, 2006, pp. 374~389.

6) the fundament rethinking and radical redesign of business process to achieve dramatic improvement in critical, contemporary measures of performance

결과를 행하거나 이미 적절한 곳에 있는 만지작거리는 것이 아니라, 낡은 것을 내버리는 것을 의미한다. 리엔지니어링에서 근본적인 설계는 현존하는 모든 구조와 절차를 버리고 완전히 새로운 업무처리 방법을 만들어 내는 것을 의미한다. 세 번째 핵심어는 '극적인'이다. 리엔지니어링은 점진적인 변화를 이루는 것이 아니라, 업무성과를 극적으로 높이는 것이다. 리엔지니어링은 오직 확실히 개혁이 필요할 때에만 사용해야 한다. 네 번째 핵심어는 '프로세스' 이다. 이 말이 정의에서 가장 중요한 것이지만, 또한 대부분의 기업 경영자들이 가장 어려워하는 것이기도 하다. 대부분의 기업인들은 '프로세스 지향적'이지 않다. 즉, 그들은 프로세스가 아니라 과업, 직무, 사람, 구조들에 초점을 맞추고 있다. 우리는 업무 프로세스를 하나 이상의 입력(input)을 받아들여 고객에게 가치 있는 결과(output)를 산출하는 행동들의 집합으로 정의한다.[7)]

리엔지니어링의 개념은 거의 20년 전에 출현해서 조직에 단편적으로 수행되어 왔다. 생산조직에서는 잘 알지 못한 상태에서 리엔지니어링을 도입했다. 그들은 동시공학, 린생산, 셀룰라 생산, 그룹테크날로지, 풀 생산시스템 등을 통해 리엔지니어링을 수행했다. 이것은 제조공정의 근원적인 재검토를 의미한다.

우리들은 리엔지니어링과 TQM을 자주 비교된다. 마이클 해머는 이 두 개념을 상호보완적이라고 말했다. 두 개념은 고객에게 초점을 맞추고 있다. 팀워크의 개념, 종업원 참여와 권한위임(empowerment), 다기능성, 공정분석과 측정, 협력업체의 참여, 벤치마킹 개념 등은 품질경영에 중요한 기여를 했다. 비즈니스가 광범위하게 기능화 되는 시기에는 조직에 대한 총체적 관점으로 접근하는 필요성을 품질경영부문에서는 재강조해 왔다. 또한 품질경영은 조직에 변화의 필요성을 부여함으로써 기업 문화와 가치에 영향을 주었다. 두 가지의 기본적인 차이는 품질경영은 통제된 상태에서 지속적이고 점진적인 프로세스 개선을 강조하는 반면, 리엔지니어링은 프로세스 혁신을 통해 급격하고 단절된 변화를 강조한다는 것이다. 프로세스는 유용한 생명주기가 끝날 때까지는 TQM에 의해 지속적으로 향상되지만, 유용성이 다한 시점부터는 리엔지니어링이 된다. 마이클 해머는 이것이 단 한 번의 노력으로 달성되는 것은 아니라고 강조했다. 비즈니스 환경이 변화됨에 따라, 프로세스 설계도 변화해야 한다.

7) Michael Hammer and James Champy, Reengineering The Coperation, Harper Colins Publishers, Inc., 1993.

1. BPR의 의의

리엔지니어링이란 어떤 목적을 달성하기 위해 수행되는 활동들에 대해 정형화되고 엄격하게 적용되는 규칙 또는 방식을 말한다.[8] 리엔지니어링은 엔지니어링에 접두어 "Re"가 붙어 개혁의 의미가 부여되어 형성된 단어이다. 리엔지니어링이 소프트웨어 공학이나 정보공학처럼 정형화된 구현 모델이나 방법론이 존재하는가에 대한 의문의 여지는 있다. 리엔지니어링은 이미 존재하는 프로세스들을 개선하는 것이 아니라 기존 프로세스를 분석하여 이해는 하되 이것을 과감하게 버리고 완전히 새로운 프로세스로 대체함으로써 획기적인 개선을 추구한다.

리엔지니어링의 태동과정은 MIT 대학의 해머 교수의 논문에서 비롯되었다. 비즈니스 리엔지리어링(business reengineering)이란 1990년 하버드 비즈니스 리뷰에 MIT 대학의 마이클 해머 교수의 "Reengineering Work"라는 논문에서 처음으로 소개되었다. 해머 교수는 1980년대 미국의 기업을 대상으로 실패한 기업과 성공한 기업의 사례를 조사하였다. 조사결과 이 기업들은 점진적 개선보다는 급진전 변화를 택하고, 혁신된 새로운 업무방식을 통하여 고객위주의 고품질 제품과 우수한 서비스를 제공하고 있음을 발견했다. 더욱이 오늘과 같은 정보화 사회에서의 고객위주의 품질과 경쟁력 향상을 위해서는 단순한 자동화에 의해서 만으로 한계가 있으며, 업무수행방식을 새로운 차원의 시각에서 재설계 또는 재구성해야 한다는 것이다.

2. 리엔지니어링 방법

2.1 프로세스의 정의

모든 기업은 프로세스로 구성되어 있다. 프로세스란 기업이 실제로 수행하는 그 자체이다. 기업 내 프로세스는 자연스러운 기업활동에 해당된다. 그러나 이것은 종종 조직구조에 의해서 분편화되어 있고 혼돈되어 있다. 프로세스는 눈에 보이는 것도 아니며, 이름을 갖고 있지도 않다. 그렇기 때문에 사람들은 개별부서에 대해서는 생각을 하지만 그 부서와 관련된 프로세스에 대해

8) James Martin, Information Engineering, Prentice-Hall, 1989, pp. 20~21.

서는 좀처럼 생각하지 않는다. 또한 프로세스는 대체로 관리되지 않는데, 이는 단위부서를 책임지는 사람은 있어도 전체 작업, 즉 프로세스 수행을 책임지는 사람은 없기 때문이다.

효과적인 프로세스의 관리법은 프로세스가 시작되고 끝난 상태를 나타내는 용어를 만드는 것이다. 이 용어는 프로세스의 시작과 끝 사이에서 수행되는 모든 일을 암시할 수 있어야 한다. 예를 들면, 제조는 원료조달 및 제품출하 프로세스라고 명명할 수 있고, 제품개발이란 개념에서 원형까지, 판매란 고객의 요구에서 주문까지, 주문처리란 주문에서 지불까지, 서비스란 문의에서 해결까지로 명명할 수 있다.

기업이 조직도를 가지고 있는 것과 마찬가지로 프로세스 흐름도 역시 가질 수 있다. 프로세스 흐름도(map)는 기업 내에서 작업이 흘러가는 모습을 보여준다. [그림 16-6]은 텍사스 인스트루먼트사의 반도체 사업 부문의 상위 수준의

그림 16-6 텍사스 인스트루먼트사의 반도체 사업부

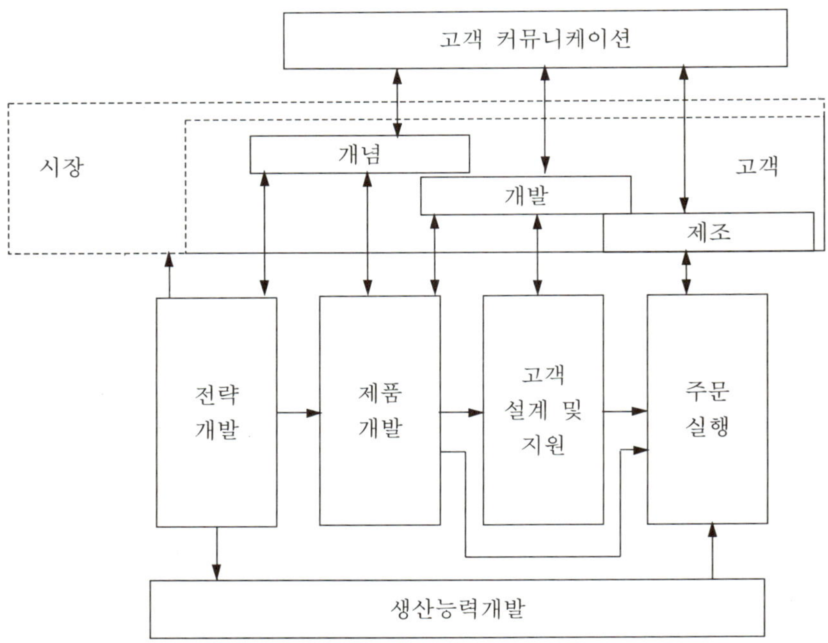

출처: Reengineering the Corporation, 마이클해머 & 제임스챔피저, 안중환·박찬구 역, 김영사, 1993, p. 166.

프로세스 흐름도이다. 이 회사의 프로세스 흐름도에는 네 가지 특징이 있다.

첫째, 동일회사의 조직도와 비교해 볼 때 매우 단순하다. 이 흐름도는 단지 여섯 개의 프로세스만을 나타내고 있다. 이 프로세스는 전략개발, 제품개발, 고객설계 및 지원, 제조능력개발, 고객 커뮤니케이션, 주문처리 등이다. 이 각각의 프로세스를 통하여 입력을 받고 출력을 한다.

둘째, 이 프로세스 흐름도에서는 타 회사의 조직구조도에 나타나지 않는 것을 보여준다. 그것은 바로 고객이다. 프로세스 흐름도에서 이 회사의 고객이 바로 중심에 있다.

셋째, 이 회사의 프로세스 흐름도는 프로세스의 관점에서 비고객도 포함하고 있다. 이러한 고객들, 또는 잠재고객들은 흐름도 속에서 시장이라고 불려지는 것이 포함되어 있다. 이러한 비고객은 전략개발 프로세스에 중요한 입력이 된다.

넷째, 프로세스 흐름도는 이 회사의 고객들도 프로세스를 가진 기업이란 점을 인식하고 있다는 것을 보여주고 있다. 고객은 단일체가 아니라 이 회사와 상호작용하는 세 가지 중요한 프로세스(컨셉 형성, 제품개발, 제조)의 관심에서 파악된다.

2.2 리엔지니어링 대상 프로세스 선정법

프로세스를 이해하고 흐름도가 작성되면 리엔지니어링 대상 프로세스와 리엔지니어링수행 절차를 결정해야 한다. 어떠한 기업도 모든 프로세스를 동시에 리엔지니어링할 수는 없다. 따라서 리엔지니어링할 프로세스를 선택하는 것은 매우 중요하다. 여기에는 역기능, 중요성, 실행가능서의 세 가지 방법이 있다.

2.2.1 역기능

프로세스들 중에서 가장 쓸모가 없는 프로세스가 조직에서 역기능을 한다. 즉 역기능을 찾을 때 가장 관심을 가져야 할 프로세스는 회사의 임원이 이미 문제가 있다고 판단한 프로세스다. 사람들은 대개 기업의 어떤 프로세스에 리엔지니어링이 필요한가를 분명히 알고 있다. 예를 들어 지난 5년간 새로운 상품을 개발하지 못한 제품개발 프로세스는 쓸모없는 프로세스라고 해도 과언이 아니다. 만약 사원들이 컴퓨터 인쇄물로부터 데이터를 단말기에 타이핑한다든지, 또 이쪽 터미널에서 저쪽 터미널로 타이핑을 하느라 시간을 소비하고 있다면 이들이 하는 모든 프로세스는 쓸모없는 것이다.

재작업과 반복은 모두 이미 한 작업을 다시 하는 것을 의미한다. 잘못 색칠한 부분을 다시 색칠하는 것, 서류를 다시 여러 번 쓰는 것 등이 그 예이다. 재작업과 반복은 오랜 작업과정에서의 불충분한 피드백으로 인해 발생한다. 문제점들은 그것이 발생했을 때 포착되지 않고 프로세스가 한참 진행되고 난 후에 발생하여 여러 작업과정을 반복해야 한다.

리엔지니어링의 목표는 재작업이 더욱 능률적으로 이루어지도록 하는 것이 아니라 재작업을 발생시키는 실수와 혼돈을 없앰으로써 이것을 전적으로 제거하는 것이다.

2.2.2 중요성(중요한 프로세스)

어떤 프로세스가 고객들에게 가장 큰 영향을 미칠 것인가? 고객에 대한 영향력은 리엔지니어링할 프로세스를 선정하고, 리엔지니어링의 순서를 결정할 때 고려하여야 할 기준점이다. 기업 내 고객에게 출력을 제공하는 프로세스조차도 외부고객에게는 매우 중요하고 가치가 있을 수 있다. 하지만 기업은 고객에게 직접 어느 프로세스가 그들에게 가장 중요한 것인지를 물을 수가 없다. 왜냐하면 고객들은 프로세스와 그 용어에 대하여 잘 안다고 하드라도, 그들 공급자인 회사가 사용하는 프로세스의 상세한 부분들을 알 필요가 없기 때문이다.

하지만 고객은 다양한 프로세스의 상대적인 중요성을 비교하는데 있어 매우 훌륭한 정보의 원천이다. 기업들은 어떤 이슈에 고객들이 가장 큰 관심을 두고 있는지를 결정할 수 있다. 이러한 이슈에는 제품원가, 정시배달, 제품특징 등이 있다. 이러한 이슈들은 그것에 가장 큰 영향을 줄 수 있는 프로세스들과 관련을 지울 수 있고, 이것을 통해 재구축이 필요한 프로세스들의 우선순위를 만들 수 있다.

22.2.3 실행가능(실행가능 프로세스)

이것은 기업의 프로세스들 중 어떤 것이 현시점에서 가장 성공적으로 재설계될 수 있는가 하는 것이다. 실행가능성은 특정 리엔지니어링 노력이 성공을 거둘 가능성을 결정해 주는 일련의 요소들을 고려하게끔 한다. 이러한 요소들 중의 하나는 범위이다. 일반적으로 프로세스가 크면 클수록, 더 많은 부서를 포함할수록 범위는 더 넓다. 범위가 넓은 프로세스가 리엔지니어링될 때 더 큰 이득을 누린다. 하지만 그 성공 가능성은 더 낮아진다. 범위가 넓으면 더 많은 구성요소들을 조화시켜야 하고, 더 많은 조직에 영향을 미치며, 나름대로 할 일을 갖고 있는 더 많은 경영자들의 개입을 필요로 한다.

이와 비슷하게 높은 비용이 실행가능성을 감소시킨다. 예컨대 정보처리 시스템에 많은 투자가 요구되는 리엔지니어링 노력은 상상하지도 못 했던 많은 장애물에 부딪치게 될 것이다. 리엔지니어링 팀의 추진력과 이러한 프로세스 관리자들의 헌신은 특정 프로세스를 리엔지니어링함에 있어 성공여부를 평가할 때 고려되는 요소들이다.

많은 리엔지니어링 기회 중에서 하나를 결정하는 방법이 딱 하나만 있는 것은 아님을 강조해야겠다. 리엔지니어링 기회를 선택할 때 앞에서 간략히 설명했던 세 가지 기준, 즉 기능장애, 영향, 실행가능성이 현명하게 이용되어야 할 것이다.

3. 리엔지니어링의 원칙

리엔지니어링은 프로세스를 획기적으로 변화시켜 고객의 품질, 속도, 혁신, 고객화, 서비스 등을 충족시키기 위한 것이다. 마이클 해머는 리엔지니어링과 통합을 위한 7가지 원칙을 제시했다.

원칙 1. 과업위주가 아닌 성과위주의 조직화

서로 다른 사람들에 의해서 수행되는 여러 가지 전문화된 과업(task)은 하나의 직무로 통합되어야 한다. 이것은 개인이나 팀에 의해 수행되어진다. 새롭게 탄생한 직무는 잘 정의된 성과를 창출하는 프로세스의 모든 단계를 포함하고 있어야 한다. 성과 중심의 조직화를 위해서는 중복을 제거하고 스피드, 생산성, 고객 반응성을 향상시켜야 한다. 또한 고객과의 믿을 만한 접점을 제공해야 한다.

원칙 2. 프로세스의 산출물을 이용하려는 사람이 해당 프로세스를 실행하게 할 것

직무는 수행하기에 가장 적합한 곳에서 해야 한다는 것이다. 이것은 실제 업무를 수행하는 프로세스에 가장 가까운 사람들에게 귀착되고, 전통적인 조직 내 및 조직간 경계를 넘어 업무를 이동시킨다. 예를 들면, 종업원들은 구매조직을 통하지 않고 필요한 구매를 할 수 있고, 고객은 간단한 수리를 스스로 할 수 있으며, 공급자에게 부품재고관리를 요청할 수 있다는 것이다. 이러한 직무할당의 재조정으로 프로세스의 실행자와 사용자 간의 조정 필요성을 제거할 수 있다.

원칙 3. 정보처리 작업을 정보를 생산하는 실무에 통합시킬 것

이것은 정보를 수집하는 사람은 그것을 처리하는 책임을 져야 한다는 것을 의미 한다 이것은 다른 그룹이 정보를 처리할 필요성을 감소시키고 처리를 위한 외부접점의 수를 줄임으로써 에러를 크게 줄일 수 있다. 주문처리를 할 때 송장으로 하지 않고 주문정보를 온라인으로 처리함으로써 전통적인 회계처리기능은 불필요하게 되었다.

원칙 4. 지리적으로 분산된 자원을 집중되어 있는 것처럼 처리할 것

정보기술은 집중화/분산화의 혼합 운영을 가능하게 한다. 그것은 회사의 전반적인 통제가 개선되면서도 동일한 업무를 수행하는 분산된 조직단위로 직무의 병렬처리를 촉진시킨다. 예를 들면, 중앙 데이터베이스와 원거리통신 네트워크는 분산되어 있는 부서나 현장작업 개인을 연결시키고 고객에 대한 유연성과 대응성을 유지하면서도 규모의 경제를 구현할 수 있게 되었다.

원칙 5. 병렬작업의 결과를 통합하는 대신 연결할 것

병렬작업의 산출물을 통합한다는 개념은 재작업, 고비용, 생산지연을 초래하는 주요한 원인이 된다. 이런 병렬작업은 프로세스 진행과정에서 지속적으로 연결되고 조정되어야 한다.

원칙 6. 작업이 수행되는 장소에 의사결정 지점을 설정하고, 프로세스를 통제하라

의사결정은 수행되는 업무의 일부가 되어야 한다. 이것은 오늘날 교육 수준이 높은 지식 근로자와 발달된 의사결정지원 기술로 가능해 졌다. 통제는 이제 프로세스의 일부가 되었다. 수직적 의사결정과정의 단축은 더욱 수평적이고 반응성 높은 조직을 생성해 냈다.

원칙 7. 정보원으로부터 바로 정보를 추출하라

정보는 정보가 생성된 회사의 온라인 정보시스템을 통해 바로 획득되어야

한다. 이러한 정보획득방법은 잘못된 데이터가 들어오지 못하게 하며 또 그것을 재처리하는데 높은 비용을 발생시키지 않는다.

4. 리엔지니어링의 실행원칙과 추진절차

3.1 리엔지니어링의 실행원칙

리엔지니어링을 성공적으로 수행하기 위해서는 기업들은 다음과 같은 실행원칙을 지켜야 한다. 그렇지 못하면 기업들은 리엔지니어링 자체를 이룰 수 없다.[9]

1) 최고경영자의 주도

사람들의 대부분은 변화를 싫어한다. 리엔지니어링은 변화가 따르게 마련이다. 최고경영자의 지원이 없이는 변화를 싫어하는 중간관리층의 장벽에 붙이친다. 즉, 모든 사람들은 새로운 것에 익숙해지려면 시간과 노력이 필요하기 때문에 피하려고 하는 관성의 법칙(principle of inertia)이 적용되게 된다.

2) 전략주도

고객만족의 극대화와 경쟁우위의 창출로 지속적인 수익성개선을 이루겠다는 전략에 리엔지니어링의 초점을 맞추어야 한다.

3) 고객중심

리엔지니어링의 수행은 고객중심으로 이루어져야 한다. 업무프로세스를 재설계할 때 고객의 입장에서 해야 하며, 그 결과로 발생되는 성과는 고객과 같이 해야 한다.

4) 프로세스중심

리엔지니어링은 기능이 아니 프로세스에 초점을 맞추어야 한다. 프로세스 내의 모든 문제를 파악하여 검토하고, 필요하다면 현재의 프로세스를 모두 재설계할 수 있어야 한다.

---

9) Boston Consulting Group 지음, 박내회 옮김, "보스톤 컨설팅 그룹의 W리엔지니어링(Reengineering and Beyond)", 김영사, 1994, pp. 23~27.

5) 총력집중

프로세스 재설계를 담당하는 팀에는 가장 우수한 인력을 배치하고 이들에 대한 충분한 인센티브를 제공해야 한다.

6) 시스템적 접근

고객욕구로부터 고객만족에 이르기까지의 전 프로세스를 체계적으로 검토해야 한다. 고객으로부터 피드백을 받는 것이 개선할 프로세스를 선정하는 최선의 수단이다.

7) 상황적 접근

모든 기업을 리엔지니어링 하는데 적용할 수 있는 유일한 방법은 없다. 리엔지니어링은 융통성이 있어야 할 뿐만 아니라 상황에 맞추어 적절히 조정되어야 한다.

8) 측정척도 중시

프로세스의 성과를 측정할 수 있는 올바른 척도를 선택하는 것은 방향모색과 리엔지니어링의 성공여부를 평가하는 중요한 요소이다. 선택된 척도는 시스템 전체의 성과를 측정해야 한다.

9) 인간중심

기업이 겪게 되는 기대, 감정, 행동변화의 사이클을 이해하면 변화를 예견하고 계획을 세우는데 도움이 될 수 있다. 변화에 대한 저항의 가장 주된 요인인 공포감을 원활히 관리하는 것이 중요하다.

10) 지속적인 추진과 의사소통

리엔지니어링은 끊임없이 지속되는 과정이어야 한다. 리엔지니어링이란 한번해서 종료되는 프로젝트가 아니며 일상적으로 지속되는 업무로 생각해야 한다. 또한 종업원들이 끊임없이 의사소통할 수 있는 방안을 마련해야 한다.

3.2 리엔지니어링의 추진절차

데이븐포트(Thomas H. Davenport)와 쇼트(James E. Short)는 프로세스 자체에 정보기술을 도입함으로써 획기적인 업무능률 향상을 기할 수 있는 방법을 연구하고, 이를 프로세스 혁신(process innovation) 또는 비즈니스 프로세스 재설계(business process redesign)이라고 불렀다[10] 이러한 주장은 마이클 해머가 거시적이고 개념적인 면을 강조한 반면, 데이븐포트는 보다 구체적이고 현실적인 접근을 제시했다고 할 수 있다.

BPR의 추진은 다음과 같이 다섯 단계로 실시하는 것이 효과적이다.

1) 사업비전과 과정별 목표설정

비용절감, 작업시간단축, 작업환경개선, 권한위임 등과 같이 구체적인 사업비전과 과정별 목표를 설정하고, 이들의 우선순위를 확정한 후, 최종 목표치를 정량화한다.

2) 재설계할 핵심과정의 규명

과정별 성과에 강한 영향을 미치는 핵심과정 또는 문제가 되는 병목과정을 찾아내어 재설계 대상 과정으로 확정하고 각 과정별 책임자를 선정한다.

3) 기존 과정의 이해와 측정

과정 설계에 앞서 발견된 문제는 더 이상 반복하지 않고, 정확한 측정과 분석을 통하여 향후 개선의 기준으로 삼기 위하여 필요한 단계이다.

4) 정보기술의 탐색

요구되는 정보기술을 탐색하는 단계로서 사례분석, 브레인스토밍, 정보기술 목록 등을 이용하는 것이 효과적이다. 특히, 정보기술의 도입에 따른 조직적 영향을 신중히 고려해야 한다.

5) 과정의 원형개발 및 구축

이 단계에서는 프로세스를 실제로 구축하게 되지만, 이는 프로세스 재설계의 마지막이 아니라 원형을 이용해 순환적 수정을 통하여 최적의 프로세스를 찾아나가는 형태이다. 이러한 과정에서 CASE(computer-aided software engineering) 도구를 이용하여 프로세스를 재설계할 수 있다.

---

10) Thomas H. Davenport and James E. Short(1990), "The New Industrial Engineering: Information Technology and Business Process Redesign," Sloan Management Review, 31(4), pp. 11~27.

참 고 문 헌

【국 내】

강병서, 현대통계학, 무역경영사, 1997.

강성룡, TOC의 개념과 응용에 관한 연구, 충북대학교 산업과 경영 제16권 제2호, 2004.

강신철외2, 정보기술과 경영전략, 도서출판 대경, 2006.

김병태·서도원, 우량기업 로드맵, 도서출판 대경, 2007.

김희탁 외 7인, 생산관리, 법문사, 1997.

배경률, 김병태, 생산운영론, 명경사, 1998.

전성용, DBR 스케줄링 기법의 연구 동향, 한국경영과학회/대한산업공학회 2003춘계공동학술대회 논문집, 2003.

윤재봉 외 역, ERP, 경영혁신의 새로운 패러다움, 대청, 2001.

윤은기 역, 컨설팅이란 무엇인가?, 도서출판 아이비에스, 1996.

이동길, ERP 전략과 실천, 대청, 2001.

이상문, 생산관리, 형설출판사, 1995.

이상범, 현대생산 · 운영관리, 경문사, 1995.

이순룡, 생산관리론, 법문사, 1998.

임석현, 생산운영관리, 삼영사, 1995.

정남기, 제약이론(TOC)의 현황과 전망, 대한산업공학회/한국공업경영학회 '99 추계공동학술대회 논문집, 1999.

정남기 · 유철수, 생산관리, 청문각, 1997.

【외국문헌】

田中一成, 生産管理 システム: SNS法, 日刊工業新聞社, 1984.

甲斐章人, 生産管理, 泉文堂, 1994.

澤田善次郎, 生産管理論, 日刊工業新聞社, 1992.

塹江清志 · 澤田善次郎, 生産管理總論, 日刊工業新聞社, 1995.

宮沢永光, 生産財需要予測論, 東海大学出版会, 1982.

Andrew E. Serwer, "America's 100 Fastest Growers," *Fortune*, August 9, 1993.

Byron J. Finch, Richard L. Luebbe, *Operations Management*, Harcourt Brace & Company, 1995.

C. E. Bogan and M. J. English, "Benchmarking for Best Practices: Winning Through Innovative Adaptation," *Quality Digest*(August 1994).

Chase R. B., Jacobs F. R. and Aquilano N. J., Operations Management, 11th ed., McGraw-Hill, 2006.

Donald Waters, *Operations Management*, Addison-Wesley Publishers Ltd., 1996.

Everette E. Adam, JR, Ronald J. Ebert, *Production and Operations Management*, Prentice-Hall Inc., 1992.

Hall, Robert W, "Kanban versus MRP II-Which is Best for Your?" *Modern Materials Handling*(November 1982).

James A. Fitzsimmons, Mona J. Fitzssimmoms, *Service Management,* 4th., McGraw-Hill, 2004.

James Martin, *Information Engineering*, Prentice-Hall, 1989

John DeMott, "California's Economic Crisis," *Nation's Business*(July 1993).

L. Dubois and M. D. Oliff, "Aggregate Production Planning in Practice," *Production and Inventory Management Journal* 32, 1991.

LeGrande, Earl, "The Development of a Factory Simulation System Using Actual Operating Data," *Management Technology*, Vol. 3, No. 1, May 1963.

Lee J. Krajewski, Larry P. Ritzman, *Operations Management*, 7th., Addision-Wesley Publishing Company, 2005.

Martha Mangelsdorf, "Managing the New Work Force," Inc., January 1990.

R. Hayes and S.C. Wheelwright, Restoring Our Competitive Edge : Competing through Manufacturing(New York : John Wiley, 1984.

Michael Hammer and James Champy, *Reengineering The Coperation*, Harper Colins Publishers, Inc., 1993.

Philip Kotler, *Marketing Management : Analysis, Planning and Control*, Prentice-Hall, 1976.

Richard B. Chase, *Operation & Operations Managemen*t, 6th., Richard D. Irwin. Inc., 1992.

Richard B. Chase, Nicholas J. Aquilano, *Production and Operations Management*, 7th., Richard D. Irwin. Inc., 1995.

Richard B. Chase, F. Robert Jacobs, Nicholas J. Aquilano, *Operations Management*, 11th. ed., McGraw Hill, 2006.

Richard Metters, Kathryn King-Metters, Madeleine Pullman, Steve Walton, *Service Operations Management*, 2e, Thomson, 2006.

Sarah Grey, *Journal of Accountancy*(May 1993).

Schragenbeim, E and Ronen, B., *Drum-Buffer-Rope Shop Floor Control*, Production and Inventory Management Journal, 31(3), 1990.

Thomas H. Davenport and James E. Short, The New Industrial

Engineering: Information Technology and Business Process Redesign, Sloan Management Review, 31(4), 1990.

William J. Stevenson, *Production/Operations Management*, 4th., Richard D. Irwin. Inc., 1993.

Yasuhiro Monden, Toyota Production System, 1981.

[부록 1]

1. 표준정규분포

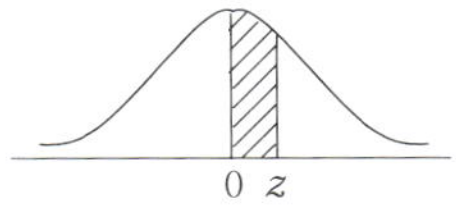

*표에 제시된 수치는 z=0에서 정(플러스)의 z값을 가진 빗금친 부분의 면적을 나타내는 비율임.

z	0.00	0.01	0.02	0.03	0.04	0.05	0.06	0.07	0.08	0.09
0.0	0.0000	0.0040	0.0080	0.0120	0.0160	0.0199	0.0239	0.0279	0.0319	0.0359
0.1	0.0398	0.0439	0.0478	0.0517	0.0557	0.0596	0.0636	0.0675	0.0714	0.0753
0.2	0.0793	0.0832	0.0871	0.0910	0.0948	0.0987	0.1026	0.1064	0.1103	0.1141
0.3	0.1179	0.1217	0.1255	0.1293	0.1331	0.1368	0.1406	0.1443	0.1480	0.1517
0.4	0.1554	0.1591	0.1628	0.1664	0.1700	0.1736	0.1772	0.1808	0.1844	0.1879
0.5	0.1915	0.1950	0.1985	0.2019	0.2064	0.2088	0.2123	0.2157	0.2190	0.2224
0.6	0.2257	0.2291	0.2324	0.2357	0.2389	0.2422	0.2454	0.2486	0.2586	0.2549
0.7	0.2580	0.2612	0.2642	0.2673	0.2704	0.2734	0.2764	0.2794	0.2823	0.2852
0.8	0.2881	0.2910	0.2939	0.2967	0.2995	0.3023	0.3051	0.3078	0.3106	0.3133
0.9	0.3159	0.3186	0.3212	0.3238	0.3264	0.3289	0.3315	0.3340	0.3365	0.3389
1.0	0.3413	0.3438	0.3461	0.3485	0.3508	0.3531	0.3554	0.3577	0.3599	0.3621
1.1	0.3643	0.3665	0.3686	0.3708	0.3729	0.3749	0.3770	0.3790	0.3810	0.3830
1.2	0.3849	0.3869	0.3888	0.3907	0.3925	0.3944	0.3962	0.3980	0.3997	0.4015
1.3	0.4032	0.4049	0.4066	0.4082	0.4099	0.4115	0.4131	0.4147	0.4162	0.4177
1.4	0.4192	0.4207	0.4222	0.4236	0.4251	0.4265	0.4279	0.4292	0.4306	0.4319
1.5	0.4332	0.4345	0.4357	0.4370	0.4382	0.4394	0.4406	0.4418	0.4429	0.4441
1.6	0.4452	0.4463	0.4474	0.4484	0.4495	0.4505	0.4515	0.4525	0.4535	0.4545
1.7	0.4554	0.4564	0.4573	0.4582	0.4591	0.4599	0.4608	0.4616	0.4625	0,4633
1.8	0.4641	0.4649	0.4656	0.4664	0.4671	0.4678	0.4686	0.4693	0.4699	0.4706
1.9	0.4713	0.4719	0.4726	0.4732	0.4738	0.4744	0.4750	0.4756	0.4761	0.4767
2.0	0.4772	0.4778	0.4783	0.4788	0.4793	0.4798	0.4803	0.4808	0.4812	0.4817
2.1	0.4821	0.4826	0.4830	0.4834	0.4838	0.4842	0.4846	0.4850	0.4854	0.4857
2.2	0.4861	0.4864	0.4868	0.4871	0.4875	0.4878	0.4881	0.4884	0.4887	0.4890
2.3	0.4893	0.4896	0.4898	0.4901	0.4904	0.4906	0.4909	0.4911	0.4913	0.4916
2.4	0.4918	0.4920	0.4922	0.4925	0.4927	0.4929	0.4931	0.4932	0.4934	0.4936
2.5	0.4938	0.4940	0.4941	0.4943	0.4945	0.4946	0.4948	0.4949	0.4951	0.4952
2.6	0.4953	0.4955	0.4956	0.4957	0.4959	0.4960	0.4961	0.4962	0.4963	0.4964
3.7	0.4965	0.4966	0.4967	0.4968	0.4969	0.4970	0.4971	0.4972	0.4973	0.4974
2.8	0.4974	0.4975	0.4976	0.4977	0.4977	0.4978	0.4979	0.4979	0.4980	0.4981
2.9	0.4981	0.4982	0.4982	0.4983	0.4984	0.4984	0.4985	0.4985	0.4986	0.4986
3.0	0.4987	0.4987	0.4987	0.4988	0.4988	0.4989	0.4989	0.4989	0.4990	0.4990

[부록 2] 난수표

10480	15011	01536	02011	81647	91646	69179	14194	62590
22368	46573	25595	85393	30995	89198	27982	53402	93965
24130	48360	22527	97265	76393	64809	15179	24830	49340
42167	93093	06243	61680	07856	16376	39440	53537	71341
37570	39975	81837	16656	06121	91782	60468	81305	49684
77921	06907	11008	42751	27756	53498	18602	70659	90655
99562	72905	56420	69994	98872	31016	71194	18738	44013
96301	91977	05463	07972	18876	20922	94595	56869	69014
89579	14342	63661	10281	17453	18103	57740	84378	25331
85475	36857	53342	53988	53060	59533	38867	62300	08158
28918	69578	88231	33276	70997	79936	56865	05859	90106
63553	40961	48235	03427	49626	69445	18663	72695	52180
09429	93969	52636	92737	88974	33488	36320	17617	30015
10365	61129	87529	85689	48237	52267	67689	93394	01511
07119	97336	71048	08178	77233	13916	47567	81056	97735
51085	12765	51821	51259	77452	16308	60756	92144	49442
02368	21382	52404	60268	89368	19885	55322	44819	01188
01011	54092	33362	94904	31273	04146	18594	29852	71585
52162	53916	46369	58586	23216	14513	83149	98736	23495
07056	97628	33787	09998	42698	06691	76988	13602	51851
48663	91245	85828	14346	09172	30168	90229	04734	59193
54164	58492	22421	74103	47070	25306	76468	26384	58151
32639	32363	05597	24200	13363	38005	94342	28728	35806
29334	27001	87637	87308	58731	00256	45834	15398	46557
02488	33062	28854	07351	19731	92420	60952	61280	50001
81525	72295	04839	96423	24878	82651	66566	14778	76797
29676	20591	68086	26432	46901	20849	89768	81536	86645
00742	57392	39064	66432	84673	40027	32832	61362	98947
05366	04213	25669	26422	44407	44048	37937	63904	45766
91921	26418	64117	94305	26766	25940	39972	22209	71500
00582	04711	87917	77341	42206	35126	74087	99547	81817
00725	69884	62797	56170	86324	88072	76222	36086	84637
69011	65795	95876	55293	18988	27354	26575	08625	40801
25976	57948	29888	88604	67917	48708	18912	82271	65424
09763	83473	73577	12908	30883	18317	28290	35797	05998
91567	42595	27958	30134	04024	86385	29880	99730	55536
17955	56349	90999	49127	20044	59931	06115	20542	18059
46503	18584	18845	49618	02304	51038	20655	58727	28168
92157	89634	94824	78171	84610	82834	09922	25417	44137
14577	62765	35605	81263	39667	47358	56873	56307	61607
98427	07523	33362	64270	01638	92477	66969	98420	04880
34914	63976	88720	82765	34476	17032	87589	40836	32427
70060	28277	39475	46473	23219	53416	94970	25832	69975
53976	54914	06990	67245	68350	82948	11398	42878	80287
76072	29515	40980	07391	58745	25774	22987	80059	30011
90725	52210	83974	29992	65831	38857	50490	83765	55657
64364	67412	33339	31926	14883	24413	59744	92351	97473
08962	00358	31662	25388	61642	34072	81249	35648	56891
95012	68379	93526	70785	10592	04542	76463	54328	02349
15664	10493	20492	38391	91132	21999	59316	81652	27195

찾아보기

ㄱ

ㄴ

ㄷ

ㄹ

ㅁ

ㅂ

ㅇ

ㅊ

ㅋ

ㅌ

ㅍ

ㅎ

[저자약력]

나중경(羅重慶)

영남대학교 경영학과 졸업. 동 대학교 대학원 수료. 경희대학교 대학원에서 경영학박사학위를 취득하였다. LG전자의 QC 및 자재관리 업무를 담당했으며, 경북전문대, 한밭대, 경희대에서 강의했으며, 동양대학교에서 교학처장, 도서관장을 역임하였으며, 현재 동양대학교 경영관광학부에 교수로 재직중이며, 한국교원총연합회 이사, 한국산업경영학회 이사, 사립학교교직원연금관리공단 기금운영심의위원, 대학종합평가위원, 경상북도청 및 철도공사 수주평가위원, 영주시 주요업무평가위원 등의 대외활동을 역임하였으며, 또한 현재 여러 위원회에서 활동하고 있고, 중소기업청 프로젝트수행을 하고 있다. 저서로는 경영과학(삼영사)이 있다.

생산관리론 [제2판]

2003년 1월 5일 1판 1쇄 발행
2007년 7월 27일 2판 1쇄 발행
2011년 2월 10일 2판 4쇄 발행

저 자 나 중 경
발행인 고 덕 환
조 판 해 인 기 획

110-102
발행처 서울특별시 종로구 평동 19번지의 1호

도서출판 三 英 社

등 록 제300-1972-1호
전 화 737-1052 · 734-8979 FAX 739-2386

정가 28,000 원

ISBN 978-89-445-0036-7-93320